Die Neuerungen im ehelichen Güterrecht

Studien zum deutschen und internationalen Familien- und Erbrecht

Herausgegeben von Martin Lipp, Christoph Benicke, Marina Wellenhofer und Bettina Heiderhoff

Band 17

PL ACADEMIC RESEARCH

Robert Bauer

Die Neuerungen im ehelichen Güterrecht

Eine kritische Untersuchung der Rechtslage nach der Reform von 2009

PL ACADEMIC RESEARCH

Bibliografische Information der Deutschen Nationalbibliothek
Die Deutsche Nationalbibliothek verzeichnet diese Publikation in der Deutschen Nationalbibliografie; detaillierte bibliografische Daten sind im Internet über http://dnb.d-nb.de abrufbar.

Zugl.: Frankfurt, Univ., Diss., 2012

Gedruckt auf alterungsbeständigem,
säurefreiem Papier.

D 30
ISSN 1864-497X
ISBN 978-3-631-63437-0

PL Academic Research ist ein Imprint der Peter Lang GmbH

www.peterlang.de

Inhaltsübersicht

Gliederung

Abkürzungsverzeichnis

a. A.	anderer Ansicht
a. E.	am Ende
Abs.	Absatz
AcP	Archiv für die civilistische Praxis (Zeitschrift)
aF.	alte Fassung
AG	Amtsgericht
Anm.	Anmerkung
Art.	Artikel
Aufl.	Auflage
BB	Der Betriebs-Berater (Zeitschrift)
Begr.	Begründer
BGB	Bürgerliches Gesetzbuch
BGB aF.	Bürgerliches Gesetzbuch alte Fassung (bis 31.08.2009)
BGBl.	Bundesgesetzblatt
BGH	Bundesgerichtshof
BT-Drucks.	Bundestags Drucksachen
bzw.	Beziehungsweise
ca.	Circa
DM	Deutsche Mark
DNotZ	Deutsche Notar Zeitschrift (Zeitschrift)
Einl.	Einleitung
et al.	et alii, et aliae (und andere)
f.	folgend
FamFG	Gesetz über das Verfahren in Familiensachen und in den Angelegenheiten der freiwilligen Gerichtsbarkeit
FamFR	Familienrecht und Familienverfahrensrecht (Zeitschrift)
FamR	Familienrecht
FamRB	Der Familienrechtsberater (Zeitschrift)
FamRZ	Zeitschrift für das gesamte Familienrecht
ff.	folgende
FF	Forum Familienrecht (Zeitschrift)
FPR	Familie, Partnerschaft, Recht (Zeitschrift)
FuR	Familie und Recht (Zeitschrift)
gem.	gemäß
GG	Grundgesetz
Hrsg.	Herausgeber
HS.	Halbsatz
i. H. v.	In Höhe von

InsO	Insolvenzordnung
i. S. d.	Im Sinne des
i. V. m.	In Verbindung mit
JA	Juristische Arbeitsblätter (Zeitschrift)
jurisPK	juris Praxiskommentar
jurisPR	juris Praxis-Report
JZ	Juristen Zeitung (Zeitschrift)
MittBayNot	Mitteilungen des Bayerischen Notarvereins, der Notarkasse und der Landesnotarkammer Bayern (Zeitschrift)
MittRhNotK	Mitteilungen der Rheinischen Notarkammer (Mitteilungsblatt)
MDR	Monatsschrift für Deutsches Recht
MüKo	Münchener Kommentar
m. w. N.	Mit weiteren Nachweisen
NJOZ	Neue Juristische Online Zeitschrift (Zeitschrift)
NJW	Neue Juristische Wochenschrift (Zeitschrift)
NJW-RR	Neue Juristische Wochenschrift – Rechtsprechungsreport (Zeitschrift)
Nr.	Nummer
OLG	Oberlandesgericht
RGRK	Reichsgerichtsräte Kommentar
Rn.	Randnummer
RPfleger	Der deutsche Rechtspfleger (Zeitschrift)
S.	Satz/Seite
SchlHA	Schleswig-Holsteinische Anzeigen (Justizministerialblatt für Schleswig-Holstein)
StGB	Strafgesetzbuch
u.	und
v.	vom
Var.	Variante
vgl.	vergleiche
VersAusglG	Versorgungsausgleichsgesetz
WM	Wertpapier-Mitteilungen (Zeitschrift)
ZPO	Zivilprozessordnung

§ 1 Einleitung

Das eheliche Güterrecht entsprach in seiner bis 2009 gültigen Fassung im Wesentlichen dem Güterrecht, wie es im Jahre 1957 erlassen wurde und 1958 in Kraft trat.[1] Für ein Gesetz, das einen Bereich des täglichen Lebens regelt, der stark dem Zeitgeist unterworfen ist, erscheint eine fünfzigjährige Bestandsdauer erstaunlich lange.[2] Obwohl das eheliche Güterrecht somit einen sehr langen Zeitraum unverändert galt, bedeutet dies jedoch nicht, dass es keine Kritik an den vorhandenen Normen gab, teilweise, weil die gesetzlichen Regelungen unklar waren und mehrere Deutungen zuließen, teilweise aber auch, weil die gesetzlichen Regelungen zu ungerechten Ergebnissen führten.

Somit erscheint die im September 2009 in Kraft getretene Reform des ehelichen Güterrechts als längst überfällige Anpassung an die Lebenswirklichkeit des 21. Jahrhunderts. Nähert man sich der Reform mit einer solchen Erwartungshaltung, so wird man um so mehr davon überrascht, dass der Wortlaut des neuen Gesetzes nur in wenigen Details von der alten Version abweicht. In der Gesetzesbegründung ist zu lesen, dass das Grundprinzip des Zugewinnausgleichs nach wie vor ein tragfähiges Institut zur Regelung der nachehelichen Vermögensverhältnisse sei.[3] Auch der Grundsatz der hälftigen Teilung spiegele die in der Gesellschaft vorherrschende Auffassung einer gerechten Regelung wieder.

Die Angemessenheit eines gesetzlichen Güterstandes ist danach zu beurteilen, ob er für die Mehrzahl der denkbaren Fallgruppen eine vernünftige Regelung darstellt.[4] Der Gesetzgeber geht in seiner Gesetzesbegründung davon aus, dass der Wunsch nach einem arbeitsteiligen Leben nach wie vor ein gewichtiger Beweggrund für die Eingehung einer Ehe sei.[5] Somit beschränkte sich seine Aufgabe darauf, einige der größten Kritikpunkte an der alten Rechtslage zu beseitigen, ohne revolutionäre Neuerungen einzuführen.

---

1 Vgl. Gesetzentwurf v. 05.11.2008 BT-Drucks. 16/10798, S. 12.

2 Vgl. *Schröder*, FamRZ 1997, S. 2.

3 Vgl. Gesetzentwurf v. 05.11.2008 BT-Drucks. 16/10798, S. 12; *Zimmermann*, S. 185.

4 Vgl. MüKo/*Koch*, 4. Aufl., vor § 1363 BGB Rn. 3.

5 Vgl. Gesetzentwurf v. 05.11.2008 BT-Drucks. 16/10798, S. 14.

Die Tatsache allein, dass keine umfassende Neugestaltung des Konzepts der Zugewinngemeinschaft vorgenommen wurde, darf jedoch nicht vorschnell zu dem Schluss verleiten, es läge nur eine unbedeutende Anpassung von Detailfragen vor. Gerade die Anpassung eines bestehenden Systems birgt große Risiken, da sich die einzelnen Normen regelmäßig in einem präzise austarierten Gleichgewicht befinden, bei dem auch auf den ersten Blick kleine Änderungen weitreichende Folgen auf das Normgefüge als Ganzes haben können.

Ziel dieser Arbeit soll es sein zu überprüfen, welche Auswirkungen – neben den vom Gesetzgeber ausdrücklich gewünschten – die Reform tatsächlich auf das System des gesetzlichen Güterstands hat. Dabei sollen auch die Auswirkungen bedacht werden, die sich nur mittelbar durch geänderte Verweise und Zusammenhänge ergeben. Gerade in dieser Konstellation besteht regelmäßig die Gefahr, dass Folgewirkungen übersehen oder unterschätzt werden.

Nachdem im nächsten Kapitel ein kurzer Überblick über den Ablauf der Gesetzesreform gegeben wird, beginnt im darauf folgenden Abschnitt die detaillierte Auseinandersetzung mit den einzelnen Problempunkten. Jedem tatsächlichen oder potentiellen Problemkreis wird dabei ein Kapitel gewidmet. Das Konzept dieser Arbeit sieht es vor, dass jeweils zunächst die Rechslage vor der Reform knapp erläutert und beleuchtet wird. Auch wenn die dort gemachten Ausführungen durch die Reform teilweise keine Gültigkeit mehr haben, so sind sie dennoch nicht verzichtbar. Durch den Blick zurück wird die argumentative Basis geschaffen, auf der die sodann folgenden Ausführungen über die Auswirkungen der Reform aufbauen. Somit wird deutlich, unter welchen Voraussetzungen die Reform entstanden ist. Es kann vorkommen, dass eine Norm zwar nach wie vor unbefriedigende Lücken enthält, aber dennoch der alten Rechtslage in allen Belangen überlegen ist. Eine fundierte Beurteilung der neuen Rechtslage kann somit nicht ohne detaillierte Kenntnis des Bezugspunktes – der alten Rechtslage – erfolgen.

Bei den Ausführungen zur neuen Rechtslage wird in den einzelnen Kapiteln zunächst erläutert, was genau geändert wurde und welche Ziele der Gesetzgeber mit diesen Änderungen verfolgte. Sodann wird untersucht, ob die Ziele des Gesetzgebers erreicht wurden, ob andere Konfliktstellen übersehen oder gar neue Problemfelder geschaffen wurden. Soweit möglich wird bei den ermittelten Problemen versucht Lösungswege aufzuzeigen, mit denen die problematischen Situationen umgegangen, gelöst oder zumindest abgemildert werden können. Eine Aufforderung an den Gesetzgeber zur erneuten Anpassung wurde – weil als Lösung nicht sehr befriedigend – nur dort ausgesprochen, wo mit den der

Rechtspraxis offenstehenden Möglichkeiten ein Entschärfen der Situation nicht möglich erscheint.

Im Anhang der Arbeit findet sich zum schnellen Nachschlagen eine Gegenüberstellung des einschlägigen Gesetzestextes vor und nach der Reform.

§ 2 Die Reform von 2009

Am 01. September 2009 ist die Reform des ehelichen Güterrechts in Kraft getreten. Bereits 1983 wurde auf dem 5. Familiengerichtstag kritisiert, dass die Nichtberücksichtigung von negativem Anfangsvermögen zu ungerechten Ergebnissen führen kann.[6] An den Gesetzgeber wurde die Empfehlung ausgesprochen, die Vorschrift über das Anfangsvermögen neu zu regeln.[7] Zusätzlich sollte privilegierter Erwerb mit negativem Anfangsvermögen verrechnet werden und das Verhältnis zwischen Hausratsteilung und Zugewinnausgleich vom Gesetzgeber klargestellt werden.[8] Zunächst blieb dieser Wunsch jedoch ungehört.

Auf dem 11. Familiengerichtstag im Jahre 1996 wurde erneut Kritik an der Nichtberücksichtigung von negativem Anfangsvermögen laut. Während noch auf dem 5. Familiengerichtstag nur die Empfehlung ausgesprochen wurde, die Vorschrift über das Anfangsvermögen neu zu regeln, wurde diesmal bereits konkret gefordert, negatives Anfangsvermögen des Gläubigers im Zugewinnausgleich zu berücksichtigen.[9] Außerdem wurde gefordert, dass Schmerzensgeld als privilegierter Erwerb anzuerkennen sei und Auskunft nach § 1379 BGB auch für einen Zeitraum vor Rechtshängigkeit der Scheidung verlangt werden könne.[10] Auch ein Auskunftsanspruch über das Anfangsvermögen und die Einführung einer Belegpflicht wurden bereits verlangt.[11] Des Weiteren wurde die Ansicht vertreten, dass eine Begrenzung der Ausgleichsforderung nach § 1378 Abs. 2 BGB nicht stattzufinden habe.[12] Eine Reaktion des Gesetzgebers blieb jedoch auch diesmal zunächst aus.

---

6 Empfehlungen des 5. Deutschen Familiengerichtstages v. 12.10.–15.10.1983 FamRZ 1983, S. 1201.

7 Empfehlungen des 5. Deutschen Familiengerichtstages v. 12.10.–15.10.1983 FamRZ 1983, S. 1202 f.

8 Empfehlungen des 5. Deutschen Familiengerichtstages v. 12.10.–15.10.1983 FamRZ 1983, S. 1203.

9 Empfehlungen des 11. Deutschen Familiengerichtstages FamRZ 1996, S. 340.

10 Empfehlungen des 11. Deutschen Familiengerichtstages FamRZ 1996, S. 340.

11 Empfehlungen des 11. Deutschen Familiengerichtstages FamRZ 1996, S. 340.

12 Empfehlungen des 11. Deutschen Familiengerichtstages FamRZ 1996, S. 340.

Auch der 15. Familiengerichtstag verzichtete nicht darauf, dem Gesetzgeber erneut zu empfehlen, negatives Anfangsvermögen zuzulassen.[13] Auch die Erweiterung der Auskunftspflicht auf das Anfangsvermögen sowie der Verzicht auf die Anspruchsbegrenzung nach § 1378 Abs. 2 BGB in bestimmten Fällen wurden vorgeschlagen.[14] Der Rechtsprechung wurde darüber hinaus empfohlen, § 1378 Abs. 2 BGB in den Fällen illoyaler Vermögensminderungen nicht anzuwenden.

Dennoch dauerte es noch bis Ende 2007, bevor erste Bemühungen unternommen wurden eine entsprechende Änderung des Gesetzes auf den Weg zu bringen. Bereits in diesem ersten Entwurf der Bundesregierung wurden viele der bisherigen Kritikpunkte aufgegriffen und versucht, Lösungen zu entwicklen. So sollte die Berücksichtigung von negativem Anfangsvermögen eingeführt werden, der Auskunftsanspruch auf das Anfangsvermögen erweitert und mit einer Belegpflicht verbunden werden, eine Anpassung der Kappungsgrenze des § 1378 Abs. 2 BGB bei missbräuchlichem Verhalten erreicht werden und die Stichtage zur Berechnung des Zugewinns nach vorne verschoben werden.

Am 29. August 2008 begann schließlich das offizielle Gesetzgebungsverfahren, indem die Bundesregierung ihren (überarbeiteten) Gesetzentwurf dem Bundesrat zur Stellungnahme zuleitete.[15] Die Veränderungen gegenüber dem ersten Entwurf bezogen sich hauptsächlich auf angepasste Formulierungen oder Klarstellungen. Inhaltlich gab es keine wesentlichen Abweichungen. Die Kappungsgrenze des § 1378 Abs. 2 BGB sollte bei der Hälfte des vorhandenen Vermögens eingreifen, um zusammen mit der Einführung von negativem Anfangsvermögen eine im Ergebnis der alten Rechtslage entsprechende Regelung zu erhalten. Die Formulierung des § 1379 BGB sollte nun allgemein Auskunft über das Vermögen ermöglichen, soweit es für die Bestimmung des Anfangs- oder Endvermögens maßgeblich ist.

Die Stellungnahme des Bundesrates erfolgte am 10. Oktober 2008. Er forderte ein bereits während bestehender Ehe geltendes Auskunftsrecht, wonach die Ehegatten gegenseitig Auskunft über das jeweilige Vermögen des anderen verlagen können sollten.[16] Dieser Wunsch wurde von der Bundesregierung jedoch zurückgewiesen, da die zu den §§ 1353, 242 BGB entwickelten Grundsätze einen ausreichenden Auskunftsanspruch gewährleisteten. Im Falle einer gemeinsamen

[13] Empfehlungen des 15. Deutschen Familiengerichtstages v. 18.09.2003 FamRZ 2003, S. 1908.
[14] Empfehlungen des 15. Deutschen Familiengerichtstages v. 18.09.2003 FamRZ 2003, S. 1908.
[15] BR-Drucks. 635/08.
[16] Gesetzentwurf v. 05.11.2008 BT-Drucks. 16/10798, Anlage 3.

Steuererklärung würden die Einkommens- und Vermögensverhältnisse ohnehin offengelegt.[17]

Am 05. November 2008 wurde der Gesetzentwurf durch die Bundesregierung in den Bundestag eingebracht.[18] In diesem Entwurf war in § 1378 Abs. 2 BGB noch vorgesehen, die Kappungsgrenze auf die Hälfte des vorhandenen Vermögens zu verringern. In der Version, die nach der Sitzung vom 13. November 2008 dem Rechtsausschuss übergeben wurde, war diese Änderung nicht mehr vorgesehen, so dass nunmehr – wie nach der alten Rechtslage – im Extremfall das komplette vorhandene Vermögen zur Erfüllung des Zugewinnausgleichsanspruchs eingesetzt werden musste. Zum 13. Mai 2009 lagen die Beschlussempfehlung und der Bericht des Rechtsausschusses vor.[19] Dieser empfahl, dem Ehegatten, dessen Endvermögen geringer ist als sein Vermögen zum Trennungszeitpunkt, die Darlegungs- und Beweislast dafür aufzubürden, dass dieser Umstand nicht auf einer illoyalen Verfügung beruhe.[20] Zusammen mit dieser Änderung sollte ein Auskunftsanspruch über das Vermögen zum Zeitpunkt der Trennung eingeführt werden.[21] Außerdem sollte sich bei illoyalen Verfügungen die Kappungsgrenze des § 1378 Abs. 2 BGB nicht um die Hälfte, sondern um den vollen Wert der illoyalen Verfügung verschieben.[22]

Der Bundestag nahm schließlich am 14. Mai 2009 den Gesetzesbeschluss mit den vorgeschlagenen Änderungen des Rechtsausschusses an und leitete ihn am 22. Mai 2009 an den Bundesrat weiter.[23] Dieser legte bis zum 12. Juni 2009 keinen Einspruch ein, so dass das Gesetz am 06. Juli 2009 durch den Bundespräsidenten ausgefertigt und im Bundesgesetzblatt verkündet werden konnte.[24] Zum 01. September 2009 traten die Änderungen des Zugewinnausgleichsrechts in Kraft.

[17] Gesetzentwurf v. 05.11.2008 BT-Drucks. 16/10798, Anlage 4.
[18] Gesetzentwurf v. 05.11.2008 BT-Drucks. 16/10798, S. 1.
[19] Beschlussempfehlung und Bericht v. 13.05.2009 BT-Drucks. 16/13027.
[20] Beschlussempfehlung und Bericht v. 13.05.2009 BT-Drucks. 16/13027, S. 3.
[21] Beschlussempfehlung und Bericht v. 13.05.2009 BT-Drucks. 16/13027, S. 3.
[22] Beschlussempfehlung und Bericht v. 13.05.2009 BT-Drucks. 16/13027, S. 3.
[23] Gesetzesbeschluss v. 22.05.2009 BR-Drucks. 457/09.
[24] BGBl. 2009 I, 1696.

§ 3 Güterrecht und Schulden

I. Die Rechtslage bis 2009

Der größte Kritikpunkt an der alten Rechtslage zum Zugewinnausgleich war die Nichtberücksichtigung von negativem Vermögen – von Schulden.[25] Ursprüngliches Ziel der Nichtberücksichtigung war es, zu verhindern, dass ein Ehegatte sein gesamtes Vermögen als Zugewinnausgleich hergeben muss.[26] Zudem sollten durch die Zugewinngemeinschaft die Ehegatten an Vermögensmehrungen des Partners teilhaben können und nicht an dessen Verlusten.[27]

1. Das Problem

Sowohl das Anfangsvermögen eines Ehegatten als auch sein Endvermögen und der Zugewinn konnten nach altem Recht niemals negativ sein. Nahm eine der drei Rechengrößen einen negativen Wert an, so wurde sie auf null festgesetzt. Der Wert des Anfangsvermögens betrug nach § 1374 Abs. 1 a. E. BGB aF. immer mindestens null, der Wert des Endvermögens betrug nach § 1375 Abs. 1 S. 2 BGB aF. mindestens null und auch der während der Ehe erzielte Zugewinn wurde mit mindestens null bewertet.[28] Für das Endvermögen fand sich in § 1375 Abs. 1 S. 2 BGB aF. eine Ausnahme. Danach konnte das Endvermögen dann mit einem negativem Wert in die Berechnung eingestellt werden, wenn Dritte nach § 1390 BGB aF. in Anspruch genommen werden konnten. Damit wurde erreicht, dass Dritte wegen an sie geleisteten Zuwendungen nur dann in Anspruch genommen werden konnten, wenn ohne diese Verfügung dem anderen Ehegatten ein Zugewinnausgleichsanspruch zugestanden hätte.[29] Falls ohnehin kein ausgleichspflichtiger Zugewinn erzielt wurde, sorgte diese Rechenmethode

---

25 Vgl. MüKo/*Koch*, 4. Aufl., vor § 1363 BGB Rn. 13; *Carlberg/Tomfort*, S. 175; *Cypionka*, S. 160.

26 Vgl. *Koppenfels-Spies*, S. 803 f.

27 Vgl. OLG München Urteil v. 11.04.1975 (23 U 1352/75) FamRZ 1976, 26–28 m. w. N.

28 Vgl. MüKo/*Koch*, 4. Aufl., § 1373 Rn. 4.

29 MüKo/*Koch*, 4. Aufl., § 1375 Rn. 14.

dafür, dass auch nach der Hinzurechnung des § 1375 Abs. 2 BGB kein fiktiver Zugewinn auszugleichen war.

Im Gegensatz zur Bestimmung des Anfangs- und des Endvermögens war im Gesetz nicht ausdrücklich festgeschrieben, dass der Zugewinn niemals negativ sein konnte. Dies ergab sich lediglich (nicht zwingend) aus dem Wortlaut des § 1373 BGB. Es bestand jedoch Einigkeit darüber, dass es dem Wesen der Zugewinngemeinschaft widersprochen hätte, wenn ein negativer Zugewinn in die Berechnung eingestellt worden wäre, da sich auf diese Weise eine Beteiligung am wirtschaftlichen Verlust des anderen Ehegatten realisiert hätte.[30] Durch diese einfache Methode wurde wirksam verhindert, dass ein Ehegatte über das Institut des Zugewinnausgleichs unmittelbar an Verbindlichkeiten des anderen Ehegatten beteiligt wurde. Es sollte keine „Schuldengemeinschaft" entstehen.[31] Unabhängig davon wie die Vermögensbilanz eines Ehegatten tatsächlich aussah: Wenn es um den Zugewinnausgleich ging, blieben aufgrund der gesetzlichen Regelungen Vermögensverluste während der Ehe unberücksichtigt.

2. Die Kritik

Auch wenn der Gesetzgeber mit seinem Ansatz den einfachsten denkbaren Weg gewählt hatte, um sein Regelungsziel zu erreichen, so wurde diese Einfachheit doch auf Kosten der Gerechtigkeit erkauft. Das Ignorieren von Schulden mag zwar zu unproblematischen Berechnungen führen, jedoch kann es nicht verhindern, dass Schulden tatsächlich vorhanden sind. Wenn der gesetzliche Güterstand, der den Anspruch hat, für die meisten Ehen eine gerechte und angemessene Regelung zu bieten,[32] das in der Gesellschaft weit verbreitete Vorkommen von Schulden ignoriert, so besteht die Gefahr, dass aus der Vereinfachung eine Verfälschung der Berechnung wird. Somit war es nicht verwunderlich, dass es Fallkonstallationen gab, in denen die Nichtberücksichtigung von Schulden zu unsauberen bis ungerechten Ergebnissen führte.

Beispiel:

M hat bei Beginn der Ehe 20 000 Euro Schulden. Seine Frau F ist schuldenfrei. Bei Beendigung des Güterstandes besitzt M nunmehr 10 000 Euro, während F 60 000 Euro angespart hat.

---

[30] OLG München Urteil v. 11.04.1975 (23 U 1352/75) FamRZ 1976, 26–28, S. 27 m. w. N.; MüKo/*Koch*, 4. Aufl., § 1373 Rn. 4.

[31] *Carlberg/Tomfort*, S. 174.

[32] Vgl. *Schröder*, FamRZ 1997, S. 8.

Wirtschaftlich betrachtet hat in diesem Beispiel M sein Vermögen um 30 000 Euro, F ihr Vermögen um 60 000 Euro vermehrt. Allerdings führte § 1374 Abs. 1 a. E. BGB aF. dazu, dass das Anfangsvermögen von M mit null bewertet wurde. Im Endvermögen sorgten die Verbindlichkeiten jedoch dafür, dass der wirtschaftliche Zugewinn in Höhe von 30 000 Euro nur zu einem Endvermögen von 10 000 Euro führte.[33] Somit betrug der für die Berechnung des Zugewinnausgleichs relevante Zugewinn des M lediglich 10 000 Euro. Das war der Anteil an der Vermögensmehrung, der sich im positiven Bereich zugetragen hatte. Für F hingegen stimmte der wirtschaftliche und der rechtliche Zugewinn überein, er betrug 60 000 Euro.

Während bei wirtschaftlicher Betrachtungsweise der Zugewinn der F den des M um 30 000 Euro überstieg, was zu einem Ausgleichsanspruch des M in Höhe von 15 000 Euro geführt hätte, überstieg ihr Zugewinn den des M bei rechtlicher Betrachtungsweise um ganze 50 000 Euro. Somit hatte M gegen F einen Anspruch auf Zugewinnausgleich in Höhe von 25 000 Euro. Er konnte somit 10 000 Euro mehr verlangen, als ihm bei wirtschaftlicher Betrachtungsweise zustand.

Die Regelungen des BGB aF. konnten aber nicht nur zu einer Höhe der Ausgleichsforderung führen, die bei wirtschaftlicher Betrachtungsweise unrichtig erschien, sie konnten auch dafür sorgen, dass Zugewinnausgleich zu zahlen war, obwohl bei wirtschaftlicher Betrachtungsweise kein unterschiedlicher Zugewinn erziehlt wurde.

Beispiel:

M hat bei Beginn der Ehe 20 000 Euro Schulden. Seine Frau F ist schuldenfrei. Beide erhöhen während der Ehe ihr Vermögen um 40 000 Euro.

Wirtschaftlich betrachtet war der Zuwachs des Vermögens beider Ehegatten gleichwertig. Da § 1374 Abs. 1 2. HS. BGB aF. jedoch dafür sorgte, dass kein negatives Anfangsvermögen bei der Berechnung berücksichtigt werden konnte, war das Anfangsvermögen für beide Ehegatten mit null in die Berechnung des Zugewinns einzustellen. Somit hatte M, dessen Endvermögen 20 000 Euro betrug, nach der alten Rechtslage einen Zugewinn von 20 000 Euro erzielt, F hingegen einen Zugewinn von 40 000 Euro. M hatte also nach altem Recht einen Anspruch auf Zugewinnausgleich in Höhe von 10 000 Euro, ohne weniger stark von der Ehe profitiert zu haben als F.

[33] Vgl. *Schröder*, FPR 2007, S. 172.

Es gab darüber hinaus eine weitere Fallgruppe, in welcher die Ergebnisse noch weitaus deutlicher gegen das Gerechtigkeitsempfinden verstießen.

Beispiel:

M hat bei Beginn der Ehe 30 000 Euro Schulden. Seine Frau F ist schuldenfrei. Bei Beendigung des Güterstandes konnte M sein Vermögen um 40 000 Euro auf 10 000 Euro erhöhen. F hat in der gleichen Zeit lediglich 20 000 Euro ansparen können, da sie zunächst M dabei half, seine Schulden abzubezahlen.

Bei wirtschaftlicher Betrachtung ist offensichtlich, dass M stärker von der Ehe profitiert hatte als F. Es lag genau der Fall vor, wegen dem der Gesetzgeber das Rechtsinstitut der Zugewinngemeinschaft geschaffen hat. Ein Ehegatte hat von der Ehe wirtschaftlich stärker profitiert als der andere. Diese Mehrung seines Vermögens konnte er nur realisieren, weil er vom anderen Ehegatten unterstützt wurde. Folglich sollte beim Scheitern der Ehe dieser Zugewinn, der durch das gemeinsame Handeln erzielt wurde, gerecht aufgeteilt werden.

Um so erschreckender ist das Ergebnis, welches die alte Rechtslage für solche Fallkonstallationen bereit hielt. Da das negative Anfangsvermögen des M ignoriert wurde, betrug sein rechnerischer Zugewinn nicht 40 000 Euro, sondern lediglich 10 000 Euro. Folglich hatte für das Gesetz F den höheren Zugewinn erzielt; von ihren 20 000 Euro wurden nämlich keine anfänglichen Verbindlichkeiten abgezogen. Da somit ihr Zugewinn den des M um 10 000 Euro überstieg, war es an ihr, dem M einen Ausgleich zukommen zu lassen. Somit war das Gegenteil von dem eingetreten, was der Gesetzgeber als Regelungsziel und Rechtfertigung für das Institut des Zugewinnausgleichs vorgesehen hatte.

3. Der Umgang mit dem Problem

Diese drei Beispiele verdeutlichen eindrucksvoll, warum im Schrifttum nahezu einhellig gefordert wurde, das Güterrecht dahingehend zu ändern, dass Verbindlichkeiten nicht mehr länger ignoriert werden.[34] Doch weder der Rechtswissenschaft, noch den Gerichten ist es möglich, die Entscheidungen des Gesetzgebers zu übergehen.[35] Während des 50jährigen Bestehens der Regelung musste die

[34] Vgl. Empfehlungen des 15. Deutschen Familiengerichtstages FamRZ 2003, 1906–1909, S. 1908; *Cypionka*, S. 160; *Battes*, FuR 1990, S. 322; *Carlberg/Tomfort*, S. 173 f.; *Born*, S. 2291.

[35] Deswegen konsequent: BGH Urteil v. 03.05.1995 (XII ZR 71/94) NJW 1995, 2165–2167 – nur eine Lösung stehe mit dem Gesetz im Einklang.

Rechtspraxis und -wissenschaft somit in irgend einer Weise mit diesem Problem umgehen.

a) Keine Änderung erforderlich

Koch vertrat die Ansicht, das kein Handlungsbedarf von Seiten des Gesetzgebers bestehe.[36] Derjenige, der eine verschuldete Person heiratet und es beim gesetzlichen Güterstand der Zugewinngemeinschaft belässt, müsse damit rechnen, dass von seinem Ehegatten während der Ehe kein Zugewinn erzielt werde.[37] Folglich entfalle die Schutzwürdigkeit der betroffenen Person und somit die Unbilligkeit der erzielten Ergebnisse.

Dieser Argumentation wurde jedoch entgegen gehalten, dass die Vorwerfbarkeit der Entscheidung, ohne güterrechtliche Absicherung eine verschuldete Person zu heiraten, keine Rechtfertigung für eine ungleiche und ungerechte Regelung des Gesetzgebers sei.[38] Während die Argumentation von *Koch* dann noch nachvollziehbar war, wenn es um den Verlust eines eventuell bei wirtschaftlicher Betrachtungsweise bestehenden Zugewinnausgleichsanspruchs ging, so scheiterte sie spätestens dann, wenn die tatsächlichen Gegebenheiten dazu führten, dass ein Ausgleichsanspruch auf Seiten der Person mit dem wirtschaftlich höheren Zugewinn entstand. Die Konsequenz des Gesetzes, dass derjenige, der eine verschuldete Person heiratet, gegebenenfalls auf einen Ausgleichsanspruch verzichten muss, bedurfte zu ihrer Rechtfertigung wesentlich weniger Begründungsaufwand, als die Konsequenz, dass der wirtschaftlich schwächere Ehegatte einen Ausgleich an die Person zu leisten hatte, welche rein rechnerisch während der Ehe den höheren Zugewinn erwirtschaftete. Dem Argument von *Koch* konnte somit höchstens in den in Beispiel 1[39] beschriebenen, relativ harmlosen Fallgruppen gefolgt werden. Doch die Argumentation, mit der *Koch* den Änderungsbedarf am Güterrecht bezüglich eines negativen Anfangsvermögens verneinte, versagte genau bei den Fallgruppen, welche den Änderungsbedarf am deutlichsten hervortreten ließen.

Wären die Fallgruppen, in denen die alte Rechtslage zu unbilligen Ergebnissen führte, nur solche des ersten Beispiels[40] gewesen, so wäre es durchaus denkbar, das Risiko, auf eine Ausgleichszahlung bei Beendigung des Güterstandes verzichten zu müssen, der Person aufzubürden, die sich entschließt, einen

---

36 MüKo/*Koch*, 4. Aufl., § 1374 Rn. 16.
37 MüKo/*Koch*, 4. Aufl., § 1374 Rn. 16.
38 *Carlberg*/*Tomfort*, S. 174.
39 Siehe S. 8.
40 Siehe S. 8.

verschuldeten Partner zu heiraten, ohne die güterrechtlichen Vorgaben des Gesetzes entsprechend den eigenen Bedürfnissen zu modifizieren. Da die möglichen Konsequenzen eines negativen Anfangsvermögens aber – wie gezeigt – weit über die Verringerung des eigenen Anspruchs hinausgehen können, war es abzulehnen, der alten Rechtslage den Änderungsbedarf abzusprechen.

b) Anwendung der Härtefallregeln

Naheliegend war der Ansatz, in den problematischen Fallgestalltungen die Billigkeitsklausel des § 1381 BGB anzuwenden. Danach steht dem Zugewinngläubiger ein Leistungsverweigerungsrecht zu, wenn eine Inanspruchnahme grob unbillig wäre.

Der Anwendbarkeit der Billigkeitsklausel zur Bereinigung eines Fehlers des Gesetzgebers wurde jedoch kritisch begegnet.[41] Eine Norm, die lediglich dazu diene, in Einzelfällen Ungerechtigkeiten zu beseitigen, könne nicht angewandt werden, um systemimmanente Fehler zu kompensieren.[42] Dies widerspräche ihrer Funktion als Ausnahmeklausel.

c) Erhöhung des Endvermögens

Schröders Ansatz wiederum hielt die Regelung zur Begrenzung des Anfangsvermögens aufrecht.[43] Der eindeutige Wortlaut des § 1374 Abs. 1 BGB aF. ließ ein Abweichen ohne Mitwirkung des Gesetzgebers ohnehin nicht zu. Statt dessen war *Schröder* der Meinung, dass Schulden, die während des bestehenden Güterstandes getilgt wurden, dem Endvermögen hinzuzurechnen seien.[44] Das Ziel, dass der ausgleichspflichtige Ehegatte zur Erfüllung des Zugewinnausgleichsanspruchs keine Verbindlichkeiten eingehen solle, wollte er ausschließlich durch § 1378 Abs. 2 BGB aF. erreichen. Seine Begründung dafür war, dass die „Neutralisierungsfunktion" des § 1374 BGB aF. auch das Endvermögen erfassen müsse. Verbindlichkeiten, die bereits vor Eintritt in den Güterstand vorhanden waren, sollten seiner Ansicht nach auch im Endvermögen unberücksichtigt bleiben, um dem Normzweck des § 1374 BGB aF. gerecht zu werden. Wenn aber Verbindlichkeiten, die im Anfangs- und im Endvermögen vorhanden waren, auf diese Art aus der Berechnung komplett herausgehalten würden, so ergäbe sich, dass eine andere Behandlung dann angezeigt sei, wenn Verbindlichkeiten des

41 Vgl. MüKo/*Koch*, 4. Aufl., § 1381 Rn. 26; *Cypionka*, S. 160; *Carlberg/Tomfort*, S. 174.
42 Vgl. *Carlberg/Tomfort*, S. 174.
43 *Schröder*, FamRZ 1997, S. 4 f.
44 *Schröder*, FamRZ 1997, S. 5.

Anfangsvermögens im Endvermögen *nicht mehr* vorhanden waren. Diese andere Behandlung sollte in der Hinzurechnung zum Endvermögen bestehen.

Somit wäre das Anfangsvermögen eines Ehegatten nach wie vor mit mindestens null anzusetzen gewesen, trotzdem wäre die Tilgung von Schulden, welche im Anfangsvermögen bereits vorhanden waren, nicht mehr unberücksichtigt geblieben. Auch der Schutz des Ausgleichspflichtigen Ehegatten wäre durch § 1378 Abs. 2 BGB aF. nach wie vor gegeben gewesen.

d) Vertragliche Einbeziehung von Schulden

Schließlich stand es den Ehegatten offen, einem unbilligen Ergebnis dadurch entgegenzuwirken, dass ehevertraglich eine Abweichung vom gesetzlichen Leitbild vereinbart wurde. Sie konnten in einem Ehevertrag vereinbaren, dass das Anfangsvermögen des einen oder beider Ehegatten entgegen § 1374 BGB aF. mit einem negativen Wert in die Berechnung des Zugewinns eingestellt werden sollte.[45]

Dies stellte freilich keine abschließende Lösung des Problems dar. Zumindest konnte auf diese Art aber verhindert werden, dass sich dieses Defizit der gesetzlichen Regelung im konkreten Einzelfall negativ auswirkte.[46] Der Gesetzgeber sollte es jedoch nicht dem Einzelnen überlassen dafür zu sorgen, dass das Gesetz in seinem Fall nicht zu unbilligen Ergebnissen führt. Dies galt um so mehr, als sich die Probleme im gesetzlichen Güterstand zeigten, welcher gerade für die Fälle gedacht ist, in denen sich die Ehegatten nicht privatautonom eine an die eigenen Bedürfnisse angepasste Regelung basteln. Erfüllt ein solcher Güterstand die Gerechtigkeitsanforderungen, die an ihn gestellt werden, nur dann, wenn privatautonom nachgeholfen wird, so stellt sich die Frage, ob unter diesen Umständen nicht komplett auf einen gesetzlichen Güterstand verzichtet werden kann und die Ehegatten sich bei Eheschließung zwangsläufig ehevertraglich auf eine bestimmte güterrechtliche Regelung einigen müssen.[47]

Bleibt es jedoch dabei, dass es einen gesetzlichen Güterstand für die Fälle gibt, in denen gerade keine privatautonome Regelung getroffen wird, so kann von dieser Regelung verlangt werden, dass sie den Anspruch erfüllt, in den meisten Fällen zu gerechten Ergebnissen zu führen. Der Hinweis, man solle die Anwendung des mißglückten Gesetzes vertraglich ausschließen, hat folglich

---

45 *Langenfeld*, Rn. 505 f.; *Cypionka*, S. 160.

46 *Carlberg/Tomfort*, S. 174.

47 Einen ähnlichen Vorschlag gibt es bei *Gernhuber (Begr.)/Coester-Waltjen*, § 31 Rn. 17.

dann einen faden Beigeschmack, wenn es sich um das Recht handelt, welches gerade beim Fehlen einer vertraglichen Vereinbarung eingreifen soll.

e) Sonderfall: Gegenseitige Verbindlichkeiten

Für die Gerichte stellte sich außerdem die Frage, ob solche Fälle abweichend behandelt werden mussten, bei denen der eine Ehegatte ein Gläubiger des anderen Ehegatten war.[48] Die Schulden des einen Ehegatten beruhten in diesen Fällen darauf, dass er Verbindlichkeiten beim anderen Ehegatten eingegangen ist. Der auch heute noch praxisrelevanteste Fall wird wohl die Nichterfüllung von Unterhaltsverpflichtungen durch den einen Ehegatten sein, was dazu führt, dass der andere Ehegatte eine Forderung in Höhe des nicht gezahlten Unterhalts hat.

Das OLG Hamm hatte entschieden, dass für diese Fälle keine abweichende Behandlung angezeigt ist.[49] Die Forderung gegen den (ehemaligen) Ehegatten erhöhe das Endvermögen des Forderungsinhabers auch dann, wenn die Forderung durch nicht gezahlten Unterhalt entstanden ist. Es entstünden dem Schuldner dadurch keine Vorteile, da das Geld bei rechtzeitiger Zahlung ebenfalls im Vermögen des anderen Ehegatten vorhanden gewesen wäre, der bei Erhalt des Geldes nicht sein Vermögen zur Bestreitung des Lebensunterhalts hätte verwenden müssen.[50] Es bestehe somit kein Bedarf, gegenseitige Verbindlichkeiten im Wege einer Billigkeitskorrektur anders zu behandeln als Verbindlichkeiten oder Forderungen gegenüber Dritten.[51]

II. Die neue Rechtslage seit 2009

Dass seit dem 01. September 2009 auch Schulden beim Zugewinnausgleich im gesetzlichen Güterstand der Zugewinngemeinschaft berücksichtigt werden, ist wohl die Änderung, die am ehesten auch in die Laiensphäre vorgedrungen ist. Die Ungerechtigkeiten, die durch die alte Gesetzeslage entstehen konnten, waren auch bei nicht allzu intensiver Auseinandersetzung mit der Materie leicht zu erkennen. Spannend ist nunmehr die Frage, ob es dem Gesetzgeber gelungen ist, in das bestehende System der Zugewinngemeinschaft die Berücksichtigung

[48] *Brudermüller*, NJW 2007, S. 2968.

[49] OLG Hamm 5. Senat Urteil v. 28.02.2007 (5 UF 130/06) FamRZ 2007, 1243–1244, S. 1244.

[50] OLG Hamm 5. Senat Urteil v. 28.02.2007 (5 UF 130/06) FamRZ 2007, 1243–1244, S. 1244.

[51] Die Kritik hieran erfolgt weiter unten im Rahmen der Auseinandersetzung mit dem neuen Recht auf S. 28 ff.

negativer Vermögenswerte einzufügen, ohne dass es zu neuen Ungerechtigkeiten oder Unstimmigkeiten kommt.

1. Die Änderungen im Einzelnen

In § 1374 Abs. 1 BGB wurde der zweite Halbsatz, in dem es hieß, dass beim Anfangsvermögen Verbindlichkeiten nur bis zur Höhe des Vermögens abgezogen werden können, gestrichen. Um Streitigkeiten darüber, wie dieses Weglassen zu deuten sei, vorzubeugen, wurde ein Abs. 3 hinzugefügt, in dem ausdrücklich festgehalten wird, dass Verbindlichkeiten auch über die Höhe des Vermögens hinaus abzuziehen sind.

In entsprechender Weise wurde auch die Vorschrift über das Endvermögen in § 1375 BGB geändert. In Abs. 1 wurde die Beschränkung, dass Verbindlichkeiten nur dann über die Höhe des Vermögens hinaus abgezogen werden durften, wenn Dritte nach § 1390 BGB in Anspruch genommen werden konnten, gestrichen. Nunmehr sind auch hier nach § 1375 Abs. 1 S. 2 BGB Verbindlichkeiten in jedem Fall auch über die Höhe des Vermögens hinaus abzuziehen.

Für die Begrenzung der Ausgleichsforderung nach § 1378 Abs. 2 BGB ist nunmehr festgelegt, dass durch eine illoyale Vermögensminderung nach § 1375 Abs. 2 S. 1 BGB die Grenze des § 1378 Abs. 2 BGB unmittelbar um den hinzuzurechnenden Betrag erhöht wird.

2. Die Ziele des Gesetzgebers

Der Gesetzgeber erkannte die Kritik an der Nichtberücksichtigung negativen Vermögens in der alten Rechtslage und die dort vorhandenen Gerechtigkeitsdefizite.[52] Ziel seiner Anpassungen war es, die bekannten Schwachstellen zu beseitigen. Es sollte jedoch nicht zu einer Beteiligung des einen Ehegatten an den erwirtschafteten Verlusten des anderen Ehegatten kommen, da das Güterrecht keine wirksamen Mittel beinhalte, um auf das wirtschaftliche Verhalten des anderen Ehegatten Einfluss zu nehmen.[53] Diesbezüglich sollte somit keine Änderung stattfinden. Die wirtschaftliche Autonomie der Ehegatten sollte er-

52 Vgl. Gesetzentwurf v. 05.11.2008 BT-Drucks. 16/10798, S. 14.

53 Vgl. Gesetzentwurf v. 05.11.2008 BT-Drucks. 16/10798, S. 14; *Kogel*, FamRZ 2010, S. 2038.

halten bleiben. Folglich ist im neuen Recht der Zugewinn die einzige Größe, die nach wie vor keinen negativen Wert annehmen kann.[54]

Die Änderungen sorgen dafür, dass die Fallgruppen, deren bisherige Lösung als unbefriedigend empfunden wurde,[55] sich nunmehr durch Anwendung des neuen Rechts einer vernünftigen Regelung des Zugewinnausgleichs zuführen lassen. Da es für das Anfangs- und das Endvermögen keine Kappungsgrenzen mehr gibt, wird immer der tatsächliche Wert des Vermögens in die Berechnung eingestellt. Dies sorgt unter anderem dafür, dass sichergestellt ist, dass die Person mit dem wirtschaftlich höheren Zugewinn auch rechtlich den höheren Zugewinn erzielt hat. Somit erfolgt der Zugewinnausgleich zwangsläufig immer in die richtige Richtung. Die Kappungsgrenzen des neuen Rechts greifen erst zu einem späteren Zeitpunkt ein, nämlich dann, wenn die Ausgleichshöhe bereits berechnet wurde und fraglich ist, ob die Forderung in der vollen Höhe entsteht.[56]

Die Kappungsgrenze des § 1378 Abs. 2 S. 1 BGB sollte nach einem früheren Gesetzentwurf bei der Hälfte des vorhandenen Vermögens angesetzt werden.[57] Aufgrund der Beschlussempfehlung des Rechtsausschusses vom 13. Mai 2009 wurde sie in der endgültigen Fassung jedoch bei der Höhe des gesamten vorhandenen Vermögens angesetzt.[58] Wenn ein Ehepartner während der Ehe in großem Maße Schulden getilgt hätte, sei es ihm zuzumuten, sein gesamtes positives Vermögen als Ausgleich abzugeben, zumal sichergestellt sei, dass er keine Verbindlichkeiten eingehen müsse, um seine Verpflichtungen zu erfüllen.[59] Auch die Hinzurechnungsregel des § 1378 Abs. 2 S. 2 BGB war ursprünglich so vorgesehen, dass die Hälfte des illoyal verwendeten Betrages zur Kappungsgrenze hinzugerechnet wird.[60] Auch hier sorgte jedoch der Rechtsausschuss dafür, dass nunmehr der komplette illoyal verwendete Betrag der Kappungsgrenze hinzugerechnet wird.[61] Dadurch sollte ein weitergehender Schutz vor Missbrauch realisiert werden.

---

[54] Vgl. MüKo/*Koch*, 5. Aufl., § 1373 Rn. 4; *Schwab*, Familienrecht, Rn. 282; *Gernhuber (Begr.)/Coester-Waltjen*, § 36 Rn. 73. Kritisch hierzu: *Hoppenz*, FamRZ 2008, S. 1890. Anderer Ansicht: *Braeuer*, FamRZ 2010, S. 1616. Anmerkung zu Braeuer: *Kogel*, FamRZ 2010, S. 2036 ff.

[55] Vgl. Beispiele auf Seite 8, 9 und 10.

[56] Vgl. § 1378 Abs. 2 BGB i. V. m. § 1384 BGB; *Wellenhofer*, JuS 2009, S. 676.

[57] Vgl. Gesetzentwurf v. 05.11.2008 BT-Drucks. 16/10798, S. 23 ff.

[58] Vgl. Beschlussempfehlung und Bericht v. 13.05.2009 BT-Drucks. 16/13027, S. 3.

[59] Vgl. Beschlussempfehlung und Bericht v. 13.05.2009 BT-Drucks. 16/13027, S. 7.

[60] Vgl. Gesetzentwurf v. 05.11.2008 BT-Drucks. 16/10798, S. 25.

[61] Vgl. Beschlussempfehlung und Bericht v. 13.05.2009 BT-Drucks. 16/13027, S. 7.

Beispiel:

M hat ein Anfangsvermögen von minus 50 000 Euro. Während der Trennungszeit mietet er sich für längere Zeit einen Ferrari und gibt dafür insgesamt 10 000 Euro aus. Sein Endvermögen beträgt 10 000 Euro. F hat keinen Zugewinn erwirtschaftet.

Da dem M die Verschwendung nach § 1375 Abs. 2 Nr. 2 BGB zum Endvermögen hinzugerechnet wird, beträgt dieses 20 000 Euro und sein Zugewinn somit 70 000 Euro. Da F keinen Zugewinn erwirtschaftete, hätte M eigentlich Zugewinnausgleich in Höhe von 35 000 Euro zu zahlen. Durch § 1378 Abs. 2 S. 1 BGB ist die Ausgleichszahlung grundsätzlich auf den tatsächlich vorhandenen Betrag begrenzt, hier also auf 20 000 Euro. Ohne die Ergänzung in § 1378 Abs. 2 S. 2 BGB wäre es M somit möglich, durch die Verschwendung seine Zahlungspflicht auf 10 000 Euro zu verringern. Der gemietete Ferrari wäre demnach effektiv von F bezahlt worden. Die Ergänzung in Satz 2 sorgt jedoch nunmehr dafür, dass die Grenze des § 1378 Abs. 2 S. 1 BGB um den verschwendeten Betrag erhöht wird. Somit muss der Ausgleichspflichtige nicht nur maximal sein gesamtes Vermögen, sondern zudem den Betrag der Vermögensverschwendung aufwenden, um die Ausgleichsforderung zu erfüllen. Folglich beträgt die Ausgleichsforderung trotz Verschwendung immer noch 20 000 Euro (10 000 Euro vorhandenes Vermögen plus 10 000 Euro Erhöhung der Kappungsgrenze). Ohne den Änderungsvorschlag des Rechtsausschusses wäre die Kappungsgrenze nur um 5 000 Euro erhöht worden, so dass die Ausgleichsforderung nur 15 000 Euro betragen hätte. Der Unterschied zu einer Situation ohne illoyale Vermögensminderung des Ausgleichsgläubigers hätte somit immer noch 5 000 Euro betragen.

Zunächst sei vorweggenommen, dass die Entscheidung des Gesetzgebers, negatives Vermögen bei der Berechnung des Zugewinns nicht länger zu ignorieren, zu begrüßen ist. Auch die Art und Weise der Umsetzung vermag im Großen und Ganzen zu überzeugen. Die neue Rechtslage ist der alten Rechtslage unter Gerechtigkeitsgesichtspunkten weit überlegen. Dennoch soll dieses erste Fazit nicht dazu verleiten, die detaillierte Überprüfung der einzelnen Auswirkungen nicht mit der gebotenen Sorgfalt vorzunehmen.

3. Die Höhe der Kappungsgrenze

Vom Wortlaut her hat sich die Begrenzung der Höhe der Ausgleichsforderung in § 1378 Abs. 2 S. 1 BGB durch die Reform nicht geändert. Aufgrund der veränderten Begleitumstände hat sich die faktische Bedeutung dieser Vorschrift jedoch erheblich gewandelt. Im alten Recht hatte die Norm durch die ausschließlich positiven Rechengrößen im Zugewinnausgleich nur dann eine Bedeutung, wenn es nach der Berechnung des Endvermögens zu Vermögensminderungen auf Seiten des Ausgleichspflichtigen kam. Im Regelfall sorgte bereits das Rechenmodell dafür, dass nicht mehr als die Hälfte des positiv vorhandenen Vermögens als Zugewinnausgleich abgegeben werden musste.[62] Im ersten Entwurf der Bundesregierung sollte dieser Grundgedanke auch beibehalten werden.[63] Die dort vorgeschlagene Einbeziehung von negativen Vermögenswerten sollte nur dafür sorgen, dass die bekannten Ungerechtigkeiten aus dem System des Zugewinnausgleichs beseitigt werden. Das System an sich mit seinem Grundgedanken der hälftigen Teilung des positiven Vermögens sollte beibehalten werden.[64] Zu diesem Zweck sollte § 1378 Abs. 2 S. 1 BGB so geändert werden, dass die Grenze bei der Hälfte des vorhandenen Vermögens angesetzt wird.[65] Dadurch wäre, wenn man die Begleitänderungen berücksichtigt, keine Schlechterstellung im Vergleich zur alten Rechtslage eingetreten. Vielmehr wäre der Grundgedanke des alten Rechts an die neuen Gegebenheiten angepasst worden.[66]

Die Idee, nur das positiv vorhandene Vermögen hälftig auszugleichen, ist im System des Zugewinnausgleichs durchaus naheliegend. Allerdings sollte dies nicht, wie bisher, durch völliges Ignorieren negativer Vermögenspositionen geschehen. Vielmehr ist eine wirtschaftliche Betrachtung durchaus erforderlich, um zunächst festzustellen, welcher Ehegatte während der Ehe sein Vermögen stärker mehren konnte und somit prinzipiell als Zugewinnausgleichsschuldner in Betracht kommt. Dabei sollte es sich jedoch nur um Vorüberlegungen handeln. Die so gewonnenen Erkenntnisse sollten nicht direkt zur Errechnung der Höhe einer Zahlungspflicht verwendet werden. Auch wenn rein wirtschaftlich betrachtet eine Verringerung der eigenen Schulden von 100 000 Euro auf 50 000 Euro genauso viel Wert sein mag, wie ein Erhöhen des positiven Vermögens von 50 000 Euro auf 100 000 Euro, so liegt darin für Privatpersonen dennoch ein erheblicher Unterschied.[67] Auch das Prinzip der hälftigen Teilung des Er-

---

[62] Vgl. *Brudermüller*, FamRZ 2009, S. 1187.

[63] Gesetzentwurf v. 05.11.2008 BT-Drucks. 16/10798, S. 23.

[64] Vgl. *Büte*, FuR 2008, S. 107 f.

[65] Gesetzentwurf v. 05.11.2008 BT-Drucks. 16/10798, S. 23.

[66] Vgl. *Reetz*, S. 834 f.

[67] Vgl. *Battes*, FuR 1990, S. 322, der Schuldentilgung mit dem Verbrauch von Vermögen für Reisen oder Ernährung vergleicht. In beiden Fällen bleibe kein greifbarer Vermögenswert in der Hand des Schuldners zurück; *Kogel*, FamRZ 2010, S. 2036.

langten sollte bei den Berechnungen nicht vergessen werden. Beim Jonglieren mit Zahlen verliert man leicht die Realität aus den Augen.

Würde man seiner Ehefrau stolz erzählen, dass von den ursprünglichen 100 000 Euro Schulden nunmehr nur noch 50 000 Euro übrig sind und würde diese einen daraufhin bitten, ihr doch die Hälfte des Erlangten abzugeben, so würde wohl auch ein geübter Familienrechtler zunächst stutzen ob der gefühlten Unmöglichkeit dieser Bitte. Wie sollte man die Hälfte einer teilweise getilgten Verbindlichkeit abgeben? Mathematisch mag dies kein Problem darstellen. Der rechnerische Unterschied beträgt 50 000 Euro, also wären 25 000 Euro die Hälfte davon. Im alltäglichen Leben – und das versucht das Gesetz zu regeln – stellt dies hingegen sehr wohl ein Problem dar. Schulden stellen nunmal „nicht vorhandenes Geld“ dar. Und nicht vorhandene Sachen zu teilen, und sei es auch nur ihrem Wert nach, bereitet Probleme.

Insofern war der Ansatz des alten Rechts, nur das positive Vermögen hälftig zu teilen, durchaus systemgerecht. Auch wenn die Befreiung von Schulden einen wirtschaftlichen Wert hat, so steht der Betroffene am Ende immer noch „mit leeren Taschen“ da. Erst das Vermögen, dass er nunmehr im positiven Bereich erwirtschaftet, ist tatsächlich materiell greifbar. Dieses Vermögen hälftig zu teilen ist das, was im Rahmen des Zugewinnausgleichs sinnvollerweise verlangt werden kann.

Auch wenn man den eben gemachten Ausführungen nicht folgen mag und der Befreiung von Verbindlichkeiten auch im privaten Bereich einen greifbaren wirtschaftlichen Wert beimisst, so müsste man zumindest zugestehen, dass die nunmehr Gesetz gewordene Regelung nicht gänzlich konsequent ist. Sofern die Veränderung von Vermögen sowohl im positiven als auch im negativen Bereich gleich zu werten ist, so ist nicht ersichtlich, warum überhaupt der Bedarf für eine Begrenzung der Ausgleichspflicht bestehen soll. Nimmt man diese Gleichwertigkeit von positivem und negativem Vermögen an, so ist unter Gerechtigkeitsgesichtspunkten nicht verständlich, warum die Person, die während der Ehe ihr Vermögen von null auf 100 000 Euro vermehrt, an den zugewinnlosen Ehegatten 50 000 Euro Zugewinnausgleich zahlen soll, während die Person, die ihr Vermögen von -80 000 Euro auf 20 000 Euro erhöht, trotz gleichhohen Zugewinns nur 20 000 Euro an Ausgleich zu zahlen hat. Durch die neuen Stichtage kann auch nicht mehr der Schutz von Drittgläubigern als Argument angeführt werden. Dieses Ergebnis ist nur dann nachvollziehbar, wenn man sich eingesteht, dass die Befreiung von Verbindlichkeiten eben gerade nicht gleichwertig zur Erlangung von positivem Vermögen ist. Ohne diese Gleichwertigkeit ist die

Kappungsgrenze des § 1378 Abs. 2 S. 1 BGB jedoch falsch angesetzt.[68] Wünschenswert wäre es demnach, wenn die Kappungsgrenze – so wie es ursprünglich im Gesetzentwurf geplant war – bei der Hälfte des vorhandenen Vermögens angesetzt werden würde. Korrigieren kann die momentane Rechtslage allerdings ausschließlich der Gesetzgeber, womit in nächster Zeit wohl nicht zu rechnen ist.

4. Verbraucherinsolvenz

Im Gesetzentwurf der Bundesregierung wird der Fall der erfolgreichen Verbraucherinsolvenz kurz erwähnt, findet jedoch keine weitergehende Beachtung.[69] Ob dies aufgrund fehlender Praxisrelevanz geschehen ist oder ob die Bundesregierung keine Probleme in diesem Zusammenhang sah, wird dabei nicht deutlich. Als Beispiel wird ein Mann angeführt, der bei Eheschließung Schulden in Höhe von 100 000 Euro hat und nach Eheschließung durch eine erfolgreiche Verbraucherinsolvenz schuldenfrei wird. Im Anschluss erwirtschaftet er einen Zugewinn von 50 000 Euro.[70] Die Argumente der Bundesregierung gehen nunmehr in die Richtung, dass es ein gerechtes Ergebnis sei, dass M 25 000 Euro Zugewinnausgleich an F zahlen müsse.[71] Immerhin sei es gerade das Ziel der Verbraucherinsolvenz, die betroffene Person wieder in die Lage zu versetzen, Verbindlichkeiten zu erfüllen.[72] Der Zugewinnausgleichsanspruch sei eine solche Verbindlichkeit. Es gäbe keinen Grund, erlangte Schuldenfreiheit aufgrund einer Verbraucherinsolvenz anders zu behandeln als Schuldenfreiheit aufgrund von Schuldentilgung.[73]

a) Erläuterung der Verbraucherinsolvenz

Seit 1999 gibt es auch für natürliche Personen die Möglichkeit, einen Insolvenzantrag bei Zahlungsunfähigkeit zu stellen. Der Vorteil dieses Verfahrens ist

[68] Ebenfalls kritisch: *Münch*, MittBayNot 2009, S. 262 f. Anderer Ansicht: *Büte*, NJW 2009, S. 2778 f.; *Brudermüller*, FamRZ 2009, S. 1187 f.; *Hoppenz*, FamRZ 2008, S. 1890; *Koppenfels-Spies*, S. 806.

[69] Vgl. Gesetzentwurf v. 05.11.2008 BT-Drucks. 16/10798, S. 25; ebenso *Schramm*, NJW-Spezial 2008, S. 740.

[70] Vgl. Gesetzentwurf v. 05.11.2008 BT-Drucks. 16/10798, S. 25.

[71] Die Schuldenbefreiung, die durch die Verbraucherinsolvenz erreicht wird, soll nach dem Wille des Gesetzgebers nicht als Zugewinn gewertet werden. Dass M von Schulden in Höhe von 100 000 Euro befreit wird, führt also nicht dazu, dass ihm ein Zugewinn von 100 000 Euro angerechnet wird.

[72] Vgl. Gesetzentwurf v. 05.11.2008 BT-Drucks. 16/10798, S. 25.

[73] Gesetzentwurf v. 05.11.2008 BT-Drucks. 16/10798, S. 25.

es, dass nach einer „Wohlverhaltensperiode“ eine Restschuldbefreiung erfolgen kann, man also die Möglichkeit bekommt, einen schuldenfreien Neuanfang zu versuchen.

In der Regel steht dieses Verfahren nur natürlichen Personen offen, die keine selbständige Erwerbstätigkeit ausüben oder ausgeübt haben.[74] Das Verfahren läuft in drei Stufen ab, wobei jeweils nur beim Scheitern einer Stufe auf die nächsthöhere gewechselt werden kann.[75] Zunächst muss der Schuldner versuchen, außergerichtlich eine Einigung mit seinen Gläubigern auf Basis eines Schuldenbereinigungsplans herbeizuführen.[76] Gelingt dies nicht, muss eine geeignete Stelle das Scheitern der Einigungsversuche bescheinigen.[77] Schulden wurden zu diesem Zeitpunkt noch keine abgetragen. Sodann erfolgt das gerichtliche Schuldenbereinigungsverfahren, bei dem den Gläubigern durch das Gericht ein Schuldenbereinigungsplan vorgelegt wird.[78] Binnen Monatsfrist haben sich die Gläubiger dazu zu erklären, ein Schweigen gilt als Zustimmung.[79] Kommt eine einfache Mehrheit zu Stande, so kann die Zustimmung der sonstigen Gläubiger durch das Gericht ersetzt werden.[80] Wird auch im gerichtlichen Schuldenbereinigungsverfahren keine Einigung erzielt, so wird das Insolvenzverfahren als vereinfachtes Insolvenzverfahren zu Ende geführt.[81] Dabei wird von einem Treuhänder das verwertbare Vermögen des Schuldners veräußert und der Erlös an die Gläubiger ausgekehrt.[82] Anschließend besteht die Möglichkeit, unter den Voraussetzungen der §§ 286 ff. InsO Restschuldbefreiung zu erlangen.[83]

b) Darstellung der Problematik

Der Bundesregierung ist darin zuzustimmen, dass in ihrem Beispielsfall das nunmehr geltende Recht durchaus ein gerechtes Ergebnis liefert. Allerdings handelt es sich dabei nur um eine von vielen denkbaren Fallkonstellationen. Den weiteren Erläuterungen sei folgender Beispielsfall vorangestellt:

---

[74] Vgl. Beck/Depré/*Viniol*, § 40 Rn. 1.
[75] Vgl. Beck/Depré/*Viniol*, § 40 Rn. 7.
[76] Vgl. Beck/Depré/*Viniol*, § 40 Rn. 13 ff.
[77] Vgl. Beck/Depré/*Viniol*, § 40 Rn. 16.
[78] Vgl. Beck/Depré/*Viniol*, § 40 Rn. 9.
[79] Vgl. Beck/Depré/*Viniol*, § 40 Rn. 9.
[80] Vgl. Beck/Depré/*Viniol*, § 40 Rn. 9.
[81] Vgl. Beck/Depré/*Viniol*, § 40 Rn. 10.
[82] Vgl. Beck/Depré/*Viniol*, § 40 Rn. 63.
[83] Vgl. Beck/Depré/*Viniol*, § 40 Rn. 69.

Beispiel:

F hat ein Anfangsvermögen von -50 000 Euro. Nach Eheschließung betreibt sie erfolgreich die Verbraucherinsolvenz, so dass sie nach erfolgter Restschuldbefreiung nunmehr schuldenfrei ist. Bis zur Scheidung erwirtschaftet sie Vermögen i. H. v. 10 000 Euro. M hat ein Anfangsvermögen von -20 000 Euro. Er erarbeitet sich aus eigener Kraft ein Endvermögen von 10 000 Euro.

Die Berechnung bei M weist keine Besonderheiten auf. Aus seinem Anfangs- und Endvermögen ergibt sich ein Zugewinn von 30 000 Euro. Bei F stellt sich hingegen die Frage, wie die Verbraucherinsolvenz zu berücksichtigen ist. Folgt man der Ansicht der Bundesregierung, so wird der Vermögenssprung, der durch die Insolvenz eintritt, aus der Berechnung herausgehalten.[84] Man betrachtet somit zuerst die Vermögensveränderung vom Anfangsstichtag bis zum Beginn der Verbraucherinsolvenz und sodann die Vermögensveränderung vom Ende der Verbraucherinsolvenz bis zum Stichtag für das Endvermögen. Der Zeitraum der Verbraucherinsolvenz wird für die Zugewinnberechnung als nicht existent angesehen. Die beiden Werte werden addiert und ergeben den gesamten Zugewinn der betroffenen Person. Im obigen Beispiel bedeutet dies, dass sich bei F vom Beginn des Güterstandes bis zum Beginn des Insolvenzverfahrens keine Vermögensänderung ergeben hat und für die Zeit vom Ende des Insolvenzverfahrens bis zum Ende des Güterstandes eine Vermögensänderung von +10 000 Euro ergab. Insgesamt beträgt ihr Zugewinn somit 10 000 Euro. Damit sind alle für die Berechnung des Zugewinnausgleichs notwendigen Beträge ermittelt. Der Zugewinn des M übersteigt den Zugewinn der F somit um 20 000 Euro, was bedeutet, dass er 10 000 Euro Zugewinnausgleich an F zu zahlen hat. Eine Kürzung der Ausgleichsforderung über § 1378 Abs. 2 S. 1 BGB findet nicht statt.

Das Ergebnis scheint zunächst unauffällig. Überträgt man die errechneten Werte jedoch auf den Ausgangsfall, so entstehen Zweifel an der Gerechtigkeit des Ergebnisses. F ist mit 50 000 Euro Schulden in die Ehe gestartet. Anstatt die Schulden abzuzahlen, hat sie sich für den Weg der Verbraucherinsolvenz entschieden. Die 10 000 Euro, die sie nach ihrer erlangten Schuldenfreiheit ansparen konnte, werden durch den Zugewinnausgleich bei Scheidung von M verdoppelt, so dass F am Ende ein Vermögen in Höhe von 20 000 Euro ihr Eigen nennen kann.

[84] Vgl. Gesetzentwurf v. 05.11.2008 BT-Drucks. 16/10798, S. 25 – eine Begründung dieses Ansatzes wurde wohl nicht für nötig erachtet.

M ist weniger stark verschuldet in die Ehe gestartet. Seine Verbindlichkeiten betrugen lediglich 20 000 Euro. Er hat sich für den mühsamen – aber unterstützungswürdigen – Weg der Schuldenrückzahlung entschieden und konnte so nicht nur alle seine Verbindlichkeiten erfüllen, sondern darüber hinaus noch 10 000 Euro ansparen. Durch den Zugewinnausgleich bei Ehescheidung muss er nun jedoch sein komplettes Vermögen an F abgeben, so dass er am Ende wieder vermögenslos ist.

Behandelt man folglich die Verbraucherinsolvenz wie eine normale Schuldentilgung, kann dies zu erheblichen Nachteilen für den nicht insolventen Ehepartner führen. In diesem Fall wird die Person, die mit deutlich höheren Schulden in die Ehe gestartet ist und während der Ehe einen wesentlich niedrigeren Betrag erwirtschaftet hat, durch die Regelungen übermäßig besser gestellt als ihr Ehegatte. Die Kappungsgrenze des § 1378 Abs. 2 S. 1 BGB wird damit begründet, dass es dem Ehegatten, der während der Ehe in erheblichem Umfang eigene Schulden abbaut durchaus zuzumuten ist, im Wege des Zugewinnausgleichs sein komplettes Vermögen abgeben zu müssen.[85] Diese Begründung kann jedoch dann nicht mehr überzeugen, wenn der andere Ehegatte in noch höherem Maße Schulden getilgt hat. Das gilt unabhängig davon, ob die Schuldentilgung durch eigene Leistung oder durch die Inanspruchnahme der Verbraucherinsolvenz erfolgte.

c) Lösungsansatz

Im Gegensatz zur oben geübten Kritik an der Festsetzung der Kappungsgrenze des § 1378 Abs. 2 S. 1 BGB [86] ist in diesem Fall der kritisierte Punkt nicht ausdrücklich im Gesetz festgehalten. Folglich besteht die Möglichkeit, durch Anwendung oder Auslegung des Gesetzes die problematischen Fälle einer zufriedenstellenden Lösung zuzuführen, ohne sich in offenen Widerspruch zum Wortlaut des Gesetzes zu begeben.

Zunächst sind abstrakt die Fallgruppen zu ermitteln, in denen bei unreflektierter Gesetzesanwendung unbillige Ergebnisse entstehen würden. Dies sind im Falle der Verbraucherinsolvenz die Konstellationen, bei denen die Insolvenz auf Seiten des Ausgleichsberechtigten durchgeführt wurde. Während es beim Ausgleichspflichtigen sachgerecht ist, den Zeitraum des Insolvenzverfahrens aus der Zugewinnberechnung auszuklammern, um nicht rechnerisch zu absurd hohen Zugewinnen zu gelangen, die in der Folge ausgeglichen werden müssten, ist die-

[85] Beschlussempfehlung und Bericht v. 13.05.2009 BT-Drucks. 16/13027, S. 7.
[86] Vgl. S. 17 ff.

ser Ansatz auf Seiten des Ausgleichsberechtigten abzulehnen. Da im Falle des Ausgleichsberechtigten an die Höhe des Zugewinns keine Zahlungspflicht gebunden ist, kann er durch einen hohen Zugewinn nie direkte Nachteile erleiden. Solche können nur mittelbar über eine Kürzung der Zugewinnausgleichsforderung entstehen.

Will man jedoch nunmehr die Höhe des Zugewinns des ausgleichsberechtigten Ehegatten, der Schuldenfreiheit durch eine Verbraucherinsolvenz erlangte, so berechnen, als sei die Schuldenfreiheit durch eigene Leistung eingetreten, so dürfte es nicht selten vorkommen, dass aufgrund dieser Rechenmethode der Ausgleichsberechtigte nunmehr zum Ausgleichsverpflichteten würde. Sobald die betroffene Person jedoch zum Ausgleichsverpflichteten werden würde, müsste man den Zeitraum der Verbraucherinsolvenz aus der Zugewinnsberechnung wieder ausschließen. Das würde zu einem ständigen Hin- und Herwechseln zwischen den Rechenmethoden führen und wäre somit alles andere als gut handhabbar. Vorzugswürdig scheint eine Berechnung nach Vorbild des § 1380 Abs. 1 S. 1 BGB. Die Berechnung erfolgt also zunächst ohne Berücksichtigung des Zeitraums der Verbraucherinsolvenz. Ergibt sich aus dieser Berechnung, dass der Ehegatte, der die Verbraucherinsolvenz in Anspruch genommen hat, der ausgleichsberechtigte Ehegatte ist, so wird die Höhe der Schuldenbefreiung, die durch das Insolvenzverfahren erlangt wurde, zur Hälfte auf die Ausgleichsforderung angerechnet. Dass lediglich der halbe Wert angerechnet wird, begründet sich damit, dass die Schuldenbefreiung nicht direkt zu Lasten des anderen Ehegatten geht. Hätte er die Schuldenfreiheit seines Ehepartners durch Leistungen im Sinne des § 1380 BGB bewirkt, so käme ihm im Zugewinnausgleich effektiv auch nur der halbe Wert des Geleisteten zu Gute.[87]

Die Anrechnung erfolgt jedoch nicht wie bei § 1380 BGB durch eine Hinzurechnung zum Zugewinn des anderen Ehegatten, da dieser, wie soeben erläutert, an der Schuldenbefreiung unbeteiligt war. Vielmehr wird die zu berücksichtigende Höhe der Schuldenbefreiung von der errechneten Zugewinnausgleichsforderung abgezogen. Nur wenn nach diesem Abzug noch etwas vom errechneten Ausgleichsanspruch übrig bleibt, erfolgt der Zugewinnausgleich in der entsprechenden Höhe.

[87] Da die Zuwendung nach § 1380 Abs. 2 BGB seinem Endvermögen hinzugerechnet wird, erhöht sich zunächst der Zugewinn und damit auch der Ausgleichsanspruch des anderen Ehegatten. Der danach folgende Abzug führt somit effektiv zu einer Begünstigung in Höhe der Hälfte der Zuwendung.

Beispiel:

F hat ein Anfangsvermögen von -50 000 Euro. Nach Eheschließung betreibt sie erfolgreich die Verbraucherinsolvenz, so dass sie nunmehr schuldenfrei ist. Bis zur Scheidung erwirtschaftet sie Vermögen i. H. v. 10 000 Euro. M hat ein Anfangsvermögen von -20 000 Euro. Er erarbeitet sich aus eigener Kraft ein Endvermögen von 10 000 Euro.

In dem oben bereits angeführten Beispiel[88] beträgt somit der Zugewinn der F 10 000 Euro[89] und der Zugewinn des M 30 000 Euro. Die Differenz von 20 000 Euro führt dazu, dass F einen Zugewinnausgleichsanspruch in Höhe von 10 000 Euro hätte. Allerdings wird von diesem Betrag die Hälfte der erlangten Schuldenbefreiung in Höhe von 50 000 Euro, also 25 000 Euro, abgezogen. Da kein Rest verbleibt, hat F keinen Zugewinnausgleichsanspruch gegen M. Somit haben nach der Ehescheidung beide ein Endvermögen von 10 000 Euro, was angemessen erscheint.

Beispiel:

F hat ein Anfangsvermögen von -50 000 Euro. Sie schafft es, die Schulden auf 30 000 Euro zu verringern und betreibt dann die Verbraucherinsolvenz. Nachdem sie schuldenfrei ist, erwirtschaftet sie bis zur Scheidung noch Vermögen i. H. v. 10 000 Euro. M hat ein Endvermögen von 100 000 Euro und kein Anfangsvermögen.

Vom Anfangsstichtag bis zum Beginn des Insolvenzverfahrens hat F einen Zugewinn von 20 000 Euro erzielt. Nach dem Insolvenzverfahren bis zum Endstichtag hat sie weiteren Zugewinn von 10 000 Euro erwirtschaftet. Ihr gesamter Zugewinn, ohne Berücksichtigung des Insolvenzverfahrens, beträgt somit 30 000 Euro. M hat 100 000 Euro Zugewinn erwirtschaftet, so dass die Differenz 70 000 Euro beträgt. Er müsste F somit 35 000 Euro Zugewinnausgleich zahlen. Von diesem Betrag wird nunmehr jedoch die Hälfte der durch das Insolvenzverfahren erlangten Schuldenbefreiung in Höhe von 30 000 Euro, also 15 000 Euro, abgezogen, so dass ein Zugewinnausgleichsanspruch in Höhe von 20 000 Euro verbleibt. F hatte somit vor der Ehe 50 000 Euro Schulden und hat nach der Ehe Vermögen in Höhe von 30 000 Euro. M hatte vor der Ehe kein Vermögen und hat nach der Ehe 80 000 Euro. Unabhängig von der Art und Weise, wie das Vermögen gemehrt wurde, haben somit sowohl M als auch F durch den Zugewinnausgleich nach der Ehe ihr Vermögen effektiv um 80 000 Euro vermehrt.

[88] Vgl. S. 22.
[89] Ohne Berücksichtigung des Zeitraums der Insolvenz.

Dies entspricht dem Ergebnis, das durch den Zugewinnausgleich im Idealfall erreicht werden soll.[90]

Beispiel:

F hat weder Anfangs- noch Endvermögen. M hat ein Anfangsvermögen von -100 000 Euro. Durch ein Verbraucherinsolvenzverfahren wird er schuldenfrei. Sein Endvermögen zum Stichtag beträgt 50 000 Euro.[91]

M hat hier, ohne Berücksichtigung des Insolvenzzeitraums, einen Zugewinn von 50 000 Euro erwirtschaftet, was zu einem Zugewinnausgleichsanspruch der F von 25 000 Euro führt. Da in diesem Fall der *Ausgleichsverpflichtete* vom Insolvenzverfahren profitierte, erfolgt keine Anrechnung der Schuldenbefreiung. Die Befreiung der Schulden erfolgte gerade deshalb, weil die betroffene Person selbständig nicht in der Lage gewesen wäre, diese Summe zu erwirtschaften.[92] Würde man die Summe im Zugewinnausgleich berücksichtigen, würde man von dem betroffenen Ehegatten verlangen, einen Zugewinn auszugleichen, den er tatsächlich niemals hätte erzielen können. Man würde ihn somit über Gebühr belasten.[93]

Beispiel:

F hat bei Eheschließung 50 000 Euro Schulden, M hat 30 000 Euro Schulden. Beide betreiben erfolgreich die Verbracherinsolvenz. F erwirtschaftet im Anschluss an das Insolvenzverfahren Vermögen i. H. v. 30 000 Euro, M i. H. v. 50 000 Euro.

Vorliegend handelt es sich um den Sonderfall, dass beide Ehegatten durch ein Insolvenzverfahren Schuldenfreiheit erlangt haben. Berechnet man zunächst die Zugewinne ohne Berücksichtigung des Insolvenzzeitraums, so kommt man zu dem Ergebnis, dass F Zugewinn in Höhe von 30 000 Euro und M Zugewinn in

90 Durch den Zugewinnausgleich soll erreicht werden, dass beide Ehegatten mit einem gleichhohen Zugewinn aus der Ehe ausscheiden.

91 Fall nach Gesetzentwurf v. 05.11.2008 BT-Drucks. 16/10798, S. 25.

92 Vgl. § 17 InsO.

93 Zur Verdeutlichung: Beim Zugewinnberechtigten ist die Anrechnung deswegen angebracht, da daraus keine Zahlungspflicht resultieren kann. Durch die Schuldenbefreiung hat die betroffene Person einen wirtschaftlichen Wert erhalten und durch den Zugewinnausgleich wird sie erneut einen wirtschaftlichen Wert erhalten. Deswegen ist es angemessen, den Wert des ersten „Geschenks“ bei der Berechnung der Höhe der zweiten Zuwendung zu berücksichtigen. Aus der ersten Zuwendung jedoch eine Zahlungspflicht abzuleiten würde zu einer Entwertung der gewährten Hilfestellung führen.

Höhe von 50 000 Euro erzielt hat. Ohne Anpassung müsste also M an F Zugewinnausgleich in Höhe von 10 000 Euro zahlen, da sein Zugewinn den der F um 20 000 Euro übersteigt. Würde man nach einem solchen Ausgleich allerdings zu Kontrollzwecken die beiden Vermögenslagen vor und nach der Ehe vergleichen, so fällt auf, dass sich F in diesem Fall von -50 000 Euro auf 40 000 Euro verbessert hätte, während der Ehe ihr Vermögen als um 90 000 Euro gemehrt hätte. M hingegen hätte sich von -30 000 Euro auf 40 000 Euro um lediglich 70 000 Euro gesteigert. Dem Prinzip der hälftigen Teilung entspräche dieses Ergebnis nicht.

Wendet man hingegen auch auf diesen Fall die oben postulierte Lösung an, so kommt man zu dem Ergebnis, dass die Ausgleichsberechtigte (auch) von einer Verbraucherinsolvenz profitiert hat. Folglich muss von dem errechneten Zugewinnausgleichsanspruch in Höhe von 10 000 Euro die Hälfte des durch die Schuldenbefreiung erlangten abgezogen werden. F hat Schuldenbefreiung in Höhe von 50 000 Euro erlangt, so dass 25 000 Euro von ihrem Ausgleichsanspruch abzuziehen sind. Da somit kein Überschuss verbleibt, muss M an F keinen Zugewinnausgleich zahlen. Nimmt man nunmehr die Kontrollbetrachtung vor, so haben sich die Vermögen von M und F durch die Ehe jeweils um 80 000 Euro erhöht. Dass kein Ausgleich stattfindet entspricht somit dem Verständnis der hälftigen Teilhabe.

Hatte der von einer Verbraucherinsolvenz betroffene Ehegatte ein positives Anfangsvermögen, so muss das Insolvenzverfahren für die Zugewinnberechnung ignoriert werden. Entscheidend für den Zugewinn ist lediglich das Anfangs- und das Endvermögen. Unerheblich ist, welchen Verlauf die Vermögensentwicklung in der Zwischenzeit nahm. Aus dem gleichen Grund kann die Schuldenbefreiung durch das Insolvenzverfahren maximal bis zur Höhe des negativen Anfangsvermögens berücksichtigt werden. Sinkt das Anfangsvermögen also zunächst weiter ab und wird dann die Verbraucherinsolvenz durchgeführt, so muss das anfängliche Absinken für die Berechnung ebenfalls ignoriert werden.

d) Ergebnis

Der soeben präsentierte Vorschlag hat sich in allen denkbaren Konstellationen als eine der unreflektierten Gesetzesanwendung überlegene Lösung erwiesen. Dogmatisch ist seine Umsetzung möglich, ohne sich in offenen Widerspruch zum Gesetz zu begeben. Sei es nun, dass man auf die problematischen Fälle § 1380 BGB analog anwendet, oder dass man die oben vertretene Lösung über den Weg der Billigkeitsklausel des § 1381 Abs. 1 BGB erreicht. Der Weg über

§ 1381 Abs. 1 BGB ist dabei dogmatisch stimmiger, auch wenn es nicht sehr elegant ist, grundsätzliche Probleme über Billigkeitsklauseln zu lösen. Die Anwendung der Billigkeitsklausel lässt es zu, die Erfüllung der Ausgleichsforderung nur teilweise zu verweigern, was sich aus dem Wort *soweit* ergibt.[94] Es handelt sich bei den Fällen der Verbraucherinsolvenz auch nicht um eine systembedingte Ungerechtigkeit, die vom Gesetzgeber ausdrücklich zu Gunsten der einfachen Handhabbarkeit geduldet wurde.[95] Vielmehr handelt es sich um eine Folgewirkung der Einführung von negativen Vermögensständen in die Berechnung des Zugewinns, die vom Gesetzgeber nicht bedacht wurde. Dies ergibt sich daraus, dass die Fälle der Verbraucherinsolvenz im Gesetzentwurf zwar angesprochen wurden, in diesem Zusammenhang jedoch kein Problem gesehen wurde.[96]

Folgende Lösung zur Behandlung von Fällen der Verbraucherinsolvenz scheint somit angemessen:

Behandlung der Verbraucherinsolvenz

In den Fällen einer Verbraucherinsolvenz wird der Zugewinn der Ehegatten zunächst ohne den durch die Restschuldbefreiung erzielten Vermögenssprung errechnet. Fand auf Seiten des aufgrund dieser Berechnung ausgleichsberechtigten Ehegatten eine Verbraucherinsolvenz statt, so ist von dessen Ausgleichsanspruch die Hälfte des Wertes der durch die Insolvenz erlangten Schuldenbefreiung in Abzug zu bringen. Übersteigt der hälftige Wert der Schuldenbefreiung den Ausgleichsanspruch, so findet ein Ausgleich nicht statt.

5. Gegenseitige Verbindlichkeiten

Eine vollständige Untersuchung des neuen Güterrechts darf sich nicht nur mit den Änderungen auseinandersetzen, sondern muss Problempunkte auch dann aufzeigen, wenn diese zwar nicht durch die Reform entstanden sind, durch diese aber auch nicht beseitigt wurden. Aus diesem Grund soll an dieser Stelle die Problematik der gegenseitigen Verbindlichkeiten aufgegriffen werden. Weder vor noch nach der Reform findet sich im Gesetz eine ausdrückliche Regelung für diese Fälle.

94 Vgl. *Schwab*, Familienrecht, Rn. 289; *Wellenhofer*, Familienrecht, Kapitel 4, Rn. 24.

95 In diesem Fall wäre die Anwendung der Billigkeitsklauseln ausgeschlossen, vgl. MüKo/*Koch*, 5. Aufl., § 1381 Rn. 12.

96 Gesetzentwurf v. 05.11.2008 BT-Drucks. 16/10798, S. 25.

a) Die Problematik

Wie bereits erörtert sieht die Rechtsprechung keinen Bedarf, gegenseitige Verbindlichkeiten der Ehegatten, vornehmlich Unterhaltsschulden, anders zu behandeln als Verbindlichkeiten gegenüber und von Dritten.[97] Den weiteren Ausführungen sei folgender Fall zur Verdeutlichung vorangestellt:[98]

> **Beispiel:**
>
> M und F haben kein Anfangsvermögen. Zum Stichtag für die Berechnung des Endvermögens hat M ein Vermögen von 30 000 Euro, der Wert des Vermögens von F beträgt 50 000 Euro. Allerdings hat M während der Trennungszeit seine Unterhaltspflicht verletzt und schuldet F deswegen noch 10 000 Euro Unterhalt.

Als Ausgangspunkt soll zunächst kurz der Zugwinnausgleich ohne Berücksichtigung der Unterhaltsschulden errechnet werden.[99] M hat einen Zugewinn von 30 000 Euro erwirtschaftet, F einen Zugewinn von 50 000 Euro. Folglich übersteigt der Zugewinn der F den des M um 20 000 Euro, so dass F an M Zugewinnausgleich in Höhe von 10 000 Euro zahlen müsste.

Wenn man nun, wie die Rechtsprechung,[100] zum einen die Verbindlichkeit des M in dessen Endvermögen abzieht und andererseits die fällige Forderung der F ihrem Endvermögen hinzurechnet, so beträgt das für die Berechnung des Zugewinns relevante Endvermögen des M 20 000 Euro, das der F 60 000 Euro. Folglich übersteigt nunmehr der Zugewinn der F den des M um 40 000 Euro. Zugewinnausgleich wäre somit in Höhe von 20 000 Euro zu zahlen. Soweit nun F teilweise mit ihrer Forderung gegen M aufrechnet, bleibt ein zu zahlender Restbetrag von 10 000 Euro. Vergleicht man dieses Ergebnis mit der oben durchgeführten Kontrollrechnung, so stellt man schnell fest, dass nach dieser Rechenmethode gegenseitige Verbindlichkeiten mit der Scheidung jeden wirtschaftlichen Wert verlieren. Dadurch, dass die Verbindlichkeit sowohl beim Schuldner, als auch beim Gläubiger berücksichtigt wird, erhöht sich die Differenz der beiden Zugewinne um den doppelten Wert der Verbindlichkeit. Der Zugewinnausgleichsanspruch erhöht sich für den Schuldner also in Höhe seiner

---

[97] Vgl. S. 14.

[98] Inspiriert von: OLG Hamm 5. Senat Urteil v. 28.02.2007 (5 UF 130/06) FamRZ 2007, 1243–1244.

[99] Die übliche Variante, dass M den Unterhalt zahlt und F diesen zum Leben verbraucht, wird sogleich behandelt.

[100] Vgl. BGH Urteil v. 27.08.2003 (XII ZR 300/01) FamRZ 2003, 1544–1547; *Bergschneider*, FamRZ 2007, S. 1244; *Haußleiter/Schulz*, Kapitel 1, Rn. 301 ff.

Verbindlichkeit. Sollte der Schuldner Zugewinnausgleichsgläubiger sein, so vermindert sich seine Ausgleichspflicht in gleichem Maße. Wirtschaftlich betrachtet ist die Forderung gegen den Ehegatten somit im Scheidungsfall wertlos.

Mag man dieses Ergebnis für viele Arten gegenseitiger Verbindlichkeiten durchaus gutheißen, so bringt es gerade im häufigen Fall der Unterhaltsschulden jedoch Unstimmigkeiten mit sich. Das OLG Hamm führt aus, dass es keiner besonderen Behandlung gegenseitiger Verbindlichkeiten bedarf, da der Schuldner wirtschaftlich keinen Vorteil erlange, wenn er mit der Erfüllung seiner Verbindlichkeit bis zur Beendigung des Güterstandes warte.[101] Bei dieser Überlegung wurde jedoch die Besonderheit von Unterhaltszahlungen nicht genügend berücksichtigt. Das OLG Hamm geht davon aus, dass es für die Entwicklung des Vermögens keinen Unterschied macht, ob der Unterhalt pünktlich gezahlt wird oder nicht. In einem Fall würden die tatsächlichen Ausgaben des Gläubigers direkt vom Unterhalt bestritten, im anderen Fall gingen diese Ausgaben zunächst zu Lasten des angesparten Vermögens.[102]

Unterhalt wird jedoch nach dem gesetzlichen Leitbild in genau den Fällen gezahlt, in denen der andere Ehegatte nicht in der Lage ist, den ehelichen Lebensstandard ohne finanzielle Unterstützung zu halten.[103] Es ist somit falsch davon auszugehen, der unterhaltsberechtigte Ehegatte könne in der Regel auch ohne Unterhaltszahlungen seinen Lebensstandard beibehalten. Vielmehr wird in den meisten Fällen das Ausbleiben von Unterhaltszahlungen dazu führen, dass sich der unterhaltsberechtigte Ehegatte finanziell einschränken muss. Von dieser erzwungenen Sparsamkeit profitiert sodann der Ehegatte, der seine Unterhaltspflicht verletzt hat.

Beispiel:

Var. 1: M und F haben kein Anfangsvermögen. Als F auszieht, besitzen sie und M jeweils 10 000 Euro. M zahlt an F jeden Monat 500 Euro Trennungsunterhalt, den F für Miete und Lebensmittel verbraucht. Er kann deswegen kein Geld ansparen, so dass zum Stichtag für das Endvermögen F und M nach wie vor 10 000 Euro besitzen.

Var. 2: M und F haben kein Anfangsvermögen. Als F auszieht besitzen sie und M jeweils 10 000 Euro. M zahlt an F keinen Unterhalt. Dadurch kann sich F nur ein kleines Zimmer mieten und muss billig einkaufen. Sie wendet 300 Euro im Monat für ihren Unterhalt auf.

[101] OLG Hamm 5. Senat Urteil v. 28.02.2007 (5 UF 130/06) FamRZ 2007, 1243–1244, S. 1244.
[102] OLG Hamm 5. Senat Urteil v. 28.02.2007 (5 UF 130/06) FamRZ 2007, 1243–1244, S. 1244.
[103] Staudinger/*Voppel*, § 1361 Rn. 129.

> Zum Stichtag für das Endvermögen hat F nur noch 4 000 Euro Vermögen. M legt das Geld, dass er nicht an F gezahlt hat, auf sein Konto und hat somit zum Stichtag ein Vermögen von 20 000 Euro.

In diesem Beispiel erfüllt M in Var. 1 seine Unterhaltspflicht, in Var. 2 wartet er mit der Erfüllung bis zur Beendigung des Güterstandes. In Var. 1 haben sowohl F als auch M zum Stichtag einen Zugewinn von 10 000 Euro erzielt, so dass kein Zugewinnausgleich stattfindet. Sowohl M als auch F gehen somit mit einem Vermögen von jeweils 10 000 Euro aus der gemeinsamen Ehe.

In Var. 2 hat M seine Unterhaltspflicht nicht erfüllt, er schuldet der F somit insgesamt noch 10 000 Euro Unterhalt. Folgt man der Ansicht des OLG Hamm, so wird dieser Betrag nunmehr vom Endvermögen des M abgezogen und gleichzeitig dem Endvermögen der F hinzugerechnet. Somit hätte M ein Endvermögen von 10 000 Euro und F ein Endvermögen von 14 000 Euro. Der Zugewinn der F übersteigt den des M somit um 4 000 Euro, so dass sie 2 000 Euro Zugewinnausgleich an M zu zahlen hätte. Verrechnet man die beiden Forderungen, so bleibt als Saldo eine Forderung der F gegen M in Höhe von 8 000 Euro. Nach Begleichung dieser Forderung gehen sowohl F als auch M mit Vermögen von jeweils 12 000 Euro aus der gemeinsamen Ehe. Die Besserstellung des M in Höhe von 2 000 Euro gegenüber Var. 1 beruht allein auf der erzwungenen Sparsamkeit der F. M profitiert somit unmittelbar davon, dass F durch die fehlenden Unterhaltszahlungen enthaltsam leben musste.

Da Unterhalt, wie bereits erwähnt, nur gezahlt werden muss, wenn der andere Ehegatte nicht in der Lage ist, selbständig für seinen Unterhalt zu sorgen,[104] dürfte die Annahme, dass der unterhaltsberechtigte Ehegatte ohne Unterhaltszahlungen seine Ausgaben kürzen muss, wahrscheinlicher sein als die Behauptung des OLG Hamm, der Unterhaltsberechtigte werde in diesem Fall seinen normalen Lebensstandard beibehalten und dafür sein vorhandenes Vermögen einsetzen.

Die Ungerechtigkeit des eben aufgezeigten Ergebnisses dürfte deutlich geworden sein, offen bleibt jedoch die Frage, wie dieses Ergebnis vermieden werden kann.

b) Lösungsansatz

Bevor ein Lösungsansatz für das aufgezeigte Problem erarbeitet werden kann, soll an dieser Stelle noch einmal überprüft werden, bei welchen Fallgruppen der

---

[104] Vgl. S. 30; Staudinger/*Voppel*, § 1361 Rn. 129.

gegenseitigen Verbindlichkeiten ein Gerechtigkeitsdefizit besteht. Bisher wurde ein solches nur für den Fall der aus unerfüllten Unterhaltsverpflichtungen entstandenen Verbindlichkeiten aufgezeigt.[105] Eine Besonderheit dieser Fälle, die letztlich auch für die Ungerechtigkeit des Ergebnisses entscheidend war, ist die Tatsache, dass von dem geschuldetem Geld der Lebensunterhalt bestritten werden sollte.[106] Diese Besonderheit liegt jedoch nicht bei allen Arten von Verbindlichkeiten vor. Anhand eines Beispielfalls soll dies nun genauer überprüft werden.

Beispiel:

M ist selbständig und träumt schon lange davon, bei einem Parabelflug Schwerelosigkeit zu erleben. Da ihm als Selbständigen jedoch ein finanzielles Polster wichtig ist, möchte er die erforderlichen 10 000 Euro nicht von seinem gesparten Geld aufbringen. Deswegen leiht er sich das Geld von seiner Ehefrau F. M und F hatten jeweils kein Anfangsvermögen. Ohne Berücksichtigung der Forderung der F gegen M i. H. v. 10 000 Euro beträgt das Endvermögen von M 50 000 Euro, das von F 30 000 Euro.

In diesem Fall ist die Verbindlichkeit nicht aus einem finanziellen Engpass heraus entstanden, sondern wurde zu Konsumzwecken eingegangen. Ignoriert man zunächst die Verbindlichkeit, so hätte M einen Zugewinn von 50 000 Euro und F einen Zugewinn von 30 000 Euro erwirtschaftet. Folglich hätte M an F Zugewinnausgleich in Höhe von 10 000 Euro zu zahlen.

Berücksichtigt man nun die Verbindlichkeit, wie von der Rechtsprechung gewünscht,[107] in beiden Endvermögen, so hat M ein Endvermögen von 40 000 Euro und F ein Endvermögen von ebenfalls 40 000 Euro, da sich zu ihren vorhandenen 30 000 Euro nunmehr die Forderung in Höhe von 10 000 Euro gegen M addiert. Folglich wäre nach dem aktuellen Stand der Rechtsprechung kein Ausgleich zu zahlen, was natürlich nichts an der Pflicht des M ändert, F die geliehenen 10 000 Euro zurückzuzahlen. Betrachtet man nun zur Kontrolle den Fall, dass M den Flug aus seinem eigenen Vermögen bezahlt hätte, so würde sich, eine ansonsten identische Vermögensentwicklung unterstellt, sein Endvermögen auf 40 000 Euro belaufen. F hätte ebenfalls 40 000 Euro Endvermögen,[108] so dass auch in diesem Fall kein Zugewinnausgleich zu leisten gewesen wäre. Betrachtet

[105] Siehe S. 29.
[106] Vgl. Wendl/Staudigl/*Dose*, § 9 Rn. 7.
[107] Vgl. OLG Hamm 5. Senat Urteil v. 28.02.2007 (5 UF 130/06) FamRZ 2007, 1243–1244.
[108] Da sie kein Geld verleihen musste.

man als letzte Kontrolle nun den Fall, dass sich M das Geld von einem Dritten geliehen hätte, so wäre sein Endvermögen auch in diesem Fall mit 40 000 Euro zu bewerten, da er 50 000 Euro Vermögen und 10 000 Euro Verbindlichkeiten besäße. Das Endvermögen der F würde ebenfalls 40 000 Euro betragen, da sie keine 10 000 Euro verleihen musste.

Anders als bei gegenseitigen Verbindlichkeiten aus nicht gezahltem Unterhalt ist bei sonstigen gegenseitigen Verbindlichkeiten kein Gerechtigkeitsdefizit zu erkennen, wenn man diese Verbindlichkeiten wie Verbindlichkeiten von und zu Dritten behandelt. Folglich ist nur für den Sonderfall, dass zwischen den Ehegatten Verbindlichkeiten aus nicht erfüllten Unterhaltsansprüchen aufgelaufen sind, eine Abweichung von der momentanen Praxis der Rechtsprechung notwendig.

Unter der Prämisse, dass das Güterrecht keine Sanktionsfunktionen erfüllen soll,[109] muss das erklärte Ziel einer Lösung folglich sein, eine verspätete Unterhaltszahlung so zu behandeln, als sei sie rechtzeitig erfolgt. Dabei stellt sich das Problem, dass nicht immer leicht feststellbar sein wird, ob durch die verspätete Unterhaltszahlung tatsächlich eine unfreiwillige Ausgabebeschränkung auf Seiten des unterhaltsberechtigten Ehegatten eingetreten ist. Es mag auch die Fälle geben, in denen fehlender Unterhalt tatsächlich durch Aufwendungen aus dem eigenen Vermögen ausgeglichen wird. Eine optimale Lösung würde für beide Fälle gleichermaßen ein befriedigendes Ergebnis bieten, ohne unrealistisch hohe Anforderungen an die Darlegungs- und Beweislast zu stellen.

Inwieweit die im Folgenden zu erarbeitenden Lösungsvorschläge in allen denkbaren Fallkonstellationen überzeugen können, soll anhand der folgenden Fälle überprüft werden. Das Anfangsvermögen ist jeweils mit null anzusetzen.

Beispiel:

Var. 1: M hat ein Endvermögen von 40 000 Euro. Er zahlt seit 10 Monaten Trennungsunterhalt i. H. v. 1 000 Euro monatlich an F. F hat den Unterhalt zum Leben verbraucht, ihr Endvermögen i. H. v. 20 000 Euro musste sie deshalb nicht verwenden.

Var. 2: M hat ein Endvermögen von 50 000 Euro, da er seit 10 Monaten keinen Trennungsunterhalt an F zahlt und das gesparte Geld auf sein Konto legt. F hat deswegen sparsam gelebt, so dass sie in den 10 Monaten nur 5 000 Euro zum Leben verbraucht hat. Ihr Endvermögen beträgt somit noch 15 000 Euro.

[109] Vgl. MüKo/*Koch*, 5. Aufl., § 1381 Rn. 34.

Var. 3: M hat ein Endvermögen von 50 000 Euro, da er seit 10 Monaten keinen Trennungsunterhalt an F zahlt und das gesparte Geld auf sein Konto legt. F hat im Vertrauen auf die Eintreibbarkeit der ausstehenden Zahlungen ihre Lebensführung nicht eingeschränkt, so dass ihr Endvermögen nur noch 10 000 Euro beträgt.

Variante 1 des Beispiels dient hierbei der Kontrolle. Je näher die Varianten 2 und 3 an das Ergebnis von Variante 1 gebracht werden können, um so gerechter ist der Lösungsvorschlag. Der Zugewinn des M übersteigt in Variante 1 den der F um 20 000 Euro, so dass Zugewinnausgleich in Höhe von 10 000 Euro an F zu zahlen wäre. Aus der Ehe würden somit beide Ehepartner mit einem Endvermögen von 30 000 Euro ausscheiden.

aa) Einseitige Berücksichtigung

Geht man davon aus, dass Unterhaltszahlungen, wie es vom gesetzlichen Leitbild vorgesehen ist,[110] für den Lebensunterhalt verbraucht werden, so führt dies zu einem ersten Lösungsansatz: Zieht man gegenseitige Verbindlichkeiten, die durch unterlassene Unterhaltszahlungen entstanden sind, zwar vom Endvermögen des Schuldners ab, ohne sie jedoch beim Endvermögen des Gläubigers zu berücksichtigen, so spiegelt man damit das gesetzliche Leitbild für Unterhaltszahlungen wieder. Auf Schuldnerseite wird das Vermögen durch die Zahlungen geschmälert, auf Gläubigerseite tritt jedoch keine Vermögensmehrung ein, da das Geld verbraucht wird.[111]

In Variante 2 und 3 würde das Endvermögen des M somit jeweils 40 000 Euro betragen, das Endvermögen der F bliebe in beiden Fällen ohne Hinzurechnung bei 15 000, bzw. 10 000 Euro.

In Variante 2 überstiege das Endvermögen des M das der F somit um 25 000 Euro, so dass Zugewinnausgleich in Höhe von 12 500 Euro zu zahlen wäre. Die Verbindlichkeit muss selbstverständlich ebenfalls erfüllt werden. M würde somit mit 27 500 Euro, F mit 37 500 Euro aus der Ehe ausscheiden. Da F hier, anders als im Regelfall in Variante 1, durch erzwungene Sparsamkeit 5 000 Euro eingespart hat, ist es durchaus erwünscht, dass diese Einsparung lediglich ihr zu Gute kommt. Im vorliegenden Ergebnis ist der Betrag, mit dem sie die Ehegemeinschaft verlässt, jedoch um 10 000 Euro größer als der des M. Diese Differenz lässt sich nicht ohne Rückgriff auf einen Strafgedanken rechtfertigen.

---

[110] Vgl. Wendl/Staudigl/*Dose*, § 9 Rn. 7.

[111] Vgl. *Battes*, FuR 1990, S. 322.

Um Erkenntnisse für einen weiteren Lösungsansatz zu gewinnen, sollen dennoch die Auswirkungen auf Variante drei untersucht werden. In dieser Fallvariante übersteigt das Endvermögen des M das der F um 30 000 Euro, so dass Zugewinnausgleich in Höhe von 15 000 Euro, sowie die Unterhaltsverbindlichkeit in Höhe von 10 000 Euro von M an F gezahlt werden muss. M hätte nach Beendigung der Ehe somit 25 000 Euro Vermögen, F hingegen 35 000 Euro. Das Ergebnis überrascht nicht. Da die Verbindlichkeiten in Höhe von 10 000 Euro auf der Gläubigerseite unberücksichtigt bleiben, stellt dies die Differenz in den Vermögen dar, die nach der Beendigung des Güterstandes vorhanden sind.

Die pure „Übersetzung" der üblichen Verwendung von Unterhalt in ein Rechenmodell kann somit nicht zu überzeugenden Ergebnissen führen.

bb) Bildung von Regelfällen

Durch die bei diesen Berechnungen gefundenen Ergebnisse lässt sich bereits erkennen, dass es nicht möglich sein wird, ein Rechenmodell zu finden, das unabhängig von der tatsächlichen Finanzierung des Lebensbedarfs – sei es aus dem Ersparten oder sei es durch Verzicht – zu gerechten Ergebnissen führt. Zu unterschiedlich sind die Ausgangslagen. In einer solchen Situation besteht die Möglichkeit, entweder den Parteien aufzuerlegen nachzuweisen, inwieweit ihre tatsächlichen Lebensführungskosten durch die fehlenden Unterhaltszahlungen beeinflusst wurden; oder man bildet Fallgruppen, die nach objektiven und verallgemeinerten Kriterien abgegrenzt werden.

Es liegt nahe davon auszugehen, dass die Ehegatten die Unterhaltszahlungen um so stärker für den täglichen Bedarf verwenden, je weniger Geld ihnen im Monat zur Verfügung steht. Folglich kann bei geringen Beträgen fehlender Unterhalt nur durch Sparsamkeit ausgeglichen werden, da regelmäßig kein wesentliches Vermögen als Puffer vorhanden sein dürfte. Es würde sich für die Praxis somit anbieten, die Berücksichtigung gegenseitiger Verbindlichkeiten aus nicht gezahltem Unterhalt nach der Höhe des dem Ehegatten für die Lebensführung zur Verfügung stehenden Einkommens zu differenzieren. Entscheidend ist dabei auch, welcher Anteil am monatlichen Nettoeinkommen durch die Unterhaltszahlungen gedeckt werden sollte.

In einem ersten Schritt wären somit die Fälle von der Sonderberechnung auszunehmen, bei denen davon ausgegangen werden kann, dass die Unterhaltszahlungen nur den durch die Ehe gewohnten wohlhabenden Lebensstandard erhalten sollen und nicht der Sicherung des „täglichen Brotes" zu dienen bestimmt sind. Als Kriterium dafür bietet sich die Höhe des Nettoeinkommens ohne Berücksichtigung der Unterhaltszahlungen an. Wenn demnach auch ohne die Zahlungen so viel Geld zur Verfügung stand, dass davon ausgegangen werden kann, dass das tägliche Leben problemlos bestritten werden konnte, dann gleichen sich die Verbindlichkeiten in ihrer Wirkung den zu Konsumzwecken eingegangenen Verbindlichkeiten an. Die Überlegung, dass der Lebensunterhalt nur durch Rückgriff auf das Vermögen oder durch unzumutbare Einschränkung bestritten werden konnte, verliert dann zusehends an Richtigkeit. Die Festlegung der Grenze könnte unter Berücksichtigung der Hartz IV Regelsätze erfolgen. Jedoch erscheint eine Verdopplung angemessen, da die Höhe des Regelsatzes durchaus vom Gedanken der Einschränkung geprägt ist. Unter Zugrundelegung des seit 2011 geltenden Regelsatzes wären die Unterhaltsverbindlichkeiten, die einem Ehegatten als Gläubiger zustehen, dann nicht mehr gesondert zu behandeln, wenn, nach Abzug der Mietkosten, dem Ehegatten auch ohne die Unterhaltszahlungen monatlich 728 Euro netto zur Verfügung standen. Bei fiktiven Mietkosten von 600 Euro pro Monat[112] entspräche das immerhin einem Nettoeinkommen von 1 328 Euro. Von diesem Geld sollte eine alleinstehende, erwachsene Person durchaus leben können. Zur Klarstellung sei nochmals betont, dass es nicht darum geht, den Unterhaltsanspruch in Frage zu stellen. Entscheidend ist allein, ob bei pauschalisierter Betrachtung davon ausgegangen werden kann, dass dem Unterhaltsberechtigten Ehegatten das zur Verfügung stehende Geld „nicht zum Leben gereicht" hat, so dass er sich entweder unzumutbar einschränken oder auf sein Vermögen zurückgreifen musste. Nur unter diesem Aspekt erfolgte die Festlegung der Grenze.

Soweit nach dieser ersten Hürde die Anpassung der Berechnung als notwendig angesehen wird, muss in einem zweiten Schritt ermittelt werden, in welchem Umfang eine solche Anpassung zu erfolgen hat. Es bietet sich an, den Umfang der Anpassung davon abhängig zu machen, welcher Anteil des monatlichen Bedarfs durch die Unterhaltszahlungen gedeckt werden sollte. Sollte der Lebensbedarf des einen Ehegatten zur Hälfte durch die Unterhaltszahlungen gedeckt werden, so sollten die Unterhaltsschulden zur Hälfte berücksichtigt werden.[113]

---

[112] Relevant ist hier nur die tatsächlich gezahlte Miethöhe. Selbst wenn die Miethöhe den Lebensverhältnissen nicht angemessen ist, ist die volle Höhe zu Berücksichtigen. Ziel dieser Betrachtungen ist ausschließlich festzustellen, ob das monatlich vorhandene Geld rein tatsächlich zum Leben ausgegeben werden muss oder ob genug Geld vorhanden ist, um durch vorübergehende Sparsamkeit trotzdem zurecht zu kommen. Die monatliche Miete ist jedoch keine Ausgabe, die man vorübergehend reduzieren könnte. Und auf eine günstigere Wohnung soll der Unterhaltsgläubiger an dieser Stelle gerade nicht verwiesen werden.

[113] Auf welche rechnerische Art die Berücksichtigung zu erfolgen hat, wird im nächsten Schritt erörtert.

Um so geringer der Anteil ist, den die Unterhaltszahlungen am Lebensbedarf ausmachen, um so weniger muss die Rechenmethode vom Normalfall abweichen. Umgekehrt muss die Berechnung natürlich um so mehr angepasst werden, je stärker der unterhaltsberechtigte Ehegatte von den Unterhaltszahlungen des anderen abhängig ist.

Für die Rechenmethode ist nunmehr wieder auf den oben entwickelten Gedanken[114] zurückzugreifen, wonach die Unterhaltsschulden beim Schuldner vollständig berücksichtigt werden, beim Gläubiger jedoch, aufgrund der Zweckbestimmung des Unterhalts „zum Verbrauch“,[115] nur teilweise. Je stärker der unterhaltsberechtigte Ehegatte von den Unterhaltszahlungen abhängig war, um so weniger werden die ausstehenden Unterhaltsforderungen in seinem Endvermögen berücksichtigt.

> **Beispiel:**
>
> M hat ein Vermögen von 46 000 Euro.[116] Er hätte jedoch die letzten 10 Monate Unterhalt i. H. v. 600 Euro monatlich an F zahlen müssen. F hat ein Vermögen von 10 000 Euro. Durch einen Halbtagsjob verdient sie 1 200 Euro Netto, wovon jedoch 600 Euro pro Monat für die Miete ihrer Wohnung verbraucht werden.

Die Unterhaltsschulden in Höhe von 6 000 Euro werden im Endvermögen des M vollständig berücksichtigt, so dass sein Endvermögen 40 000 Euro beträgt. Da im Endvermögen der F auch unerfüllte Unterhaltsforderungen enthalten sind, ist zunächst zu prüfen, ob eine Anpassung der normalen Berücksichtigung von Forderungen erfolgen muss. Nach dem oben Ausgeführten[117] ist eine Anpassung dann erforderlich, wenn dem unterhaltsberechtigten Ehegatten ohne die Unterhaltszahlungen weniger als der doppelte Hartz IV Satz zum Leben zur Verfügung stand. Ohne den Unterhalt standen der F 1 200 Euro netto zur Verfügung, wovon jedoch die Miete abzuziehen ist. Die verbleibenden 600 Euro liegen unter dem doppelten Hartz IV Satz, so dass eine Anpassung der Berechnung vorzunehmen ist.

In einem zweiten Schritt ist sodann zu ermitteln, welcher Anteil des errechneten Lebensbedarfs der F durch die Unterhaltszahlungen des M gedeckt werden sollte. Mit den Unterhaltszahlungen sollten F 1 800 Euro pro Monat zur Verfügung stehen, wovon 600 Euro durch die Unterhaltszahlungen gedeckt werden

---

[114] Vgl. S. 34.
[115] Vgl. *Battes*, FuR 1990, S. 322.
[116] Weder M noch F haben Anfangsvermögen.
[117] Vgl. S. 35.

sollten. Das Verhältnis des eigenen Einkommens zu den Unterhaltszahlungen beträgt somit 2/3 zu 1/3. Im Endvermögen der F ist die Unterhaltsforderung gegen M somit zu 2/3 zu berücksichtigen. Ihr Endvermögen beträgt demnach 10 000 Euro plus 4 000 Euro[118], also 14 000 Euro. Die Differenz zum Endvermögen – und damit Zugewinn – des M beträgt somit 26 000 Euro, so dass von M 13 000 Euro Zugewinnausgleich, sowie die 6 000 Euro ausstehender Unterhalt an F zu zahlen sind. Nach der Ehe hat M somit 27 000 Euro, F 29 000 Euro Vermögen. Die 2 000 Euro, um die das Vermögen von F das des M nun übersteigt, repräsentieren den Teil ihres monatlichen Einkommens, den sie aufgrund der ausgebliebenen Unterhaltszahlungen nicht ausgeben konnte, sondern anderweitig decken, bzw. einsparen musste. Da nur sie durch den Sparzwang benachteiligt war, kommt auch nur ihr das ersparte Vermögen zu Gute. Natürlich sind die hier errechneten 2 000 Euro kein exakter Wert. Ein solcher wird sich kaum bestimmen lassen. Es ist jedoch zumindest ein leicht handhabbarer Wert, der sich an einer durchschnittlichen Lebensführung orientiert.

Ein weiteres Beispiel soll die Lösung für die Fallvariante verdeutlichen, bei der eine größere Abhängigkeit von den Unterhaltszahlungen des anderen Ehegatten besteht.

Beispiel:

M hat ein Vermögen von 46 000 Euro.[119] Er hätte jedoch die letzten 10 Monate Unterhalt i. H. v. 1 200 Euro monatlich an F zahlen müssen. F hat ein Vermögen von 10 000 Euro. Durch einen Halbtagsjob verdient sie 600 Euro netto, wovon jedoch 300 Euro pro Monat für die Miete ihrer 1-Zimmer-Wohnung verbraucht werden.

Die Unterhaltsverbindlichkeiten werden in jedem Fall beim Endvermögen des M in Abzug gebracht, sein Endvermögen beträgt also in diesem Beispiel 34 000 Euro. Dass das Nettoeinkommen der F ohne die Unterhaltszahlungen den doppelten Hartz IV Satz nicht übersteigt, ist in diesem Beispiel offensichtlich.

Von den 1 800 Euro, die F monatlich zur Verfügung haben sollte, wird 1/3 durch ihren Halbtagsjob gedeckt, und 2/3 durch die Unterhaltszahlungen. Folglich ist ihre Forderung gegenüber M in ihrem Endvermögen zu 1/3 zu berücksichtigen. Ihr Endvermögen beträgt somit 14 000 Euro.[120]

Die Differenz zum Endvermögen des M – das auch in diesem Beispiel seinen Zugewinn darstellt – beträgt somit 20 000 Euro, so dass M an F 10 000

118 6 000 · 2/3.

119 Weder M noch F haben Anfangsvermögen.

120 10 000 + 1/3 · 12 000.

Euro Zugewinnausgleich, sowie die 12 000 Euro Unterhaltsschulden zu zahlen hat. Nach der Ehe hat M somit 24 000 Euro, F 32 000 Euro Vermögen. Dass die Differenz in diesem Beispiel 8 000 Euro beträgt liegt nicht zuletzt daran, dass sich das Endvermögen der F, trotz zehnmonatigem Geldmangel, unrealistischerweise nicht verändert hat. Es wäre jedoch möglich, dass sie sich zum Leben Geld geliehen hat, dass sie jetzt mit diesem „Überschuss" zurückzahlen könnte. Außerdem steht M immer noch besser da, als wenn er den Unterhalt pünktlich gezahlt und F ihn vollständig zum Leben verbraucht hätte. In diesem Fall wäre er mit einem Vermögen von 22 000 Euro aus der Ehe gegangen, 2 000 Euro weniger als in diesem Beispiel.

Festzuhalten bleibt demnach folgendes: Je stärker ein Ehegatte zur Finanzierung des täglichen Lebens auf unterbliebene Unterhaltszahlungen angewiesen gewesen wäre, um so größer ist die Wahrscheinlichkeit, dass zum Überleben auf das Ersparte oder fremde Hilfe zurückgegriffen werden musste. Der Überschuss, mit dem ein solcher Ehegatte nach dieser Rechenmethode aus der Ehe ausscheidet, ist teilweise das Geld, das durch die erzwungene Sparsamkeit angesammelt wurde, teilweise dient es aber auch dazu, eine erhaltene Unterstützung zurückzahlen zu können.

Überschuldet sich ein Ehegatte gar, um seinen Lebensunterhalt zu finanzieren, so ist eine Anpassung der Berechnung um so notwendiger, da bei einem Absinken des Endvermögens unter das Anfangsvermögen durch die Aufnahme weiterer Verbindlichkeiten der Zugewinnausgleichsanspruch gegen den anderen Ehegatten nicht weiter wächst.[121] Auf diesen Sonderfall soll hier jedoch nicht näher eingegangen werden, da keine von dem eben gesagten abweichende Behandlung erforderlich erscheint.

c) Ergebnis

Auch wenn es in diesem Fall schwieriger war, eine einfach handhabbare Lösung zu finden, die zu gerechten Ergebnissen führt, so haben die Überlegungen doch gezeigt, dass es erforderlich ist, gegenseitige Verbindlichkeiten, die ihren Ursprung in unterlassenen Unterhaltszahlungen haben, abweichend von sonstigen gegenseitigen Verbindlichkeiten zu behandeln. Die oben entwickelte Lösung soll wie folgt zusammengefasst werden:

> **Gegenseitige Verbindlichkeiten aus ausstehendem Unterhalt**
>
> Finden sich in den Vermögen von Ehegatten gegenseitige Verbindlichkeiten, die aus überfälligen Unterhaltsforderungen resultieren, so

[121] Da der Zugewinn niemals negativ werden kann, vgl. S. 15.

ist eine Anpassung dann vorzunehmen, wenn dem unterhaltsberechtigten Ehegatten ohne die Unterhaltszahlungen weniger als der doppelte Hartz IV Satz monatlich zum Leben zur Verfügung stand. Ist dies der Fall, so wird die Forderung gegen den anderen Ehegatten im Endvermögen des unterhaltsberechtigten Ehegatten nur in dem Verhältnis berücksichtigt, in dem er seinen errechneten Lebensbedarf durch eigenes Einkommen decken konnte.

§ 4 Stichtage und Missbrauchsschutz

I. Die Rechtslage bis 2009

Sowohl beim Anfangs- und Endvermögen als auch beim errechneten Zugewinn handelt es sich lediglich um Rechengrößen und nicht zwangsläufig um ein exaktes Abbild des vorhandenen Vermögens.[122] Dies wird bereits durch die Vorschriften deutlich, welche eine Hinzurechnung von Beträgen zum Anfangs- oder Endvermögen vorschreiben, obwohl diese Beträge tatsächlich nicht, noch nicht oder nicht mehr vorhanden sind.[123] Wenn somit die Handhabbarkeit und Praktikabilität des Güterrechts einen größeren Stellenwert als die Einzelfallgerechtigkeit einnehmen,[124] so ist es nur konsequent, dass die Berechnung des Anfangs- und des Endvermögens nach § 1376 BGB zu statischen Stichtagen erfolgt.

1. Das Problem

Die Ehescheidung stellt neben dem Tod eines Ehegatten den häufigsten Beendigungsgrund der Zugewinngemeinschaft dar.[125] Für diesen Fall wurde der Stichtag für die Bestimmung des Endvermögens nach § 1384 BGB aF. auf den Zeitpunkt der Rechtshängigkeit des Scheidungsantrags vorverlegt.[126] Folglich bestimmt die Höhe des zu diesem Zeitpunkt vorhandenen Vermögens die Höhe des Zugewinns. In § 1375 Abs. 2 BGB aF. waren vermögensmindernde Handlungen der Ehegatten aufgezählt, die dazu führten, dass dem Endvermögen eines Ehegatten bestimmte Beträge hinzugerechnet wurden, obwohl sie tatsächlich nicht mehr im Endvermögen vorhanden waren. Dadurch sollte verhindert

---

122 Vgl. Staudinger/*Thiele*, § 1373 Rn. 5.

123 Vgl. § 1374 Abs. 2 BGB, § 1375 Abs. 2 BGB, § 1380 BGB.

124 Vgl. BGH Urteil v. 22.12.1976 (IV ZR 11/76) FamRZ 1977, 124–125.

125 Vgl. *Schäfer*, S. 182.

126 Für die Fälle des vorzeitigen Zugewinnausgleichs wurde durch § 1387 BGB aF. ebenfalls eine Vorverlegung des Berechnungsstichtags erreicht.

werden, dass ein Ehegatte durch rücksichtslose Vermögensverfügungen seinen eigenen Zugewinn verringern konnte.[127]

Doch auch wenn der Zugewinn bezogen auf den Zeitpunkt der Rechtshängigkeit des Scheidungsantrages errechnet wird, so entsteht die Ausgleichsforderung, unabhängig vom Berechnungszeitpunkt, nach § 1378 Abs. 3 S. 1 BGB erst mit der Beendigung des Güterstandes, also mit rechtskräftigem Abschluss des Scheidungsverfahrens.[128] Da sich in der Zwischenzeit Vermögensänderungen ergeben konnten, legte § 1378 Abs. 2 BGB aF. (jetzt Abs. 2 S. 1) fest, dass die tatsächlich geschuldete Ausgleichsforderung durch den Wert des Vermögens begrenzt wurde, das bei Beendigung des Güterstandes vorhanden war.

Als Anfangsvermögen wurde der Wert genommen, den das Vermögen beim Eintritt in den Güterstand hatte. Wurde über das Anfangsvermögen kein Verzeichnis erstellt, so greift nach § 1377 Abs. 3 BGB die widerlegliche Vermutung, dass kein Anfangsvermögen vorhanden war. Wurde bereits vor der Eheschließung mehrere Jahre hinweg gemeinsam gewirtschaftet, so blieb dies dennoch unberücksichtigt. Im Gesetz ist kein Fall vorgesehen, welcher den Berechnungsstichtag für das Anfangsvermögen verschob.[129]

2. Die Kritik

Auch bei der Bewertung der Entscheidung des Gesetzgebers, für die Berechnung des Anfangs- und Endvermögens statische Stichtage festzulegen, entstand abermals der Konflikt zwischen der Praktikabilität des Güterstandes und seiner materiellen Gerechtigkeit. Es gab auch Fälle, in denen der Gesetzgeber das strenge Stichtagsprinzip durchbrach.[130] Soweit dabei das Anfangsvermögen betroffen ist, wird dies im Kapitel über den privilegierten Erwerb behandelt.[131] Die meisten Konflikte ergaben sich freilich bei der Bestimmung des Endvermögens, doch auch die Bestimmung des Anfangsvermögens konnte Gegenstand von Streitigkeiten sein.

a) Anfangsvermögen

Dabei sind jedoch weniger die Fälle gemeint, in denen bereits vor Eheschließung gemeinsam gewirtschaftet wurde, ohne dass das dabei erworbene Vermö-

[127] Vgl. Staudinger/*Thiele*, § 1375 Rn. 18.
[128] Vgl. Staudinger/*Thiele*, § 1378 Rn. 8.
[129] Vgl. Bergschneider/*Münch*, Beck'sches Formularbuch Familienrecht, G. III. 1.
[130] Vgl. *Schröder*, FPR 2007, S. 171; § 1374 Abs. 2 BGB, § 1375 Abs. 2 BGB, § 1380 BGB.
[131] Vgl. S. 72 ff.

gen einem Ausgleich unterläge. Wollte man die vorehelichen Verhältnisse mit in den Zugewinnausgleich einbeziehen, so entstünden damit nicht nur erhebliche Beweisprobleme, man würde auch die Entscheidung der Partner, erst zum ausgewählten Zeitpunkt die Ehe zu schließen, übergehen. Die Ehepaare, die bereits vor der Eheschließung in erheblichem Umfang gemeinsames Vermögen erwirtschaftet hatten, konnten diesem Umstand durch einen individuellen Ehevertrag wesentlich besser Rechnung tragen als es der Gesetzgeber mit einem allgemeinen Gesetz gekonnt hätte.[132]

Der andere Punkt für mögliche Konflikte ist die Vermutung des § 1377 Abs. 3 BGB, wonach bei fehlendem Verzeichnis über das Anfangsvermögen dieses im Zweifel mit null zu bewerten ist. Das Vorliegen eines solchen Verzeichnisses dürfte die absolute Ausnahme sein.[133] Vermutlich ist nur ein sehr geringer Prozentsatz der Bevölkerung über die Möglichkeit der Erstellung eines solchen Verzeichnisses informiert. Da es andererseits schwierig ist, ohne ein solches Verzeichnis den Bestand des eigenen Anfangsvermögens nachzuweisen, dürfte die Vermutung des § 1377 Abs. 3 BGB meist unwiderlegt bleiben. Durch die Regelung des § 1374 Abs. 1 BGB aF., wonach kein negatives Anfangsvermögen möglich war, wurden die Folgen dieser Regelung jedoch entschärft. Betroffen konnten nur Personen sein, die bereits bei Eheschließung über nennenswertes Vermögen verfügten. Wenn es diesen Personen nicht möglich war, das bereits anfängliche Vorhandensein von Vermögen zu beweisen, so konnte sich der rechnerische Zugewinn dadurch immer nur vergrößern, was für den anderen Ehegatten stets vorteilhaft war. Die Unfähigkeit, das Vorhandensein von Anfangsvermögen zu beweisen, ging also stets zu Lasten der Person, die nicht in der Lage war, den Beweis zu führen.

Beispiel:

M_1 hat zu Beginn des Güterstandes 10 000 Euro Schulden. M_2 hat kein Anfangsvermögen. M_3 hat zu Beginn des Güterstandes 10 000 Euro Vermögen. Bei Beendigung des Güterstandes haben M_1, M_2 und M_3 jeweils 100 000 Euro Vermögen. Ihre Frauen haben jeweils weder Anfangs-, noch Endvermögen.

Konnte im Beispiel M_1 sein Anfangsvermögen beweisen, so betrug es wegen § 1374 Abs. 1 BGB aF. dennoch null. Sein Zugewinn lag somit bei 100 000

132 Zu den Möglichkeiten: *Cypionka*, S. 160.

133 Vgl. *Cypionka*, S. 160; Staudinger/*Thiele*, § 1377 Rn. 1; Johannsen/Henrich/*Henrich/Jaeger*, § 1377 Rn. 1.

Euro, wovon er seiner Frau 50 000 Euro als Zugewinnausgleich abzugeben hatte. Konnte er sein Anfangsvermögen nicht beweisen, so betrug es durch die Vermutung des § 1377 Abs. 3 BGB ebenfalls null, sein Zugewinn und der Zugewinnausgleich blieben im Falle eines negativen Anfangsvermögen also unverändert, unabhängig davon, ob der Betroffene das negative Anfangsvermögen nachweisen konnte oder nicht.

War, wie bei M_2, kein Anfangsvermögen vorhanden, so entsprach die Vermutung des § 1377 Abs. 3 BGB der tatsächlichen Lage. Folglich konnte es keinen Unterschied machen, ob das Anfangsvermögen aufgrund einer Vermutung oder durch einen tatsächlichen Nachweis mit null bewertet wurde. Der Zugewinn betrug in beiden Fällen 100 000 Euro, wovon 50 000 Euro als Zugewinnausgleich zu zahlen waren.

Lediglich bei M_3 ergab sich ein Unterschied. War er in der Lage nachzuweisen, dass sein Anfangsvermögen mit 10 000 Euro zu bewerten ist, so betrug sein Zugewinn 90 000 Euro, wovon er seiner Frau 45 000 Euro als Zugewinnausgleich abzugeben hatte. War er jedoch nicht in der Lage diesen Beweis zu führen, so ging dieses Versäumnis zu seinen Lasten. In diesem Fall wurde nämlich sein Anfangsvermögen mit null bewertet, was zu einem Zugewinn von 100 000 Euro, und entsprechend zu einem Zugewinnausgleich von 50 000 Euro führte. Folglich trugen die Personen, die von einem von § 1377 Abs. 3 BGB abweichenden Ergebnis profitieren würden, sowohl die Beweislast als auch das Risiko bei fehlenden Beweismöglichkeiten. Dies stellte ein angemessenes Ergebnis dar. Jeder Ehegatte war selbst dafür verantwortlich, dass er die Höhe seines Anfangsvermögens beweisen konnte. Versäumte er es, diese Beweisbarkeit sicher zu stellen, so erwuchsen dem anderen Ehegatten aus diesem Versäumnis keine Nachteile.

Der Stichtag für die Berechnung des Anfangsvermögens nach altem Recht war somit gut gewählt und bot keinen Anlass für berechtigte Kritik.[134] Probleme bereiteten lediglich die Bestimmungen zum Endvermögen.

b) Endvermögen

Grundsätzlich wurde und wird nach § 1375 Abs. 1 S. 1 BGB der Wert des Endvermögens zum Zeitpunkt der Beendigung des Güterstandes bestimmt. Da die Beendigung des Güterstandes bei einer Ehescheidung jedoch erst mit deren Rechtskraft erfolgt,[135] hätte dies bedeutet, dass der Ehegatte mit dem höheren

[134] Wie sich die Reform auf die Vermutung des § 1377 Abs. 3 BGB auswirkt, wird im Kapitel über die Auskunftsansprüche erörtert, vgl. S. 163.

[135] Vgl. Brambring/Jerschke/*Riemann*, B III Rn. 79.

Zugewinn sich nach Einreichung der Scheidung in Ruhe überlegen könnte, wie er seinen noch vorhandenen Zugewinn dem Zugewinnausgleich entziehen könnte. Um der Ausgleichspflicht zu entgehen könnte durch die Verschwendung größerer Summen das Endvermögen verringert werden. Ein weiteres Problem wäre die Handhabbarkeit im gerichtlichen Verfahren. Wenn erst nach Verkündung des der Scheidung stattgebendem Beschlusses die Höhe des Endvermögens bestimmt werden könnte, so wäre es nicht möglich, in diesem Beschluss zugleich festzulegen, in welcher Höhe Zugewinnausgleich zu leisten ist.[136] Neben den Missbrauchsgefahren würde somit auch das Scheidungsverfahren in die Länge gezogen werden.

Um diesen Problemen zu begegnen wurde[137] in § 1384 BGB aF. festgelegt, dass für die Berechnung des Zugewinns der Zeitpunkt der Rechtshängigkeit des Scheidungsantrags maßgeblich ist. Die Höhe des Endvermögens richtete sich somit nach dem Vermögen, das bei Rechtshängigkeit des Scheidungsantrages vorhanden war. Vermögensminderungen, welche nach diesem Zeitpunkt vorgenommen wurden, änderten nichts mehr an der errechneten Höhe des Zugewinns.

Allerdings wurde der Zeitpunkt der Beendigung des Güterstandes nicht generell abgelöst, sondern dem Wortlaut entsprechend nur für die *Berechnung* des Zugewinns. Somit blieb es für die Anwendung des § 1378 Abs. 2 BGB aF. beim tatsächlichen Zeitpunkt der Beendigung des Güterstandes, nämlich dem rechtskräftigen Abschluss des Scheidungsverfahrens.[138] Somit wurde erreicht, dass der ausgleichspflichtige Ehegatte sich zur Erfüllung seiner Zugewinnausgleichsverpflichtung niemals verschulden musste. Sein vorhandenes Vermögen begrenzte die Höhe der Ausgleichsforderung. Der Missbrauchsschutz des § 1384 BGB aF. wurde durch diese Begrenzung jedoch wieder geschwächt, konnte aber zumindest in einigen Fallgruppen seine Schutzwirkung noch entfalten:

Beispiel:

M hat bei Eheschließung kein Vermögen. Als seine Frau F, die weder Anfangs- noch Endvermögen besitzt, wegen einer Affäre des M die Scheidung einreicht, hat M ein Vermögen von 100 000 Euro angespart. Während des Scheidungsverfahrens fährt M mit seiner Freundin für 10 000 Euro in die Karibik.

Der Zugewinn, den M im Beispiel bis zum Stichtag erwirtschaftet hatte, beträgt 100 000 Euro. F hatte somit einen Anspruch auf Zugewinnausgleich in Höhe von

136 Vgl. *Philippi*, S. 408.
137 Inhaltlich ist diese Regelung im neuen § 1384 BGB nach wie vor enthalten.
138 Vgl. Brambring/Jerschke/*Riemann*, B III Rn. 79.

50 000 Euro. Vor der Vermögensminderung, die während des Scheidungsverfahrens bei M eingetreten war, wurde F durch § 1384 BGB aF. geschützt, da die Berechnung des Zugewinns ohne Berücksichtigung der Karibikreise erfolgte. Wann der Schutz jedoch versagte wird deutlich, wenn man das Beispiel in negative Vermögensdimensionen verschob.

Beispiel:

M hat bei Eheschließung 90 000 Euro Schulden.[139] Als seine Frau F, die weder Anfangs- noch Endvermögen besitzt, wegen einer Affäre des M die Scheidung einreicht, hat M ein Vermögen von 10 000 Euro angespart. Während des Scheidungsverfahrens fährt M mit seiner Freundin für 10 000 Euro in die Karibik.

Die beiden Beispiele sind vergleichbar. In beiden Fällen hatte M während der Ehe sein Vermögen wirtschaftlich betrachtet um 100 000 Euro gemehrt, wovon er 10 % für eine Urlaubsreise mit seiner neuen Freundin aufwendete. Da das alte Recht jedoch kein negatives Anfangsvermögen kannte,[140] betrug der Zugewinn des M lediglich 10 000 Euro, wodurch der F ein Zugewinnausgleich in Höhe von 5 000 Euro zustand. Die Norm des § 1384 BGB aF. sorgte auch in diesem Fall dafür, dass sich die Vermögensminderung des M nicht auf die Höhe des Endvermögens auswirkte. Sein Endvermögen war also nach wie vor mit 10 000 und nicht mit null zu bewerten. Allerdings war tatsächlich kein Endvermögen mehr vorhanden. Somit hatte M nach § 1378 Abs. 2 BGB aF. keinen Ausgleich zu zahlen. Obwohl also in beiden Beispielen die Urlaubsreise eine vergleichbare finanzielle Belastung für M darstellte, wurde er im zweiten Beispiel für diesen Verstoß gegen die eheliche Solidarität güterrechtlich noch „belohnt“.

Es waren auch Fälle denkbar, in denen der ausgleichspflichtige Ehegatte sein Vermögen bereits vor Rechtshängigkeit des Scheidungsantrags verminderte. Um beim obigen Beispiel zu bleiben könnte dies der Fall sein, wenn die Karibikreise mit der Freundin erst der Anlass für die Scheidung war oder zumindest während des Trennungsjahres erfolgte. Vor diesen illoyalen Vermögensminderungen soll § 1375 Abs. 2 BGB schützen, indem er das auf eine der dort genannten Arten ausgegebene Vermögen dem Endvermögen hinzurechnet. Konzeptbedingt konnte dieser Schutz früher jedoch nicht weiter gehen als der des § 1384 BGB aF., da auch hier wieder die Ausgleichsforderung durch § 1378 Abs. 2 BGB

[139] Da das Anfangsvermögen nach altem Recht nicht negativ sein konnte, kommt es auf die Verschuldung im Ergebnis nicht an. Es soll jedoch die Vergleichbarkeit mit dem vorherigen Beispiel sichergestellt werden.

[140] § 1374 Abs. 1 BGB aF.

aF. auf die Hälfte des vorhandenen Vermögens begrenzt wurde. Der Schutz vor illoyalen Vermögensminderungen war somit nicht annähernd lückenlos.[141]

Häufig wurde bei der Kritik an den Stichtagen unterschlagen, dass illoyales Verhalten natürlich auch auf Seiten des Ausgleichsberechtigten auftreten konnte. Dieser konnte sein Endvermögen ebenfalls auf illoyale Art mindern, um auf diese Weise einen höheren Zugewinnausgleichsanspruch zu erhalten. Dass die regelmäßig angeführten Beispiele lediglich das illoyale Verhalten des Ausgleichsverpflichteten beleuchteten mag zwar einseitig sein, inhaltlich wurden dadurch jedoch keine Fälle übergangen. Die gesetzlichen Regelungen zur Verhinderung von illoyalen Vermögensminderungen waren so formuliert, dass sie auf illoyales Verhalten des Ausgleichsberechtigten ebenso Anwendung fanden. Entsprechend ergeben sich hierbei keine Besonderheiten, weshalb detaillierte Ausführungen nur zu Wiederholungen führen würden.

c) Abfindungen

Problematisch wurde das Stichtagsprinzip auch dann, wenn es um die Berücksichtigung von Abfindungen ging.[142] Bei solchen ist der Tag der Auszahlung nicht unbedingt der Zeitpunkt, dem die Abfindung wirtschaftlich zuzurechnen ist. Abfindungen haben regelmäßig die Aufgabe, die Zukunft vorweg zu nehmen.[143] Anstelle einer regelmäßig wiederkehrenden Leistung wird ein einmaliger Geldbetrag gezahlt, welcher als Surrogat der regelmäßigen Leistung gesehen werden kann. Im Jahre 1981[144] hat der BGH angedeutet, dass dieser Gedanke bei der Beurteilung, ob und in wie weit eine Abfindung im Anfangs- oder Endvermögen zu berücksichtigen ist, von Bedeutung sein könnte.[145] Die daraus folgende Konsequenz, nämlich eine Berücksichtigung von Abfindungen im Anfangs- und Endvermögen lediglich insoweit, wie der von ihr abzudeckende Zeitraum in die ausgleichpflichtige Zeit fällt,[146] wurde vom BGH jedoch nie gezogen. Am selben Tag, an dem dieser Ansatz vom BGH geäußert wurde, ließ er eine sechs Wochen vor dem Stichtag für die Berechnung des Endvermögens ausgezahlte Abfindung aus einem Unfall, welche anstelle einer Rente wegen dauernder Erwerbsunfähigkeit gezahlt wurde, vollständig in das Endvermögen

141 Vgl. *Haußleiter/Kuch*, S. 344.
142 Vgl. die umfassenden Ausführungen auf S. 165 ff.
143 Vgl. Gagel/*Gagel*, vor § 143a Rn. 17.
144 BGH Urteil v. 29.10.1981 (IX ZR 86/80) NJW 1982, 279–279.
145 Vgl. *Gernhuber*, NJW 1991, S. 2241.
146 Vgl. *Gernhuber*, NJW 1991, S. 2242.

mit einfließen.[147] Eine ausführliche Behandlung dieses Themas folgt in einem separaten Kapitel auf Seite 165 ff.

3. Der Umgang mit dem Problem

Das Ungewöhnliche an den Regelungen zur Anpassung des Stichtages zur Berechnung des Endvermögens war, dass sie in ihren Auswirkungen im Bezug auf Vermögensminderungen sowohl zu nachgiebig, als auch zu streng sein konnten. Dieser Umstand machte es deutlich schwerer, einen angemessenen Umgang mit der Problematik zu entwickeln, ohne die Rechtssicherheit einer klaren Regelung vollständig aufzugeben.

Der große Schwachpunkt der Regelungen zur Verhinderung von illoyalen Vermögensminderungen war, dass der errechnete Zugewinnausgleichsanspruch, dem alle missbräuchlichen Vermögensminderungen hinzugerechnet wurden, zum Zeitpunkt seiner Fälligkeit durch § 1378 Abs. 2 BGB aF. auf das vorhandene Vermögen begrenzt wurde. Im Extremfall wurden dadurch alle vorgenommenen Hinzurechnungen überflüssig, da es mangels positivem Vermögen zu keinem Ausgleich kam.[148] Um diesen Schwachpunkt zu beseitigen, wurde teilweise eine analoge Anwendung des § 1375 Abs. 2 BGB aF. befürwortet.[149] Die wohl herrschende Meinung lehnte eine solche analoge Anwendung jedoch ab.[150] Als wichtigstes Argument gegen eine Analogie wird der Normzweck des § 1378 Abs. 2 BGB aF. genannt. Durch ihn sollten die Gläubiger des Zugewinnschuldners geschützt werden.[151] Es sollte keine Konkurrenz zwischen den Gläubigern und dem ausgleichberechtigten Ehegatte entstehen. Nur wenn das Vermögen des Ehegatten ausreichte, um alle seine Gläubiger zu befriedigen, so sollte mit dem überschüssigen Vermögen der Zugewinn ausgeglichen werden. Wenn dies der Zweck des § 1378 Abs. 2 BGB aF. war, wovon auch der BGH ausging,[152] so hätte eine analoge Anwendung des § 1375 Abs. 2 BGB zu einer Aushöhlung des § 1378 Abs. 2 BGB aF. geführt. Die Gläubiger des ausgleichspflichtigen Ehegatten hatten keinen Einfluss auf die zur Berechnung des Zugewinns relevanten Stichtage. Folglich wäre es unbillig gewesen, den Schutz

[147] BGH Urteil v. 29.10.1981 (IX ZR 94/80) NJW 1982, 279–280.
[148] Vgl. *Haußleiter/Kuch*, S. 344.
[149] Vgl. BeckOK-BGB/*J. Mayer*, BGB, § 1378 Rn. 4; *Kogel*, MDR 1998, S. 88.
[150] Vgl. OLG Hamm Beschluss v. 23.06.1986 (10 UF 96/86) FamRZ 1986, 1106–1107; Johannsen/Henrich/*Jaeger*, § 1378 Rn. 6; Palandt/*Brudermüller*, 67. Aufl., § 1378 Rn. 8.
[151] Vgl. BeckOK-BGB/*Mayer*, BGB, § 1378 Rn. 4; .
[152] BGH Beschluss v. 18.05.1988 (IVb ZR 6/88) FamRZ 1988, 925–926.

ihrer Forderungen von dem Verhalten der Ehegatten zwischen den Stichtagen abhängig zu machen.

Allerdings wies *Kogel*[153] darauf hin, dass nicht zwangsläufig eine Konkurrenz zwischen dem Zugewinngläubiger und anderen Gläubigern bestehen muss. Zwar konnte sich das Endvermögen des ausgleichspflichtigen Ehegatten aus einer Saldierung von positiven und negativen Vermögensbestandteilen ergeben, genauso üblich dürfte es jedoch gewesen sein, dass das Endvermögen lediglich aus dem vorhandenem Sach- und Geldvermögen bestand, ohne dass unerfüllte Verbindlichkeiten seinen Wert beeinflussten. Wenn nun während des Scheidungsverfahrens – und somit nach dem Stichtag – vorhandenes Vermögen durch Verschwendung gemindert oder gar beseitigt wurde, so existierten dennoch keine Gläubiger, die mit dem ausgleichsberechtigten Ehegatten in Konkurrenz treten konnten. *Kogel* vertrat folglich die Ansicht, dass Hinzurechnungen des § 1375 Abs. 2 BGB aF. nicht durch § 1378 Abs. 2 BGB aF. begrenzt werden sollten und zwar unabhängig davon, ob die illoyale Vermögensminderung vor oder nach dem Stichtag erfolgte.

II. Die neue Rechtslage seit 2009

Neben der neuen Berücksichtigung von Schulden im Zugewinnausgleich ist die Anpassung der Stichtage wohl die zweite große Änderung, die auch bei flüchtiger Beschäftigung mit der Reform ins Auge fällt. Die Motivation für diese Anpassungen war größtenteils die Erschwerung illoyaler Vermögensminderungen durch den Ausgleichsverpflichteten.[154] Fraglich ist nunmehr, ob die Bedürfnisse eines loyalen Ehegatten bei dieser Zielsetzung noch ausreichend bedacht wurden.

1. Die Änderungen im Einzelnen

In § 1375 BGB wurde Abs. 2 ein Satz 2 angefügt, der die Beweislast dafür, dass Vermögensverschlechterungen zwischen dem Trennungszeitpunkt und dem Stichtag für die Berechnung des Endvermögens nicht auf illoyalen Handlungen im Sinne des § 1375 Abs. 2 BGB beruhen, der Person auferlegt, bei der diese Vermögensminderungen eingetreten sind.

In der Vorschrift des § 1378 BGB wurde ebenfalls dem zweiten Absatz ein zweiter Satz hinzugefügt, der besagt, dass Hinzurechnungen nach § 1375

[153] *Kogel*, MDR 1998, S. 86–88.

[154] Vgl. Gesetzentwurf v. 05.11.2008 BT-Drucks. 16/10798, S. 14 f.

Abs. 2 BGB direkt auch die Kappungsgrenze des § 1378 Abs. 2 BGB erhöhen. Im Übrigen ist der vierte Absatz von § 1378 BGB weggefallen, in dem Sonderregelungen zur Frage der Verjährung getroffen worden waren.

In § 1384 BGB, der den Berechnungszeitpunkt für das Endvermögen im Falle der Ehescheidung anpasst, ist nunmehr geregelt, dass nicht nur für die Berechnung des Endvermögens, sondern auch für die Höhe der Ausgleichsforderung (vgl. § 1378 Abs. 2 BGB) der Zeitpunkt der Rechtshängigkeit des Scheidungsantrags maßgeblich ist.

Auch § 1387 BGB wurde entsprechend angepasst, so dass auch in den Fällen des vorzeitigen Zugewinnausgleichs die Stichtage für die Berechnung der Höhe des Endvermögens und der Höhe der Ausgleichsforderung zusammenfallen.

2. Die Ziele des Gesetzgebers

Das erklärte Ziel des Gesetzgebers war es, durch die Zusammenlegung der Stichtage für die Berechnung des Endvermögens und für die Berechnung der Höhe der Ausgleichsforderung die oben geschilderte Lücke im alten Recht zu schließen.[155] Dem ausgleichspflichtigen Ehegatten soll es nicht mehr ermöglicht werden, sich durch verschwenderische Lebensführung während des Scheidungsverfahrens praktisch seiner Ausgleichspflicht zu entziehen. Dadurch, dass nunmehr § 1384 BGB festlegt, dass für den wichtigen Fall der Ehescheidung der Zugewinn und die Höhe der Ausgleichsforderung zum selben Stichtag berechnet werden, ist es nicht mehr denkbar, dass *zwischenzeitlich* Vermögensminderungen vorgenommen werden.

Da dies allein jedoch keinen Schutz vor dem Problem des Missbrauchs der Kappungsgrenze des § 1378 Abs. 2 BGB bietet, wurde auch an dieser Stelle optimiert. Die fiktive Hinzurechnung illoyal verschwendeten Vermögens wird nunmehr nicht nur für die Berechnung des Zugewinns vorgenommen, sondern verschiebt auch unmittelbar die Kappungsgrenze. Gegebenenfalls muss der ausgleichsverpflichtete Ehegatte demnach sogar Verbindlichkeiten eingehen, um die Ausgleichsforderung des anderen Ehegatten erfüllen zu können. Dass dadurch der bisher hochrangige Schutz der Drittgläubiger des ausgleichspflichtigen Ehegatten[156] abgeschwächt wird, wurde in Kauf genommen, da er durch die bisherige Rechtslage überdehnt worden sei.[157] Nunmehr soll die Schutzfunktion des

[155] Vgl. Gesetzentwurf v. 05.11.2008 BT-Drucks. 16/10798, S. 14.
[156] Vgl. die Ausführungen auf S. 48.
[157] Vgl. Gesetzentwurf v. 05.11.2008 BT-Drucks. 16/10798, S. 15.

§ 1378 Abs. 2 BGB hauptsächlich dem loyalen Ausgleichsschuldner zu Gute kommen.[158]

Beispiel:

M hat kein Anfangsvermögen und zum Trennungszeitpunkt ein Vermögen von 20 000 Euro. F hat weder Anfangs- noch Endvermögen. Während des Trennungsjahres geht M jeden Abend in eine teure Edeldisco und spendiert allen Leuten Drinks, so dass zum Zeitpunkt der Rechtshängigkeit des Scheidungsantrages nur noch 5 000 Euro von seinem Vermögen vorhanden sind.

Auch schon nach der alten Rechtslage wurde dem tatsächlich vorhandenem Endvermögen des M in Höhe von 5 000 Euro das in illoyaler Weise verschwendete Vermögen von 15 000 Euro hinzugerechnet. Dass sein Endvermögen demnach mit 20 000 Euro zu bewerten ist, stellt keine Neuerung dar, ebensowenig, dass er davon 10 000 Euro als Zugewinnausgleich an F zahlen müsste. Während § 1378 Abs. 2 BGB aF. jedoch dafür sorgte, dass M nur 5 000 Euro zahlen musste, wird durch § 1378 Abs. 2 S. 2 BGB nunmehr dafür gesorgt, dass in den Fällen illoyaler Vermögensminderungen die Kappungsgrenze nicht zwingend bei null anzusetzen ist. Sie erhöht sich vielmehr um den dem Endvermögen hinzugerechneten Betrag.[159] Dem Endvermögen des M wurden die 15 000 verschwendeten Euro hinzugerechnet, so dass die Kappungsgrenze des § 1378 Abs. 2 S. 1 BGB nunmehr bei -15 000 Euro anzusetzen ist. Erst wenn M zum Ausgleich des Zugewinns Verbindlichkeiten von mehr als 15 000 Euro eingehen müsste, würde die Ausgleichsforderung begrenzt werden. Da er zur Zahlung der 10 000 Euro Zugewinnausgleich jedoch lediglich Verbindlichkeiten in Höhe von 5 000 Euro eingehen muss, findet eine Begrenzung in diesem Fall nicht statt. Im Gegensatz zur alten Rechtslage kann somit das rechnerisch gerechte Ergebnis durchgesetzt werden.

Abgerundet wird das Maßnahmenpaket des Gesetzgebers dadurch, dass eine Beweislastumkehr in § 1375 Abs. 2 S. 2 BGB sicherstellt, dass die vorhandenen Schutzvorschriften in der Praxis nicht an Beweisschwierigkeiten scheitern.[160] Dass die Zusammenlegung der Berechnungsstichtage auch für den Fall des vorzeitigen Zugewinnausgleichs vorgenommen wurde, stellt lediglich eine redaktionelle Anpassung dar, die keine eigenen Probleme lösen sollte.

158 Vgl. Gesetzentwurf v. 05.11.2008 BT-Drucks. 16/10798, S. 25.
159 Vgl. *Brudermüller*, FamRZ 2009, S. 1188.
160 Vgl. Beschlussempfehlung und Bericht v. 13.05.2009 BT-Drucks. 16/13027, S. 7.

Es ist unbestreitbar bereits systembedingt ein Vorteil, wenn sich bei der Berechnung der Höhe des zu leistenden Zugewinnausgleichs nicht während der Rechnung die zu Grunde zu legenden Zahlen ändern. Unter diesem Gesichtspunkt ist die Zusammenlegung der für die Berechnung relevanten Stichtage sehr zu begrüßen. Fraglich ist jedoch, welche Auswirkungen diese Zusammenlegung in einem System hat, das bisher auf die Verwendung zweier unterschiedlicher Stichtage ausgelegt war. Die Gefahr unerwünschter Folgewirkungen ist bei punktuellen Änderungen in einem bestehendem System stets gegeben. Dass die teilweise geforderte Vorverlegung der Stichtage auf den Beginn des Zusammenlebens, bzw. den Zeitpunkt der Trennung,[161] nicht erfolgt ist, kann angesichts der dann zu erwarten gewesenen massiven Beweisprobleme leicht verschmerzt werden.

Vorangestellt sei der Hinweis, dass auch die neue Rechtslage gleichermaßen auf ausgleichsberechtigte und ausgleichsverpflichtete Ehegatten anwendbar ist.[162] Im Sinne der Anschaulichkeit werden die Beispielsfälle größtenteils illoyales Verhalten auf Seiten des Ausgleichsverpflichteten darstellen. Die gemachten Ausführungen treffen jedoch auf den ausgleichsberechtigten Ehegatten ebenfalls zu, Besonderheiten ergeben sich nicht.

3. Einkommen während der Scheidung

Auch wenn im Zusammenhang mit den Änderungen der Stichtage für die Berechnung der Höhe der Ausgleichsforderung kritisiert wird, dass die Bedürfnisse eines loyalen Zugewinnschuldners hinter dem angestrebten Missbrauchsschutz zurückbleiben würden[163] – worauf an späterer Stelle noch eingegangen wird[164] – so hat die Anpassung der Stichtage auch für loyale Ausgleichsschuldner positive Seiten. Den weiteren Ausführungen sei folgender Beispielsfall zur Verdeutlichung vorangestellt:

Beispiel:

M ist bei Beginn des Güterstandes mit 100 000 Euro verschuldet, da er für seine Selbständigkeit einen hohen Kredit aufnehmen musste. Er arbeitet alleine und schafft es durch seinen Fleiß bis zu dem Zeitpunkt, als F die Scheidung einreicht, seine Schulden abzubauen und

[161] Vgl. beispielsweise *Rakete-Dombek*, S. 271.
[162] Vgl. S. 47.
[163] Vgl. *Weinreich*, FuR 2009, S. 201.
[164] Vgl. S. 54 ff.

10 000 Euro Vermögen anzusparen. F hat weder Anfangs- noch Endvermögen.

Nach der alten Rechtslage hätte M in diesem Beispiel einen Zugewinn von 10 000 Euro erwirtschaftet. Bei normalem Verlauf hätte somit weder die Kappungsgrenze des § 1378 Abs. 2 BGB aF., noch die Regelung zu den Stichtagen eine praktische Rolle gespielt. Dadurch, dass jedoch nunmehr auch negatives Anfangsvermögen berücksichtigt wird, ist der Zugewinn des M nicht mehr mit 10 000 Euro, sondern mit 110 000 Euro zu bewerten. Der F würden folglich nicht mehr nur 5 000 Euro, sondern 55 000 Euro Zugewinnausgleich rechnerisch zustehen. Dieser Betrag wird jedoch sodann durch die Kappungsgrenze des § 1378 Abs. 2 S. 1 BGB herabgesetzt.

Geht man davon aus, dass sich das Vermögen des M in etwa gleichbleibend weiterentwickeln wird, so lässt sich bereits jetzt erkennen, wo der Vorteil der neuen Stichtagsregelung für den loyalen Ausgleichsschuldner liegt. Nach der alten Stichtagsregel wäre bei Rechtshängigkeit des Scheidungsantrages zunächst nur festgestellt worden, dass der Zugewinn des M den der F um 110 000 Euro übersteigt, und der F somit Zugewinnausgleich in Höhe von 55 000 Euro zustehen würde.[165] Anschließend wäre das – unter Umständen langwierige – Scheidungsverfahren durchgeführt worden und erst zusammen mit dem rechtskräftigen Abschluss des Verfahrens wäre darüber entschieden worden, wie hoch die Ausgleichsforderung – abhängig vom aktuellen Vermögensstand des Ausgleichsschuldners – tatsächlich ist.[166]

Für M hätte dies faktisch bedeutet, dass er ab Rechtshängigkeit des Scheidungsantrags ausschließlich für F arbeitet. Jeder Euro Gewinn, den er erwirtschaftet hätte, wäre am Ende als Zugewinnausgleich an F geflossen. Gibt er das Geld vorher für sich aus, läuft er Gefahr, dass ihm der Betrag nach § 1375 Abs. 2 S. 1 Nr. 2 BGB dennoch hinzugerechnet wird. Hört er auf zu arbeiten, muss er die Hinzurechnung nach § 1375 Abs. 2 S. 1 Nr. 3 BGB fürchten. Für F hingegen würde sich jeder Tag, den das Scheidungsverfahren hinausgezögert wird, unmittelbar finanziell lohnen. Für ein verständnisvolles, die Würde der Parteien wahrendes, Scheidungsverfahren wären dies die denkbar schlechtesten Startvoraussetzungen.

Somit wurde diese Gefahr durch das Zusammenlegen der Stichtage elegant gebannt. Auch im Sinne einer klaren Trennung der Lebensabschnitte ist die Lö-

165 In diesem Gedankenexperiment wird davon ausgegangen, dass das Güterrecht in der tatsächlich stattgefundenen Form reformiert wurde und lediglich die Stichtagsregelungen aus dem alten Recht übernommen wurden.

166 § 1378 Abs. 2 i. V. m. § 1384 BGB aF.

sung zu begrüßen. Für die Ehegatten ist zukünftig der Tag der Rechtshängigkeit der Scheidung der Zeitpunkt, ab dem sie wieder für sich selbst wirtschaften. Es erfolgt ein klarer Schnitt; ab diesem Zeitpunkt haben Vermögensänderungen keine Auswirkung mehr auf den anderen Ehegatten. Die Arbeitsmotivation bleibt somit auch während des Scheidungsverfahrens unbeeinträchtigt. Ob sich der Gesetzgeber dieser positiven Auswirkungen auch bewusst war, kann nur vermutet werden.

4. Unverschuldete Vermögensminderungen

Wenn somit festgestellt ist, dass Veränderungen der Vermögenssituation nach dem Stichtag den Zugewinnausgleich nicht mehr beeinflussen können, und dieses Ergebnis für den Fall der Vermögensmehrung als durchaus positiv bewertet wurde, so bleibt die Frage, ob das Ergebnis auch für Vermögensverluste nach dem Stichtag angemessen erscheint. Für willentliche, illoyale Vermögensverluste liegt das Ergebnis auf der Hand. Der Schutz vor solchen Vermögensminderungen auf Seiten des Ausgleichspflichtigen war maßgeblicher Anlass für die Zusammenlegung der Stichtage.[167] Spannend ist jedoch die Frage, ob das Ergebnis auch bei unverschuldeten Vermögensminderungen überzeugen kann.[168]

a) Die Problematik

Grundlage für diese Überlegungen ist, dass die Zugewinngemeinschaft bis zur tatsächlichen Scheidung durch einen Richter fortbesteht. Eine theoretische Grundlage für die güterrechtliche „Beteiligung" des anderen Ehegatten an unverschuldeten Vermögensminderungen bestünde somit.[169] Dieses Argument wäre jedoch ebenfalls für eine Teilhabe an Vermögensmehrungen verwendbar, für diese Fälle wurde eine Beteiligung jedoch gerade als nicht wünschenswert abgelehnt.[170] Folglich ist zunächst zu klären, ob überhaupt ein erheblicher rechtlicher Unterschied zwischen Vermögensveränderungen in die eine oder andere Richtung besteht, der eine Ungleichbehandlung rechtfertigen könnte.

Zur Beantwortung dieser Frage ist es hilfreich, sich vor Augen zu führen, was durch die Festlegung der Stichtage erreicht werden soll. Auch wenn die Zuge-

[167] Vgl. Gesetzentwurf v. 05.11.2008 BT-Drucks. 16/10798, S. 14 f.

[168] Vgl. *Hoppenz*, FamRZ 2010, S. 17. Sehr knapp zu dieser Frage: *Brudermüller*, FamRZ 2009, S. 1188; *Büte*, NJW 2009, S. 2778; *Münch*, MittBayNot 2009, S. 263; Gänzlich unkritisch: *Schramm*, NJW-Spezial 2009, S. 468.

[169] Vgl. *Hoppenz*, FamRZ 2008, S. 1892.

[170] Vgl. S. 52 ff.

winngemeinschaft formell bis zur Scheidung der Ehe fortbesteht, so ist dennoch unbestreitbar, dass auch nach der Auffassung des Gesetzgebers das gemeinsame Wirtschaften spätestens zum Zeitpunkt der Rechtshängigkeit des Scheidungsantrages[171] ein Ende findet.[172] Folglich wurde der Stichtag für die das Endvermögen betreffenden Berechnungen auf diesen Zeitpunkt gelegt. Der leitende Gedanke dahinter ist der, dass das, was bis zu diesem Zeitpunkt erwirtschaftet wurde, geteilt werden soll. Der Zugewinn, der in dieser Vermögensmasse enthalten ist, wird als auf der Ehe beruhend angesehen und steht deshalb beiden Ehegatten hälftig zu. Dass Vermögensmehrungen, die nach diesem Stichtag erwirtschaftet werden, keine Berücksichtigung mehr finden, fügt sich problemlos in diese Überlegungen ein. Sie beruhen eben nicht mehr auf der gemeinsamen Ehe und – was noch wichtiger ist – betreffen das „gemeinsame" Vermögen in keiner Weise.

Im Gegensatz zur Vermögensmehrung hat eine Vermögensminderung nach dem Stichtag direkten Einfluss auf das während der Ehe erwirtschaftete Vermögen, da ein Teil des Zugewinns, der geteilt werden sollte, wieder verschwindet, bevor die Teilung vollzogen wurde. Lässt man diese Vermögensminderungen den ausgleichspflichtigen Ehegatten alleine tragen, so verkürzt man in unbilliger Weise die Laufzeit der Zugewinngemeinschaft. Man würde Vermögen teilen, das tatsächlich nicht mehr vollständig vorhanden ist. Anders als die Vermögensmehrung hat sich die Minderung nämlich unmittelbar auf das während der Ehe erwirtschaftete Vermögen ausgewirkt. Es ist demnach festzuhalten, dass Vermögensmehrungen und -minderungen ihrer Art nach verschiedene Vorgänge sind, die nicht zwingend spiegelbildlich behandelt werden müssen.

Letzten Endes läuft es auf die Frage hinaus, in wie weit man es den Ehegatten erlauben will, während noch bestehender Zugewinngemeinschaft eigenmächtig aus den Chancen und Risiken der Vermögensentwicklung des anderen Ehegatten auszusteigen. Güterrechtlich betrachtet steckt in einem Scheidungsverlangen genau diese Erklärung, sich (auch) wirtschaftlich vom anderen Ehegatten lösen zu wollen. Dass diese Erklärung bezüglich des Verzichts auf die Chancen einer positiven Vermögensentwicklung des anderen Ehegatten wirksam sein kann, begegnet keinen Bedenken. Problematischer ist die Frage, ob es den Ehegatten unter dem Gesichtspunkt der ehelichen Solidarität erlaubt sein darf, sich

[171] Der Zeitpunkt der Trennung ist nur bedingt geeignet, da es vor dem Einreichen der Scheidung bereits mehrere Trennungsphasen gegeben haben kann. Festzulegen, ab wann tatsächlich nicht mehr gemeinsam gewirtschaftet wurde, wäre in diesem Fall sehr schwierig. Die Rechtshängigkeit des Scheidungsverfahrens bietet mehr Sicherheit und Endgültigkeit.

[172] § 1384 BGB ist die Konsequenz daraus.

während noch bestehender Zugewinngemeinschaft (!) von den Risiken der negativen Vermögensentwicklung des anderen Ehegatten freizusprechen. Anders ausgedrückt: Natürlich steht es den Ehegatten jederzeit frei eigenmächtig zu entscheiden, dass sie zugewinnrechtlich nicht mehr von Gewinnen des anderen Ehegatten profitieren möchten. Es kann ihnen jedoch nicht unbedingt überlassen werden, eigenmächtig zu entscheiden, dass sie zugewinnrechtlich nicht mehr vom wirtschaftlichen Verlust des anderen während bestehender Zugewinngemeinschaft betroffen sein wollen.

b) Lösungsansatz

Auch wenn die soeben aufgestellte These zur im Scheidungsantrag enthaltenen konkludenten Erklärung, an der Vermögensentwicklung des anderen nicht mehr beteiligt sein zu wollen, den Schluss nahelegt, dass dafür der Ausgleichsberechtigte die Scheidung einreichen müsste, so spielt es doch letzten Endes für das Ergebnis keine Rolle, von wem die Scheidung eingereicht wird. Durch die Abschaffung des Verschuldensprinzips kann es nicht mehr entscheidend sein, welcher Ehegatte schließlich die Scheidung beantragt. Wird die Scheidung verlangt, so liegt dies daran, dass die Ehe zerrüttet ist, woran keiner der Ehegatten die Schuld trägt.[173] Nach der Vorstellung des Gesetzgebers beruht eine Scheidung nicht auf dem Verhalten einer einzelnen Person, sondern auf dem Zustand der Ehe an sich, an welchem beide Ehegatten zu gleichen Teilen beteiligt sind.[174] Folglich kann die oben postulierte Erklärung, nicht mehr an den Vermögensentwicklungen des anderen teilhaben zu wollen, beiden Ehegatten zugerechnet werden.

Die bisherige Argumentation könnte so verstanden worden sein, dass eine Möglichkeit gefordert wird, das Endvermögen der Ehegatten nach dem Stichtag gegebenenfalls nach unten korrigieren zu können. Auch wenn man mit den vorgebrachten Argumenten tatsächlich darüber nachdenken könnte, ob dies nicht einer gerechten Lösung am nächsten käme, so ist dieser Ansatz hier dennoch nicht weiter zu verfolgen. Die Einfachheit und Handhabbarkeit des Zugewinnausgleichs sind – neben der Gerechtigkeit – gewichtige Kriterien, an denen sich eine Lösung messen lassen muss.[175] Die Gefahr, dass bei einer erneuten Einführung der Möglichkeit, die Höhe der Ausgleichsforderung nach dem Stichtag zu mindern, im Scheidungsverfahren pauschal unverschuldete Vermögensmin-

[173] Vgl. *Gernhuber (Begr.)/Coester-Waltjen*, § 24 Rn. 18 ff.
[174] Vgl. MüKo/*Ey*, 5. Aufl., § 1564 Rn. 14.
[175] Vgl. Gesetzentwurf v. 05.11.2008 BT-Drucks. 16/10798, S. 1.

derungen vorgetragen werden würden, obwohl solche entweder überhaupt nicht eingetreten sind, oder zumindest nicht unverschuldet erfolgten, ist, angesichts der geringen Anzahl an Fällen, in denen tatsächlich eine erhebliche unverschuldete Minderung des Vermögens nach dem Bewertungsstichtag erfolgt, geeignet, den Verzicht auf die Berücksichtigung von nachträglichen Vermögensänderungen als angemessen zu bewerten. Zumal gerade der Ausschluss dieser Möglichkeit ein Grund dafür war, die Stichtage zusammen zu legen.[176]

Dennoch sollen die gewonnenen Erkenntnisse nicht ohne Konsequenz bleiben. Wenngleich eine generelle Anpassung des Endvermögens an unverschuldete Vermögensminderungen nicht angebracht erscheint, so sollte der ihr zu Grunde liegende Gedanke zumindest für Härtefälle verwendet werden. Ein solcher Härtefall ist zumindest dann gegeben, wenn durch die Ausgleichsforderung das komplette Vermögen des Ausgleichspflichtigen aufgebraucht wird. Unverschuldete Vermögensminderungen nach dem Stichtag sollten demnach, wenn schon nicht für das Endvermögen, dann zumindest für die Bestimmung der Kappungsgrenze Bedeutung haben. Im Regelfall sollten demnach kleinere Schwankungen des Vermögensbestandes nach dem Stichtag keine Auswirkung haben. Dies erscheint geboten um der einfachen Handhabbarkeit des Güterstandes in der Praxis gerecht zu werden. Erreicht die Ausgleichsforderungen jedoch Dimensionen, die in den Anwendungsbereich des § 1378 Abs. 2 BGB fallen, muss der Gerechtigkeitsaspekt stärker in den Vordergrund gerückt werden.

Die Gefahr eines relevanten Gerechtigkeitsdefizits besteht demnach in den Fällen, in denen die Ausgleichsforderung das Vermögen übersteigt, das bei Beendigung des Güterstandes nach Abzug der Verbindlichkeiten tatsächlich vorhanden ist. Tritt ein solcher Fall ein, ist zu überprüfen, worauf die Vermögensminderung nach dem Stichtag beruht. Analog zu § 1375 Abs. 2 S. 2 BGB könnte hier vom ausgleichpflichtigen Ehegatten verlangt werden, darzulegen und zu beweisen, dass die Vermögensminderung ihre Ursache in keiner der in § 1375 Abs. 2 S. 1 BGB genannten Fallgruppen hat. Gelingt dieser Beweis wäre es angebracht, den Stichtag des § 1378 Abs. 2 BGB wieder auf die Beendigung des Güterstandes zurück zu verlegen.

Beispiel:

M hat ein Anfangsvermögen von -20 000 Euro und bei Rechtshängigkeit der Scheidung 40 000 Euro, wovon 30 000 Euro in Aktien angelegt sind. F hat weder Anfangs- noch Endvermögen. Während des Schei-

176 Gesetzentwurf v. 05.11.2008 BT-Drucks. 16/10798, S. 14 f.

dungsverfahrens sinkt der Wert der Aktien unerwartet auf 10 000 Euro.

Der Zugewinn des M zum entscheidenden Stichtag beträgt 60 000 Euro. Da F keinerlei Zugewinn erzielt hat, kann sie davon 30 000 Euro als Zugewinnausgleich beanspruchen. Eine Begrenzung nach § 1378 Abs. 2 BGB wurde nicht vorgenommen, da M von seinen 40 000 Euro Endvermögen den Anspruch der F befriedigen kann. Durch die unerwartete – und unverschuldete – Vermögensentwicklung bei M ist dieser bei Beendigung des Güterstandes jedoch nicht länger in der Lage, die Ausgleichsforderung aus eigenen Mitteln zu erfüllen. Er müsste sich mit 10 000 Euro verschulden. Sowohl der Gedanke der ehelichen Solidarität, als auch die Tatsache, dass die Zugewinngemeinschaft bis zu ihrer Beendigung fortbesteht, sprechen dagegen, dass sich ein Ehegatte zur Erfüllung des Zugewinnausgleichsanspruchs verschulden muss, wenn ihm die Vermögensminderung nach dem Stichtag nicht vorgeworfen werden kann. Im Beispielsfall sollte die Forderung der F somit auf 20 000 Euro begrenzt werden, um M vor der Verschuldung zu bewahren.

Natürlich stellt sich das Problem, dass beurteilt werden muss, wann eine Vermögensminderung als unverschuldet zu betrachten ist. Dies hängt immer von den Umständen des Einzelfalls ab, insbesondere der bisherigen Lebensführung der Ehegatten. Bestand ein Teil des Vermögens „schon immer“ aus einem Aktienpaket, so dürfte ein Wertverlust dieses Paketes in der Regel unverschuldet im Sinne dieses Vorschlages sein. Nicht hingegen, wenn erst nach der Trennung Vermögen auf eine Art angelegt wird, die ein hohes Risiko für einen Teil- oder Totalverlust bietet, welches sich sodann realisiert. Auch dabei wird man jedoch das bisherige Verhalten der Ehegatten berücksichtigen müssen. Wurden auch während bestehender Ehe regelmäßig zinsgünstige Darlehen an Angehörige und Bekannte vergeben, so kann es im Einzelfall auch unverschuldet sein, wenn das für eine Existenzgründung verliehene Geld infolge einer Insolvenz des Existenzgründers nicht mehr zurückgezahlt werden kann. Und zwar auch dann, wenn die Auszahlung des Darlehens erst nach der Trennung erfolgte. Dringende und unvorhergesehene Reparaturen an Immobilien dürften das Vermögen in der Regel unverschuldet mindern, nicht hingegen Renovierungsarbeiten, die schon länger anstehen und gefahrlos verschoben werden könnten. Selbst Geldstrafen könnten unter die Definition von „unverschuldet“ zu subsumieren sein, wenn das Verhalten, das zur Verhängung der Geldstrafe führte, bereits während der Ehe praktiziert wurde und der andere Ehegatte Kenntnis davon hatte. Das Ziel kann es jedoch nicht sein, statische Fallgruppen aufzustellen, wann eine Vermögensminderung als unverschuldet anzusehenist. Es wäre vielmehr jeweils die Aufgabe des betroffenen Ehegatten, darzulegen aus welchen Gründen sich sein Vermögen vermindert hat und warum diese Minderung im konkreten Einzelfall als unverschuldet anzusehen ist.

Offen bleibt jedoch die Frage, wie das vorgeschlagene Ergebnis ohne Einschreiten des Gesetzgebers dogmatisch sauber umgesetzt werden kann. Aus der Systematik der gesetzlichen Regelungen, zusammen mit dem Wissen um die alte Rechtslage, sowie der Gesetzesbegründung, kann herausgelesen werden, dass der Gesetzgeber eine das Vermögen des Ausgleichspflichtigen übersteigende Ausgleichsforderung nur dann als angemessen erachtet, wenn sich der ausgleichspflichtige Ehegatte vorher illoyal verhalten hat.[177] Ohne illoyales Verhalten des Ehegatten soll die Vorschrift des § 1378 Abs. 2 S. 1 BGB eine absolute Obergrenze für die Höhe der Ausgleichsforderung setzen.[178] Müsste ein Ehegatte demnach durch eine unverschuldete Vermögensminderung Verbindlichkeiten eingehen, um die Ausgleichsforderung erfüllen zu können, so liegt ein Fall vor, den das Gesetz erkennbar verhindern wollte. Eine solche Inanspruchnahme widerspräche dem Willen des Gesetzgebers[179] und wäre darüber hinaus grob unbillig. Würde man es dem Ausgleichsschuldner zumuten, sich zur Erfüllung der Ausgleichspflicht zu verschulden, so würde man eine der grundlegenden Grenzen des Zugewinnausgleichs durchbrechen. Es war weder vor noch nach der Reform vorgesehen, dass der Zugewinnausgleich derart weitgehend sein sollte. Es wurde bereits ausführlich dargelegt, warum ein zu weitgehender Zugewinnausgleich dem Gerechtigkeitsempfinden in erheblicher Weise widerspricht.[180] Anders als in den bisher von den Gerichten entschiedenen Fällen wäre der ausgleichspflichtige Ehegatte in diesen Konstellationen kein Opfer der bewusst in Kauf genommenen Pauschalisierung des Zugewinnausgleichs,[181] sondern würde unter einer Normierung leiden, die erkennbar auf einem Versehen des Gesetzgebers beruht. Für die Anwendung des § 1381 Abs. 1 BGB kann in diesen Fällen demnach auf die subjektive Komponente – das Verschulden auf Seiten des Ausgleichsgläubi-

[177] „Dies kann zur Folge haben, dass der illoyale Ehegatte in diesen Fällen auch sein ganzes Vermögen abführen oder sich wegen der Hinzurechnung dieses eventuell nicht mehr vorhandenen Vermögensteils zur Ausgleichsforderung verschulden muss. Bei illoyalem Verhalten ist dies angemessen, weil der Schutz des § 1378 Abs. 1 BGB nur dem loyalen Ehegatten zugute kommen soll." Gesetzentwurf v. 05.11.2008 BT-Drucks. 16/10798, S. 25.

[178] Vgl. MüKo/*Koch*, 5. Aufl., § 1378 Rn. 6 ff; Palandt/*Brudermüller*, 70. Aufl., § 1378 Rn. 8; *Schwab*, Familienrecht, Rn. 283; *Gernhuber (Begr.)/Coester-Waltjen*, § 36 Rn. 82.

[179] Andernfalls wäre § 1381 BGB nicht anwendbar, vgl. MüKo/*Koch*, 5. Aufl., § 1381 Rn. 2.

[180] Vgl. die Ausführungen auf S. 17 ff.

[181] Gegen die Anwendbarkeit der Billigkeitskorrektur in diesen Fällen: *Gernhuber*, NJW 1991, S. 2242.

gers – verzichtet werden.[182] Da somit auch die von den Gerichten in ständiger Rechtsprechung vorgegebene Erheblichkeitsschwelle überschritten wird[183] und auf das Verschulden des anderen Ehegatten verzichtet werden darf, kann die Anwendung des § 1381 Abs. 1 BGB wohl als zwingend angesehen werden.[184]

Koch erkennt das Problem ebenfalls, möchte die Lösung jedoch über eine teleologische Reduktion von § 1384 BGB erreichen.[185] Dabei schlägt Sie vor, den Stichtag nur dann nach § 1384 BGB vorzuverlegen, „wenn die bis zur Beendigung des Güterstandes eingetretenen Vermögensverluste auf wirtschaftlichen Handlungen oder finanziellen Transaktionen beruhen, für die der ausgleichspflichtige Ehepartner verantwortlich ist."[186] Dieser Ansatz birgt jedoch dann erhebliche Schwierigkeiten, wenn sich das Vermögen in mehrere Richtungen entwickelt. So kann beispielsweise ein Aktienpaket erheblich an Wert verlieren, während gleichzeitig ein Grundstück zu Bauland wurde und dadurch erheblich an Wert gewonnen hat. Welcher Stichtag soll in diesem Fall gelten? Wie stark müssen die Verluste sein, um die Anwendbarkeit von § 1384 BGB auszuschließen? Neben diesen Problemen ist auch die von *Koch* vorgeschlagene Definition nicht sehr trennscharf. Ist es eine wirtschaftliche Handlung, für die der Ehegatte verantwortlich ist, wenn er Aktien erwirbt, die später massive Kursverluste erleiden? Oder soll man danach differenzieren, aus welchem Grund der Kursverlust eingetreten ist und ob dieser Kursverlust vorhersehbar war? Wenn in einem Scheidungsverfahren Ökonomen und Wirtschaftsgutachter als Sachverständige auftreten müssen um den Zugewinn zu berechnen, so widerspricht das der „Einfachheit und Handhabbarkeit des gesetzlichen Güterstandes" in erheblicher Weise. Vorzuziehen ist daher der oben vorgestellte Ansatz, wonach nur dann Handlungsbedarf besteht, wenn die Ausgleichsforderung das vorhandene Vermögen des Ausgleichsverpflichteten zu übersteigen droht. Das Vorliegen der Voraussetzungen ist in diesem Fall eindeutig feststellbar und auch die Anforderungen an das, was der Ausgleichsverpflichtete darlegen muss, um die Verschuldung zu vermeiden, ist eindeutig definiert – nämlich die „Unverschuldetheit" des

[182] A. A. *Hoppenz*, FamRZ 2010, S. 17.

[183] Vgl. BGH Urteil v. 22.04.1966 (IV ZR 58/65) BGHZ 46, 343–354, S. 347; BGH Urteil v. 18.03.1992 (XII ZR 262/90) FamRZ 1992, 787–789; BGH Urteil v. 06.02.2002 (XII ZR 213/00) FamRZ 2002, 606–608.

[184] *Schwab* erkennt das Problem ebenfalls und verweist für den Fall, dass die Anwendbarkeit von § 1381 Abs. 1 BGB verneint wird, auf den allgemeinen Grundsatz von Treu und Glauben aus § 242 BGB, *Schwab*, FamRZ 2009, S. 1449.

[185] MüKo/*Koch*, 5. Aufl., § 1384 Rn. 3.

[186] MüKo/*Koch*, 5. Aufl., § 1384 Rn. 3.

Teils der Vermögensminderung, die dafür sorgt, dass er seine Ausgleichspflicht nicht aus eigenen Mitteln erfüllen kann.

c) Ergebnis

Hat der ausgleichspflichtige Ehegatte im Scheidungsverfahren unverschuldet eine Vermögensminderung erfahren müssen und kommt er dadurch in die Situation, die Zugewinnausgleichsforderung des anderen Ehegatten nicht mehr aus eigenen Mitteln erfüllen zu können, so liegt ein Fall vor, den der Gesetzgeber erkennbar verhindern wollte.[187] Ausgleichsforderungen, die das nach Abzug der Verbindlichkeiten bei Beendigung des Güterstandes vorhandene Vermögen des ausgleichspflichtigen Ehegatten übersteigen, sollen nach dem Willen des Gesetzgebers nur in Verbindung mit illoyalem Verhalten zu akzeptieren sein. Die oben dargestellten Fälle zeigen demnach eine ungewollte Schwachstelle im Gesetz auf, die in Einzelfällen bei strenger Gesetzesanwendung zu grob unbilligen Ergebnissen führt, die demnach über § 1381 Abs. 1 BGB zu korrigieren sind. Da die Unbilligkeiten nur in ganz speziellen Einzelfällen auftreten, und keine systematische und bewusste Ungerechtigkeit des Gesetzes korrigiert werden soll, ist aus dogmatischer Sicht nichts gegen den Verweis auf eine Billigkeitsklausel einzuwenden.[188] Normartig lässt sich das Ergebnis wie folgt formulieren:

> **Unverschuldete Vermögensminderungen**
>
> Übersteigt im Falle der Scheidung die errechnete Ausgleichsforderung die Kappungsgrenze des § 1378 Abs. 2 BGB [189] zum Zeitpunkt der Beendigung des Güterstandes und kann der ausgleichspflichtige Ehegatte darlegen und beweisen, dass die zwischenzeitlich eingetretene Vermögensminderung nicht auf einer Handlung im Sinne des § 1375 Abs. 2 S. 1 Nr. 1–3 BGB beruht, so ist über § 1381 Abs. 1 BGB die Forderung nach § 1378 Abs. 2 BGB analog zu begrenzen.

5. Bewertungsstichtag für Hinzurechnungen

a) Einführung

Der Stichtag für die Bewertung der Hinzurechnungshöhe von illoyal ausgegebenem Vermögen wurde durch die Reform zwar nicht angepasst, jedoch ergeben

---

[187] Vgl. Gesetzentwurf v. 05.11.2008 BT-Drucks. 16/10798, S. 25.

[188] Vgl. *Gernhuber*, NJW 1991, S. 2242.

[189] Durch die Festlegung einer dynamischen Grenze werden auch die Fälle missbräuchlicher Vermögensverminderungen angemessen gelöst.

sich durch den geänderten Gesetzeskontext dennoch Veränderungen. Da regelmäßig die Gefahr besteht, dass der Gesetzgeber solche mittelbaren Auswirkungen übersieht, ist hier besonders sorgfältig zu prüfen, ob die erzielten Ergebnisse angemessen erscheinen oder ob eine Anpassung im Rahmen der Möglichkeiten der Rechtsprechung wünschenswert wäre.

Beispiel:

M hat ein Anfangsvermögen von -20 000 Euro. Als es ihm finanziell besser geht, kauft er von der X-AG Aktien im Wert von 10 000 Euro. Der Wert der Aktien bleibt stabil. Bei einem Pokerabend setzt er seine Aktien und verliert. Ein Jahr später erleiden die Aktien einen Kursverlust von 50%. Ein weiteres Jahr später reicht F die Scheidung ein. Das Vermögen des M beträgt zu diesem Zeitpunkt 10 000 Euro. F macht geltend, der Verlust beim Glücksspiel sei illoyal i. S. d. § 1375 Abs. 2 BGB gewesen. F selbst hat keinen Zugewinn erwirtschaftet.

Das Anfangsvermögen des M beträgt -20 000 Euro. Da dem Endvermögen von 10 000 Euro die Verschwendungen nach § 1375 Abs. 2 BGB hinzugerechnet werden, beträgt sein relevantes Endvermögen 20 000 Euro, da für den Wert der Hinzurechnung nach § 1376 Abs. 2 BGB der Zeitpunkt der Verschwendung maßgeblich ist. Entscheidend ist also der Wert, den die Aktien zum Zeitpunkt der illoyalen Vermögensminderung hatten. Folglich hat M rechtlich einen Zugewinn von 40 000 Euro erwirtschaftet. Da F während der Ehe keinen Zugewinn erzielt hat, müsste M an F 20 000 Euro Zugewinnausgleich zahlen. Durch § 1378 Abs. 2 S. 1 BGB wird die Zahlungspflicht jedoch zunächst auf das vorhandene Vermögen begrenzt, also auf 10 000 Euro. Die Vorschrift des § 1378 Abs. 2 S. 2 BGB sorgt jedoch nunmehr dafür, dass die Grenze für die Ausgleichsforderung nicht mehr bei null anzusetzen ist, sondern auf -10 000 Euro verschoben wird. Dies ist der Betrag, welcher laut Gesetz der Vermögensverschwendung des M entspricht. Die rechtliche Leistungsfähigkeit des M in Bezug auf die Zugewinnausgleichsforderung beträgt somit 20 000 Euro. Er muss die Forderung der F demnach vollständig erfüllen und dafür Verbindlichkeiten in Höhe von 10 000 Euro eingehen.

Das Ziel des Gesetzgebers war es, dafür zu sorgen, dass einem Ehegatten keine Nachteile durch illoyale Vermögensminderungen des anderen Ehegatten entstehen.[190] Allerdings trägt die Vorschrift auch keinen Strafcharakter in sich. Der verfügende Ehegatte soll so behandelt werden, als habe er sein Vermögen

[190] Gesetzentwurf v. 05.11.2008 BT-Drucks. 16/10798, S. 25.

nicht vermindert[191] – nicht schlechter. Um das eben ermittelte Ergebnis zu beurteilen, muss somit untersucht werden, wie die Situation für den anderen Ehegatten tatsächlich ohne die illoyale Vermögensminderung ausgesehen hätte. Geht man also davon aus, dass M nicht seine Aktien verloren hätte, stellt sich die Situation folgendermaßen dar:

Das Anfangsvermögen des M beträgt nach wie vor -20 000 Euro. Bei Einreichung der Scheidung durch F hat M jedoch nunmehr Vermögen in Höhe von 15 000 Euro, da das Aktienpaket 50% an Wert verloren hat. Sein Zugewinn beträgt somit 35 000 Euro. F hat nach wie vor keinen Zugewinn erwirtschaftet. Folglich ergibt sich der daraus resultierende Zugewinnausgleichsanspruches von 17 500 Euro. Da in diesem Fall jedoch keine Verschiebung der Grenze des § 1378 Abs. 2 S. 1 BGB erfolgt, kann F lediglich 15 000 Euro einfordern.

Es fällt auf, dass in diesem Beispiel F besser gestellt ist, wenn dem M eine illoyale Vermögensminderung vorzuwerfen ist, als dies ohne die Vermögensverfügung der Fall wäre. Diese Besserstellung geht auf Kosten des M, der zur Erfüllung der Ausgleichsforderung Verbindlichkeiten eingehen muss. Dass sich trotz des identischen Wortlautes des § 1376 Abs. 2 BGB gegenüber der alten Rechtslage eine Verschärfung der Problematik ergeben hat, liegt am neu eingeführten § 1378 Abs. 2 S. 2 BGB. Während man früher dem Aspekt der einfachen Handhabbarkeit des Güterstandes relativ leichtfertig einen großen Stellenwert einräumen konnte, da die Grenze des § 1378 Abs. 2 BGB aF. eine undurchdringliche war, werden nunmehr die Auswirkungen ungerechter Pauschalisierungen in ihrer vollen Härte spürbar. Während man Ehegatten, die ihr Endvermögen illoyal gemindert hatten, nach der alten Rechtslage maximal mit ihrem kompletten positiven Vermögen zum Ausgleich verpflichten konnte, besteht nunmehr von Gesetzes wegen keine Grenze. Auch massive Verschuldung zur Anspruchserfüllung wird vom Gesetzgeber akzeptiert. Da illoyale Vermögensminderungen nach § 1375 Abs. 3 BGB bis zu zehn Jahre in der Vergangenheit liegen können,[192] dürften Abweichungen des rechtlichen vom tatsächlichen Wert des hinzuzurechnenden Vermögens keine Seltenheit sein. Auch wenn die Verschuldung des Ausgleichsverpflichteten bei tatsächlich illoyalen Vermögensminderungen akzeptabel ist, so muss dennoch darauf geachtet werden, dass es nicht durch leichtfertige Ungenauigkeiten im Gesetz zu einer überproportionalen Belastung kommt.

[191] Vgl. Beschlussempfehlung und Bericht v. 13.05.2009 BT-Drucks. 16/13027, S. 7.

[192] Die Kritik an dieser Regelung folgt sogleich auf S. 67 ff.

b) **Verkäufe**

Im Folgenden sollen die einzelnen Möglichkeiten, sein Vermögen zu verringern, unter dem Aspekt der nachträglichen Wertänderung untersucht werden, um festzustellen, ob die vom Gesetz vorgesehene Lösung tatsächlich zu Ungerechtigkeiten führt. Relevant sind dabei nur Veräußerungen, die kein Bargeld betreffen. Auf die Wertänderung von Bargeld wird in einem späteren Kapitel eingegangen werden,[193] für die hier zu klärende Frage hat eine solche keine Auswirkung. Folglich ist auch nur der Verkauf – und nicht der Kauf – von Gegenständen eine zu überprüfende Konstellation.

Ein Verkauf von Gegenständen ist zunächst einmal ein vermögensneutraler Vorgang. An die Stelle des Gegenstandes tritt ein Geldbetrag in der entsprechenden Höhe. Die Fälle, in denen der Kaufpreis nicht angemessen ist, sind den gemischten Schenkungen zuzuordnen[194] und werden im Folgenden auch an der entsprechenden Stelle behandelt werden.[195] Ein gewöhnlicher Verkauf kann somit für die hier aktuelle Fragestellung nur dann relevant werden, wenn ein Gegenstand verkauft wird, der starken Wertschwankungen unterliegt. Da es jedoch jedem Ehegatten freisteht, die ihm gehörenden Gegenstände zu verkaufen, kann auch ein solcher Verkauf nur dann in den Anwendungsbereich des § 1375 Abs. 2 BGB fallen, wenn er in Benachteiligungsabsicht vorgenommen wurde. Bei stark schwankenden Werten eines Gegenstandes kann dies nur dann der Fall sein, wenn zu einem Zeitpunkt verkauft wird, zu dem der Wert sehr gering ist, obwohl offensichtlich ist, dass der Wert demnächst wieder steigen wird. Mit diesem Wissen muss ein Verkauf vorgenommen worden sein um den anderen Ehegatten zu benachteiligen.

Ohne sich tiefgreifende Gedanken darüber zu machen, ob es in der Realität solche Fälle geben kann und wie sie aussehen müssten, kann in jedem Fall der Handlungsbedarf bei dieser Fallgruppe verneint werden. Gerade bei Gegenständen mit stark schwankendem Wert kann es dem Ehegatten nicht verwehrt werden, sich durch einen Verkauf vom Risiko der weiteren Wertentwicklung zu lösen. Zu welchem Zeitpunkt der Verkauf erfolgt, bleibt alleine dem Eigentümer überlassen. Auch wenn der Gegenstand nicht verkauft worden wäre, hätte die Möglichkeit bestanden, dass bei Rechtshängigkeit des Scheidungsantrages – also zum Stichtag für die Bewertung des Endvermögens – der fragliche Gegenstand ebenfalls nur einen geringen Verkehrswert hat.

[193] Siehe Kapitel 6, S. 103 ff.
[194] Vgl. MüKo/*Koch*, 5. Aufl., § 516 Rn. 34.
[195] Vgl. S. 65.

Der Verkauf von Gegenständen zu einem marktgerechten Preis kann also bereits theoretisch nicht in den Anwendungsbereich des § 1375 Abs. 2 BGB fallen und bereitet somit auch keine Probleme bei der Bestimmung des Hinzurechnungszeitpunktes.

c) Schenkungen

Soweit es um unentgeltliche Zuwendungen geht, kommen Geld- oder Sachgeschenke in Betracht. Die Wertentwicklung von Geld wird jedoch – wie bereits erwähnt – an einer anderen Stelle behandelt werden,[196] für dieses Kapitel sind folglich nur Sachgeschenke relevant. Problematisch sind demnach die Fälle, in denen Gegenstände verschenkt wurden, die bis zum Scheidungsverfahren ihren Wert geändert haben. Sei es das Gemälde, das seinen Wert steigert, oder das Aktienpaket, das seinen Wert verliert.[197] Denn theoretisch ist es auch durchaus denkbar, dass sich der ausgleichsberechtigte Ehegatte ungerecht behandelt fühlt, weil ein ursprünglich im Vermögen vorhandener Gegenstand bis zur Scheidung seinen Wert vervielfacht hätte. Mit diesem Beispiel im Hinterkopf erkennt man schnell, das es falsch wäre, eine Bewertung der Schenkungen zum Stichtag für die Berechnung des Endvermögens zu fordern. Neben allen Verschärfungen für den ausgleichspflichtigen Ehegatten wäre es in jedem Fall unbillig von ihm zu verlangen, Wertsteigerungen auszugleichen, von denen er tatsächlich nicht profitiert hat. Auch hier ist der Gedanke der wirtschaftlichen Autonomie entscheidend.[198] Fraglich bleibt, ob dennoch die Berücksichtigung von nachträglichen Wertminderungen gefordert werden sollte.

Bezieht man auch in diese Überlegung das bereits angeführte Argument der wirtschaftlichen Autonomie ein,[199] so muss die Frage wohl verneint werden. Zu dem Zeitpunkt, zu dem der Eigentümer den Gegenstand verschenkt, vermindert er sein Vermögen. Diese Vermögensminderung ist der Anlass für die später erfolgende Hinzurechnung. Und diese Vermögensminderung hat den Wert, den der verschenkte Gegenstand zu diesem Zeitpunkt hatte. Wäre der Gegenstand nicht verschenkt, sondern zulässigerweise verkauft worden, wäre als Surrogat des Gegenstandes der entsprechende Geldbetrag in das Vermögen des ehemaligen Eigentümers aufgenommen worden. Eine Anpassung an zukünftige

---

[196] Siehe Kapitel 6, S. 103 ff.

[197] Dieser Fallgruppe ist auch das Beispiel auf S. 62 zuzuordnen.

[198] Die Zugewinngemeinschaft ist eine Form der Gütertrennung, erst am Ende erfolgt ein Ausgleich. Während der Ehe sind die Ehegatten weitgehend frei von Verfügungsbeschränkungen, vgl. *Dörr*, S. 1953.

[199] Vgl. *Dörr*, S. 1953.

Wertschwankungen wäre in dieser Konstellation ebenfalls nicht vorgenommen worden.

Der einzige zugewinnrechtliche Unterschied zwischen einem vergangenen zulässigen Verkauf und einem vergangenen illoyalem Verschenken könnte darin gesehen werden, dass ein Verkaufserlös für die angemessene Lebensführung verbraucht werden darf und somit aus dem Endvermögen ausscheiden kann. Bei einer illoyalen Schenkung kann der Hinzurechnungsbetrag hingegen nicht verbraucht werden. Wird acht Jahre vor der Scheidung ein Gegenstand im Wert von 10 000 Euro illoyal verschenkt, so wird dem Ausgleichspflichtigen regelmäßig sein Endvermögen um 10,000 Euro erhöht. Auch wenn er sich die Schenkung ursprünglich finanziell „erlauben" konnte und er später durch unvorhersehbare Entwicklungen sein gesamtes Vermögen verliert. Zusammen mit der Verschiebung der Kappungsgrenze muss die zwischenzeitlich eingetretene Verschuldung schon massiv sein, um der Ausgleichspflicht zu entkommen. Der Fehler an diesem Ergebnis ist, dass wohl ohne die Schenkung der Gegenstand später zur Finanzierung der Lebensführung veräußert worden wäre, so dass er ohne die illoyale Vermögensverfügung im Endvermögen nicht vorhanden gewesen wäre. Dies ist jedoch eher ein Problem der weitreichenden Rückwirkung der Hinzurechnung, als der Anpassung des Wertes von Verfügungen, folglich wird es auch an der passenden Stelle thematisiert werden.[200]

Somit können sich die Ehegatten, ebenso wie durch einen Verkauf, auch durch eine illoyale Schenkung von der weiteren Vermögensentwicklung eines Gegenstandes lösen. Unabhängig davon, ob die weitere Entwicklung für sie vorteilhaft oder nachteilig gewesen wäre.

d) Verschwendungen

Bei der Verschwendung kann es nach den bisherigen Definitionen lediglich noch um die Fälle gehen, in denen Geld für den Lebensverhältnissen nicht angepasste Vergnügungen ausgegeben wurde. Folglich kann Gegenstand der Verschwendung nur Bargeld sein. Darauf, dass die Wertanpassung von Bargeld in diesem Kapitel nicht behandelt wird, wurde bereits zweifach hingewiesen.[201] Die Anpassung des Wertes einer illoyalen Vermögensminderung kann also auch für die Fallgruppe der Vermögensverschwendung keine Probleme verursachen.

[200] Siehe S. 67 ff.

[201] Vgl. zu dieser Problematik Kapitel 6, S. 103 ff.

e) Ergebnis

Nach den getroffenen Feststellungen ist somit festzuhalten, dass kein Anpassungsbedarf bezüglich der Wertermittlung von Vermögensminderungen besteht. Da den Ehegatten während des Güterstandes die Möglichkeit bleibt, ihnen gehörende Gegenstände jederzeit zum Tageskurs zu verkaufen, ohne dass die weitere Wertentwicklung der verkauften Gegenstände für den Zugewinn relevant wäre, muss dies auch für illoyale Vermögensminderungen gelten. Diese Gegenstände fallen aus dem Vermögen des Ehegatten heraus und mindern es um den Wert, den sie zum maßgeblichen Zeitpunkt der Vermögensminderung hatten. Somit ist es konsequent und richtig, dass sich die Hinzurechnung an genau diesem Wert orientiert. Dass, wie im Beispiel auf S. 62, der andere Ehegatte gegebenenfalls einmal von dieser Hinzurechnung profitiert, dürfte genauso oft wie der umgekehrte Fall vorkommen. Dabei realisiert sich jedoch lediglich das allgemeine Wirtschaftsrisiko. Die vom Gesetzgeber bewusst gewählte Schematisierung im Zugewinnausgleich führt an dieser Stelle nicht zu unangemessenen Ergebnissen. Ein Handlungsbedarf des Gesetzgebers oder der Rechtsprechung besteht somit nicht.

6. Verjährung illoyaler Vermögensminderungen

a) Einführung

Im letzten Abschnitt wurde bereits angedeutet, dass sich auch aus der Tatsache, dass illoyale Vermögensminderungen zehn Jahre lang für das Endvermögen eines Ehegatten relevant bleiben, Probleme ergeben können. Auch hierbei haben sich die Auswirkungen einer bereits lange bestehenden Norm durch die sonstigen Anpassungen der Rechtslage verschärft.

Beispiel:

M und F haben beide kein Anfangsvermögen. Seit sie verheiratet sind, geht M jeden Freitag nach der Arbeit mit seinen Freunden in die Kneipe. Um vor seinen Freunden gut auszusehen bezahlt er regelmäßig die Getränke für alle, was pro Woche ca. 100 Euro kostet. F hatte dafür noch nie Verständnis, M ließ sich diese Angewohnheit jedoch nicht verbieten. M verdient in seinem Job nicht viel, es reicht aber zum Leben. F ist Hausfrau. Nach 15 Jahren Ehe trennen sich M und F nach einem Streit und F reicht später die Scheidung ein. Weder M noch F haben zu diesem Zeitpunkt nennenswertes Vermögen.

Bei dieser Ausgangssituation musste man sich nach der alten Rechtslage über einen eventuellen Zugewinnausgleich keine Gedanken machen. Unabhängig von theoretischen Überlegungen sorgte § 1378 Abs. 2 BGB aF. dafür, dass ausnahmslos ohne Endvermögen kein Zugewinnausgleich denkbar war. Dieses Prinzip wurde durch den neu eingefügten Abs. 2 S. 2 jedoch durchlöchert, wobei man sich nicht sicher sein kann, ob dem Gesetzgeber bewusst war, wie groß die Löcher tatsächlich geworden sind.

b) Die Problematik

Fängt man an, den dargestellten Sachverhalt systematisch zu lösen, so stellt man in einem ersten Schritt fest, dass bei einem Vergleich der Anfangs- und Endvermögen der Ehegatten auf keiner Seite ein Zugewinn erwirtschaftet wurde. Beim Endvermögen des M ist jedoch § 1375 Abs. 2 BGB zu beachten, wonach die unentgeltlichen Zuwendungen, durch welche er nicht eine sittlichen Pflicht entsprach seinem Endvermögen hinzuzurechnen sind, und zwar nach § 1375 Abs. 3 BGB für die letzten zehn Jahre.[202] Unentgeltliche Zuwendungen von 100 Euro pro Woche entsprechen bei 52 Wochen pro Jahr einem Betrag von 5 200 Euro jährlich. Auf zehn Jahre gerechnet ergeben sich somit 52 000 Euro. Das Endvermögen des M wird somit fiktiv auf 52 000 Euro erhöht, so dass F gegen M einen Anspruch auf Zugewinnausgleich in Höhe von 26 000 Euro hat. Während dieses Ergebnis durch den alten § 1378 Abs. 2 BGB aF. effektiv verhindert wurde, erfolgt durch den neuen § 1378 Abs. 2 S. 2 BGB keine Anpassung mehr. Somit muss M, dem sein Gehalt die letzten 15 Ehejahre gerade zum Leben gereicht hatte und der faktisch keinerlei Vermögen besitzt, an F einen utopisch hohen Zugewinnausgleich von 26 000 Euro zahlen.

Die Tatsache, dass sich M für eine solche Summe wahrscheinlich für alle Zeiten verschulden muss, wird vom Gesetzgeber lapidar mit der sinngemäßen Bemerkung hingenommen, er hätte sein Vermögen ja nicht verschenken müssen.[203] Das Argument, F hätte nicht 15 Jahre mit einer Person zusammenleben müssen, die Vermögen verschenkt, ist im Gesetz nicht vorgesehen.

---

[202] Es gibt keine starre Grenze, ab welchem Betrag eine Verschwendung in Betracht kommt. Entscheidend sind die jeweiligen Lebensverhältnisse (Vgl. Jauernig/*Berger*, § 1375 Rn. 6). Bei einem Bescheidenen Lebensstandard, bei dem am Ende des Monats kein Geld übrig bleibt, sind auch 100 Euro bereits als Verschwendung zu werten, insbesonder wenn sie – wie hier – regelmäßig ausgegeben werden. Dabei entsteht die Verschwendung jedoch nicht erst durch das Aufsummieren der Einzelposten, sondern jede einzelne Ausgabe ist als Verschwendung zu klassifizieren.

[203] Vgl. Gesetzentwurf v. 05.11.2008 BT-Drucks. 16/10798, S. 25.

Der Beispielsfall mag konstruiert erscheinen, er verdeutlicht aber die Problematik.[204] Auch wenn der Hinzurechnungszeitraum von zehn Jahren durch die Reform nicht geändert wurde, so gewinnt er dennoch erst durch diese an praktischer Relevanz. Während die Hinzurechnungen bisher lediglich dafür sorgten, dass sich die Ehegatten, die von illoyalen Vermögensminderungen betroffen waren, ein etwas größeren Anteil des tatsächlich vorhandenen Vermögens des anderen Ehegatten sichern konnten,[205] kann nunmehr ein Anteil eines Vermögens verlangt werden, welches tatsächlich nicht vorhanden ist und auch nie vorhanden war.[206] Es wäre nämlich auch falsch davon auszugehen, dass das Vermögen ohne die illoyalen Minderungen zum Stichtag tatsächlich vorhanden gewesen wäre. Die 100 Euro, die M im Beispiel für das Glücksspiel ausgegeben hat, wären ohne seine Spielleidenschaft mit Sicherheit nicht auf einem Sparbuch gelandet. Vielmehr hätten M und F „Butter statt Margarine" gegessen, das Geld also anderweitig verbraucht.

Da die Hinzurechnung des § 1378 Abs. 2 S. 2 BGB nicht nur die Hälfte des Wertes der illoyalen Verfügung, sondern den vollständigen Wert betrifft, würde es sich für einen Ehegatten, dessen Ausgleichsforderung bereits ohne eine illoyale Verfügung durch § 1378 Abs. 2 S. 1 BGB beschränkt wurde, doppelt lohnen eine alte illoyale Verfügung auszugraben:

Beispiel:

M hat ein Anfangsvermögen von -30 000 Euro und ein Endvermögen von 10 000 Euro. F hat weder Anfangs- noch Endvermögen.

Der Zugewinn des M beträgt 40 000 Euro, wovon er 20 000 Euro an F zahlen müsste. Durch § 1378 Abs. 2 S. 1 BGB verringert sich seine Ausgleichspflicht jedoch auf 10 000 Euro. Wenn sich F jetzt erinnert, dass M vor 8 Jahren einem Freund für eine Unternehmensgründung 10 000 Euro schenkte, so erhöht sich dadurch nicht nur das rechnerische Endvermögen des M auf 20 000 Euro,

204 Vgl. *Braeuer*, FamRZ 2010, S. 775, welcher darauf hinweist, dass auch Bagatellschenkungen, wie die Spende in den Klingelbeutel, unter § 1375 Abs. 2 BGB fallen, auch wenn im Einzelfall häufig ein Anstandsschenkung vorliegen dürfte.

205 Durch § 1378 Abs. 2 BGB aF. bestand dann kein Interesse mehr daran, weitere Hinzurechnungen zum Endvermögen zu verlangen, wenn die errechnete Ausgleichsforderung bereits die Höhe des tatsächlich vorhandenen Vermögens erreicht hatte. Folglich dürfte – gerade bei wiederholt vorgekommenen Vermögensminderungen – der 10-Jahres Zeitraum nur selten ausgeschöpft worden sein.

206 Durch § 1378 Abs. 2 S. 2 BGB gibt es bei illoyalen Vermögensminderungen faktisch keine Kappungsgrenze mehr. Folglich kann die Ausgleichsforderung durch Hinzurechnungen beliebig erhöht werden. Ob die errechnete Forderung dabei noch in einem gesunden Verhältnis zum tatsächlich vorhandenen Vermögen steht ist nunmehr unerheblich.

gleichzeitig sinkt die Kappungsgrenze durch § 1378 Abs. 2 S. 2 BGB auf -10 000 Euro. Durch das neue Endvermögen hätte F somit einen Anspruch auf Zugewinnausgleich in Höhe von 25 000 Euro, welchen M durch die geänderte Kappungsgrenze in Höhe von 20 000 Euro erfüllen muss. Der rechnerische Zugewinnausgleichsanspruch der F hat sich somit durch die Hinzurechnung um 5 000 Euro, ihr tatsächlicher Zugewinnausgleichsanspruch jedoch um 10 000 Euro erhöht. Es ist also durchaus zu erwarten, dass in den Fällen, in denen die Kappungsgrenze des § 1378 Abs. 2 S. 1 BGB eingreift, die Ausgleichsberechtigten von ihren Anwälten dazu angehalten werden, sich zu überlegen, ob in den letzten zehn Jahren nicht irgend welche Vermögensverfügungen durch ihren Ehegatten getätigt wurden, mit denen sie nicht einverstanden waren. Jeder auf diese Art gefundene Euro wird dem Anspruch faktisch in voller Höhe zugeschlagen, entsprechend hoch dürfte die Motivation sein, alte Geschichten wieder aufzuwärmen. Die ohnehin angespannte Situation während eines Scheidungsverfahrens wird dadurch weiter verschärft.

c) Lösungsansatz

Angesichts der extremen Auswirkungen, die § 1375 Abs. 3 BGB durch die Reform haben kann und der Tatsache, dass diese in der Gesetzesbegründung mit keinem Wort erwähnt werden, muss davon ausgegangen werden, dass der Gesetzgeber die Problematik übersehen oder unterschätzt hat. Auch im Schrifttum finden sich eher Stimmen, die für eine gänzliche Abschaffung der Begrenzung des § 1375 Abs. 3 BGB plädieren, als dass die Gefahren einer uferlosen Anrechnung thematisiert werden.[207] Bei der ursprünglichen Einführung der Frist des Abs. 3 ging es wohl eher darum, die Beweisschwierigkeiten einer endlosen Rückrechnung zu umgehen, als die materiellen Nachteile einer solchen abzufedern. Zumal es diese Nachteile vor der Reform nicht in ihrer jetzigen Form gab. Es wäre somit wünschenswert, dass der Gesetzgeber seinen Fehler einsieht und die Frist des § 1375 Abs. 3 BGB bei nächster Gelegenheit verkürzt. Bis dahin könnte die Rechtsprechung eine Anpassung über die Auslegung des § 1375 Abs. 3 Var. 2 BGB erreichen. Grundlage dafür wäre die Aussage, dass ein Ehegatte, der nicht innerhalb von zwei Jahren nach einer illoyalen Vermögensverfügung seines Ehegatten entweder die Scheidung einreicht oder zumindest den Antrag auf vorzeitigen Zugewinnausgleich stellt, mit der unentgeltlichen

[207] Vgl. MüKo/*Koch*, 5. Aufl., § 1375 Rn. 34.

Zuwendung oder Verschwendung einverstanden ist.[208] Dass hierbei die Variante der Benachteiligungsabsicht nicht umfasst ist, kann durchaus hingenommen werden. Die schutzunwürdige Gesinnung tritt bei dieser Variante erheblich stärker hervor als bei den anderen Fallgruppen, so dass ein den Verfügenden belastendes Ergebnis eher zu rechtfertigen ist. Gegenüber einer Lösung über die Billigkeitsvorschrift des § 1381 Abs. 1 BGB hätte dieser Vorschlag den Vorteil der größeren Rechtssicherheit. Es müsste nicht jedesmal im Einzelfall entschieden werden, sondern man hätte eine relativ feststehende Auslegungsregel, auf die sich der Rechtsanwender einstellen kann.

d) Ergebnis

Die zehnjährige Berücksichtigung von illoyalen Vermögensminderungen kann – zusammen mit der Anpassung der Kappungsgrenze für die Ausgleichsforderung – zu absurden Ergebnissen führen.[209] Ein Einschreiten des Gesetzgebers wäre dringend zu wünschen. Bis dahin bietet sich jedoch folgende Auslegungsregel[210] für § 1375 Abs. 3 Var. 2 BGB an.

> **Hinzurechnungszeitraum**
>
> Stellt ein Ehegatte nicht innerhalb von zwei Jahren nach einer unentgeltlichen Zuwendung oder Verschwendung i. S. d. § 1375 Abs. 2 BGB des anderen Ehegatten einen Antrag auf vorzeitigen Zugewinnausgleich, so gilt dieser als mit der Vermögensverfügung einverstanden i. S. d. § 1375 Abs. 3 Var. 2 BGB.

[208] Dieser Gedanke findet sich auch in der Begründung zum Deutsch-Französischen Wahlgüterstand, in der es wörtlich heißt: „Hintergrund ist, dass nach Ablauf einer bestimmten Zeit nicht mehr davon ausgegangen wird, dass die vermögensmindernde Handlung mit dem Ziel der Benachteiligung des anderen Ehegatten erfolgt oder von dem anderen Ehegatten letztlich akzeptiert worden ist." Gesetzentwurf v. 04.02.2011 BR-Drucks. 67/11, S. 35.

[209] a.A. MüKo/*Koch*, 5. Aufl., § 1375 Rn. 34.

[210] Eine solche „Auslegungsregel" würde sich als Richterrecht dogmatisch auf dünnem Eis bewegen. Eine dogmatisch saubere Lösung ist jedoch nicht ersichtlich, so dass sich die ungewünschten Ergebnisse anders nicht vermeiden lassen.

§ 5 Privilegierter Erwerb

I. Die Rechtslage bis 2009

Neben den allgemeinen Regelungen zur Berechnung des Anfangs- und Endvermögens der einzelnen Ehegatten gab und gibt es die Regelungen zum privilegierten Erwerb. Im Wesentlichen bei Schenkungen und Erbschaften wird dieser Erwerb, obwohl er während des bestehenden Güterstands erfolgte, von der Ausgleichspflicht ausgenommen. Dadurch sollte die starre und schematische Berechnung der für den Zugewinn maßgeblichen Vermögensmassen in einigen Fällen zugunsten der Verwirklichung des Regelungsgedankens der Zugewinngemeinschaft aufgegeben werden.[211]

Der rechtfertigende Gedanke der Zugewinngemeinschaft ist es, dass an der Mehrung des Ehevermögens in der Regel beide Ehegatten beteiligt sind,[212] entweder unmittelbar durch vergütete Arbeitsleistung oder mittelbar dadurch, dass sie es dem anderen Ehegatten überhaupt ermöglichen, im vollen Umfang erwerbstätig zu sein. Faktisch geht das Gesetz davon aus, dass der besserverdienende Ehegatte nur so viel verdienen kann, weil der schlechter verdienende Ehegatten ihm zuliebe beruflich zurück gesteckt hat und ihm somit „den Rücken freihält“.[213]

Daran anknüpfend lässt der Gesetzgeber in § 1374 Abs. 2 BGB solche Formen des Vermögenserwerbs beim Zugewinnausgleich unberücksichtigt, an denen der andere Ehegatte nicht einmal mittelbar mitgewirkt haben kann, da sie in keinem Zusammenhang mit der Ehe stehen,[214] und bei denen die persönliche Beziehung des Zuwendenden zum empfangenden Ehegatten für die Zuwendung entscheidend waren.[215] Diese Kriterien erfüllen nach Ansicht des Gesetzgebers

---

211 Vgl. *Stollenwerk*, S. 180; *Gerhardt/Heintschel-Heinegg/Klein*, S. 559 f.

212 Vgl. *Schmid*, Rn. 196; *Stollenwerk*, S. 180; *Henrich*, S. 108.

213 Vgl. *Carlberg/Tomfort*, S. 172; *Henrich*, S. 108.

214 Vgl. MüKo/*Koch*, 4. Aufl., § 1374 Rn. 13; *Stollenwerk*, S. 180; *Henrich*, S. 108; *Schwab*, Familienrecht, Rn. 273.

215 Vgl. Johannsen/Henrich/*Henrich/Jaeger*, § 1374 Rn. 19; MüKo/*Koch*, 4. Aufl., § 1374 Rn. 14.

lediglich der Vermögenserwerb von Todes wegen oder mit Rücksicht auf ein künftiges Erbrecht, Schenkungen und Vermögen dass ein Ehegatte als Ausstattung erwirbt.

1. Das Problem

Um zu erreichen, dass Vermögen der genannten Art nicht im Zugewinn berücksichtigt wird, hat sich der Gesetzgeber in § 1374 Abs. 2 BGB dazu entschieden, dass dieses Vermögen dem Anfangsvermögen des betroffenen Ehegatten hinzugerechnet wird. Obwohl dieses Vermögen also tatsächlich erst während des bestehenden Güterstandes erworben wurde, fingiert das Gesetz, dass es bereits vor Beginn des Güterstandes vorhanden war. Da die fraglichen Vermögensbestandteile folglich sowohl im Anfangs-, als auch im Endvermögen vorhanden sind, begründen sie keine Ausgleichspflicht.

Diese Vergünstigung gewährt der Gesetzgeber bei Erbschaften (§ 1374 Abs. 2 Var. 1 BGB), bei Übereignungen, die im Hinblick auf ein zukünftiges Erbrecht erfolgen (§ 1374 Abs. 2 Var. 2 BGB) und bei Schenkungen und Ausstattungen (§ 1374 Abs. 2 Var. 3 u. 4 BGB), wobei diese zwei Begriffe in ihrer Bedeutung aus dem Schuldrecht (§ 516) und dem Kindschaftsrecht (§ 1624) des BGB übernommen wurden.[216]

2. Die Kritik

a) Anzahl der Fallgruppen

Wenn der Gesetzgeber mit der Norm des § 1374 Abs. 2 BGB verhindern will, dass beim Scheitern der Ehe Vermögenswerte auszugleichen sind, an deren Erwerb der andere Ehegatte in keiner Weise mitgewirkt hat, so kommt zwangsläufig die Frage auf, warum er dieses Privileg lediglich den vier oben genannten Fallgruppen zugute kommen lässt. Selbst wenn man dem Gesetzgeber zugesteht, diese Privilegierung nur auf die Fallgruppen anzuwenden, bei denen die fehlende Mitwirkung des anderen Ehegatten evident war, so finden sich dennoch Erwerbstatbestände, die wertungsmäßig einer Erbschaft oder Schenkung vergleichbar sind. Beispielhaft sei hier nur der Lottogewinn oder das Schmerzensgeld erwähnt.[217]

---

216 Vgl. MüKo/*Koch*, 4. Aufl., § 1374 Rn. 22.
217 Vgl. *Herr*, S. 262 ff.; Scholz/Stein/*Carlberg*, Teil B Rn. 16; *Groß*, S. 176.

Beispiel:

M und F sind verheiratet. Während der Ehe verliert F bei einem Unfall durch Drittverschulden ein Bein und erhält dafür 100 000 Euro Schmerzensgeld. Ansonsten erwirtschaften beide während der Ehe kein Vermögen.[218]

Bei Beendigung des Güterstandes müsste F dem M einen Ausgleich in Höhe von 50 000 Euro zahlen, obwohl F die 100 000 Euro offensichtlich unabhängig von ihrer Ehe mit M erlangte. Dabei war der Geldbetrag doch als ein Ausgleich für die körperlichen Beeinträchtigungen gedacht, von welchen M gerade nicht betroffen ist.

b) Privilegierter Erwerb und negatives Anfangsvermögen

Umstritten war vor der Reform weiterhin, wie privilegierter Erwerb zu behandeln war, wenn er mit einem negativem Anfangsvermögen zusammentraf. In diesem Fall gab es sowohl die Möglichkeit, zunächst das Anfangsvermögen trotz Schulden auf null zu begrenzen und dann von null ausgehend das privilegiert erworbene Vermögen hinzuzurechnen[219] oder man nutzte den privilegierten Erwerb, um zunächst das negative Anfangsvermögen aufzufüllen.[220] In diesem Fall hätte man vom privilegierten Erwerb also nur dann profitieren können, wenn dessen Wert den Wert der Verbindlichkeiten des Anfangsvermögens überstieg.

Beispiel:

F hat bei Eheschließung 20 000 Euro Schulden, ihr Mann M ist schuldenfrei. Im Laufe der Ehe zahlt F ihre Schulden ab. Als sie schuldenfrei ist, erbt sie von ihren Eltern 20 000 Euro. M hat in der gleichen Zeit 100 000 Euro erwirtschaftet.

Wenn in diesem Beispiel die Ehe scheiterte, so stellte sich die Frage, wie hoch der Zugewinn der F ausgefallen ist. Wurde ihr Anfangsvermögen zunächst trotz Schulden auf null gesetzt und danach der privilegierte Erwerb hinzugerechnet, so betrug ihr Anfangsvermögen 20 000 Euro. Da ihr Endvermögen ebenfalls 20 000 Euro betrug, hätte sie somit keinen Zugewinn erzielt und M müsste an sie 50 000 Euro Zugewinnausgleich zahlen.

---

[218] Beispiel nach *Herr*, S. 262.

[219] Vgl. BGH Urteil v. 03.05.1995 (XII ZR 71/94) FamRZ 1995, 990–993; Staudinger/*Thiele*, § 1374 Rn. 42; *Reinicke*, S. 761; *Schopp*, S. 71.

[220] Vgl. *Schröder*, FamRZ 1997, S. 5; *Johannsen*, S. 658; *Bärmann*, S. 168 f.; *Schwab*, FamRZ 1984, S. 435; *Battes*, FuR 1990, S. 322; *Gernhuber/Coester-Waltjen*, § 36 III 4.

Wurde hingegen der privilegierte Erwerb dem tatsächlichen Anfangsvermögen hinzugerechnet und fand eine eventuell notwendig werdende Außerachtlassung von negativem Anfangsvermögen erst nach dieser Hinzurechnung statt, so würde die Erbschaft der F mit ihren Schulden verrechnet werden, was zu einem Anfangsvermögen von null Euro geführt hätte. Ihr Endvermögen hätte in diesem Fall ihr Anfangsvermögen um 20 000 Euro überstiegen, so dass dies ihr Zugewinn gewesen wäre. Dadurch hätte sich die Ausgleichsforderung gegenüber M auf 40 000 Euro reduziert.

c) Negativer privilegierter Erwerb

Unsicherheiten bestanden weiterhin dann, wenn das Vermögen, das auf privilegierte Weise erworben wurde, einen negativen Wert aufwies. Dies konnte insbesondere bei einem überschuldeten Nachlass vorkommen, welcher dennoch aus Pietätsgründen angenommen wurde. Das Gesetz äußerte sich nicht ausdrücklich zu dieser Frage. Es war somit zu fragen, ob die Grundsätze, welche für positives Vermögen aufgestellt wurden, widerspruchsfrei auf negatives Vermögen übertragen werden konnten. Während die Vorschrift des § 1374 Abs. 2 BGB bei positivem Vermögen dazu führte, dass der andere Ehegatte an diesem Vermögen nicht beteiligt wurde, so würde im Gegensatz dazu bei negativem Vermögen der andere Ehegatte daran regelmäßig beteiligt werden, wie die folgenden Beispiele zeigen werden.

Beispiel:

M hat bei Beginn des Güterstandes kein Vermögen und bei Beendigung des Güterstandes ein Vermögen von 100 000 Euro angespart. F hat sowohl bei Beginn als auch bei Beendigung des Güterstandes kein Vermögen. Während der Ehe erbt M von seinen Eltern zusätzlich 20 000 Euro bargeld.

Ohne die Sondervorschrift des § 1374 Abs. 2 BGB würde das Endvermögen des M 120 000 Euro betragen, was mangels vorhandenem Anfangsvermögen zu einem gleichhohen Zugewinn geführt hätte. F, die ihrerseits keinerlei Zugewinn erwirtschaftet hatte, wäre somit mit 60 000 Euro auszugleichen gewesen. Durch die Vorschrift zum privilegierten Erwerb wurde die Erbschaft nunmehr jedoch dem Anfangsvermögen des M zugerechnet. Somit betrug sein Endvermögen nach wie vor 120 000 Euro, sein Anfangsvermögen wurde jedoch nicht mehr mit null, sondern mit 20 000 Euro angesetzt. Somit verringerte sich sein Zugewinn auf 100 000 Euro und seine Ausgleichspflicht betrug nur noch 50 000

Euro. Das Ziel des Gesetzgebers wurde somit erreicht und die Ehegatten waren güterrechtlich so gestellt, als wäre die Erbschaft nicht während der bestehenden Ehe angefallen.

Beispiel:

M hat bei Beginn des Güterstandes kein Vermögen und bei Beendigung des Güterstandes ein Vermögen von 100 000 Euro angespart. F hat sowohl bei Beginn als auch bei Beendigung des Güterstandes kein Vermögen. Während der Ehe erhält M von seinen Eltern einen um 20 000 Euro überschuldeten Nachlass, wobei diese Schulden noch nicht beglichen sind.

Ohne die Erbschaft entsprach dieses Beispiel dem obigen. Durch die Erbschaft wurde nunmehr jedoch das Endvermögen des M nicht erhöht, sondern vermindert. Er hatte bei Beendigung des Güterstandes somit lediglich 80 000 Euro Vermögen, seine Ausgleichspflicht gegenüber F beschränkte sich demnach auf 40 000 Euro. Auch wenn man prinzipiell das Hinzurechnen negativen privilegierten Erwerbs zum Anfangsvermögen zulassen würde,[221] konnte § 1374 Abs. 2 BGB dennoch daran nichts ändern, da § 1374 Abs. 1 BGB aF. dafür sorgte, dass das Anfangsvermögen nicht negativ sein konnte. Eine Hinzurechnung der 20 000 Euro Schulden der Erbschaft zum Anfangsvermögen des M blieben somit ohne Auswirkung. Entgegen der Intention des Gesetzgebers war der andere Ehegatte somit in diesen Fällen sehr wohl vom privilegierten Erwerb betroffen.

3. Der Umgang mit dem Problem

Das Ziel des Gesetzgebers erschien nachvollziehbar. Vermögen, das beispielsweise die Eltern ihren Kindern vererbten, sollte auch nur diesen und nicht deren Ehepartnern zuguten kommen. Es entspricht auch der Natur der Zugewinngemeinschaft als eine Form der Gütertrennung,[222] dass es Möglichkeiten für die Ehegatten gab, trotz bestehender Ehe Vermögen zu erwerben, das nur ihnen zustand und auch von der Ausgleichspflicht nicht betroffen war. Die gesetzliche Umsetzung der Idee war jedoch nicht frei von Schwachstellen.

[221] Entgegen der herrschenden Meinung, vgl. S. 79.
[222] Vgl. *Dörr*, S. 1953.

a) Zusätzliche Fallgruppen

Eine häufig geäußerte Forderung war die nach einer Erweiterung der Fallgruppen des privilegierten Erwerbs.[223] Es gäbe viele Erwerbstatbestände, die denen, die das Gesetz aufzählt, vergleichbar wären. Die prominentesten Beispiele sind nach wie vor der Lottogewinn und das Schmerzensgeld. In beiden Fällen habe der andere Ehegatte zu dem Erwerb nichts beigetragen, so dass ein zugewinnrechtlicher Ausgleich dieser Vermögensbestandteile nicht zu rechtfertigen sei. Da der Gesetzgeber die Fallgruppen auch durch die Reform nicht erweitert hat, ist diese Diskussion unverändert aktuell.

b) Wertsteigerungen privilegierten Erwerbs

Vereinzelt wurde kritisiert, dass Wertsteigerungen privilegierten Erwerbs auszugleichen seien.[224] *Stollenwerk* merkte jedoch zu Recht an, dass ein solcher Ausgleich systemgerecht sei.[225] Da die Wertsteigerung des privilegierten Erwerbs während der bestehenden Zugewinngemeinschaft erfolgte, greift wieder die allgemeine Vermutung, dass diese Wertsteigerung auf der Leistung beider Ehegatten beruhe. Ob und wie weit dies im Einzelfall tatsächlich der Fall war braucht nicht geklärt zu werden, da sich der Gesetzgeber bewusst für eine pauschalisierte Betrachtungsweise entschlossen hat.

c) Privilegierter Erwerb und negatives Anfangsvermögen

Ein weiterer Problempunkt der alten Rechtslage, der zu unklaren Ergebnissen und Meinungsverschiedenheiten führen konnte, war das Zusammentreffen von privilegiertem Erwerb und negativem Anfangsvermögen. Oben wurde ein solcher Fall dargestellt. Grundsätzlich gab es zwei Möglichkeiten, wie solche Fallgestaltungen behandelt werden konnten. Entweder erfolgte die Hinzurechnung zum Anfangsvermögen auf Basis der wirtschaftlichen Betrachtung, das heißt mit voller Berücksichtigug vorhandener Schulden, oder das defizitäre Anfangsvermögen wurde nach § 1374 Abs. 1 2. HS. BGB aF. zunächst auf null gesetzt und anschließend erfolgte die Hinzurechnung des privilegierten Erwerbs.

---

[223] Vgl. *Born*, S. 2291; *Groß*, S. 179; *Herr*, S. 266; *Schröder*, FamRZ 1997, S. 3; *Schwab*, FamRZ 1984, S. 435.

[224] Vgl. *Battes*, FuR 1990, S. 321 f. Anderer Ansicht: Johannsen/Henrich/*Henrich/Jaeger*, § 1374 Rn. 21; *Muscheler*, S. 273.

[225] Vgl. *Stollenwerk*, S. 181.

aa) Keine Verrechnung mit negativem Anfangsvermögen

Nicht nur der BGH[226] vertrat die Ansicht, dass ein negatives Anfangsvermögen zunächst auf null zu begrenzen sei, bevor eine Hinzurechnung des privilegierten Erwerbs erfolgte.[227] Das stärkste Argument für diese Ansicht bot wohl der Gesetzeswortlaut. In § 1374 Abs. 1 BGB aF. wurde definiert, was unter dem *Anfangsvermögen* zu verstehen war. Nach dieser Definition verstand man darunter einen Rechnungsgröße, welche mit einem Wert von mindestens null anzusetzen war. Wenn nun in Abs. 2 davon die Rede ist, dass bestimmte Vermögenspositionen dem Anfangsvermögen hinzugerechnet werden sollen, so darf davon ausgegangen werden, dass sich der Gesetzgeber bei seiner Wortwahl an die unmittelbar vorher aufgestellte Definition hält. Übersetzt besagte § 1374 Abs. 2 BGB aF. somit, dass Vermögen, welches auf eine bestimmte Art erworben wurde, einem Betrag hinzugerechnet werden sollte, dessen Wert mindestens null betrug. Der Begriff des Anfangsvermögens ist dabei nicht als „Vermögen, welches am Anfang vorhanden ist" zu verstehen, sondern als „Vermögen im Sinne des § 1374 Abs. 1 BGB". Folgte man diesem Verständnis, war es offensichtlich, dass der privilegierte Erwerb nicht mit bei Beginn des Güterstandes vorhandenen Schulden verrechnet wurde.

bb) Verrechnung mit negativem Anfangsvermögen

Auch wenn das Wortlautargument durchaus Überzeugungskraft besaß, so gab es dennoch Stimmen, die eine Verrechnung von negativem Anfangsvermögen[228] mit privilegiertem Erwerb forderten.[229] Die Argumente, welche dafür ins Feld geführt wurden, waren jedoch eher ergebnisorientiert. Die Vertreter dieser Ansicht sahen darin die einzige Möglichkeit, die – ihrer Meinung nach fehlerhafte – Entscheidung des Gesetzgebers, kein negatives Anfangsvermögen zuzulassen, teilweise zu korrigieren.[230] So wurden von der Systematik her die Absätze 1 und 2 des § 1374 BGB aF. vertauscht. Dies lässt sich dann dogmatisch widerspruchsfrei vertreten, wenn man § 1374 Abs. 1 BGB aF. nicht als Definition

[226] BGH Urteil v. 03.05.1995 (XII ZR 71/94) FamRZ 1995, 990–993.
[227] Vgl. Staudinger/*Thiele*, § 1374 Rn. 42; *Reinicke*, S. 761; *Schopp*, S. 71.
[228] Gemeint ist hier nicht das Anfangsvermögen i. S. d. § 1374 Abs. 1 BGB, sondern dem Wortsinn nach das Vermögen, welches beim Beginn des Güterstandes vorhanden ist. Andernfalls wäre, nach dem soeben gesagten, ein negatives Anfangsvermögen nach altem Recht ein Widerspruch.
[229] Vgl. *Schröder*, FamRZ 1997, S. 5; *Johannsen*, S. 658; *Bärmann*, S. 168 f.; *Schwab*, FamRZ 1984, S. 435; *Battes*, FuR 1990, S. 322; *Gernhuber/Coester-Waltjen*, § 36 III 4.
[230] Vgl. *Carlberg/Tomfort*, S. 175.

des Begriffs „Anfangsvermögen" verstand, sondern lediglich als Anleitung, wie mit dessen Wert zu verfahren war. Danach wäre auch der Begriff „negatives Anfangsvermögen" kein Widerspruch gewesen, sondern hätte lediglich den Zustand beschrieben, welcher vorliegen konnte, bevor das Anfangsvermögen für die Zugewinnberechnung „aufbereitet" wurde. Somit musste also zunächst rein wirtschaftlich das tatsächliche Anfangsvermögen ermittelt werden, und nachdem alle Aktiva und Passiva berücksichtigt wurden, wurde das Anfangsvermögen nach der Vorschrift des § 1374 Abs. 1 2. HS. BGB aF. für die Zugewinnberechnung aufbereitet. Erfolgte später ein privilegierter Erwerb, so war dieser sodann konsequenter Weise dem *tatsächlichen* Anfangsvermögen hinzuzurechnen – und zwar bevor das so ermittelte Anfangsvermögen für die Zugewinnberechnung angepasst wurde.

Auch wenn diese Auslegung für sich beanspruchen konnte, einige der als ungerecht empfundenen Ergebnisse des alten Güterrechts zu entschärfen, so ließ sie sich nur dann widerspruchsfrei vertreten, wenn man dem Gesetzgeber unterstellte, den Begriff „Anfangsvermögen" innerhalb des § 1374 BGB aF. in zwei unterschiedlichen Bedeutungen verwendet zu haben.

d) Überschuldeter privilegierter Erwerb

Die letzte Fallgruppe, die im Zusammenhang mit privilegiertem Erwerb zu Problemen führen konnte, war der im Beispiel auf Seite 76 angesprochene Fall des negativen privilegierten Erwerbs. Relevant konnte dies werden, wenn beispielsweise eine überschuldete Erbschaft aus Sentimentalität oder Pietätsgründen angenommen wurde.[231] Es stellte sich die Frage, wie solcher Erwerb behandelt werden sollte und ob Anpassungen notwendig wurden, wenn durch diesen Erwerb das Anfangs- oder Endvermögen des Empfängers negativ wurde.

aa) Keine Änderung des Anfangsvermögens

Die herrschende Meinung vertrat die Auffassung, dass ein negativer privilegierter Erwerb das Anfangsvermögen nicht veränderte, da eine Hinzurechnung immer positiv sein müsse.[232] Es sei der Zweck des § 1374 BGB aF., den Empfänger eines privilegierten Erwerbes zu begünstigen und dieses Ziel könne nicht erreicht werden, wenn negativer Erwerb das Anfangsvermögen mindere. In diesem Fall erhöhe sich automatisch der Zugewinn des betroffenen Ehegatten, was einer Be-

231 Vgl. BGH Urteil v. 03.05.1995 (XII ZR 71/94) FamRZ 1995, 990–993, Ziffer 5c.
232 Vgl. MüKo/*Koch*, 4. Aufl., § 1374 Rn. 24; Staudinger/*Thiele*, § 1374 Rn. 43; *Schwab*, FamRZ 1984, S. 435.

nachteiligung gleichkäme.[233] Offensichtlich wurde dabei jedoch übersehen, dass sich ein privilegierter negativer Erwerb ebenfalls im Endvermögen niederschlug. Folglich hätte ein Abzug beim Anfangsvermögen nicht dafür gesorgt, dass sich der Zugewinn erhöht. Vielmehr sorgte eine Nichtberücksichtigung dafür, dass sich der Zugewinn verringerte. Während nämlich das Anfangsvermögen seinen Wert behielt, verringerte sich das Endvermögen um die erlangten Verbindlichkeiten. *Koch* behauptete als Konsequenz ihrer Ansicht, dass durch die Nichtberücksichtigung all diejenigen Erwerber privilegierter Schulden benachteiligt würden, welche ein positives Anfangsvermögen besaßen.[234] Wäre der Erwerb vor Eheschließung erfolgt, so hätte dadurch der Wert des Anfangsvermögens bis auf null gemindert werden können. Ein Erwerb nach Eheschließung könne hingegen das Anfangsvermögen nicht mehr mindern. Entgegen *Koch* lag darin jedoch kein Nachteil, sondern ein Vorteil für die betroffenen Personen. Wie aufgezeigt führte die Nichtberücksichtigung im Anfangsvermögen zusammen mit der vollen Berücksichtigung im Endvermögen dazu, dass sich der Zugewinn des betroffenen Ehegatten unmittelbar verringerte. Er profitierte somit von einem negativem privilegiertem Erwerb, welcher erst nach Eheschließung anfiel.

Auch wenn die Begründung Fehler enthielt, so war zumindest das Ergebnis folgerichtig. Sah man das Ziel des § 1374 Abs. 2 BGB aF. darin, den Empfänger einer privilegierten Zuwendung um jeden Preis zu begünstigen, so ließ sich dieses Ziel nur erreichen, wenn eine Anrechnung von negativem Erwerb auf das Anfangsvermögen nicht in Betracht kam.

bb) Berücksichtigung im Anfangsvermögen

Interpretierte man hingegen das Ziel des Gesetzgebers in § 1374 Abs. 2 BGB aF. dahingehend, dass lediglich erreicht werden sollte, dass der andere Ehegatte an einer privilegierten Zuwendung nicht beteiligt wird, so sprachen gewichtige Gründe dafür, diese Nichtbeteiligung sowohl für positives, als auch für negatives Vermögen gelten zu lassen. Wie bereits angedeutet konnte dadurch, dass sowohl positiver als auch negativer privilegierter Erwerb ohne Besonderheiten im Endvermögen berücksichtigt wurde, eine Nichtbeteiligung des anderen Ehegatten nur durch eine Anrechnung im Anfangsvermögen erreicht werden. Vermögenspositionen, welche im Anfangs- und Endvermögen vorhanden sind, werden auf diese Art für die Berechnung des Zugewinns neutralisiert.

[233] Vgl. MüKo/*Koch*, 4. Aufl., § 1374 Rn. 24.
[234] MüKo/*Koch*, 4. Aufl., § 1374 Rn. 24.

Wenn vertreten wurde, dass der andere Ehegatten von geerbtem Vermögen nicht profitieren sollte, man ihn jedoch andererseits an geerbten Schulden über den Zugewinnausgleich beteiligen wollte,[235] so verwundert dieses Ergebnis. Es beruhte wohl auf dem Verständnis des § 1374 Abs. 2 BGB aF. als Begünstigungsnorm. Der Ehegatte, welcher privilegiertes Vermögen erhielt, sollte jedoch nicht begünstigt werden, er sollte den anderen Ehegatten lediglich nicht an dem Vermögen teilhaben lassen müssen, welches nur ihm persönlich zugedacht wurde.[236] Eine ungleiche Behandlung von positivem und negativem Erwerb war nicht angemessen.

cc) Sonderfall: Negativer Erwerb übersteigt das Anfangsvermögen

Folgte man der Ansicht, dass auch negativer, privilegierter Erwerb das Anfangsvermögen beeinflusste, so führte dies dann zu Problemen, wenn der negative Erwerb das Anfangsvermögen überstieg. Es kam bereits mehrmals zur Sprache, dass die alte Rechtslage es nicht zuließ, dass das Anfangsvermögen mit einem negativen Wert in die Berechnung des Zugewinns eingestellt wurde.[237] Somit war es offensichtlich, dass in den Fällen, in denen der Wert des negativen privilegierten Erwerbs das Anfangsvermögen eines Ehegatten überstieg, eine vollständige Anrechnung nicht in Frage kam. Das Ziel, dass der andere Ehegatte an dem erworbenen (negativem) Vermögen nicht beteiligt werden sollte, konnte somit in diesen Fällen nicht vollständig erreicht werden. Zusammen mit der Vermutungsregel des § 1377 Abs. 3 BGB führte dies dazu, dass in der überwiegenden Zahl der Fälle eine Anrechnung – unabhängig von der vertretenen, dogmatischen Ansicht – wohl ohnehin nicht durchgeführt werden konnte. Unter dem Gesichtspunkt der Gleichbehandlung war dies durchaus ein Argument für die Ansicht der herrschenden Meinung, negativen privilegierten Erwerb grundsätzlich nicht anzurechnen.

II. Die neue Rechtslage seit 2009

Als Konsequenz aus der Einführung negativer Vermögenswerte in die Berechnung des Zugewinns ergeben sich auch im Bereich des privilegierten Erwerbs neue Rechtsfragen. Dessen war sich der Gesetzgeber auch durchaus bewusst und

[235] Dies war die Konsequenz der herrschenden Meinung.

[236] In diesem Punkt stimmte selbst die Gegenauffassung zu, vgl. MüKo/*Koch*, 4. Aufl., § 1374 Rn. 13; Staudinger/*Thiele*, § 1374 Rn. 23.

[237] Vgl. § 1374 Abs. 1 S. 1 BGB aF..

hat seinen diesbezüglichen Willen beispielsweise in der Gesetzesbegründung zu § 1374 Abs. 3 BGB zum Ausdruck gebracht.[238] Die Gefahr, dass die Änderung größere Auswirkungen hat, als vom Gesetzgeber angenommen, besteht jedoch auch hier.

1. Die Änderungen im Einzelnen

Die Auswirkungen auf den privilegierten Erwerb ergeben sich nicht aus einer Änderung des Gesetzeswortlautes. Sie beruhen vielmehr ausschließlich auf der Einführung negativen Anfangsvermögens, wobei durch die systematische Einordnung des § 1374 Abs. 3 BGB deutlich wird, dass diese Einführung ohne Ausnahme auch für den nach § 1374 Abs. 2 BGB privilegierten Erwerb gilt.[239]

2. Die Ziele des Gesetzgebers

Ein Anliegen des Gesetzgebers war es, den Streit um die Handhabung privilegierten Erwerbes im Zusammenhang mit negativem Anfangsvermögen zu entscheiden.[240] Er hat sich nunmehr ausdrücklich dafür entschieden, dass privilegierter Erwerb mit einem negativen Anfangsvermögen verrechnet werden kann. Angesichts der sonstigen Änderungen des Güterrechts ist diese Klarstellung nur konsequent. Durch die nunmehr umfassende Berücksichtigung negativer Vermögenswerte dürften auch die bisherigen Vertreter der Gegenauffassung ihre Kritik nicht mehr aufrecht erhalten.

Des weiteren möchte der Gesetzgeber, wie bereits im alten Recht, erreichen, dass die in § 1374 Abs. 2 BGB aufgezählten Erwerbstatbestände in der Weise privilegiert werden, dass der andere Ehegatte an ihnen nicht im Wege des Zugewinnausgleichs beteiligt wird.[241] Der Anwendungsbereich der Norm wurde lediglich dahingehend erweitert, dass auch privilegierter negativer Erwerb der Ausgleichspflicht entzogen werden soll. Neue Erwerbstatbestände wurden dem § 1374 Abs. 2 BGB jedoch nicht hinzugefügt.

Bei negativem Erwerb bezieht sich die Privilegierung nicht auf den Empfänger des Vermögens, vielmehr wird der Ehegatte privilegiert, bzw. geschützt. Der Gesetzgeber erkennt das Bedürfnis an, gegebenenfalls wider der wirtschaftlichen Vernunft eine überschuldete Erbschaft anzunehmen.[242] Pietätsgründe oder

---

[238] Vgl. Gesetzentwurf v. 05.11.2008 BT-Drucks. 16/10798, S. 21 f.
[239] Vgl. *Büte*, NJW 2009, S. 2777.
[240] Vgl. Gesetzentwurf v. 05.11.2008 BT-Drucks. 16/10798, S. 21.
[241] Vgl. Gesetzentwurf v. 05.11.2008 BT-Drucks. 16/10798, S. 21.
[242] Vgl. Gesetzentwurf v. 05.11.2008 BT-Drucks. 16/10798, S. 21.

Sentimentalität können dafür den Ausschlag geben. Dennoch sei es nicht hinzunehmen, wenn der Ehegatte über den Zugewinnausgleich an diesen Schulden unangemessen beteiligt werde. Dadurch, dass jetzt sowohl positiver als auch negativer privilegierter Erwerb[243] im Anfangs- und Endvermögen berücksichtigt werden, sei sichergestellt, dass diese Vermögensbestandteile aus dem Zugewinnausgleich ausgeschlossen bleiben.

Beispiel:

M hat ein Anfangsvermögen von 60 000 Euro und ein Endvermögen von 100 000 Euro. F hat weder Anfangs- noch Endvermögen. M erhält während der Ehe eine um 50 000 Euro überschuldete Erbschaft.[244]

Ohne die Erbschaft betrug der Zugewinn des M 40 000 Euro, wovon er 20 000 Euro als Zugewinnausgleich an F zu zahlen hatte. Durch die überschuldete Erbschaft mindert sich sein Endvermögen auf 50 000 Euro, gleichzeitig wird jedoch auch sein Anfangsvermögen um den selben Betrag auf 10 000 Euro gemindert. Sein Zugewinn beträgt somit nach wie vor 40 000 Euro und auch an seiner Ausgleichspflicht hat sich nichts geändert. Um negativen Vermögenserwerb aus dem Zugewinnausgleich herauszuhalten ist eine Berücksichtigung sowohl im Anfangs- als auch im Endvermögen somit unverzichtbar.

Anders als die Hinzurechnungen nach § 1375 Abs. 2 BGB wird durch privilegierten Erwerb die Kappungsgrenze des § 1378 Abs. 2 S. 1 BGB nicht verschoben. Somit ist nicht immer sichergestellt, dass negativer privilegierter Erwerb den Ausgleichsanspruch nicht beeinflusst.

Beispiel:

M hat ein Anfangsvermögen von -40 000 Euro und ein Endvermögen von 60 000 Euro. F hat weder Anfangs- noch Endvermögen. M nimmt eine um 20 000 Euro überschuldete Erbschaft an.

Der Zugewinn des M beträgt 100 000 Euro, wovon der F 50 000 Euro als Zugewinnausgleich zustünden. Daran ändert auch die Berücksichtigung der Erbschaft nichts. Während jedoch ohne die Erbschaft der Zugewinnausgleich vom Endvermögen des M zahlbar gewesen wäre, hat sich dieses durch die Erbschaft nunmehr von 60 000 Euro auf 40 000 Euro verringert. Der Anspruch der F ist somit auf 40 000 Euro beschränkt. Negativer privilegierter Erwerb verringert den

[243] Trotz der eben getroffenen Feststellung, dass bei negativem Vermögen nicht der Erwerber, sondern dessen Ehegatten privilegiert wird, wird aus Gründen der besseren Lesbarkeit auch negativer Vermögenserwerb als „privilegierter Erwerb" bezeichnet werden.

[244] Beispiel nach Gesetzentwurf v. 05.11.2008 BT-Drucks. 16/10798, S. 21.

Zugewinnausgleichsanspruch also nur dann nicht, wenn die erworbenen Schulden geringer sind als der Betrag, der dem ausgleichspflichtigen Ehegatten ohne den privilegierten Erwerb als Vermögen nach dem erfolgten Zugewinnausgleich geblieben wäre. Ohne die Erbschaft wären dem M 10 000 Euro Vermögen nach dem Ausgleich verblieben. Überschreiten die erhaltenen Verbindlichkeiten diesen Wert, so wirkt sich dies auch auf die Forderung aus. Der Gesetzgeber hat jedoch entschieden, dass es in diesen Fällen der Schutz des Ausgleichsverpflichteten verlangt, die Kappungsgrenze des § 1378 Abs. 2 S. 1 BGB unverändert beizubehalten.

3. Kritik aus dem aktuellen Schrifttum

Die Einführung negativen privilegierten Erwerbes fand bereits im Schrifttum Kritik.[245] *Weinreich* sieht in der Nichtberücksichtigung des negativen privilegierten Erwerbs im Zugewinnausgleich eine Schlechterstellung des Vermögensempfängers. Es sei davon auszugehen, dass in einer Ehe die Entscheidung, eine überschuldete Erbschaft[246] anzunehmen, gemeinsam getroffen werde. Folglich sei es nicht zu rechtfertigen, den Empfänger der Erbschaft die Schuldenlast alleine tragen zu lassen. Durch dieses Ergebnis sei der andere Ehegatte im Falle einer Scheidung besser gestellt als bei Fortführung der Ehe, da bei bestehender Ehe Schulden immer auch Auswirkungen auf die Lebensführung beider Ehegatten hätten.

Auch wenn es richtig ist, dass wohl regelmäßig die Entscheidung zur Annahme einer überschuldeten Erbschaft in Absprache mit dem Ehegatten getroffen werden wird, so darf nicht vergessen werden, dass es dennoch letzten Endes dem erbenden Ehegatten freisteht, sich dem Willen des anderen Ehegatten zu widersetzen.[247] Gerade bei überschuldeten Erbschaften, für deren Annahme keine rationalen Gründe sprechen, dürften die emotionalen Überlegungen dem anderen Ehegatten oft nur schwer nahezubringen sein. Folglich kann davon ausgegangen werden, dass speziell in den hier relevanten Fallgruppen die Erbschaft häufig gegen den Willen des anderen Ehegatten angetreten wird. Da dieser keine Möglichkeit hat, die Annahme zu verhindern, erscheint es gerecht, ihn auch von den Konsequenzen freizuhalten – zumindest nach Beendigung der Ehe.

[245] Vgl. *Weinreich*, FuR 2009, S. 199 f.

[246] Da eine überschuldete Erbschaft der anschaulichste Fall eines negativen privilegierten Erwerbs ist, wird im folgenden nur von einer überschuldeten Erbschaft die Rede sein. Damit ist natürlich auch jeder andere Fall privilegierten negativen Erwerbes gemeint.

[247] Vgl. *Schwab*, Familienrecht, Rn. 219; *Wellenhofer*, Familienrecht, S. 84.

Aber auch wenn man den Argumenten von *Weinreich* folgt, muss man nicht zwingend seinem Ergebnis zustimmen. Der wichtigste Aspekt seiner Überlegung ist, dass während der Ehe beide Ehegatten von der negativen Erbschaft betroffen sind und sich dies nach der Scheidung nicht ändern solle. Der Gedanke soll anhand folgenden Beispiels zu Ende geführt werden:

Beispiel:

M hat ein Anfangsvermögen von 40 000 Euro und ein Endvermögen von 100 000 Euro. F hat ein Anfangsvermögen von 10 000 Euro und ein Endvermögen von 30 000 Euro. M erbt während der Ehe einen um 20 000 Euro überschuldeten Nachlass.

M hat somit ohne die Erbschaft einen Zugewinn von 60 000 Euro erzielt, F von 20 000 Euro. Somit übersteigt der Zugewinn des M den der F um 40 000 Euro, er hat demnach 20 000 Euro Zugewinnausgleich zu zahlen.

Berücksichtigt man nun die Erbschaft, so werden nach geltendem Recht vom Anfangs- und Endvermögen des M jeweils die 20 000 Euro Schulden abgezogen. Sein Zugewinn – und somit auch der Zugewinnausgleichsanspruch der F – bleiben jedoch unverändert.

Weinreich möchte nun, dass die Erbschaft das Anfangsvermögen nicht verändert, so dass sich der Zugewinn des M auf 40 000 Euro verringern würde. Demnach hätte er der F nur noch 10 000 Euro an Zugewinnausgleich zu zahlen. Dadurch soll berücksichtigt sein, dass F bereits während der Ehe von den Schulden betroffen war und folglich nach der Scheidung nicht besser gestellt werden soll. M und F seien nach dieser Rechenmethode gleichmäßig an den Schulden beteiligt.

Stellt man den Ausgangsfall jedoch so um, dass M und F während der Ehe tatsächlich gleichmäßig an den Schulden beteiligt sind, nämlich indem M und F jeweils 10 000 Euro der Schuldenlast übernehmen, so ergibt sich folgendes Ergebnis.[248] Das Endvermögen des M sinkt auf 90 000 Euro, so dass sein Zugewinn nur noch 50 000 Euro beträgt. Gleichzeitig sinkt das Endvermögen der F auf 20 000 Euro, so dass ihr Zugewinn auf 10 000 Euro sinkt. Nach wie vor übersteigt der Zugewinn des M den der F jedoch um 40 000 Euro, so dass die Ausgleichspflicht weiterhin 20 000 Euro beträgt. Lässt man die Ehegatten die erworbenen Schulden somit tatsächlich gemeinsam tragen, so entspricht das Ergebnis der aktuellen Gesetzeslage. Die von *Weinreich* geforderte Anpassung

[248] In der folgenden Berechnung erfolgt keine Privilegierung der Schulden; eine solche würde das Ergebnis jedoch auch nicht ändern.

harmoniert demnach nicht mit seiner Begründung. Vielmehr führt die aktuelle Gesetzesfassung auch dann zu gerechten Ergebnissen, wenn die erworbenen Schulden tatsächlich während der Ehe von beiden Ehegatten getragen wurden.

Daneben gibt es eine Vielzahl anderer Möglichkeiten, wie die Ehegatten mit einer überschuldeten Erbschaft umgehen können. Die Bandbreite reicht vom gemeinsamen Einschränken des Lebensstandards zur Tilgung der Schulden, bis hin zur einseitigen Tilgung der Schulden aus den Ersparnissen des einen Ehegatten, ohne Auswirkungen auf die gemeinsame Lebensführung. Es mag durchaus Fallgruppen geben, in denen *Weinreich* darin zuzustimmen ist, dass eine Verringerung des Zugewinns das angemessene Ergebnis wäre. Dass dies keineswegs immer der Fall sein muss, hat das vorangegangene Beispiel gezeigt – gerade auch dann nicht, wenn der Entschluss zur Annahme der Erbschaft gemeinsam gefällt wurde. Besonders dann werden die Auswirkungen der neuen Schulden oft schon während der Ehe auch für den anderen Ehegatten spürbar gewesen sein, beispielsweise durch den Verzicht auf einen gemeinsamen Urlaub. Aus diesen Gründen bleibt es bei der bereits zu Beginn dieses Abschnittes[249] geäußerten These, dass der Bedarf einer *güterrechtlichen* Beteiligung des anderen Ehegatten an einer überschuldeten Erbschaft nicht besteht. Die gesetzliche Regelung birgt jedoch noch andere Problemfelder, die in der Litaratur bis jetzt noch nicht erörtert wurden.

4. Die Verschwendung privilegierten Erwerbs

Das erklärte Ziel des Gesetzgebers war es, Vermögenserwerb, der als privilegiert betrachtet wird, von der Ausgleichspflicht des Güterrechts auszuschließen.[250] Diese Vermögenspositionen, die gezielt nur einem der beiden Ehegatten zugedacht waren, sollen nicht mit dem anderen Ehegatten geteilt werden müssen. Sein Ausgleichsanspruch oder seine Ausgleichspflicht sollen von diesem Vermögenserwerb nicht beeinflusst werden. Ob dieses Ziel auch erreicht wird ist hingegen nicht so klar, wie es auf den ersten Blick scheinen mag.

a) Darstellung der Problematik

Die Konstellation, die den Überlegungen des Gesetzgebers offensichtlich zu Grunde gelegen haben muss, ist die des Erben, der wertvollen Familienbesitz erhält. Diesem Erben soll es nicht zugemutet werden, zur Erfüllung seiner Aus-

[249] Siehe S. 84.
[250] Vgl. Gesetzentwurf v. 05.11.2008 BT-Drucks. 16/10798, S. 21.

gleichspflicht den geerbten Besitz verkaufen zu müssen oder den Ehegatten in sonstiger Weise an ihm teilhaben zu lassen. Geht man von dieser Fallvariante aus, so vermag der Lösungsansatz des Gesetzgebers durchaus zu überzeugen. Allerdings sind auch andere Konstellationen denkbar, bei denen die Schwachpunkte der aktuellen Regelung deutlich werden. Dabei handelt es sich bei den problematischen Fallgruppen nicht einmal um besonders seltene Ausnahmefälle.

Beispiel:

M erbt von seiner Großmutter 10 000 Euro. Davon erfüllt er sich den lang gehegten Wunsch eines Parabelfluges.

Sofern die Erbschaft aus Geld besteht, bereitet der Ansatz des Gesetzgebers Probleme. Unstreitig soll die Erbschaft dem Erben persönlich zugute kommen. Folglich kann ihm auch kein Vorwurf daraus gemacht werden, dass er das Geld für sein persönliches Vergnügen ausgibt. Es handelt sich gerade nicht um Vermögen, an welchem dem anderen Ehegatte ein – auch nur potentieller – Teilhabeanspruch zusteht, da es nicht dem Zugewinnausgleich unterliegt.[251] Obwohl demnach die Entscheidung des Erben, den Nachlass auszugeben, nicht missbilligt werden kann, führt sie im Ergebnis doch zu merkwürdigen Konsequenzen. Da das Erbe nämlich dem Anfangsvermögen des M zugerechnet wurde, im Endvermögen jedoch nicht mehr vorhanden ist, verringert sich sein Zugewinn um 10 000 Euro. Es wird somit über das Ziel, den Ehegatten nicht an der Erbschaft beteiligen zu müssen, hinausgeschossen, da sich der Zugewinnausgleichsanspruch des Ehegatten sogar, im Vergleich zur Situation ohne Erbschaft, um 5 000 Euro verringert.

Ein ähnliches Problem kann sich bei einem überschuldeten Nachlass ergeben, auch wenn sich das Ergebnis dort besser rechtfertigen lässt. Erbt F einen um 5 000 Euro überschuldeten Nachlass und verwendet daraufhin ihr Taschengeld statt für teure Schuhe für die Schuldentilgung, so führt dies dazu, dass sie unmittelbar ihr Endvermögen mehrt, was wiederum Nachteile beim Zugewinnausgleich nach sich zieht. Daran, dass bei negativem privilegiertem Erwerb nur dann zweifelhafte Ergebnisse herauskommen, wenn der Schuldenabbau durch Geldmittel erfolgt, die ohnehin für Konsumzwecke verwendet worden wären,[252] merkt man bereits, dass hier kein so evidenter Gerechtigkeitsverstoß gegeben ist wie bei positivem privilegiertem Erwerb. Schulden kann man eben im Normalfall nicht alleine „verbrauchen“. Die Geldmittel, die dafür aufgewendet werden,

[251] Die Privilegierung des Vermögenserwerbs kann nur in dieser Weise verstanden werden.

[252] Geldmittel, die andernfalls zur Vermögensbildung ausgegeben worden wären, hätten ohnehin das Endvermögen vermehrt.

sind immer der ehelichen Gemeinschaft entzogen. Dass dieser Entzug bei Beendigung des Güterstandes wieder auszugleichen ist, lässt sich zumindest in den meisten Fällen rechtfertigen. Unter dem Aspekt der einfachen Handhabbarkeit des gesetzlichen Güterstandes sind die möglichen kleineren Ungerechtigkeiten bei negativem privilegierten Erwerb durchaus hinzunehmen.[253]

Aber auch im Hinblick auf § 1375 Abs. 2 BGB drohen Wertungswidersprüche. Kann das Geld, das verwendet wird, um einen überschuldeten Nachlass zu sanieren, als Verschwendung im Sinne des § 1375 Abs. 2 Nr. 2 BGB gelten? Wirtschaftlich sinnvoll dürfte die Annahme einer solchen Erbschaft nie sein. Aber darf dies dem Erben entgegengehalten werden, dessen beispielsweise sentimentalen Gründe für die Annahme der Erbschaft vom Gesetzgeber ausdrücklich respektiert werden?[254]

> **Beispiel:**
>
> M und F haben kein Anfangsvermögen. M erhält eine um 20 000 Euro überschuldete Erbschaft. M zahlt die Schulden ab. Als F die Scheidung einreicht hat M ein Endvermögen von 60 000 Euro.

Durch die Erbschaft wird das Anfangsvermögen des M mit -20 000 Euro bewertet. Sein Zugewinn beträgt somit 80 000 Euro, wovon der F 40 000 Euro als Zugewinnausgleich zustehen. Dies entspricht der Situation, wie sie sich auch ohne die Erbschaft dargestellt hätte. Wird es der F jedoch gestattet geltend zu machen, dass das auf die Erbschaft verwendete Vermögen verschwendet war, da es wirtschaftlich keinen Sinn gemacht habe eine überschuldete Erbschaft anzunehmen, nur um die Schulden abzuzahlen, so würde dies dazu führen, dass die 20 000 Euro, die zum Abzahlen der Schulden verwendet wurden, nunmehr dem Endvermögen des M hinzugerechnet werden müssten. Sein Endvermögen würde demnach 80 000 Euro betragen, was zusammen mit dem negativen Anfangsvermögen zu einem Zugewinn von 100 000 Euro führt. Somit müsste er an F 50 000 Euro Zugewinnausgleich zahlen. Es läge demnach ein Wertungswiderspruch vor, da der Gesetzgeber einerseits Erbschaften und anderen privilegierten Erwerb aus dem Zugewinnausgleich heraushalten will,[255] andererseits über die Hinzurechnung nach § 1375 Abs. 2 BGB dafür sorgt, dass die Annahme einer überschuldeten Erbschaft unmittelbar zu einer Schlechterstellung in der Zugewinnberechnung führen kann. Bevor jedoch vorschnell der Eindruck entsteht, man könne das Problem dadurch umgehen, dass die Anwendung von

[253] Vgl. BGH Urteil v. 22.12.1976 (IV ZR 11/76) FamRZ 1977, 124–125.
[254] Vgl. Gesetzentwurf v. 05.11.2008 BT-Drucks. 16/10798, S. 21.
[255] Vgl. § 1374 Abs. 2 BGB.

§ 1375 Abs. 2 BGB im Zusammenhang mit privilegiertem Erwerb ausgeschlossen wird, soll ein weiterer Beispielsfall gebildet werden.

Beispiel:

M und F haben kein Anfangsvermögen. M hat jedoch einen guten Beruf gelernt, so dass F beschließt zu Hause zu bleiben und die Kinderbetreuung zu übernehmen, da das Einkommen des M für beide reicht. M hat bereits ein Vermögen von 100 000 Euro angespart, als sein Vater stirbt und ihm seine um 20 000 Euro überschuldete Schreibmaschinenfabrik vererbt. Die Fabrik schreibt seit Jahren rote Zahlen, da kein Bedarf mehr an Schreibmaschinen besteht. M nimmt, um die Familienehre zu retten, die Erbschaft dennoch an, obwohl F dagegen ist. Da die Fabrik auch weiterhin nur Verluste erwirtschaftet, M sich aber nicht von ihr trennen möchte, zerbricht schließlich die Ehe. Als F die Scheidung einreicht, ist vom Vermögen des M nichts mehr vorhanden.

Von den grundsätzlichen Problemen her unterscheidet sich dieser Beispielsfall nicht vom vorherigen. In beiden Fällen geht es um die Frage, ob das Geld, dass in eine überschuldete Erbschaft investiert wird, als verschwendet im Sinne des § 1375 Abs. 2 BGB betrachtet werden darf. Die Auswirkungen einer Verneinung dieser Frage sind im vorliegenden Fall jedoch deutlich drastischer, da sich F bei der Entscheidung, keiner eigenen Berufstätigkeit nachzugehen, auf die finanzielle Potenz des M verlassen hat und nunmehr „mit leeren Händen" dasteht.

Folgt man der oben vertretenen Ansicht, dass es dem Erben grundsätzlich freistehen muss, über eine positive Erbschaft ohne Rücksicht auf den anderen Ehegatten zu verfügen, so kann es auch in diesem Zusammenhang zu Konflikten mit § 1375 Abs. 2 BGB kommen. Wenn es demnach nämlich ausgeschlossen ist, dass die Verwendung einer positiven Erbschaft als Verschwendung zu bewerten ist, so führt dies zu Beweisproblemen. So könnte der Ehegatte, der während der Ehe eine Erbschaft erhalten hat, sich gegen Hinzurechnungen nach § 1375 Abs. 2 BGB immer mit dem Argument verteidigen, dass er für die fragliche Verfügung Mittel aus der Erbschaft verwendet habe.

Beispiel:

M erbt 10 000 Euro und lädt seine Frau daraufhin zu einer Weltreise ein. Als M und F sich ein paar Jahre später auseinander leben, beginnt M, seiner neuen Freundin teure Geschenke zu machen. F will diese

Verfügungen nach § 1375 Abs. 2 Nr. 1 BGB dem Endvermögen des M hinzurechnen lassen.

Wenn M in diesem Beispiel vorträgt, dass er die Geschenke an seine neue Freundin von seiner Erbschaft bezahlt habe[256] und die Weltreise damals nicht von der Erbschaft, sondern aus seinem Privatvermögen bezahlt wurde, so dürfte es schwierig bis unmöglich sein, das Gegenteil zu beweisen. Insbesondere dann, wenn sich die Vermögensmassen auf dem einzigen Konto des M vermischen. Es besteht demnach die Gefahr, dass durch den privilegierten Erwerb der Schutz vor illoyalen Vermögensminderungen geschmälert wird.

b) Lösungsansatz

Es zeigt sich, dass vielfältige Konfliktstellen im Zusammenhang mit privilegiertem Erwerb bestehen: die gerechte Berücksichtigung von privilegiertem Gelderwerb, die Behandlung von unwirtschaftlichen Aufwendungen auf überschuldeten privilegierten Erwerb und das Zusammenspiel von privilegiertem Erwerb und illoyalen Vermögensminderungen. Um die Übersicht zu behalten bietet es sich an, die Problemfelder nacheinander zu bearbeiten, jedoch jeweils die Auswirkungen der gefundenen Lösungen auf die anderen Fallgruppen zu bedenken.

aa) Privilegierter Gelderwerb

Obwohl es sich bei den Problemen, die es im Zusammenhang mit dem privilegierten Erwerb von Geldmitteln geben kann, nicht um Konstellationen handelt, die erst durch die Reform akut geworden sind, findet sich in der Litaratur bisher keine Auseinandersetzung mit der Problematik. Dabei ist eine der Grundfragen der Privilegierung von Vermögenserwerb, inwieweit sich diese zu Lasten des anderen Ehegatten auswirken darf.[257] Erreicht werden soll die Begünstigung des empfangenden Ehegatten, nicht hingegen die Belastung des anderen. Wenn jedoch der privilegierte Erwerb von Geldmitteln einem Ehegatten persönlich zugeordnet wird, so kann dies nur den Sinn haben, dass man diesem Ehegatten zugesteht, das Erworbene für eigennützige Zwecke, ohne Rücksicht auf den Ehegatten, zu verwenden. Nur dann kann die Privilegierung tatsächlich Vor-

[256] Das Beispiel basiert darauf, dass man es dem Ehegatten, der etwas privilegiert erworben hat, zugesteht, mit diesem Erwerb nach Belieben zu verfahren, ohne negative Konsequenzen irgendeiner Art im Zugewinnausgleich befürchten zu müssen. Vgl. die Ausführungen auf S. 87.

[257] Vgl. die kurze Erwähnung bei MüKo/*Koch*, 5. Aufl., § 1374 Rn. 28.

teile haben. Wenn jedoch genau in diesen Fällen die vorgesehene Lösung zu Ungerechtigkeiten führt, so ist dies zumindest eine Diskussion wert.

Die Schwierigkeit bei der Suche nach einem Lösungsansatz besteht jedoch darin, dass es dem Ehegatten zwar erlaubt ist, das Geld zu verbrauchen, er dazu jedoch keineswegs verpflichtet ist. Eine Rechenmethode, die in beiden Fällen gleichermaßen gerechte Ergebnisse liefert, scheint es nicht zu geben. Ein Ansatz könnte jedoch darin bestehen, den Wert der Hinzurechnung nicht streng nach § 1376 Abs. 1 S. 1 2. HS. BGB zu bestimmen, sondern den Stichtag für die Berechnung des Endvermögens zu verwenden. Der Vorteil wäre, dass genau der Betrag aus der Berechnung des Zugewinns ausgeschlossen wird, der vom privilegierten Erwerb tatsächlich noch vorhanden ist. Wurde das erworbene Vermögen vollständig zu Konsumzwecken ausgegeben, so erfolgt keine Hinzurechnung zum Anfangsvermögen. Es ergibt sich also tatsächlich die Situation, wie sie ohne den privilegierten Erwerb vorgelägen hätte. Gleichzeitig werden aber auch die Fälle gelöst, in denen der Erwerb vollständig oder teilweise gespart wurde. In diesen Fällen wird nämlich nur der noch vorhandene Rest des privilegierten Erwerbes dem Anfangsvermögen hinzugerechnet und somit vom Ausgleich ausgenommen.

Auf den ersten Blick böte diese Lösung auch Vorteile beim Erwerb von Gegenständen. Wird eine wertvolle Vase geerbt, so bleibt sichergestellt, dass diese auch im Falle der Scheidung alleine dem erhaltenden Ehegatten zusteht, unabhängig von der zwischenzeitlich eingetretenen Wertentwicklung. Dieser Ansatz würde somit den Gedanken der Privilegierung von bestimmten Erwerbsvorgängen wesentlich konsequenter umsetzen. Dennoch sollte der vorgestellte Ansatz auf Bargeld begrenzt bleiben, wie im nächsten Abschnitt erläutert werden wird.[258]

Nachteile hat dieser Lösungsansatz jedoch bei der praktischen Durchführbarkeit. Ein erstes Problem ergibt sich bereits bei der Surrogation des Erwerbs. Wird beispielsweise von dem erhaltenen Geld etwas angeschafft, so stellt sich die Frage, ob der Ehegatte dadurch die Privilegierung verliert. Gerecht wäre es in diesem Fall wohl, dem Ehegatten die einmalige Ersetzung zuzugestehen, so dass er von dem erhaltenen Geld etwas anschaffen darf, ohne die Privilegierung zu verlieren. Ein weiteres Problem ist der Nachweis über die noch vorhandenen Teile des privilegierten Erwerbs, besonders dann, wenn dieser mit dem sonstigen Vermögen vermischt wurde. Um dieses Problem in den Griff zu bekommen, wäre wohl eine Vermutungsregelung angebracht, wonach bei Bargeld, das nicht auf einem separaten Konto geführt wird, je nach Höhe nach beispielsweise zwei

[258] Siehe S. 93.

Jahren davon ausgegangen wird, dass es für die allgemeine Lebensführung verbraucht wurde. Somit wäre die Änderung nur für surrogierte Gegenstände oder separat geführtes Vermögen relevant. In diesen Fällen sollten sich die Beweisprobleme in Grenzen halten. Als großer Nachteil bleibt jedoch, dass man sich mit der Veränderung des Stichtages in offenen Widerspruch zum Gesetz begibt. Wünschenswert wäre demnach ein Einschreiten des Gesetzgebers.

bb) Aufwendungen auf negativen Erwerb

Fraglich ist, ob diese Anpassung des Stichtages auch bei negativem privilegiertem Erwerb erfolgen sollte, so dass dem Anfangsvermögen nur das „hinzugerechnet" wird, was zum Stichtag noch an Verbindlichkeiten des privilegierten Erwerbs vorhanden ist. Wurden die Schulden zwischenzeitlich abgebaut, könnte es dann theoretisch passieren, dass nunmehr positive Beträge den Vermögen hinzuzurechnen sind. Es würde jedoch nach wie vor eine Regelung für das Vermögen fehlen, das in die Schuldentilgung geflossen ist und dadurch dem Zugewinnausgleich nicht zur Verfügung steht. Es wurde bereits erläutert, dass man Schulden in der Regel nicht alleine „verbrauchen" kann,[259] sondern dass der andere Ehegatte immer dann mit betroffen ist, wenn der privilegierte Erwerb seine Schulden nicht selbständig tilgen kann.[260]

Es scheint sinnvoller, wenn der Berechnungsstichtag bei negativem privilegiertem Erwerb nicht angepasst wird. Dadurch wird erreicht, dass der Schuldenabbau den Zugewinn erhöht, so dass das investierte Geld für den anderen Ehegatten nicht dem Ausgleich entzogen wird. Die Ausnahmefälle, in denen das verwendete Geld dem Zugewinnausgleich ohnehin nicht zur Verfügung gestanden hätte,[261] sind weder in ihrer Häufigkeit, noch in ihrer Intensität so prägnant, dass sie die Formulierung einer Ausnahme rechtfertigen würden. Werden die Schulden vom „Taschengeld" getilgt, so kann es sich nicht um sehr große Beträge handeln – folglich sind die Auswirkungen auf den Ausgleichsanspruch überschaubar. Dass ein überschuldetes Unternehmen *aus eigener Kraft* wieder profitabel wird, dürfte faktisch kaum vorkommen. Zumindest dürften hierfür organisatorische Eingriffe des neuen Eigentümers notwendig sein. Wenn die erzielten Gewinne somit auf seiner Leistung beruhen, so greift wieder der Grundgedanke der Zugewinngemeinschaft ein, wonach dieses erfolgreiche Wirtschaften nur möglich war, da der andere Ehegatte dieses Handeln (zumindest passiv) un-

[259] Vgl. S. 87.
[260] Dies wäre bei einem geerbten Unternehmen denkbar, welches nur vorübergehend wirtschaftlich schwach ist.
[261] Weil es andernfalls für Konsumzwecke ausgegeben worden wäre.

terstützte.[262] Der Ausgleich des erwirtschafteten Zugewinns ist demnach nach dem System des Zugewinnausgleichs zwingend. Das Argument, dass der andere Ehegatte nicht immer tatsächlich mithelfe, kann hier nicht zugelassen werden, da auf diesem Postulat das gesamte System des Zugewinnausgleichs basiert.

Offen bleibt jedoch die Lösung des oben erwähnten Falls, in dem die Verschuldung des privilegierten Erwerbs nicht abgebaut werden kann, sondern – im Gegenteil – das vorhandene Vermögen des Empfängers nach und nach aufzehrt. Auch wenn die Konsequenzen einer solchen Konstellation dramatisch sein können, so fällt sie im Ergebnis doch unter den Grundsatz des freien Wirtschaftens der Ehegatten. Der Zugewinnausgleich bietet keinen Schutz vor schlechtem Haushalten des anderen Ehegatten. Würde nicht ein geerbtes, sondern ein selbst aufgebautes Unternehmen rote Zahlen schreiben, so wäre die Situation für den Ehegatten nicht weniger unangenehm. Dennoch ist ein Wesensmerkmal der Zugewinngemeinschaft, dass den Ehegatten während der Ehe (nahezu) keine Beschränkungen im Umgang mit ihrem Vermögen auferlegt werden.[263] Dass die Ursache des finanziellen Abstiegs auch einmal in einem privilegierten Erwerb liegen kann, rechtfertigt demnach keine abweichende Behandlung dieser Fallgruppen. Für dieses Ergebnis spricht auch, dass soeben festgestellt wurde, dass der Ehegatte im Falle der Vermögensmehrung des privilegierten Erwerbs ebenfalls beteiligt wird. Möchte ein Ehegatte die Vermögensentwicklung des anderen nicht mehr mittragen, so bleibt ihm nur die vorzeitige Beendigung des Güterstandes.

Um an dieser Stelle Unstimmigkeiten zu vermeiden, war es erforderlich, die Anpassung des Berechnungsstichtages im vorherigen Abschnitt auf erhaltenes *Barvermögen* zu beschränken.[264] Ob ein privilegiert erworbenes Unternehmen einen knapp positiven oder negativen Wert hat, rechtfertigt keine unterschiedliche Behandlung der Ausgleichspflicht seiner weiteren Vermögensentwicklung. Folglich unterliegt in beiden Fällen die weitere Vermögensentwicklung dem Zugewinnausgleich.

cc) Privilegierter Erwerb und illoyales Verhalten

Was bleibt ist die Gefahr, dass ein Ehegatte, der sein privilegiertes Vermögen ausgegeben hat und zusätzlich illoyale Vermögensverminderungen vornahm, sich darauf beruft, er habe für die als illoyal bewerteten Verfügungen Mittel aus

262 Vgl. *Carlberg/Tomfort*, S. 172; *Henrich*, S. 108.
263 Vgl. *Schwab*, Familienrecht, Rn. 219; *Wellenhofer*, Familienrecht, S. 84.
264 Vgl. S. 91.

dem privilegierten Erwerb verwendet. Da die Verwendung dieser Mittel jedem Ehegatten freisteht,[265] wäre keine Hinzurechnung nach § 1375 Abs. 2 BGB vorzunehmen. Um diese Behauptung zu widerlegen, müsste aufgeschlüsselt werden, wofür der privilegierte Erwerb tatsächlich verwendet wurde. Dies dürfte wohl erhebliche Schwierigkeiten bereiten. Auch hierbei tragen die lange Rückwirkungsfrist des § 1375 Abs. 3 BGB, die bereits auf Seite 67 ff. ausführlich kritisiert wurde, und die daraus folgenden Beweisprobleme zur Verschärfung der Problematik bei.

Allerdings würde auch hier die Verlegung des Berechnungsstichtages für die Hinzurechnung von privilegiert erworbenem Barvermögen helfen. Eine Privilegierung von Barvermögen ist demnach über einen längeren Zeitraum als zwei Jahre[266] nur möglich, wenn dieses Vermögen separat geführt wird. Ist dies jedoch der Fall, so lässt sich leicht nachweisen, wofür der ausgegebene Teil tatsächlich verwendet wurde. Den Versuch einer Selbstbegünstigung durch die unwahre Behauptung, bestimmte illoyale Verfügungen seien aus privilegierten Mitteln vorgenommen worden, könnten demnach überhaupt nur dann Erfolg haben, wenn der Verfügende seine Vermögensmassen vermischt hat und demnach eine genaue Aufschlüsselung der Herkunft der verwendeten Mittel nicht möglich ist. Dies wäre ihm jedoch nur für einen Zeitraum von maximal zwei Jahren ab Erhalt der privilegierten Mittel möglich, da nach diesem Zeitraum das Erhaltene als verbraucht gilt.[267] Das Problem könnte demnach ohnehin nur dann auftreten, wenn die illoyale Verfügung innerhalb von zwei Jahren nach Empfang des privilegierten Barvermögens vorgenommen wird. Und sofern der Forderung nach einer Kürzung der Frist des § 1375 Abs. 3 BGB entsprochen wird, sogar nur in der Schnittmenge der beiden Fristen.

Mit den bereits vorgeschlagenen Anpassungen könnte somit das Zeitfenster für potentiell problematische Verfügungen drastisch verkleinert werden. Da die Problematik demnach praktisch kaum noch Relevanz besitzen dürfte, besteht kein Erfordernis, die allgemeingültigen Ausgleichsregelungen auf Kosten der Verständlichkeit an diesen Ausnahmefall anzupassen.

c) Ergebnis

Trotz der zunächst vielfältig erscheinenden Problemstellungen fällt die vom Gesetzgeber zu fordernde Änderung recht überschaubar aus. Ein Problem würde

[265] Vgl. S. 87.
[266] Vgl. den Vorschlag auf S. 91.
[267] Entsprechend der Forderung auf S. 91.

durch sie gelöst, ein anderes bis zur Bedeutungslosigkeit entschärft. Und in Bezug auf Aufwendungen auf negativen privilegierten Erwerb hat sich gezeigt, dass Missbrauchsprobleme nach der aktuellen Rechtslage nicht bestehen. Vielmehr befinden sich die Ergebnisse im Einklang mit der Systematik der Zugewinngemeinschaft. Der Änderungswunsch lässt sich demnach wie folgt formulieren:

> **Loyale Verschwendung privilegierten Erwerbs**
>
> Bei positivem privilegiertem Erwerb von Bargeld sollte der Berechnungszeitpunkt des § 1376 Abs. 1 S. 1 2. HS. BGB auf den Zeitpunkt der Beendigung des Güterstandes, bzw. der Rechtshängigkeit des Scheidungsantrags, verlegt werden. Wird privilegiert erworbenes Bargeld mit dem sonstigen Vermögen vermischt, so gilt es nach zwei Jahren als verbraucht.

5. Die Kappungsgrenze bei negativem Erwerb

Durch die neue Hinzurechnung von negativem privilegiertem Erwerb zum Anfangs- und Endvermögen soll die Höhe des Zugewinns nicht verändert werden. Anders als Hinzurechnungen nach § 1375 Abs. 2 BGB wird bei Hinzurechnungen nach § 1374 Abs. 2 BGB jedoch die Höhe der Kappungsgrenze des § 1378 Abs. 2 S. 1 BGB nicht verändert. Dies gewährleistet den Schutz des Ausgleichspflichtigen, sorgt aber dafür, dass negativer privilegierter Erwerb den anderen Ehegatten nur dann nicht beeinflusst, wenn trotz der aufgenommenen Verbindlichkeiten noch genügend Vermögen vorhanden ist, um die Ausgleichsforderung vollständig zu erfüllen.[268] Der Gesetzgeber räumt demnach dem Schutz vor Verschuldung des ausgleichspflichtigen Ehegatten einen höheren Stellenwert ein als der vollständigen Erfüllung des Zugewinnausgleichs.[269] Dies ist konsequent und gerecht. Wie bereits an früherer Stelle angesprochen, ist die Begrenzung auf das komplette vorhandene Vermögen für den Ausgleichspflichtigen bereits eine große Belastung, deren Angemessenheit bezweifelt werden kann.[270] Die Überlegung des Gesetzgebers, diese Grenze nur dann zu überschreiten, wenn sich der ausgleichspflichtigen Ehegatten illoyal verhalten hat,[271] ist begrüßenswert. Folglich ist es konsequent, den Ehegatten, der etwas privilegiert erwirbt, dafür nicht durch ein Verschieben der Kappungsgrenze zu bestrafen.

---

268 Genauer auf S. 83.

269 Vgl. Gesetzentwurf v. 05.11.2008 BT-Drucks. 16/10798, S. 22.

270 Vgl. S. 17 ff.

271 Vgl. Gesetzentwurf v. 05.11.2008 BT-Drucks. 16/10798, S. 25.

Der Ausgleichsverpflichtete wäre durch eine Ausgleichsforderung, die sein Vermögen übersteigt, stärker benachteiligt als es der Ausgleichsberechtigte ist, wenn seine Forderung auf die Höhe des vorhandenen Vermögens des anderen gekürzt wird.

6. Erweiterung der Fallgruppen

Auch wenn bei den oben bereits erwähnten Fallgruppen[272] des Lottogewinns und des Schmerzensgeldes beidesmal ebenfalls keinerlei Mitwirkung des anderen Ehegatten an der Vermögensmehrung zu verzeichnen ist, so unterscheiden sich beide Fallgruppen bei der Frage des Handlungsbedarfs wegen ungerechter Ergebnisse doch erheblich. Es ist anerkannt, dass der gesetzliche Güterstand als starre Regelung in einzelnen Fällen nicht dem entspricht, was man als absolute Gerechtigkeit bezeichnen könnte.[273] Während das Gerechtigkeitsempfinden es jedoch durchaus zulässt, dass der Lotto-Millionär einen Teil seines Gewinns an den Ehegatten abgeben muss, kann es bei den Fällen, die mit Schmerzensgeld im Zusammenhang stehen, durchaus Fälle geben, in denen das Ergebnis nicht mehr tragbar erscheint.[274]

Man kann bereits darüber streiten, ob ein Lottogewinn tatsächlich völlig unabhängig von der ehelichen Lebensgemeinschaft ist. Das Geld, das für Lottoscheine ausgegeben wird, steht dem ehelichen Haushalt nicht zur Verfügung.[275] Aber selbst wenn man die Unabhängigkeit bejaht, so fällt es nicht allzu schwer, in diesen Fällen die Einzelfallgerechtigkeit der Praktikabilität und Handhabbarkeit des gesetzlichen Güterstandes zu opfern.

Im Folgenden liegt das Augenmerk somit auf der Behandlung von Schmerzensgeld im Zugewinnausgleich.

a) Die Rechtsprechung

In der Rechtsprechung des BGH stößt die Kritik an der Behandlung von Schmerzensgeld im Zugewinnausgleich bislang auf taube Ohren.[276] Der BGH stellt darauf ab, dass es sich auch bei Schmerzensgeldzahlungen um Vermögen handele. Dafür spreche bereits seine Vererbbarkeit. Es handele sich nicht lediglich um

[272] Vgl. S. 77.
[273] Vgl. BGH Urteil v. 27.05.1981 (IVb ZR 577/80) NJW 1981, 1836–1837, 1837.
[274] Vgl. Beispiel auf Seite 74.
[275] Vgl. *Schwab*, FamRZ 1984, S. 435; BGH Urteil v. 22.12.1976 (IV ZR 11/76) FamRZ 1977, 124–125.
[276] Vgl. BGH Urteil v. 27.05.1981 (IVb ZR 577/80) NJW 1981, 1836–1837.

einen Ausgleich für erlangte Verletzungen, was dazu führen würde, dass im Wege einer Saldierung das Schmerzensgeld durch die Verletzungen neutralisiert würde. Im Gegensatz zum Schadensersatz bei der Verletzung von materiellen Gütern sei dem Schmerzensgeld, welches als Ausgleich für immaterielle Schäden dient, auch eine Genugtuungsfunktion immanent. Es stelle sich mithin nicht lediglich als wirtschaftlichen Ausgleich dar.

Auch eine Ausdehnung des § 1374 Abs. 2 BGB lehnt der BGH ab. Bei den in dieser Norm beschriebenen Fallgruppen sei die besondere, persönliche Beziehung der Zuwendenden zum Empfänger der Leistungen maßgeblich, was es rechtfertige, diese Zuwendungen nicht als Erwerb im Sinne des Zugewinnausgleichs zu bewerten.[277] Auch wenn er BGH demnach keine Erweiterung der Fallgruppen zulassen will, so lässt er doch zumindest eine erweiternde Auslegung der bestehenden Fallgruppen zu.[278] Weiterhin betont der BGH die Natur des Zugewinnausgleichs als starre Regelung, welche Defizite in der Einzelfallgerechtigkeit bis zu einem gewissen Maße hinzunehmen bereit ist.

Eine Anwendung der Billigkeitsregelung des § 1381 BGB hält der BGH wohl durchaus für möglich, allerdings wurde für dessen Anwendung im zu entscheidenden Fall nicht ausreichend vorgetragen.

Im Jahre 2002 hatte das AG Hersbruck über die gleiche Frage zu entscheiden.[279] Es schloss sich der Rechtsauffassung des BGH an und argumentierte, dass während einer bestehenden Ehe in der Regel beide Ehegatten von den Nachteilen betroffen sind, welche durch das den Schmerzensgeldanspruch auslösende Ereignis eingetreten sind. In dem zu entscheidenden Fall war der Schmerzensgeldanspruch jedoch erst viele Jahre nach der Trennung der Ehegatten entstanden. Zusätzlich benötigte der ausgleichspflichtige Ehegatte das Schmerzensgeld zur Sicherung seiner wirtschaftlichen Existenz. Aus dieser Überlegung heraus wendete das AG im konkreten Fall die Billigkeitsregelung des § 1381 BGB an und nahm auf diesem Wege das Schmerzensgeld aus der Berechnung des Zugewinns heraus.

277 Vgl. BGH Urteil v. 22.12.1976 (IV ZR 11/76) FamRZ 1977, 124–125.

278 BGH Urteil v. 20.09.1995 (XII ZR 16/94) NJW 1995, 3113–3115 – in diesem Urteil zählte der BGH die Versicherungssumme aus einer Lebensversicherung zu Gunsten eines Dritten zu dessen Anfangsvermögen, da dieser Erwerb dem Erwerb aufgrund einer Erbschaft vergleichbar sei.

279 AG Hersbruck Urteil v. 23.01.2002 (2 F 1082/01) FamRZ 2002, 1476.

b) Die Literaturmeinungen

Der deutsche Familiengerichtstag stimmte 1983[280] zunächst noch mit der Auffassung des BGH zur vollständigen Berücksichtigung von Schmerzensgeld im Zugewinnausgleich überein. Im Jahre 1996[281] änderte er jedoch seine Meinung und plädierte nunmehr dafür, auch das Schmerzensgeld in den Katalog des § 1374 Abs. 2 BGB aufzunehmen und somit als privilegierten Erwerb zu behandeln.

Der BGH ging in seinem Urteil vom 27. Mai 1981[282] noch davon aus, dass seine Entscheidung der herrschenden Ansicht entspräche.[283] Tatsächlich fanden sich Stimmen in der Literatur, welche die Entscheidung des BGH nicht kritisieren.[284] Doch schon im Urteil des Amtsgerichts Hersbruck[285] wurde erwähnt, dass die Behandlung des Schmerzensgelds durch den BGH in der Literatur auf teils harte Kritik stößt.[286]

Soweit im Schrifttum die Ansicht vertreten wird, dass die vollständige Berücksichtigung von Schmerzensgeld im Zugewinnausgleich ein unbilliger Zustand sei, werden unterschiedliche Vorschläge gemacht, wie dieses Problem zu lösen sei.

aa) Anpassung des Vermögensbegriffs

Herr plädiert dafür, das Problem über ein geändertes Verständnis des Vermögensbegriffs im Zugewinnausgleich zu lösen.[287] Er kritisiert die gängige Definition des Vermögens, wonach als Vermögen die Gesamtheit aller rechtlich geschützten Positionen mit wirtschaftlichem Wert gilt.[288] Er vergleicht das Schmerzensgeld vielmehr mit dem Schadensersatz, bei dem der Geldzahlung regelmäßig der gleichhohe Schaden gegenübersteht. Dies führt im Allgemeinen zu einem ausgeglichenen Saldo. Der Unterschied im Ergebnis beruht nach *Herr* darauf, dass mit dem Schmerzensgeld ein immaterieller Schaden ausgeglichen wird. Sein

280 Empfehlungen des 5. Deutschen Familiengerichtstages v. 12.10.–15.10.1983 FamRZ 1983, 1201.

281 Empfehlungen des 11. Deutschen Familiengerichtstages FamRZ 1996, 340.

282 BGH Urteil v. 27.05.1981 (IVb ZR 577/80) NJW 1981, 1836–1837.

283 Vgl. BGH Urteil v. 27.05.1981 (IVb ZR 577/80) NJW 1981, 1836–1837, 1837.

284 Vgl. Staudinger/*Burkhard Thiele*, § 1374 BGB Rn. 4.

285 AG Hersbruck Urteil v. 23.01.2002 (2 F 1082/01) FamRZ 2002, 1476.

286 Beispielhaft erwähnt sei hier: Schröder/Bergschneider/*Schröder*, Rn. 4.201 ff. = *Schröder*, FamRZ 1997, S. 4; Schwab/*Schwab*, Scheidungsrecht, Teil VII Rn. 56; *Born*, S. 2291; *Herr*, S. 266.

287 *Herr*, S. 262–266.

288 Vgl. BGH Urteil v. 31.10.2001 (XII ZR 292/99) NJW 2002, 436–440.

Ansatz zielt darauf ab, der körperlichen Unversehrtheit einen materiellen Wert zuzusprechen. Somit läge auch in den Fällen der Schmerzensgeldzahlungen ein Gleichgewicht zwischen eingetretenem Schaden und erhaltenem Schmerzensgeld als Schadensersatz vor. Er ist sich bewusst, dass sein Vorschlag eine ebenso starre Regelung darstellt, wie die pauschale Berücksichtigung von Schmerzensgeld, weist in diesem Zusammenhang jedoch auf den Leitsatz hin, dass die Einzelfallgerechtigkeit zugunsten der Handhabbarkeit des Güterstandes in Einzelfällen zurücktreten muss. Seine Lösung führe jedoch in erheblich mehr Fällen zu gerechten Ergebnissen als dies mit der Lösung des BGH gegeben sei.

Zu einem ähnlichen Ergebnis, wenn auch mit einem anderen Ansatz, kommt *Schwab.*[289] Seiner Meinung nach ergibt sich die Nichtberücksichtigung von Schmerzensgeld im Zugewinn bereits aus dem Wortlaut des § 1363 Abs. 2 S. 2 BGB, wonach nur „erzielter" Zugewinn auszugleichen sei. Schmerzensgeld werde von einem Ehegatten jedoch nicht erzielt, sonder es stelle lediglich den Ausgleich für erlangte Beeinträchtigungen dar. Weiterhin weise es keinerlei Bezug zur ehelichen Lebensgemeinschaft auf, somit widerspreche eine Ausgleichspflicht den Grundprinzipien des Zugewinnausgleichs. *Schwab* geht sogar so weit, dass er die Rechtsprechung des BGH wegen Verstoßes gegen die Eigentumsgarantie des Art. 14 GG für verfassungswidrig hält, da bei Beendigung des Güterstandes dem Ausgleichpflichtigen ohne Rechtfertigung Eigentum entzogen werde.[290] Um dieses Problem zu lösen schlägt *Schwab* vor, Schmerzensgeld aus dem Endvermögen der Ehegatten herauszurechnen, so dass es für den Zugewinn nicht mehr relevant wird.

bb) Analoge Anwendung des § 1374 BGB

Naheliegend ist eine analoge Anwendung der Vorschrift des § 1374 Abs. 2 BGB auf die Fälle, denen eine ähnliche Interessenlage zu Grunde liegt. Vertreten wird diese Ansicht beispielsweise von *Schröder.*[291] Dem immer wieder vorgebrachtem Argument, dass eine analoge Anwendung nicht möglich sei, da diese dem eindeutigen Willen des Gesetzgebers widerspräche,[292] hält *Schröder* eine Darstellung der Gesetzesmaterialien entgegen, aus denen sich für einen solchen eindeutigen

[289] Schwab/*Schwab*, Scheidungsrecht, Teil VII Rn. 56, 145.

[290] *Schwab* übersieht dabei, dass die Eigentumsgarantie des Grundgesetzes einzelne Gegenstände schützt, nicht hingegen das Vermögen als solches, Vgl. BeckOK-GG/*Axer*, Verfassungsrecht, Art. 14 Rn. 55.

[291] Vgl. *Schröder*, FamRZ 1997, S. 3 f.

[292] Vgl. MüKo/*Koch*, 5. Aufl., § 1374 Rn. 14.

Willen nichts herleiten lasse.[293] Dennoch gibt es nicht viele Stimmen, die eine analoge Anwendung der Norm fordern. *Stollenwerk* erkennt zwar die Argumente von *Schröder* an, macht seine ablehnende Haltung aber letztlich daran fest, dass die Gemeinsamkeit der in § 1374 Abs. 2 BGB aufgezählte Fallgruppen nicht lediglich die Unabhängigkeit von der Ehe sei, sondern vielmehr der Wille des Zuwendenden, explizit nur den Empfänger begünstigen zu wollen.[294]

Zwar keine Erweiterung der bestehenden Fallgruppen, aber zumindest eine analoge *Ausweitung* dieser Fallgruppen lässt schließlich der BGH zu.[295] Darunter versteht er Erwerbstatbestände, die sich durch Auslegung unter eine der bestehenden Fallgruppen subsumieren lassen. Im konkreten Fall hat der BGH die ausgezahlte Versicherungssumme aus einer Lebensversicherung zugunsten eines Dritten dessen Anfangsvermögen hinzugerechnet, da dieser Erwerb dem Erwerb von Todes Wegen vergleichbar sei.

cc) Anwendung der Billigkeitsklauseln

Es ist auch denkbar, das erwünschte Ergebnis über die Anwendung von Billigkeitsklauseln zu erreichen.[296] In Betracht kommt zunächst die güterrechtliche Billigkeitsklausel des § 1381 BGB, aber auch die Anwendung der allgemeinen Regelung des § 242 BGB ist zu bedenken. Grundsätzlich wäre die Anwendung von Billigkeitsregelungen eine angemessene Lösung der Problematik.[297] Auch wenn solche Regelungen kein hohes Maß an Rechtssicherheit bieten können, so erreicht man mit ihnen zumindest die größtmögliche Einzelfallgerechtigkeit. Jedoch birgt auch der Lösungsansatz über Billigkeitsklauseln Nachteile in sich. Der Anwendung von § 242 BGB steht nämlich entgegen, dass mit § 1381 BGB eine güterrechtliche Billigkeitsklausel existiert, die wegen ihrer Spezialität der allgemeinen Billigkeitsklausel vorzugehen hat.[298] Der Nachteil von § 1381 BGB liegt jedoch darin, dass er lediglich den Zugewinnschuldner schützt.[299] Möchte hingegen der Zugewinngläubiger durch die Nichtberücksichtigung eines ihm gezahlten Schmerzensgeldes seinen Anspruch erhöhen, scheidet die Anwendung von § 1381 BGB aus. *Kogel* möchte zwar in diesen Fällen auf § 242 BGB zurückgreifen, allerdings würde damit die Entscheidung des Gesetzgebers in

[293] Vgl. *Schröder*, FamRZ 1997, S. 3.
[294] *Stollenwerk*, S. 182.
[295] Vgl. BGH Urteil v. 20.09.1995 (XII ZR 16/94) NJW 1995, 3113–3115.
[296] Vgl. *Schröder*, FamRZ 1997, S. 6; *Herr*, S. 266.
[297] *Herr*, S. 266.
[298] Vgl. MüKo/*Koch*, 5. Aufl., § 1381 Rn. 4.
[299] Vgl. *Groß*, S. 176.

§ 1381 BGB umgangen werden.[300] Zusätzlich zu den somit bereits vorhandenen Schwächen ist zu erwähnen, dass die Rechtsprechung mit der Anwendung von Billigkeitsnormen im Güterrecht äußerst zurückhaltend umgeht, was teilweise ebenfalls Gegenstand von Kritik ist.[301]

dd) Wegfall der Geschäftsgrundlage

Herr erwähnt in seinem Aufsatz zur Berücksichtigung von Schmerzensgeld im Zugewinnausgleich[302], dass *Schwenzer* eine Parallele zwischen Schmerzensgeld und Karrierechancen, welche vom anderen Ehegatten finanziert wurden, gezogen hat und letzteren Fall über einen Wegfall der Geschäftsgrundlage lösen möchte.[303] Es ist zwar richtig, dass *Schwenzer* beide Fallvarianten erwähnt, es kann jedoch nicht gesagt werden, dass sie Parallelen zieht. Das Schmerzensgeld wird lediglich als Beispiel für einen Fall erwähnt, in dem Vermögen trotz fehlender Mitwirkung des anderen Ehegatten dem Endvermögen hinzugerechnet wird.[304] Die Erwähnung dient damit lediglich der Verdeutlichung, warum *Schwenzer* einen Ausgleich von während der Ehe erworbenen Karrierechancen über den Zugewinn ablehnt. Wenn man jetzt aus ihrem Fazit, dass Karrierechancen über das Institut des Wegfalls der Geschäftsgrundlage auszugleichen sind, herleitet, dass dies auch für den Ausgleich von Schmerzensgeld gelten soll, so übersieht man die vollständig unterschiedliche Ausgangssituation. Bei den Karrierechancen handelt es sich nach *Schwenzer* um einen Bereich, der ausgeglichen werden sollte, momentan aber nicht ausgeglichen wird. Beim Schmerzensgeld verhält es sich hingegen genau umgekehrt. Dass *Schwenzer* die Lösung, die sie für den einen Fall erarbeitet hat, auch auf den gegensätzlichen Fall anwenden möchte, ist wohl auszuschließen.

c) Ergebnis

Die Forderung nach einer Erweiterung der Fallgruppen des § 1374 Abs. 2 BGB wird in der Litaratur immer wieder laut.[305] Auch wenn gute Argumente dafür sprechen, beispielsweise einen Lottogewinn oder erhaltenes Schmerzensgeld

---

[300] Vgl. *Groß*, S. 176.
[301] Vgl. *Schröder*, FamRZ 1997, S. 6.
[302] *Herr*, S. 263.
[303] *Schwenzer*, S. 1119 f.
[304] Vgl. *Schwenzer*, S. 1119.
[305] Beispielsweise im Wege der Analogie: *Hoppenz*, FamRZ 2008, S. 1891 oder als Forderung nach einer Generalklausel: *Koppenfels-Spies*, S. 805 f.

ebenfalls zu privilegieren, so ist dies doch in erster Linie eine politische Entscheidung. Momentan werden lediglich die Erwerbsvorgänge privilegiert, bei denen es dem *Zuwendenden* darum ging, gerade eine bestimmte Person zu begünstigen.[306] Nicht erheblich ist in diesem Zusammenhang die Willensrichtung des Zuwendungsempfängers. Es soll folglich Dritten die Möglichkeit gegeben werden, auch einem Ehegatten im Güterstand der Zugewinngemeinschaft Geschenke zu machen, an denen der andere Ehegatte gerade nicht zu beteiligen ist. Es ist hingegen *nicht* die Absicht der Privilegierung, einem Ehegatten ein „Sondervermögen" an den Vermögenspositionen zu sichern, von denen er der Ansicht ist, sie stünden nur ihm alleine zu. Unter diesem Gesichtspunkt sind Lottogewinne oder Schmerzensgeld gerade *nicht* mit einer Erbschaft oder Schenkung vergleichbar. Sowohl der Lottogesellschaft, als auch dem Schmerzensgeldschuldner ist es prinzipiell egal, wer letztlich von der Zahlung profitiert.

Nicht zuzustimmen ist *Herr*, wenn er die Ansicht vertritt, die Privilegierung von Schmerzensgeld sei auch nach der aktuellen Rechtslage bereits möglich, da das Schmerzensgeld durch den Negativposten der entsprechenden Verletzung neutralisiert werde.[307] Dabei übersieht er, dass nicht jeder körperlichen Beeinträchtigung ein Anspruch auf Schmerzensgeld gegenübersteht. Gibt er der körperlichen Unversehrtheit jedoch einen wirtschaftlichen Wert, so müssten konsequenter weise Verletzungen immer das eigene Vermögen mindern. Dass dies nicht gewollt sein kann liegt auf der Hand. Nur eine Anpassung des Gesetzes kann demnach eine Erweiterung der Fallgruppen bewirken. Eine solche wäre – zumindest für das Schmerzensgeld – durchaus wünschenswert.

306 Vgl. BGH Urteil v. 22.12.1976 (IV ZR 11/76) FamRZ 1977, 124–125.
307 Vgl. *Herr*, S. 265.

§ 6 Unechter Zugewinn

I. Die Rechtslage bis 2009

Bei der Bestimmung des Anfangs- und Endvermögens sowie der Errechnung des Zugewinns handelt es sich lediglich um die abstrakte Ermittlung von Vermögensständen, die zu bestimmten Stichtagen vorgelegen haben. Trotz der hohen Scheidungsrate liegt zwischen den Stichtagen zur Bestimmung des Anfangs- und des Endvermögens in der Regel eine nicht unerhebliche Zeitspanne.[308] Während dieser Zeit kann sich sowohl der Wert des Geldes als auch der Wert von bestimmten Gegenständen oder Immobilien ändern. Sollte die Berechnung des Zugewinns durch ein einfaches Subtrahieren des Anfangsvermögens vom Endvermögen erfolgen, ohne dass die veränderte Bewertungsgrundlage berücksichtigt wird, so spiegelte der errechnete Wert nicht die tatsächliche Lage wieder.[309] Bevor eine sinnvolle Berechnung beginnen kann, müssen demnach die beiden Vermögensmassen vergleichbar gemacht werden.

1. Das Problem

Um das Anfangs- mit dem Endvermögen vergleichen zu können, wird der Wert beider Vermögensmassen in Geld ausgedrückt.[310] Doch Geld ist kein Faktor, der über die Jahre eine absolute Vergleichbarkeit gewährleistet.[311] Durch die Inflation muss ein höherer Kontostand bei Beendigung des Güterstandes nicht zwangsläufig bedeuten, dass im Vergleich zum Anfangsvermögen eine Mehrung des Vermögens eingetreten ist. Einzelne Vermögensgegenstände können auch lediglich deshalb einen höheren Geldbetrag „Wert sein", weil das Geld seinen Wert verloren hat und nicht deshalb, weil der Gegenstand seinen Wert erhöht hat. In diesem Fall wäre tatsächlich keine Vermögensmehrung erzielt worden. Das

---

[308] Zu den tatsächlichen Scheidungsraten und der durchschnittlichen Ehedauer: *Höbbel*, S. 1220 f.

[309] Vgl. *Thierfelder*, FamRZ 1959, S. 225.

[310] Vgl. *Kohler*, S. 225; MüKo/*Koch*, 5. Aufl., § 1373 Rn. 3.

[311] Vgl. *Schröder*, FPR 2007, S. 171.

Anfangsvermögen wurde deshalb auf den Zählwert hochgerechnet, den es zum Zeitpunkt des Endstichtages gehabt hätte. Auf diese Weise sollte der Einfluss der Geldentwertung auf die Berechnung des Zugewinns neutralisiert werden.

Ein weiteres Problem war die Behandlung von Gegenständen, die sowohl im Anfangs-, als auch im Endvermögen vorhanden waren.[312] Wer während der gesamten Ehe ein Grundstück, ein Gemälde oder eine Aktie besessen hatte, mag versucht sein, der Einfachheit halber diese Gegenstände aus der Berechnung des Zugewinns auszuklammern. Allerdings kann das Wiesengrundstück zwischenzeitlich zu Bauland geworden sein, der Maler des Gemäldes Berühmtheit erlangt haben oder das Unternehmen, zu dem die Aktie gehörte, zu einem Großkonzern aufgestiegen sein. In allen Fällen würde dadurch das Vermögen des Eigentümers wesentlich gemehrt. Folglich wurden auch Gegenstände, die in beiden Vermögensmassen vorhanden waren, in die Berechnung mit eingestellt.[313]

All diese Probleme wurden jedoch nicht vom Gesetzgeber geklärt. Es wurde der Rechtsprechung und dem Schrifttum überlassen, die praktische Seite des Vergleichs von Vermögen aus unterschiedlichen Jahrzehnten auszugestalten. Folglich handelte es sich bei der gängigen Praxis lediglich um Richterrecht.[314]

2. Die Kritik

Das Bedürfnis, die ermittelten Summen für das Anfangs- und das Endvermögen um die Schwankungen in der Kaufkraft des Geldes zu bereinigen, war größtenteils anerkannt.[315] Uneinigkeit bestand hauptsächlich bezüglich der Einzelheiten. Wie bereits erwähnt, gab das Gesetz zur Klärung dieser Frage keine Anhaltspunkte, was einem Konsens über die optimale Lösung nicht förderlich war. Im wesentlichen ging es bei den Diskussionen um die optimale Bewertung einzelner Vermögensgegenstände und die Frage der Abgrenzung zwischen nicht auszugleichenden Wertschwankungen und auszugleichenden Vermögensschwankungen.

Um die errechneten Vermögenswerte des Anfangs- und Endvermögens vergleichbar zu machen, musste zunächst ermittelt werden, wie stark die Kaufkraft des Geldes im fraglichen Zeitraum abgenommen hatte. Der BGH führte diese Berechnung anhand des Lebenshaltungskostenindex[316] des statistischen Bundes-

[312] Gegen den Ausgleich solcher Gegenstände: *Battes*, FamRZ 2007, S. 313 ff.
[313] So im Ergebnis, wenn auch widerwillig, *Thierfelder*, FamRZ 1959, S. 227.
[314] Darstellung und Kritik der Entwicklung bei *Gernhuber*, NJW 1991, S. 2239 f.
[315] Vgl. Nachweis bei *Kogel*, FamRZ 2003, S. 278.
[316] Jetzt: Verbraucherpreisindex.

amtes durch.[317] Dieser wird ermittelt, indem die Kosten für einen zufällig, aber representativ, zusammengestellten Warenkorb ermittelt werden.[318] Anhand der steigenden Kosten für die gleichen Waren kann man somit die Höhe der Geldentwertung feststellen. Da jedoch die Kosten für die einzelnen Waren nicht gleichmäßig steigen, sondern für bestimmte Waren gelegentlich sogar sinken, wird deutlich, dass die ermittelten Werte stark von der Zusammensetzung des Warenkorbes abhängig sind. Je nach Sichtweise kann man die Auswirkungen der Zusammensetzung des Warenkorbes als Steuerungs- oder Manipulationsmöglichkeit bezeichnen.[319] Durch das Fehlen besserer Alternativen mag diese Rechenmethode zur Angleichung der Vermögenswerte bei einem Vermögen, das ebenso zufällig zusammengesetzt ist wie der Warenkorb, durchaus eine Annäherung an die tatsächliche Kaufkraftentwicklung darstellen. Problematisch wurde es jedoch, wenn das Vermögen zu einem Großteil aus Gegenständen bestand, deren Wertentwicklung gerade nicht der durchschnittlichen Entwicklung entsprach.

Als bestes Beispiel konnten hier die Immobilien dienen. Es war nicht nur eine Vermutung, sondern eine Tatsache, dass sich die Grundstückspreise und Baukosten anders entwicklen als die Preise für Butter, Milch, Mehl oder Joghurt.[320] Da das Immobilieneigentum von Privatpersonen in der Regel einen Großteil des vorhandenen Vermögens darstellt, kann eine für den Betroffenen ungünstige Bewertung auch nicht durch eine positive Bewertung in anderen Bereichen ausgeglichen werden. Somit kann zumindest in der Regel nicht erreicht werden, dass im Ergebnis die Falschbewertung ohne erhebliche Auswirkung bleibt. *Kogel* hatte in einem Beispiel aufgezeigt, wie drastisch die Auswirkungen einer falschen Geldwertanpassung im Zusammenhang mit Immobilien sein können.[321]

Während für die Bewertung von Immobilien zumindest teilweise ein anderer Berechnungsindex gefordert wurde,[322] vertrat *Gernhuber* als einer von wenigen die Auffassung, dass für die Bewertung von Geldvermögen eine Anpassung überhaupt nicht vorzunehmen sei.[323] Er kritisierte, dass eine rechnerische Anpassung

317 Vgl. BGH Urteil v. 14.11.1973 (IV ZR 147/72) BGHZ 61, 385–394.

318 Vgl. das Wägungsschema des Verbraucherpreisindex, abzurufen über die Homepage des statistischen Bundesamtes www.destatis.de.

319 Vgl. *Kogel*, FamRZ 2003, S. 279.

320 Es existiert ein eigener Index für die Kostenentwicklung, der Baukostenindex.

321 Vgl. *Kogel*, FamRZ 2003, S. 279.

322 Vgl. *Kogel*, FamRZ 2003, S. 278 f.

323 Vgl. *Gernhuber*, NJW 1991, S. 2240; *Gernhuber/Coester-Waltjen*, § 36 VI – In den nachfolgenden Auflagen von Dr. Dagmar Coester-Waltjen, bei denen Dr. Joachim Gernhuber nicht mehr mitwirkte, wird dieser Aspekt leider ignoriert.

der Kaufkraft von Vermögen, das als Geldvermögen vorhanden ist, auf einem Denkfehler beruhe. Unechte Zugewinne, mithin scheinbare Wertsteigerungen, die nur darauf beruhten, dass das Geld, in dem der Wert eines Gegenstandes ausgedrückt wird, bei Beendigung des Güterstandes einen geringeren Wert hat, als zu Beginn desselben, könnten denknotwendig nicht bei Geld auftreten. Geld sei der Wertmesser, mit dessen Hilfe der Wert von Gegenständen ausgedrückt werden könne. Werde Geldvermögen in den Ausschluss von scheinbarem Zugewinn einbezogen, würde dadurch faktisch die Behauptung aufgestellt, dass 1 Euro nicht immer 1 Euro wert sei. Es sei zwar möglich, dass der Wert eines Sackes Mehl früher 1 Euro und heute 2 Euro betrüge, der Wert von einem Euro werde jedoch immer ein Euro bleiben, unabhängig davon, wieviel man sich für diesen Betrag kaufen könne. Solange Geld als Wertmesser fungiere, gehe eine rechnerische Anpassung seines Zählwertes im Anfangsvermögen an der Realität vorbei. Dieser Punkt wird bei der Untersuchung des neuen Rechts noch vertieft werden, da seine Relevanz durch die Berücksichtigung von Schulden im Anfangsvermögen noch erheblich gestiegen ist.[324]

Ein anderer Streitpunkt war die Frage, ob nur unechte Wertsteigerungen, die allein darauf beruhten, dass die Kaufkraft des Geldes gesunken ist, nicht auszugleichen waren, oder ob auch echte Wertsteigerungen eines Gegenstandes aus dem Zugewinnausgleich auszunehmen waren. Diese Überlegung beruhte auf dem Gedanken, dass eine Person, die bereits vor der Ehe beispielsweise ein Haus mit Grundstück besaß, dessen Wert nun nach der Trennung aufgrund äußerer Umstände gestiegen ist, ihr Vermögen nicht durch eine gemeinsame Lebensleistung der Ehepartner gemehrt habe.[325] Die dadurch eingetretene Vermögensmehrung stehe in keinem Zusammenhang zur Ehe und ein Ausgleich entspräche folglich nicht dem Grundgedanken des Zugewinnausgleichs. Nach dieser Argumentation wären folglich nicht nur die unechten, sondern auch die echten Wertsteigerungen von Gegenständen, die bereits im Anfangsvermögen vorhanden waren, von der Berechnung des Zugewinns auszuschließen.

3. Der Umgang mit dem Problem

Der Gesetzgeber hat sich zur Frage der Bewertung des Anfangs- und Endvermögens nicht geäußert. Die Rechtsprechung musste daher nicht versuchen, ihre Vorstellungen mit dem Wortlaut des Gesetzes in Einklang zu bringen, sondern

[324] Vgl. S. 112 ff.
[325] Vgl. *Battes*, FamRZ 2007, S. 314.

konnte sich im Rahmen der Grundrechte für eine angemessene Rechenmethode entscheiden.

a) Definition der unechten Zugewinne

Fraglich ist, welche Zugewinne solche sind, die man unecht nennen könnte und die deshalb nicht auszugleichen seien. Auch hier mag als Beispiel das Grundstück dienen, das bereits vor Eheschließung im Eigentum des einen Ehegatten stand. Sind nur solche Zugewinne unecht, die darauf beruhen, dass das Geld als Wertmesser an Kraft verloren hat und dadurch ein höherer Zählwert notwendig ist um den gleichen Vermögenswert widerzuspiegeln oder sind alle Wertsteigerungen dieses Grundstücks ein unechter Zugewinn, da dem betroffenen Ehegatten nach wie vor *ein Grundstück* gehört, so dass sich sein Vermögen zumindest den Bestandteilen nach nicht gemehrt hat?

Diese letzte Ansicht vertrat *Thierfelder*.[326] Seine Argumente bezogen sich dabei zum einen auf den Wortlaut des Gesetzes, der von einem „erzielen“ sprach. Mit diesem Wort kommt nach *Thierfelder* zum Ausdruck, dass nur solche Wertsteigerungen auszugleichen sind, die durch Arbeit oder vergleichbare Tätigkeiten der betroffenen Personen erreicht wurden.[327] Davon wäre bei Wertsteigerungen, die beispielsweise Grundstücken widerfahren, jedoch nicht auszugehen. Diese erfolgten regelmäßig ohne Zutun des Eigentümers und wären somit nicht auszugleichen. Zur Bekräftigung seines Ergebnisses trug er vor, dass Eigenheimbesitzer oft von den Wertsteigerungen ihres Grundstückes keine Kenntnis hätten, da sie mangels Verkaufsinteresse ohnehin nicht von Bedeutung seien.[328] Auch unter diesem Gesichtspunkt sei es widersinnig, die Eigentümer zu verpflichten, solche theoretischen Wertsteigerungen, die sich zu Lebzeiten niemals realisieren würden, auszugleichen. Der betroffene Ehegatten müsste sich, wenn er sich einer solchen Ausgleichsforderung ausgesetzt sieht, fühlen, als solle er „bei lebendigem Leibe schon teilweise beerbt werden“[329].

Die Diskussion, was tatsächlich als ausgleichspflichtiger Zugewinn zu bewerten ist, wurde in ähnlicher Weise bereits bei den privilegierten Erwerbstatbeständen geführt.[330] Und genau wie dort stand auch hier diesem Ansatz der Wortlaut des Gesetzes entgegen. Eine Möglichkeit, bestimmte Gegenstände aus der Berechnung des Zugewinns herauszuhalten, ist im Gesetz nicht vorgesehen.

326 Vgl. *Thierfelder*, FamRZ 1959, S. 225 ff.
327 Vgl. *Thierfelder*, FamRZ 1959, S. 225.
328 Vgl. *Thierfelder*, FamRZ 1963, S. 330.
329 *Thierfelder*, FamRZ 1963, S. 330.
330 Vgl. Ausführungen auf S. 96.

Eine planwidrige Lücke, die die Schaffung einer solchen Methode zugelassen hätte, ist ebenfalls nicht ersichtlich. Davon abgesehen wären wohl auch erhebliche Probleme bei der tatsächlichen Umsetzung zu erwarten gewesen, da der Verbleib jedes einzelnen Gegenstandes hätte geprüft werden müssen und auch Fragen des Ersatzerwerbes oder der Surrogation geklärt werden müssten. Wie im weiteren Verlauf ausgeführt werden wird, ist ein solcher Ansatz jedoch ohnehin nicht erforderlich, um gerechte Ergebnisse zu erzielen.[331]

b) Unterschiedliche Berechnungsfaktoren

Wenn Einigkeit darüber bestand, dass die Vermögenssummen an die Geldwertentwicklung anzupassen sind, so entstand das Problem der praktischen Durchführung. Wie bereits erwähnt, wurde für die Berechnung des Inflationsbereinigten Wertes des Anfangsvermögens das komplette Anfangsvermögen mit einem einheitlichen Faktor umgerechnet. Insbesondere für Immobilienvermögen existieren jedoch Umrechnungstabellen, welche die tatsächliche Wertentwicklung genauer wiedergeben und auch teilweise erheblich von dem Lebenshaltungskostenindex abweichen.[332]

Thierfelder ging gar so weit, die Eignung des Lebenshaltungskostenindex generell in Frage zu stellen.[333] Die Entwicklung dieses Index hängt zu wesentlichen Teilen davon ab, wie sich die Preise für Verbrauchsgüter entwickeln, also beispielsweise für Lebensmittel oder Kleidung.[334] Dies seien jedoch üblicherweise nicht die Gegenstände, aus denen sich das Vermögen eines Ehegatten zusammensetze.[335] Er forderte deshalb, einen Index zu verwenden, der sich auf die Preisentwicklung von Anlagegütern bezieht.

Thiele erwähnte in einem Aufsatz,[336] dass eine Inflationsanpassung nur bei ansonsten erheblichen Ungerechtigkeiten vorzunehmen sei und in diesem Fall ein Umrechnungsindex gewählt werden müsse, der sich weder ausschließlich an der Preisentwicklung von Verbrauchsgütern, noch derjenigen von Anlagegütern orientiere.[337]

---

331 Vgl. S. 109 ff.

332 Namentlich der Baukostenindex.

333 Vgl. *Thierfelder*, FamRZ 1959, S. 226.

334 Für die genaue Zusammensetzung des Warenkorbes vergleiche das Wägungsschema des Verbrauchspreisindex, abzurufen über die Homepage des statistischen Bundesamtes.

335 Vgl. *Thierfelder*, FamRZ 1959, S. 226.

336 Vgl. *Thiele*, S. 394 ff.

337 Vgl. *Thiele*, S. 398.

Kogel war zwar grundsätzlich mit der Verwendung des Lebenshaltungskostenindex einverstanden, es missfiel ihm jedoch, diesen Index unterschiedslos auf alle vorhandenen Vermögensbestandteile anzuwenden.[338] Zumindest für die Güter, für die es unstreitig einen besser geeigneten Berechnungsindex gibt, solle die Wertberechnung auf dessen Basis erfolgen. Als dringlichstes Beispiel führte er die Immobilien an.[339] Auch wenn teilweise die Gesetzmäßigkeit einer solchen differenzierten Berechnung in Frage gestellt wurde,[340] so dürfte der Grund, warum sie sich nicht durchgesetzt hat, wohl hauptsächlich in der problemloseren Handhabbarkeit eines einheitlichen Berechnungsindexes liegen. Letzten Endes folgte die Praxis dem Vorschlag, den Wert des Anfangsvermögen anhand einer einheitlichen Umrechnung mit dem Endvermögen vergleichbar zu machen.[341]

II. Die neue Rechtslage seit 2009

Das Problem der unechten Zugewinne ist für die juristische Auseinandersetzung ein dankbares Gebiet. Durch die fehlenden gesetzlichen Normierungen stehen der Umsetzung entwickelter Lösungen keine Hindernisse im Weg. Folglich werden in diesem Abschnitt nicht nur die unmittelbaren Auswirkungen der Reform behandelt, sondern es wird das gesamte System der Behandlung unechter Zugewinne einer Überprüfung unterzogen. Die durch die Reform geänderte Gesetzeslage sorgt dabei dafür, dass die bereits bestehenden Problempunkte deutlicher zu Tage treten.

1. Darstellung der Problematik

a) Einführung

Sowohl im Gesetz als auch in der wissenschaftlichen Auseinandersetzung mit dem Zugewinnausgleich werden in der Regel lediglich abstrakte Werte miteinander verglichen.[342] Das Problem der tatsächlichen Festlegung der Werte wird nahezu vollständig der Rechtspraxis überlassen. Bei der Erarbeitung von abstrakten Modellen oder der Behandlung von Problemfeldern macht dies auch

338 Vgl. *Kogel*, FamRZ 2003, S. 279.
339 Vgl. *Kogel*, FamRZ 2003, S. 279.
340 Vgl. *Kornexl*, S. 901.
341 Vgl. *Kohler*, S. 229 f.
342 Auch in den Beispielen in dieser Arbeit werden in der Regel die Anfangs- und Endvermögen auf einen Wert festgesetzt, ohne sich damit zu beschäftigen, wie diese Werte zustande kommen.

durchaus Sinn, um die Verständlichkeit nicht zusätzlich zu erschweren. Problematisch wird dies jedoch dann, wenn dadurch einem Problemfeld mit durchaus großer praktischer Relevanz nicht die notwendige Aufmerksamkeit zu Teil wird. Genau dies ist der Fall bei der Behandlung von unechtem Zugewinn im Zugewinnausgleich. Da es ein Problem ist, das nahezu ausschließlich in der Rechtspraxis vorkommt, fühlt sich die Wissenschaft nur selten dazu berufen, Energie in die vollständige Durchdringung der Problematik zu investieren. Dementsprechend beruht die momentane Rechtspraxis auf einer verkürzten Betrachtungsweise, die wesentliche Aspekte übersieht oder bewusst nicht beachtet.

Beispiel:

M ist bei Eheschließung im Jahre 1950 Eigentümer eines Grundstücks im Wert von 10 000 DM, sonstiges Vermögen hat er nicht. Als im Jahre 2010 die Scheidung eingereicht wird, hat er immer noch nur dieses Grundstück. Der Wert des Grundstücks wird von einem Gutachter auf 50 000 Euro geschätzt.

Diese Konstellation stellt den Ausgangsfall dar, auf dem die Überlegungen der momentanen Rechtspraxis beruhen. Würde man lediglich die Währung des Anfangsvermögens umrechnen, entspräche dies ca. 5 000 Euro,[343] so dass M einen Zugewinn von 45 000 Euro erzielt hätte. Die berechtigte Frage ist jedoch, ob das Grundstück damals nur mit 5 000 Euro bewertet wurde, weil es tatsächlich weniger wert war als heute, oder ob man damals für 5 000 Euro einfach einen höheren Gegenwert erhalten hat. Durch die stetige leichte Inflation kommt es regelmäßig vor, dass Gegenstände teurer werden, ohne dadurch tatsächlich mehr Wert zu sein. Die Kaufkraft des Geldes ändert sich, so dass die absoluten Zahlen nicht ohne weiteres vergleichbar sind. Genauso wie niemand auf die Idee käme, einen Betrag in italienischen Lire mit einem Betrag in englischen Pfund ohne Umrechnung zu vergleichen, können auch Werte in einer einheitlichen Währung, zwischen denen jedoch ein längerer Zeitraum lag, nicht ohne Umrechnung miteinander verglichen werden. Die Beträge müssen demnach zunächst vergleichbar gemacht werden. Durch die Verwendung des Verbraucherpreisindex wird faktisch überprüft, wie viele Verbrauchsgüter man für den Gegenwert des zu bewertenden Gegenstandes Verbrauchsgüter einkaufen konnte. Wenn eine durchschnittliche Familie von dem Wert des Grundstücks im Jahre 1950 1 000 mal ihren Wocheneinkauf tätigen konnte und sich dies im Jahre 2010 nicht änderte, so hat das Grundstück seinen tatsächlichen Wert nicht gestei-

---

[343] Exakt: 5112,92 Euro.

gert. Nämlich dann, wenn damals ein durchschnittlicher Einkauf lediglich 10 DM kostete, während heute die Kosten für den gleichen Einkauf 50 Euro betragen. Das zu bewertende Grundstück wird also durch die Umrechnung des Anfangsvermögens nicht wertvoller, sondern es soll lediglich ausgedrückt werden, wieviele „Euros des Jahres 2010" man damals bei einem Verkauf hätte verlangen können. Nur so kann man den damaligen theoretischen Verkaufspreis mit dem aktuellen Wert vergleichen.

b) Charakterisierung der anpassungsbedürftigen Fallgruppen

Bis zu dieser Stelle lassen sich keine Fehler in der Überlegung erkennen. Allerdings hat es die Rechtspraxis versäumt, weitere Fallgruppen zu durchdenken, bevor die Wertanpassung zum allgemein anwendbaren Prinzip erklärt wurde. Zunächst soll geklärt werden, was den soeben dargestellten Fall charakterisiert, um in einem zweiten Schritt abstrakt erklären zu können, wann eine Wertanpassung des Anfangsvermögens vorzunehmen ist und wann nicht.

Der entscheidende Aspekt dabei ist, dass im oben genannten Fall hypothetisch überprüft wird, wieviel Geld M bei einem Verkauf seines Grundstückes erhalten hätte. Ein Verkauf hat jedoch tatsächlich nicht stattgefunden! Durch diesen gedanklichen Verkauf kann das Grundstück in einen Geldbetrag umgerechnet werden. Dass die „Umrechnung" dabei in einen Geldbetrag erfolgt und nicht statt dessen ermittelt wird, wie viele Brote oder Autos man für das Grundstück erhalten könnte, hat seinen Grund darin, dass der Zugewinnausgleich nur die Zahlung von Geld vorsieht.[344] Somit muss der Wert von jedem Gegenstand in Geld ausgedrückt werden. Eine Umrechnung in andere Wertbemessungsfaktoren, beispielsweise in Gold, wird vom Recht des Zugewinnausgleichs nicht vorgesehen. Die entscheidenden Aspekte im obigen Fall sind demnach, dass der Wert eines Gegenstandes in Geld ausgedrückt wird, dieser Erlös jedoch gerade nicht durch einen Verkauf realisiert wurde.

c) Übertragung des Ansatzes auf Geldvermögen

Der entscheidende Schritt ist es nun, zu überprüfen, ob dieser Ansatz auch bei anderen Fallgruppen seine Berechtigung hat. Nur wenn er zumindest in der überwiegenden Zahl der Fälle zu gerechten Ergebnissen führt, ist es angebracht, aus ihm eine allgemeingültige Regelung zu machen. Da es sich bei der Geldentwertung um einen recht abstrakten Vorgang handelt, von dem im All-

[344] Vgl. MüKo/*Koch*, 5. Aufl., § 1373 Rn. 3.

tag wenig zu spüren ist, fällt es um so schwerer, die notwendigen theoretischen Überlegungen sauber durchzuführen, ohne in falsche Kategorien abzugleiten.

Das Gegenstück zur oben genannten Fallgruppe ist das Geldvermögen. Jedes Vermögen besteht sowohl aus Geld als auch aus Gegenständen. Nachdem im vorhergehenden Abschnitt das Bedürfnis für die Anpassung der Bewertung von Gegenständen bejaht wurde, ist nunmehr zu prüfen, ob diese Anpassung auch für Geldvermögen vorzunehmen ist. Der wesentliche Unterschied zwischen Geld und Gegenständen ist, dass man Geld nicht „verkaufen" kann.[345] Daraus ergibt sich, dass Geld keinen eigenen „Wert" haben kann. Geld ist die Einheit, in welcher man den Wert von Gegenständen ausdrückt. Den Wert des Geldes selbst kann man jedoch höchstens im internationalen Vergleich bestimmen, welcher für das Recht des Zugewinnausgleichs jedoch keine Bedeutung hat. Dies ergibt sich auch daraus, dass der Zugewinnausgleich in Geld zu leisten ist. Da der Anspruch auf Zugewinnausgleich demnach ein Anspruch auf eine Geldzahlung ist, ergibt sich das Bedürfnis, das vorhandene Vermögen in diese Einheit umzurechnen. Für die Bewertung von Gegenständen erfolgt diese Umrechnung anhand des aktuellen Gegenwertes in Geld. Gedanklich stellt sich dieser Vorgang für die Berechnung des Anfangsvermögens als eine Zeitreise dar, wobei die aktuelle Wirtschaftssituation beibehalten wird. Es wird ermittelt, wieviele der „aktuellen Euros" man „damals" hätte zahlen müssen, um den fraglichen Gegenstand zu erwerben. Und mit diesem ermittelten Wert fließt der Gegenstand sodann in die Berechnung des Anfangsvermögens ein.

Wenn man sich auf diese Weise vor Augen führt, warum eine Inflationsanpassung erfolgt und was dadurch erreicht werden soll, so erkennt man bereits, dass sich eine Anpassung von Geldvermögen in dieses Konzept nicht einfügt. Will man in der gedanklichen Zeitreise an einem Geldwechselautomat einen 100-Euro-Schein erhalten, so wird man diesen Automaten zuvor mit exakt 100 Euro füttern müssen. Dabei ist es völlig unerheblich, wieviel man sich zu einem bestimmten Zeitpunkt für 100 Euro kaufen konnte, entscheidend ist, dass 100 Euro immer einen Nennwert von 100 Euro haben, unabhängig von den wirtschaftlichen Verhältnissen zu einem bestimmten Zeitpunkt.

Um unterschiedliche Objekte vergleichbar zu machen, muss man eine statische Vergleichseinheit festlegen. Beim ehelichen Güterrecht hat man sich darauf verständigt, dass Geld diese Vergleichseinheit ist. Anfangsvermögen, Endvermögen und Zugewinn sind in Geld auszudrücken und der Zugewinnausgleich erfolgt als eine Geldzahlung.[346] Folglich werden die Werte aller Gegenstände in

[345] Zumindest nicht innerhalb der Europäischen Währungsunion.
[346] Vgl. MüKo/*Koch*, 5. Aufl., § 1373 Rn. 3.

Geld ausgedrückt und „Gegenstände“ die bereits als Geld vorliegen – also Geldvermögen – werden selbstverständlich mit ihrem Nennwert berücksichtigt. Es wäre widersinnig den Geldbetrag zunächst in eine Anzahl von Konsumgütern umzurechnen, um den Wert dieser Konsumgüter sodann wieder in einem Geldbetrag auszudrücken.[347] Folgendes Beispiel soll diese abstrakten Überlegungen verdeutlichen.

Beispiel:

M_1 und M_2 sind Zwillingsbrüder mit dem gleichen Beruf, dem gleichen Gehalt, dem gleichen Umgang mit Geld und wohnen jeweils in einem kleinen Haus. Seit sie angefangen haben zu arbeiten, legen sie beide jeden Monat 500 Euro auf ihr Sparbuch. Das sonstige Einkommen wird verbraucht. Als beide 6 000 Euro auf ihrem Sparbuch haben gehen die Dächer von M_1s und M_2s Häusern kaputt, die Reparatur kostet jeweils 12 000 Euro. Im gleichen Jahr heiratet M_1, er hat somit ein Anfangsvermögen von -6 000 Euro. Zwei Jahr später heiratet M_2, so dass sein Anfangsvermögen 6 000 Euro im Plus ist. Beide lassen sich nach jeweils 15 Ehejahren scheiden und haben auch während der gesamten Ehe weiterhin monatlich 500 Euro gespart.

Es fällt auf, dass der Sachverhalt so konstruiert ist, dass kein Zweifel daran bestehen dürfte, dass die wirtschaftliche Situation von M_1 und M_2 identisch ist. Paralleler können zwei Leben nicht verlaufen. Dennoch zeigt dieser Fall sehr deutlich die Probleme, die entstehen, wenn man Vermögen, das in Geld vorliegt, einer Kaufkraftanpassung unterwirft.

Das Anfangsvermögen des M_1 beträgt bei Eheschließung ohne eine Inflationsanpassung minus 6 000 Euro, da er gerade die Dachreparatur bezahlen musste. Das Anfangsvermögen des M_2 ist bei seiner Eheschließung hingegen 6 000 Euro im Plus, da er zu einem Zeitpunkt heiratet, zu dem die Dachreparatur bereits bezahlt ist.[348] Die Vermögensentwicklung von M_1 und M_2 verläuft jedoch immer parallel, jeder von beiden hat zu jedem Zeitpunkt den geleichen Betrag auf dem Sparbuch, jeder zahlt regelmäßig 500 Euro pro Monat ein und jeder ist 15 Jahre verheiratet. Bei Scheidung ist das Vermögen des M_1 folglich von minus 6 000 Euro auf 84 000 Euro gestiegen, das von M_2 von 6 000 Euro auf 96 000 Euro. Beide hätten somit während der Ehe einen Zugewinn von 90 000 Euro

347 Das wäre aber die Konsequenz einer Inflationsanpassung von Geldvermögen.

348 Nach der Bezahlung der Reparatur werden weiterhin monatlich 500 Euro auf das Sparbuch eingezahlt.

erwirtschaftet. Dass der Zugewinn von Beiden gleichhoch ist, entspricht dem Ergebnis, das man aufgrund der identischen Entwicklung erwarten durfte.

Geht man nun jedoch davon aus, dass während der ganzen Zeit eine lineare Inflation von 2 % pro Jahr herrschte und würde man nun fälschlicherweise das Geldvermögen von M_1 und M_2 an diese Inflation anpassen, so wirkt sich dies auf das Ergebnis aus. Die Anfangsvermögen werden in diesem Fall um 135 % erhöht,[349] so dass sich M_1 nunmehr statt mit 6 000 Euro mit 8 100 Euro Verbindlichkeiten im Anfangsvermögen belastet sieht. Für M_2 hingegen würde die Anpassung dafür sorgen, dass aus seinem anfänglichen Guthaben von 6 000 Euro ebenfalls 8 100 Euro werden. Die Endvermögen werden selbstverständlich nicht angepasst, da sie bereits dem aktuellen Inflationsniveau entsprechen. Errechnet man nun anhand dieser Werte den Zugewinn von M_1 und M_2, so stellt man fest, dass M_1, der nach dieser Rechenmethode sein Vermögen von -8 100 Euro auf 84 000 Euro vermehrt hat, einen Zugewinn von 92 100 Euro erzielte, während M_2, der sein Vermögen nach dieser Methode lediglich von 8 100 Euro auf 96 000 Euro vermehren konnte, sich nur einen Zugewinn von 87 900 Euro anrechnen lassen muss.

Geht man weiter davon aus, dass die Ehefrauen jeweils keinen Zugewinn erwirtschafteten, so müsste M_1 an seine Frau 46 050 Euro Zugewinnausgleich zahlen, während M_2 lediglich 43 950 Euro zahlen müsste. Eine fiktive Wertanpassung von Barvermögen an die Inflation führt im oben genannten Beispiel somit dazu, dass M_1 2 100 Euro mehr Zugewinnausgleich zahlen muss als M_2, obwohl der einzige Unterschied darin bestand, dass M_2 zwei Jahre später heiratete als sein Bruder. Am Tag nach M_2s Scheidung hat M_1 somit 49 950 Euro auf dem Sparbuch, M_2 hingegen 52 050 Euro.[350] Ich denke nicht, dass man diesen Unterschied logisch begründen kann.

Entgegen dem vielleicht entstandenem Eindruck tritt dieses Problem nicht nur dann auf, wenn negatives Anfangsvermögen vorhanden ist. In diesen Fällen wird die Ungerechtigkeit der Ergebnisse jedoch besonders deutlich. Während man bei einer rein theoretischen Befassung mit der Fragestellung leicht in die Versuchung gerät, eine Inflationsanpassung in allen Fällen für angebracht zu halten, so sollte zumindest das eben vorgebrachte Fallbeispiel verdeutlicht haben, dass die dort erzielten Ergebnisse nicht angemessen sind. Es lassen sich

[349] Erhöht man einen Grundbetrag 15 mal um 2 %, so erhält man 135 % des Grundbetrages; $Grundwert \cdot (1,02)^{15}$.

[350] Beide hätten zu diesem Zeitpunkt 96 000 Euro angespart, man muss jedoch jeweils den Zugewinnausgleich abziehen.

problemlos weitere Fälle konstruieren, in denen der Fehler einer Inflationsanpassung von Geldvermögen deutlich wird.

Beispiel:

Die Eheleute M und F sind Arbeitskollegen. Sie haben den selben Job und verdienen das selbe Gehalt. Alle Ausgaben werden hälftig geteilt, folglich entwickeln sich ihre Kontostände absolut parallel. Da M etwas älter ist, hatte er bei Eheschließung ein etwas höheres Anfangsvermögen. Bei Eheschließung besaß M 30 000 Euro, F besaß 10 000 Euro. Im Laufe ihrer 15-Jährigen Ehe konnte jeder von ihnen seinen Kontostand um 100 000 Euro erhöhen.

Sowohl nach dem Grundprinzip des Zugewinnausgleichs, als auch nach dem gesunden Menschenverstand haben in dieser Konstellation weder M noch F einen Ausgleich zu zahlen, da keiner stärker als der andere von der Ehe profitiert hat. Die normale Zugewinnberechnung würde dieses Ergebnis auch stützen. Sowohl M als auch F hätten demnach 100 000 Euro Zugewinn erzielt, folglich war kein Ausgleich zu zahlen. Vertritt man jedoch die Ansicht, das Anfangsvermögen sei an die Inflation anzupassen, so ergibt sich bei einer linearen Inflation von 2 % pro Jahr für M ein Anfangsvermögen von 40 500 Euro und für F ein Anfangsvermögen von 13 500 Euro.[351] Da das Endvermögen des M 130 000 Euro beträgt, würde sein Zugewinn mit 89 500 Euro bewertet werden. F hat ein Endvermögen von 110 000 Euro, so dass ihr Zugewinn 96 500 Euro betragen würde. Folglich würde eine Inflationsanpassung dazu führen, dass der Zugewinn der F den Zugewinn des M um 7 000 Euro übersteigt, so dass sie ihm Zugewinnausgleich in Höhe von 3 500 Euro zahlen müsste. Obwohl also während der gesamten Ehe alle Ausgaben und Einkünfte zwischen den Ehegatten hälftig geteilt wurden, soll F bei Beendigung des Güterstandes Zugewinnausgleich in Höhe von 3 500 Euro zahlen. Die Vertreter diese Ansicht müssen sich fragen lassen, wie ihrer Meinung nach eine finanziell gerechte Ehe auszusehen hat, in der beide Ehegatten gleichmäßig profitieren und in der folglich kein Zugewinnausgleich zu zahlen wäre. Nach einer intensiven Auseinandersetzung mit dieser Frage dürfte sich die Anzahl der Befürworter einer generellen Inflationsanpassung drastisch verringern.

[351] Wie bereits im vorherigen Beispiel müssen die Anfangsvermögen jeweils mit dem Faktor 1,35 multipliziert werden, um die 15-Jährige Steigerung um jeweils 2 % pro Jahr abzubilden.

d) Übertragung des Ansatzes auf verkaufte Gegenstände

Zunächst soll jedoch mit den bisher gewonnenen Erkenntnissen eine weitere Fallgruppe untersucht werden. Wie ist die Bewertung von Gegenständen aus dem Anfangsvermögen vorzunehmen, die im Endvermögen gerade nicht mehr vorhanden sind, sondern zwischenzeitlich verkauft oder verschenkt wurden? Die Rechtfertigung für die Inflationsanpassung der fiktiven Verkaufspreise lag darin, dass der so ermittelte Wert eben gerade nicht realisiert wurde und deswegen an den veränderten Geldwert anzupassen ist. Wie ist dies jedoch zu beurteilen, wenn der Wert tatsächlich realisiert wurde, der Gegenstand also tatsächlich verkauft wurde? In diesem Fall wurde der Gegenstand, für den die Anpassung vorgenommen werden muss, in Bargeld umgesetzt, für welches nach dem oben Ausgeführten gerade keine Anpassung vorgenommen werden darf.[352] Fraglich ist somit, ob eine Inflationsanpassung von solchen Gegenständen aus dem Anfangsvermögen nicht mehr vorgenommen werden darf oder ob sie generell mit dem tatsächlich erzielten Verkaufserlös ins Anfangsvermögen einzustellen sind. Dieser zweite Ansatz würde jedoch dann zu Problemen führen, wenn der Gegenstand verschenkt wurde. In jedem Fall würde eine gesonderte Behandlung von Gegenständen, die während der Ehe veräußert wurden, die Berechnung des Anfangsvermögens erheblich verkomplizieren. Glücklicherweise zeigt sich bei genauerer Betrachtung, dass eine Sonderbehandlung von solchen Gegenständen nicht erforderlich ist. Es entspricht dem Wesen der Zugewinngemeinschaft als Sonderform der Gütertrennung, dass die Ehegatten während bestehender Ehe keinen umfassenden Einfluss auf die Vermögensverwaltung des anderen Ehegatten nehmen können. Auch wenn dieser Verluste erwirtschaftet, so ist dies hinzunehmen, selbst wenn dadurch der eigene Zugewinnausgleichsanspruch geschmälert wird.[353] Wenn also ein Ehegatte aus nicht missbräuchlichen Gründen einen Gegenstand, der in seinem Anfangsvermögen vorhanden war, veräußert und anschließend nicht in der Lage ist, den Erlös so gut anzulegen, dass zumindest der Kaufkraftverlust der nächsten Jahre ausgeglichen wird, so verringert sich dadurch zwar der Zugewinnausgleichsanspruch des anderen Ehegatten, jedoch ist dies nicht belastender als jede andere unwirtschaftliche Verfügung auch. Sie muss vom benachteiligten Ehegatten folglich hingenommen werden. Folgendes Beispiel soll die besprochene Fallgruppe noch einmal verdeutlichen:

[352] Vgl. S.112 ff.

[353] Vorausgesetzt, die Vermögensminderung ist nicht als illoyal i. S. d. § 1375 Abs. 2 BGB zu bewerten.

Beispiel:

M hat in seinem Anfangsvermögen unter anderem einen Gegenstand, den er zum damaligen Zeitpunkt für 10 000 Euro gekauft hat, was auch genau seinem Wert entsprach. Der Wert des Gegenstandes bleibt die ganze Zeit über stabil. Durch die Inflation bekäme man jedoch bei Rechtshängigkeit der Scheidung bereits 20 000 Euro dafür. Allerdings hat M den Gegenstand bereits ein halbes Jahr nach Eheschließung für 10 000 Euro verkauft und das Geld unter sein Kopfkissen gelegt.

Da es sich bei dem Gegenstand des M nicht um Geldvermögen handelte, ist sein Wert für die Berechnung des Anfangsvermögens an die Inflation anzupassen. Er wird demnach mit 20 000 Euro ins Anfangsvermögen eingestellt. Im Endvermögen sind davon jedoch lediglich die 10 000 Euro unter dem Kopfkissen verblieben. Bezogen auf diesen Gegenstand hat M somit einen Verlust erwirtschaftet.[354] Je nach Stellung im Zugewinnausgleich bedeutet dies für F, dass sie entweder 5 000 Euro weniger Zugewinnausgleich erhält, oder aber 5 000 Euro mehr Zugewinnausgleich zahlen muss. Dieses Ergebnis beruht jedoch nicht auf einer Ungerechtigkeit im Zusammenhang mit der Inflationsanpassung, sondern ist das Ergebnis des schlechten Wirtschaftens von M, der nicht in der Lage war, den Verkaufserlös gewinnbringend anzulegen. Folglich ist der Wert von *Gegenständen* im Anfangsvermögen an die Inflation anzupassen, und zwar unabhängig von deren weiterem Schicksal.

2. Lösungsansatz

Ein Fehler der aktuellen Rechtspraxis wurde bei der Inflationsanpassung von Geld im Anfangsvermögen festgestellt. Die Überlegungen, die zu einer Inflationsanpassung von anderen Vermögensgegenständen geführt haben sind richtig und wichtig und vermeiden ihrerseits Gerechtigkeitsdefizite. Eine Übertragung dieser Ansätze auf Geldvermögen führt jedoch zu den oben geschilderten Auswirkungen.

Wenn somit festgestellt wurde, dass eine Anpassung von Geldvermögen an die Inflation zu unbilligen Ergebnissen führt, so liegt es nahe, zur Lösung dieses Problemes auf eine Inflationsanpassung von Geldvermögen zu verzichten. Dabei ist keine Unterscheidung zwischen positiven und negativen Vermögensbestandteilen zu machen. Wie oben dargestellt sind die Ungerechtigkeiten bei

[354] Zur Frage des negativen Zugewinns vgl. S. 16.

negativem Anfangsvermögen zwar drastischer, sie kommen jedoch systembedingt auch bei positivem Anfangsvermögen vor. Dass dieser Ansatz geeignet wäre, die auftretenden Ungerechtigkeiten zu vermeiden, wurde bereits durch die angeführten Beispiele deutlich. Fraglich ist jedoch, ob er dogmatisch sauber umgesetzt werden kann.

Die einzige gesetzliche Vorschrift, die sich mit der Bewertung des Anfangsvermögens auseinandersetzt, ist § 1376 BGB. Dabei ist zunächst § 1376 Abs. 1 1. HS. BGB zu betrachten, wonach der Wert zugrunde zu legen ist, den „das beim Eintritt des Güterstandes vorhandene Vermögen in diesem Zeitpunkt [...] hatte". Dabei wäre es ein Fehler, aus der Tatsache, dass das Anfangsvermögen als einheitlicher Geldbetrag darzustellen ist, ohne dass die Bestandteile einzeln aufgeführt werden, zu schließen, dass auch die Bewertung nach absolut einheitlichen Maßstäben erfolgen muss.[355] Auch wenn im Ergebnis für das Anfangsvermögen lediglich *ein* Wert ausgegeben wird, so erfolgt die Berechnung dieses Wertes selbstverständlich als Addition der vorhandenen Einzelposten. Bei der Wertberechnung gilt das vorhandene Vermögen somit gerade nicht als homogene Masse, lediglich das Ergebnis der Berechnung ist ein einheitlicher Wert, der nicht mehr für die einzelnen Vermögensgegenstände aufzuschlüsseln ist.

Somit ist es möglich und erforderlich, die einzelnen Gegenstände, aus denen das Anfangsvermögen besteht, jeweils für sich genommen einer Wertbestimmung zu unterziehen. Das Medium, in dem die Werte der Gegenstände auszudrücken sind, ist das Geld. Folglich ist Vermögen, das in Geld vorhanden ist, mit seinem Nennwert in die Berechnung einzustellen, Gegenstände hingegen mit ihrem damaligen Wert, ausgedrückt in der „aktuellen Währung".[356] Um Wiederholungen zu vermeiden wird an dieser Stelle nicht erneut auf die Rechtfertigung für diese Bewertungsmethode eingegangen. Wichtig ist an dieser Stelle nur, dass der Wortlaut des Gesetzes diese Bewertungsmethode mindestens umfasst, wenn nicht gar fordert.

3. Beurteilung der Gegenargumente

Da die Rechtspraxis bisher einen anderen Weg gewählt hatte, obwohl die grundsätzliche Problematik bereits vor der Reform bestand, soll an dieser Stelle zur weiteren Bekräftigung des hier vertretenen Ansatzes eine Auseinandersetzung mit den Gegenargumenten erfolgen.

[355] So aber *Gutdeutsch*, S. 277; *Kornexl*, S. 902.
[356] Vgl. S. 110.

Das Argument, das zunächst am stärksten scheint, beruht auf der Ansicht, dass bei der Vermögensentwicklung ein Stillstand tatsächlich einen Verlust darstelle.[357] Dieser Ansicht liegt die Überlegung zu Grunde, dass eine Person, die bei Eheschließung ihr komplettes Vermögen unter ein Kopfkissen legt und weder vermehrt noch verringert, im Laufe der Jahre durch die Inflation faktisch ihr Vermögen Stück für Stück verliert. Wenn demnach eine Person im Jahre 2005 1 000 Euro besaß und im Jahre 2055 immer noch 1 000 Euro besitzt, so habe sich ihre wirtschaftliche Lage trotz des gleichbleibenden Zählwertes verschlechtert.

Diese Überlegungen sind durchaus zutreffend, haben aber für das Recht des Zugewinnausgleichs keine Relevanz. Ziel der Zugewinnberechnung ist es nicht, festzustellen, wie sich seit der Eheschließung der Status der Ehegatten in der Gesellschaft verändert hat, sondern es geht allein darum, die Vermögensveränderungen *im Innenverhältnis* der Ehegatten zu bewerten. Wichtig ist demnach nicht, wie sich das Vermögen eines Ehegatten im Vergleich zu einem durchschnittlichen Bürger verändert hat, wichtig ist allein, wie sich das Vermögen im Vergleich zum (Ex-)Ehegatten verändert hat. Und dafür spielt es gerade keine Rolle, was sich die Ehegatten von ihrem Vermögen leisten können oder nicht. Da beide Ehegatten über den selben Zeitraum der gleichen Inflation ausgesetzt waren, ist eine Bereinigung der Inflationsauswirkungen auf das Geldvermögen nicht erforderlich.

Wollte man eine solche dennoch durchführen, so bestünde das Problem auch darin, dass eine Inflationsanpassung prozentual erfolgt, sowohl der Zugewinn als auch der Zugewinnausgleich jedoch absolut zu zahlen sind. Es wird nicht festgestellt, dass M sein Vermögen verdoppelt hat und deswegen 1/4 davon an F zahlen muss, sondern es werden absolute Zahlen gewählt. Dabei spielt die prozentuale Vermögensentwicklung an keiner Stelle der Berechnung eine Rolle. Ob sich das Vermögen von 10 000 Euro auf 20 000 Euro, oder von 110 000 Euro auf 120 000 Euro erhöht, macht nach dem System des Zugewinnausgleichs keinen Unterschied. Wichtig ist, dass 10 000 Euro mehr vorhanden sind als bei Beginn der Ehe. Und dieser Zuwachs des Nennwertes ist zu teilen. Eine prozentuale Anpassung der Beträge würde nun dazu führen, dass die Frage, ob eine tatsächlich eingetretene Vermögensmehrung auszugleichen ist, davon abhängen würde, wie hoch das sonstige Vermögen der Ehegatten war. Bei hohem Anfangsvermögen könnte ein geringer Zuwachs durch eine Inflationsanpassung plötzlich als Verlust zu bewerten sein, während der identische Zuwachs bei geringeren Vermögen als Zugewinn auszugleichen wäre.

---

[357] Vgl. *Thierfelder*, FamRZ 1959, S. 226.

Beispiel:

M_1 hat ein Anfangsvermögen von 10 000 Euro und hat sich durch regelmäßiges Sparen ein Endvermögen von 40 000 Euro erwirtschaftet. M_2 hat ein Anfangsvermögen von 110 000 Euro und ist dem gleichen Sparplan wie M_1 gefolgt, sein Endvermögen beträgt demnach 140 000 Euro. Beide lassen sich nach 15 Ehejahren von ihren Ehefrauen scheiden, welche jeweils keinen Zugewinn erwirtschaftet haben.

Geht man wieder von einer gleichmäßigen Inflation von 2 % pro Jahr aus, so würde eine Inflationsanpassung dazu führen, dass das Anfangsvermögen von M_1 mit 13 500 Euro zu bewerten wäre, das von M_2 hingegen mit 148 500 Euro. Obwohl sie ihr Vermögen also um den selben Betrag gemehrt haben, soll M_1 einen Zugewinn von 26 500 Euro erwirtschaftet haben, während M_2 einen Verlust zu verbuchen hätte. Auch dies ist ein Ergebnis, das sich nicht schlüssig begründen lässt.

Bei Schulden kommt erschwerend hinzu, dass diese immer nur mit ihrem Nennwert zurückzuzahlen sind. Dieses Argument ist keineswegs falsch, wie *Gutdeutsch* meint.[358] Sein Argument, Schulden im Anfangsvermögen seien weniger belastend als Schulden im Endvermögen, da der zur Tilgung notwendige Konsumverzicht durch die Inflation geringer werde,[359] überzeugt nicht. Für die Berechnung des Anfangsvermögens ist es unerheblich, zu welchem Zeitpunkt bestehende Verbindlichkeiten getilgt werden. Für die Feststellung, wie hoch der notwendige Konsumverzicht tatsächlich war und ob die Inflation hierauf Einfluss nehmen konnte, käme es jedoch gerade hierauf an. Weitere Ausführungen sind nach dem bisher Festgestellten jedoch entbehrlich, da ohnehin auch für positives Barvermögen keine Inflationsanpassung vorzunehmen ist. Nebenbei bemerkt ist für positives Vermögen ebenfalls der Nennwert entscheidend. Es dürfte noch niemand in den Genuss gekommen sein, dass sein Kontostand der Inflation angepasst wurde. Dennoch sind die Auswirkungen einer fälschlichen Inflationsanpassung bei negativem Anfangsvermögen besonders gravierend, so dass durchaus gefordert werden kann, *vor allem* bei Schulden keine Anpassung vorzunehmen.

4. Richtiger Umrechnungsindex

Trotz aller Argumente gegen eine Anpassung von Geldvermögen darf nicht aus dem Blick verloren werden, dass für Vermögen, das nicht in Form von Geld

[358] Vgl. *Gutdeutsch*, S. 277.
[359] Vgl. *Gutdeutsch*, S. 277.

vorhanden ist, eine Anpassung nach wie vor vorzunehmen ist. Dabei stellt sich die Frage, ob der momentan verwendete Umrechnungsindex, der hauptsächlich auf der Preisentwicklung von Verbrauchsgütern des täglichen Lebens beruht, für diesen Zweck geeignet ist.

Natürlich ist es richtig, dass sich das Vermögen von Ehegatten in der Regel nicht aus Verbrauchsgütern zusammensetzt.[360] Und es ist auch richtig, dass sich die Preisentwicklung von Anlagegütern anders verhält, als die Preisentwicklung von Verbrauchsgütern.[361] Unklar ist jedoch, ob die richtige Schlussfolgerung aus diesen Überlegungen lauten muss, dass der Preisindex von Verbrauchsgütern nicht geeignet ist, um unechte Wertsteigerungen von Vermögensgegenständen auszufiltern. Dabei muss das Ziel der Inflationsanpassung im Blick behalten werden: Wird ein Gegenstand nur deshalb teurer, weil das Geld weniger wert ist, so soll diese Preissteigerung kompensiert werden. Wird ein Gegenstand hingegen teurer, weil die Nachfrage danach steigt, oder das Angebot sinkt, so ist dies eine tatsächliche Vermögensmehrung des Eigentümers, die durchaus auszugleichen ist. Verwendet man demnach einen Preisindex, der beispielsweise nur die Preisentwicklung von Immobilien umfasst, so würde eine allmähliche Preissteigerung, die auf einer hohen Nachfrage zusammen mit einem begrenzten Angebot beruht, ebenfalls dem Ausgleich entzogen werden, obwohl der Eigentümer der Immobilie doch tatsächlich von einer echten Wertsteigerung profitiert. Die Verwendung spezieller Indizes ist demnach nicht zielführend, da dadurch auch gattungsspezifische Wertsteigerungen neutralisiert werden, die im Ergebnis der Grund dafür gewesen sein können, dass der Ehegatte sein Vermögen gerade in einem solchen Gegenstand angelegt hat. Auf diese Art würden ausgleichsfreie Gewinne geschaffen werden.

Damit ist jedoch noch nicht die Frage beantwortet, ob der allgemeine Preisindex von Verbrauchsgütern eine bessere Alternative darstellt. Geld benötigt man in erster Linie zum leben. Erst wenn die Miete bezahlt und das Essen gekauft ist, kann man sich darüber Gedanken machen, wie das restliche Geld investiert werden soll. Auch wenn angelegtes Vermögen nicht aus Verbrauchsgütern besteht, so haben deren Kosten dennoch großen Einfluss darauf, ob und wieviel Geld in Anlagegüter investiert werden kann. Die Verwendung des Preisindexes von Verbrauchsgütern ergibt demnach durchaus Sinn. Manch einer wird bei einer großen Investition durchaus überlegen, ob er beispielsweise für ein Gemälde soviel Geld ausgibt, „dass man ein Jahr davon leben könnte“. Besonders in Krisenzeiten zeigt sich immer recht deutlich, dass es nicht nur pure Theo-

[360] Vgl. *Thierfelder*, FamRZ 1959, S. 226.
[361] Vgl. *Thierfelder*, FamRZ 1959, S. 226.

rie ist, Vermögensgegenstände danach zu bewerten, wieviele Lebensmittel und sonstige Verbrauchsgüter man im Tausch dafür erhalten könnte. Der Bedarf an einfachen Verbrauchsgütern ist der Faktor, der auch auf lange Sicht am konstantesten bleiben dürfte. Es ist somit angebracht, die Berechnung des Wertes von Gegenständen anhand eines Indexes vorzunehmen, der sich an der Preisentwicklung von Verbrauchsgütern bemisst. Steigen oder fallen die Preise von Anlagegütern stärker als der Index, so handelt es sich dabei um reale Gewinne oder Verluste, die folglich im Falle einer Scheidung auch auszugleichen sind.

5. Ergebnis

Es hat sich somit gezeigt, dass die undifferenzierte Anwendung einer Inflationsanpassung des Anfangsvermögens zu unbilligen Ergebnissen führt. Der aufgezeigte Weg, diese Ungerechtigkeiten zu beseitigen, steht im Einklang mit dem Wortlaut des Gesetzes. Bei negativem Anfangsvermögen besteht von der Systematik her kein Unterschied zu positivem Anfangsvermögen, jedoch werden die Auswirkungen einer Inflationsanpassung hier noch verstärkt, weshalb die Ergebnisse dort besonders unbillig sind. Die empfohlene Anpassung der Handhabung unechter Zugewinne sollte jedoch auch für positives Vermögen eingeführt werden. Das Ergebnis dieses Kapitels lässt sich demnach wie folgt zusammenfassen:

> **Unechte Zugewinne**
>
> Soweit das Anfangsvermögen der Ehegatten aus Geld besteht, ist eine Anpassung an die Inflation nicht vorzunehmen. Eine Anpassung ist nur für die ermittelten Werte von *Gegenständen* des Anfangsvermögens vorzunehmen. Für die Anpassung ist ein Index zu verwenden, der die Preisentwicklung von Verbrauchsgütern wiedergibt.

§ 7 Ansprüche gegen Dritte

I. Die Rechtslage bis 2009

Auch wenn sich das nacheheliche Güterrecht hauptsächlich zwischen den Ehegatten abspielt, so findet sich mit § 1390 BGB aF. doch eine Norm, durch welche Dritte in den nachehelichen Zugewinnausgleich mit einbezogen werden. Ziel dieser Norm war es, Vermögen, das auf unentgeltliche Weise illoyal auf Dritte übertragen wurde, wieder für den Zugewinnausgleich verfügbar zu machen.[362]

Anders als bei den sonstigen Vorschriften, die vor Missbrauch schützen sollten, setzte § 1390 Abs. 1 BGB aF. nach der Kappungsgrenze des § 1378 Abs. 2 BGB aF. an.[363] Die errechnete Höhe des Ausgleichsanspruchs wurde durch diese Vorschrift folglich nicht berührt. Bei der Berechnung trug bereits § 1375 Abs. 2 BGB Sorge dafür, dass missbräuchliche vermögensmindernde Handlungen sich nicht negativ auf die rechnerische Ausgleichshöhe auswirkten. Die so errechneten Ansprüche konnten jedoch am Fehlen von positivem Endvermögen scheitern. Für diese Fälle bot § 1390 Abs. 1 BGB aF. dann eine Lösung, wenn bekannt war, an wen Vermögen des Ausgleichspflichtigen ohne adäquate Gegenleistung abgegeben wurde. Er gewährte dem Ausgleichsberechtigten den Anspruch, das unentgeltlich Erlangte vom Empfänger der missbräuchlichen Vermögensverfügung heraus zu verlangen. Allerdings sollte durch diese Vorschrift keine Besserstellung des Ausgleichsgläubigers erreicht werden.[364] In den Fällen, in denen auch ohne die missbräuchliche unentgeltliche Verfügung keine Ausgleichszahlung zu erwarten gewesen wäre, beispielsweise weil ohnehin kein positives Endvermögen vorhanden war, war auch ein Rückgriff auf den Zuwendungsempfänger ausgeschlossen. Erreicht wurde dies durch die Vorschrift des § 1375 Abs. 1 S. 2 BGB aF. Dieser Rechenschritt stellte sicher, dass nur

---

362 Vgl. Staudinger/*Thiele*, § 1390 Rn. 1.

363 Erst wenn nach dieser Vorschrift die Höhe des Anspruchs begrenzt wurde, war der Anwendungsbereich des § 1390 BGB aF. eröffnet.

364 Vgl. Staudinger/*Thiele*, § 1390 Rn. 19.

dann ein Anspruch gegen den Dritten bestand, wenn ohne die diesem gegenüber getätigte Verfügung ein höherer Ausgleichsanspruch gegeben gewesen wäre.

Beispiel:

M hat kein Anfangsvermögen. Bei Scheidungseinreichung hat er 10 000 Euro Schulden. Kurz vorher hat er seiner Freundin einen Ring im Wert von 5 000 Euro geschenkt.

Ohne die Vorschrift des § 1375 Abs. 1 S. 2 BGB aF. wäre das Endvermögen des M mit null anzusetzen gewesen, so dass kein Zugewinn erwirtschaftet worden wäre. Dies entsprach auch dem wirtschaftlichen Ergebnis, da M während der Ehe einen Verlust erwirtschaftet hatte. Nun würde aber § 1375 Abs. 2 BGB dazu führen, dass die von M illoyal getätigte Vermögensminderung dem Endvermögen hinzugerechnet wird,[365] er somit rechnerisch ein Endvermögen von 5 000 Euro gehabt hätte, welches zu einem Ausgleichsanspruch seiner Frau in Höhe von 2 500 Euro geführt hätte, den diese wegen § 1378 Abs. 2 BGB aF. jedoch nicht hätte geltend machen können. Soweit entsprach das Ergebnis des Gesetzes auch ohne § 1375 Abs. 1 S. 2 BGB aF. noch der materiellen Gerechtigkeit. Es wurde kein Zugewinn erzielt, also musste kein Ausgleich gezahlt werden.

Allerdings hätte Ms Frau ohne § 1375 Abs. 1 S. 2 BGB aF. gegen Ms Freundin nach § 1390 Abs. 1 BGB aF. vorgehen können, da ihr errechneter Anspruch durch § 1378 Abs. 2 BGB aF. vereitelt wurde. Sie hätte somit von Ms Freundin die Herausgabe des Geschenkes verlangen können, um ihren Anspruch auf die 2 500 Euro zu befriedigen. Hätte M aber keine Zuwendung an seine Freundin gemacht, so wäre sein Endvermögen dennoch negativ gewesen, mit der Folge, dass seine Frau auch in diesem Fall keinen Zugewinnausgleich hätte verlangen können. Somit läge hier ein Fall vor, in dem Ms Frau von dessen illoyaler Vermögensminderung über Gebühr profitiert hätte. Dieses Ergebnis ließ sich mit § 1375 Abs. 1 S. 2 BGB aF. vermeiden. Da ein Rückgriff nach § 1390 BGB aF. gegen eine Dritte möglich war, wurden nach § 1375 Abs. 1 S. 2 BGB aF. negative Werte für das Endvermögen zugelassen. Das Endvermögen des M war somit nicht mehr mit null, sondern mit -5 000 Euro anzusetzen. Somit führte die Hinzurechnung des § 1375 Abs. 2 BGB nur noch dazu, dass sein Endvermögen von -5 000 Euro auf -2 500 Euro stieg, mithin immer noch negativ war, so dass seiner Frau schon rechnerisch kein Zugewinnausgleich zustand. Folglich

---

[365] Da § 1375 Abs. 1 S. 2 BGB aF. für dieses Beispiel nicht existiert, wird von null aus gerechnet.

erhielt sie nicht lediglich wegen der Kappungsgrenze des § 1378 Abs. 2 BGB aF. keine Ausgleichszahlung, so dass der Anwendungsbereich des § 1390 Abs. 1 BGB aF. nicht eröffnet war. Durch das Zulassen von negativem Endvermögen in diesen Fällen wurde somit wirksam verhindert, dass eine Überkompensation der durch die illoyalen Vermögensminderungen eingetretenen Nachteile bei den von den Verfügungen betroffenen Personen stattfand.

Erwähnenswert scheint noch, dass der Dritte lediglich zur Herausgabe der erlangten Sache nach den Vorschriften über die ungerechtfertigte Bereicherung verpflichtet war.[366] Diese Herausgabepflicht konnte er dadurch abwenden, dass er den fehlenden Betrag zahlte.[367] Es ist also festzuhalten, dass § 1390 Abs. 1 BGB aF. i. V. m. § 1375 Abs. 1 S. 2 BGB aF. nicht nur verhinderte, dass der Ehegatten, dem eine Ausgleichszahlung zustand, durch die illoyale Vermögensminderung am Ende finanziell besser stand, als ohne eine solche Verfügung, sondern dass auch der Schutz des Empfängers der illoyalen Vermögensverfügung sichergestellt wurde. Durch die Vorschriften über die ungerechtfertigte Bereicherung wurde sichergestellt, dass der Zugewinnausgleichsanspruch tatsächlich nur aus dem Vermögen des verpflichteten Ehegatten erfüllt wurde. Ließ sich trotz der Vermögensverfügung keine Mehrung des Vermögens des Dritten mehr feststellen, so ging der Anspruch gegen diesen aus § 1390 Abs. 1 BGB aF. ins Leere. Doch auch wenn der zugewendete Gegenstand noch im Vermögen des Zuwendungsempfängers vorhanden war, so wurde diesem die Wahl gelassen, ob er den empfangenen Gegenstand herausgab oder den Herausgabeanspruch durch Zahlung des fehlenden Betrages abwendete. Genauso wie der Ausgleichsgläubiger zwar durch die Verfügung keine Nachteile haben, gleichzeitig aber auch nicht von ihr profitieren sollte, so sollte auch der Zuwendungsempfänger zwar nicht auf Kosten des Ausgleichsgläubigers von der Zuwendung profitieren, andererseits sollten ihm aber auch keine Nachteile daraus erwachsen. In der Rechtspraxis kam § 1390 BGB aF. nur geringe Bedeutung zu. Um überhaupt Anhaltspunkte für die korrekte Auslegung zu erhalten, wurde gelegentlich auf Rechtsprechung zum inhaltlich verwandten § 2329 BGB verwiesen.[368]

1. Problematische Konstellationen

Auch die Vorschrift über die Ansprüche gegen Dritte enthielt problematische Fallkonstellationen. Insbesondere war dann unklar, welches das vom Gesetzge-

[366] § 1390 Abs. 1 S. 1 BGB aF.

[367] Fehlender Betrag ist der Betrag, um den die Ausgleichsforderung aufgrund § 1378 BGB aF. gekürzt wurde. Vgl. zum Meinungsstand S. 128.

[368] Vgl. Schröder/Bergschneider/*Bergschneider*, Rn. 4.527.

ber gewünschte Ergebnis war, wenn mehrere Verfügungen des Ausgleichsverpflichteten in Benachteiligungabsicht während des entscheidenden Zeitraums getätigt worden waren. Sofern von diesen Verfügungen unterschiedliche Personen profitiert hatten, stellte sich die Frage, in welchem Verhältnis die Herausgabepflichten der Betroffenen zueinander standen. Heikel wurde es, wenn der Ausgleichsberechtigte nur einen Teil der auf illoyale Weise verfügten Gegenstände zur Befriedigung herausverlangen konnte. Fraglich war in soweit, ob der einem Herausgabeanspruch ausgesetzte Dritte auf andere Zuwendungsempfänger verweisen durfte. Wenn man dieses Verweisungsrecht im Regelfall ablehnte, so war dennoch zu klären, ob es nicht wenigstens dann gelten sollte, wenn derjenige, der entgeltlich etwas empfangen hat, auf einen Dritten verweist, welcher etwas in unentgeltlicher Weise erlangt hatte. Obwohl das Gesetz in § 1390 Abs. 1 S. 1 BGB aF. von unentgeltlichen Zuwendungen sprach, wurde davon ausgegangen, dass ein Dritter auch dann zur Herausgabe verpflichtet war, wenn er einen Gegenstand zwar entgeltlich erlangt hat, beim Erwerb jedoch wusste, dass es dem Veräußerer darum ging, Vermögenswerte in Bargeld zu verwandeln um sie auf diese Weise leichter dem Zugewinnausgleich zu entziehen.[369] Es stellte sich außerdem die Frage, welche Möglichkeiten einem Dritten offen standen, um einen erlangten Gegenstand gegen eine Ausgleichszahlung zu behalten. Zur Verdeutlichung der Problemfälle soll folgendes Beispiel dienen:

Beispiel:

M hatte bei Eheschließung Schulden in Höhe von 300 000 Euro. Während der Ehe hat er ein kleines Unternehmen gegründet und sich so, trotz aller Hindernisse, die ihm seine Frau in den Weg legte, ein Endvermögen von 50 000 Euro erarbeitet. Da der Missmut seiner Frau über seine Selbständigkeit schließlich auch zur Scheidung führte, möchte M sie nicht an den Früchten seiner Arbeit teilhaben lassen. Bevor er sein Vermögen seiner Frau geben muss, möchte er es lieber seinen Freunden, die zu ihm gehalten haben, überlassen. Er schenkt also seiner Schwester S ein Gemälde aus Familienbesitz, das mittlerweile 10 000 Euro wert ist. Einer guten Bekannten B schenkt er seinen Großbildfernseher im Wert von 20 000 Euro und einem Kollegen K, der Ms Pläne kennt, verkauft er sein Auto für 15 000 Euro und veranstaltet von dem Geld eine große Party für alle seine Bekannten.

[369] Vgl. *Gernhuber (Begr.)/Coester-Waltjen*, § 36 VII Rn. 83; Staudinger/*Burkhard Thiele*, § 1390 Rn. 11; a. A. MüKo/*Koch*, 4. Aufl., § 1390 Rn. 11, welche jedoch selbst eingesteht, dass bei dieser Auslegung § 1390 Abs. 2 BGB keinen Anwendungsbereich mehr hat.

Seine Frau F hatte kein Anfangsvermögen, konnte sich aber, da sie alles von ihrem Mann bezahlen ließ, während der Ehe ein Vermögen von 10 000 Euro ansparen.

F hätte somit ohne die Verfügungen des M einen Zugewinnausgleichsanspruch in Höhe von 20 000 Euro gehabt, da Ms Zugewinn (50 000 Euro) den ihrigen (10 000 Euro) um 40 000 Euro überstieg. Vom Endvermögen des M sind jedoch nur noch 5 000 Euro übrig. Das fehlende Geld will sie sich somit von den Freunden des M nach § 1390 BGB aF. zurück holen.

Interessant ist nunmehr, ob F frei wählen darf, wen sie in Anspruch nehmen möchte, oder ob K einem Anspruch der F entgegen halten durfte, dass er als entgeltlicher Verfügungsempfänger schutzwürdiger sei als G oder S, und sich F folglich zunächst an diese zwei Personen halten solle. Außerdem stellt sich die Frage, was S unternehmen könnte, um die Zwangsversteigerung des Familiengemäldes zu verhindern.

2. Der Umgang mit dem Problem

Das Beispiel sollte verdeutlicht haben, dass auch Dritte, die bewusst eine illoyale Vermögensverfügung empfangen haben, ein nachvollziehbares Interesse daran haben konnten, dass bei der Reihenfolge der Inanspruchnahme nicht völlig willkürlich vorgegangen werden darf. Da der Zugewinnausgleich nur in Geld erfolgt, war es außerdem naheliegend, dass ein von einem Herausgabeanspruch betroffener Dritter die Herausgabe durch eine Geldzahlung abwenden konnte. Unklar war das Gesetz lediglich bei der Frage der Höhe der Zahlung, wenn mehrere Verfügungen vorgenommen wurden.

a) Die Rangverhältnisse

Beschäftigte man sich mit der Frage des Rangverhältnisses, stieß man, vermutlich wegen der geringen praktischen Bedeutung, auf wenig Problembewusstsein. Regelmäßig wurde lediglich darauf hingewiesen, dass mehrere Dritte als Gesamtschuldner zu behandeln seien.[370] Ob die problematischen Konstellationen dabei nicht gesehen wurden, oder ob bewusst keine Ausnahmen zugelassen werden sollten, ist dabei nur schwer ersichtlich. *Gernhuber* erwähnte zwar, dass auch bei § 1390 BGB aF. unentgeltlicher Erwerb geringer wiege als entgeltlicher, er zog daraus jedoch keine weiteren Konsequenzen.[371] Richtig wäre es

[370] Vgl. MüKo/*Koch*, 4. Aufl., § 1390 Rn. 17; Staudinger/*Thiele*, § 1390 Rn. 27.
[371] Vgl. *Gernhuber (Begr.)/Coester-Waltjen*, § 36 VII Rn. 83.

wohl gewesen, bei mehreren Dritten zunächst bei denjenigen die Herausgabepflicht eintreten zu lassen, die tatsächlich etwas *unentgeltlich* erlangt hatten. Die Fälle des entgeltlichen Erlangens hätten demnach nur dann zu einer Ausgleichspflicht geführt, wenn keine unentgeltlichen Empfänger vorhanden waren oder deren Herausgabe nicht ausreichte, um den Zugewinnausgleichsgläubiger zu befriedigen.[372]

b) Die Abwendungsbefugnis

Die Abwendungsbefugnis des Dritten fand sich in § 1390 Abs. 1 S. 2 BGB aF., wo geregelt war, dass die Herausgabe durch Zahlung des „fehlenden Betrags" abgewendet werden kann. Unterschiedlicher Auffassung konnte man jedoch über die Frage sein, was unter dem „fehlenden Betrag" zu verstehen war. Sowohl die Ansicht, dass darunter der Betrag zu verstehen sei, um den der Zugewinnausgleich durch die *konkrete* illoyale Verfügung gemindert war, als auch die Ansicht, dass damit der Betrag gemeint war, um den der Zugewinnausgleich durch *alle* illoyalen Verfügungen gemindert wurde, ließen sich mit dem Wortlaut vereinbaren.

Ein Teil des Schrifttums legte den Wortlaut des § 1390 Abs. 1 S. 2 BGB aF. so aus, dass darunter der gesamte fehlende Betrag zu verstehen sei.[373] Die Vorschrift wurde somit nicht als Möglichkeit verstanden, durch Wertersatz den erlangten Gegenstand behalten zu dürfen, sondern lediglich als vom erlangten Gegenstand unabhängige Möglichkeit, den Herausgabeanspruch des Zugewinngläubigers allgemein zu befriedigen.[374] Bezogen auf das Beispiel von Seite 126 hätte dies bedeutet, dass sich der Zugewinnausgleichsanspruch der F durch die illoyalen Vermögensverfügungen des M *insgesamt* um 15 000 Euro vermindert hat, da sie von den ihr nach dem Gesetz zustehenden 20 000 Euro nur 5 000 Euro von M erlangen konnte. Wollte S nun verhindern, dass sie das Familiengemälde herausgeben muss, welches einen Wert von 10 000 Euro hat, so müsste sie an F die kompletten fehlenden 15 000 Euro zahlen. Sie hätte zur Abwendung der Herausgabe somit 5 000 Euro mehr aufwenden müssen, als sie auf illoyale Weise von M erhalten hatte.

Soweit *Thiele* anscheinend etwas anderes vertritt, nämlich dass es darauf ankommt, inwieweit der Ausgleichanspruch durch die Verfügung an den Dritten

[372] Vgl. die Ausführungen zur neuen Rechtslage auf S. 137.

[373] Vgl. *Gernhuber (Begr.)/Coester-Waltjen*, § 36 VII Rn. 85; MüKo/*Koch*, 4. Aufl., § 1390 Rn. 18.

[374] Vgl. *Gernhuber (Begr.)/Coester-Waltjen*, § 36 VII Rn. 85; MüKo/*Koch*, 4. Aufl., § 1390 Rn. 18.

gemindert wurde[375], wurde wohl das Problem mehrerer Verfügungen übersehen oder unterschätzt. Darauf deutet auch die Aussage hin, dass sich der Zugewinnausgleichsanspruch maximal um die Hälfte der Zuwendung verringern könne.[376] Dies traf nur dann zu, wenn der Zugewinnausgleichsschuldner lediglich *eine* illoyale Verfügung getätigt hatte. Sobald mehrere Verfügungen vorgenommen wurden konnte dies, wie das Beispiel auf Seite 126 zeigt, sogar dazu führen, dass die Minderung des Zugewinnausgleichsanspruchs den Wert der einzelnen Zuwendungen überstieg. Folgte man dieser Ansicht, so hätte dies dazu geführt, dass im Beispielsfall S die Herausgabe des Familiengemäldes durch Zahlung der Hälfte seines Wertes, also 5 000 Euro, abwenden könnte. Hier wird eine weitere Schwäche dieses Ansatzes deutlich. Gezahlt werden sollte nach *Thiele* nur der Betrag, um den der Zugewinnausgleichsanspruch *durch die Verfügung an den Dritten* gemindert wurde. Hätte M lediglich das Gemälde an seine Schwester verschenkt, so wäre immer noch ein Endvermögen des M in Höhe von 40 000 Euro vorhanden gewesen, mithin genug um den Zugewinnausgleichsanspruch der F in Höhe von 20 000 Euro zu befriedigen. S könnte somit den Standpunkt einnehmen, durch die Verfügung *an sie* sei es zu keiner Minderung des Zugewinnausgleichsanspruches der F gekommen, weshalb auch keine Ansprüche der F gegen sie bestünden. Auf den gleichen Standpunkt werden sich sowohl K als auch B stellen, so dass F am Ende leer ausginge. Bei mehreren Verfügungen zeigen sich somit die Schwächen der von *Thiele* vertretenen Ansicht, weshalb ihr nicht zu folgen war.

II. Die neue Rechtslage seit 2009

Trotz der geringen praktischen Relevanz der Vorschrift des § 1390 BGB aF. hat sich der Gesetzgeber entschlossen, auch diese Norm im Rahmen der Reform des ehelichen Güterrechts zu ändern.[377] Dabei scheinen sich die Änderungen auf den ersten Blick darauf zu beschränken, die bestehende Regelung umzuformulieren. Entsprechend stiefmütterlich wird diese Norm im Schrifttum behandelt. Bei genauerem Hinsehen erkennt man jedoch durchaus inhaltliche Abweichungen.

---

375 Vgl. Staudinger/*Thiele*, § 1390 Rn. 24.
376 Vgl. Staudinger/*Thiele*, § 1390 Rn. 24.
377 Vgl. Gesetzentwurf v. 05.11.2008 BT-Drucks. 16/10798, S. 32.

1. Die Änderungen im Einzelnen

Die größte Änderung hat § 1390 Abs. 1 BGB erfahren. Dieser wurde vollständig umformuliert. Nunmehr ist der Wertersatz – und nicht mehr die Herausgabe des Erlangten – der vorgesehene Normalfall.[378] Außerdem wird der Wertersatz nicht mehr auf den Betrag beschränkt, um den der Ausgleichsberechtigte durch die Verfügung benachteiligt wurde.[379] Dafür wurde als neue Voraussetzung aufgenommen, dass die Höhe der Ausgleichsforderung den Wert des nach Abzug der Verbindlichkeiten bei Beendigung des Güterstandes vorhandenen Vermögens übersteigt. Dabei fällt auf, dass die Vorverlegung der Berechnungsstichtage durch § 1384 BGB für § 1390 BGB gerade nicht gilt. Hier ist also nicht die Rechtshängigkeit des Scheidungsantrages maßgeblich, sondern die tatsächliche Beendigung des Güterstandes. Was zunächst den Anschein eines Redaktionsversehens hat, stellt sich durch einen Blick in die Gesetzesbegründung als ausdrücklich gewünscht heraus.[380] Neu ist außerdem, dass der Zugewinnschuldner und der Dritte nunmehr als Gesamtschuldner haften.

Absatz 2 der Vorschrift blieb unverändert. In Absatz 3 wurde lediglich die konkrete Bezifferung der Verjährungsfrist entfernt, ohne sonstige Änderungen vorzunehmen. Absatz 4 ist vollständig entfallen.

2. Die Ziele des Gesetzgebers

Der Gesetzgeber hat durchaus erkannt, dass es für eine Norm im Stile des alten § 1390 BGB aF. durch die vorgenommene Reform keinen Bedarf mehr gibt.[381] Die alte Norm griff dann ein, wenn der Anspruch des Ausgleichsberechtigten durch eine illoyale Schenkung des Ausgleichsverpflichteten verringert wurde. Durch die neuen Regelungen zum Missbrauchsschutz, insbesondere die Anpassung der Kappungsgrenze in § 1378 Abs. 2 S. 2 BGB, ist es dem Ausgleichsverpflichtetem jedoch nicht mehr möglich, die Ausgleichsforderung des anderen durch illoyale Schenkungen negativ zu beeinflussen.

Dennoch entschied sich der Gesetzgeber, die Vorschrift des § 1390 BGB beizubehalten, nunmehr jedoch mit einer anderen Intention. Dem Ausgleichsberechtigten soll die Realisierung seiner Forderung erleichtert werden.[382] In den Fällen, in denen der Ausgleichsverpflichtete mehr Zugewinnausgleich zahlen

[378] Vgl. *Büte*, FPR 2009, S. 286.
[379] Vgl. S. 128.
[380] Vgl. Gesetzentwurf v. 05.11.2008 BT-Drucks. 16/10798, S. 32.
[381] Vgl. Gesetzentwurf v. 05.11.2008 BT-Drucks. 16/10798, S. 32.
[382] Vgl. *Wellenhofer*, JuS 2009, S. 676; BeckOK-BGB/*Mayer*, BGB, § 1390 Rn. 1.

muss, als er ohne fremde Hilfe zu zahlen in der Lage ist,[383] kann sich der Ausgleichsberechtigte nun zusätzlich an die Empfänger von unentgeltlichen Zuwendungen halten. Im Gegensatz zu früher ändert sich somit durch die Vorschrift nichts an der Höhe der Forderung, es wird lediglich deren Realisierung vereinfacht.

Es ist nicht zu erwarten, dass sich die praktische Bedeutung des § 1390 BGB in Zukunft deutlich verstärken wird. Durch die neue Ausrichtung, die den Ausgleichsanspruch nicht mehr erhöht, sondern lediglich dessen Durchsetzbarkeit verbessern soll, dürfte die praktische Anwendung dieser Norm eher noch seltener werden. Zunächst stellt sich jedoch die Frage, ob das Ziel, die Position des Gläubigers zu stärken, überhaupt erreicht wurde. Und schließlich muss natürlich geklärt werden, ob die bisher problematischen Fallgruppen nunmehr durch die neue Regelung zufriedenstellender gelöst werden können als bisher.

3. Stärkung der Gläubigerposition

Die geänderte Intention des Gesetzgebers im Zusammenhang mit § 1390 BGB wurde bereits erwähnt. Der ursprüngliche Gedanke, mit Hilfe dieser Norm die Auswirkungen von illoyalen Vermögensverschiebungen abzufedern, ist durch die Reform hinfällig geworden.[384] Nunmehr sorgt § 1390 BGB dafür, dass der Zugewinnausgleichsgläubiger einen zusätzlichen Schuldner erhält, um auf diese Art die Erfüllung der Ausgleichsforderung sicherzustellen.

Überraschend ist dabei zunächst, dass für die Entscheidung, ob § 1390 BGB anwendbar ist, ein anderer Stichtag gilt als für die sonstigen Berechnungen im Zusammenhang mit dem Zugewinnausgleich. Während im streitträchtigsten Fall der Beendigung der Ehe – der Scheidung – sowohl für die Berechnung des Zugewinns als auch für die Höhe der Ausgleichsforderung nach § 1384 BGB der Zeitpunkt der Rechtshängigkeit des Scheidungsantrags maßgeblich ist, stellt § 1390 BGB auf die Beendigung des Güterstandes ab, ohne dass die Stichtagsverschiebung des § 1384 BGB dies ändern würde. Damit wird deutlich, dass der Gesetzgeber nicht lediglich eine theoretische Verbesserung der Gläubigerposition erreichen wollte, sondern den Gläubiger zu dem Zeitpunkt unterstützen will, zu dem dessen Zahlungsanspruch tatsächlich fällig wird – sofern die Durchsetzbarkeit der Forderung zu diesem Zeitpunkt unsicher erscheint.

[383] Mit fremder Hilfe ist gemeint, dass sich der Ausgleichsverpflichtete Geld leihen muss.

[384] Durch die neue gesetzliche Systematik ist ein Abweichen des errechneten vom tatsächlich geschuldeten Zugewinnausgleichs aufgrund illoyaler Handlungen nicht mehr möglich.

Daraus ergeben sich jedoch Folgeprobleme. Neben dem Problem, dass weder die beschenkten Dritten noch der Ausgleichsgläubiger mit Sicherheit vorhersagen können, ob letzten Endes die Voraussetzungen für einen Rückgriff auf die Dritten vorliegen werden, ist vor allem problematisch, dass für die Beurteilung dieser Frage die Höhe des Vermögens des ausgleichspflichtigen Ehegatten zum Zeitpunkt der tatsächlichen Beendigung des Güterstandes maßgeblich ist. Aus § 1379 BGB ergibt sich jedoch keine Pflicht der Ehegatten, über die Höhe des Vermögens zu diesem Stichtag Auskunft zu erteilen.[385] Nach Beendigung des Güterstandes müsste demnach der Ausgleichsberechtigte, soweit Schenkungen vorgenommen wurden, selbständig ermitteln, ob das vorhandene positive Vermögen des Ausgleichspflichtigen überhaupt ausreicht, um die Ausgleichsforderung zu erfüllen. Denn nur wenn dies nicht der Fall ist, darf ein Zugriff auf die beschenkten Dritten erfolgen. Wartet der Ausgleichsberechtigte zunächst ab und stellt später fest, dass die Forderung vom Ausgleichsschuldner wohl nicht erfüllt werden kann, so müsste er – was noch schwieriger sein dürfte – vor einem Rückgriff auf die beschenkten Dritten nachweisen, dass bei Beendigung des Güterstandes – mithin zu einem in der Vergangenheit liegenden Zeitpunkt – das positive Vermögen des Ausgleichsschuldners geringer war, als die Höhe der Ausgleichsforderung. Nur wenn dieser Nachweis gelingt, wäre die Inanspruchnahme der Dritten zulässig.

Es ist somit fraglich, ob das Ziel, die Position des Gläubigers zu stärken, tatsächlich in allen Fällen erreicht werden kann. Wenn man schon den Bedarf für eine solche Stärkung der Gläubigerposition bejaht, wäre es konsequenter und besser gewesen, in § 1379 BGB eine Auskunftspflicht für diese Fälle vorzusehen. Denn nur wenn man die Höhe des Vermögens des Ausgleichspflichtigen zum Zeitpunkt der Beendigung des Güterstandes kennt, kann man die Voraussetzungen für einen Anspruch nach § 1390 BGB gegen den Dritten darlegen und beweisen. Im Kapitel über die Auskunftspflichten, wird diese Problematik noch einmal aufgegriffen werden.[386]

4. Maximale Rückwirkung

Der alte § 1390 BGB aF. umfasste von seiner Systematik her nur Schenkungen, die in der Frist des § 1375 Abs. 3 BGB getätigt wurden. Nur in diesen Fällen wurde die Schenkung dem Endvermögen fiktiv hinzugerechnet, so dass es passieren konnte, dass die eigentlich errechnete Ausgleichsforderung durch § 1378

[385] Vgl. die Aufzählung in § 1379 Abs. 1 BGB.

[386] Vgl. S. 160.

Abs. 2 BGB in ihrer Höhe beschränkt wurde, da das tatsächlich vorhandene Endvermögen geringer war als das errechnete. Da dies eine Voraussetzung für die Anwendbarkeit des § 1390 BGB aF. war, begann der Anwendungsbereich der Norm demnach zehn Jahre vor Beendigung des Güterstandes und endete mit derselbigen.

Im neuen § 1390 BGB ist jedoch die Voraussetzung entfallen, dass durch die Schenkung der Ausgleichsanspruch in irgend einer Form beeinflusst worden sein muss. Im Hinblick auf das Normziel, lediglich die Durchsetzbarkeit der Forderung sicherzustellen, ist dies durchaus konsequent. Voraussetzung ist nunmehr lediglich, dass eine illoyale Schenkung an einen Dritten erfolgte und dass bei Beendigung des Güterstandes das bereinigte Vermögen des Ausgleichspflichtigen geringer ist als die Höhe der Ausgleichsforderung. Eine zeitliche Beschränkung findet sich in dieser Norm weder ausdrücklich, noch ist – so wie früher – aus der Systematik ersichtlich, dass nur ein bestimmter Zeitraum gemeint sein kann. Theoretisch kann demnach auch gegen Dritte vorgegangen werden, die eine illoyale Schenkung vor 20 oder 30 Jahren erhalten haben. Besonders heikel ist in diesem Zusammenhang, dass diese Personen wohl in den seltensten Fällen noch von der Möglichkeit des § 1390 Abs. 1 S. 3 BGB Gebrauch machen können und somit auch die Wertersatzpflicht nicht mehr abwendbar ist. Auch eine Entreicherung wird nicht immer eingetreten sein, beispielsweise wenn der erhaltene Gegenstand verkauft wurde, um von dem Erlös wertsteigernde Renovierungen am eigenen Haus vorzunehmen.

Natürlich dürfte es regelmäßig schwierig sein, bei einer so lange zurück liegenden Schenkung die illoyale Gesinnung nachzuweisen. Allerdings beschränkt sich die Benachteiligungsabsicht, von der in § 1390 BGB die Rede ist, ihrem Wortlaut nach nicht auf Benachteiligungen im Hinblick auf den Zugewinnausgleich. Wenn also beispielsweise eine erhaltene Steuerrückzahlung mit den Freunden „weggefeiert“ wird, anstatt sie dem ehelichen Haushalt zur Verfügung zu stellen, so könnte dies schon ausreichen, um eine Benachteiligungsabsicht zu bejahen.[387] In jedem Fall führt dies jedoch dazu, dass die Ehegatten, wie schon durch die lange Rückwirkungsfrist der Hinzurechnungen nach § 1375 Abs. 2 BGB,[388] dazu angehalten werden, die gemeinsame Vergangenheit nach potentiell illoyalem Verhalten zu durchforsten um daraus unmittelbare finanzielle Vorteile zu ziehen. Dies führt dazu, dass im Scheidungsverfahren wieder vermehrt „schmutzige Wäsche“ gewaschen wird, was durch die Einführung des Zerrüttungsprinzips ge-

[387] In diesem Beispiel könnten sich die Freunde wohl auf Entreicherung berufen, das grundlegende Problem wird jedoch deutlich.

[388] Vgl. S. 67 ff.

rade unterbunden werden sollte. Der Gesetzgeber sollte das Aufwärmen alter Verfehlungen im Scheidungsprozess nicht auch noch finanziell belohnen.

5. Ersatz des vollen Wertes

Das alte Recht sah in § 1390 BGB aF. vor, dass zum Zwecke der Befriedigung der offenen Ausgleichsforderung der unentgeltlich erlangte Gegenstand vom Dritten herauszugeben ist, bzw. die Zwangsvollstreckung in diesen Gegenstand geduldet werden muss. War dies nicht erwünscht, konnte der fehlende Betrag gezahlt werden um auf diese Art die Zwangsvollstreckung zu verhindern. Unabhängig von der Frage, was unter dem „fehlenden Betrag" zu verstehen ist,[389] war ein Merkmal der alten Regelung, dass es sich für den Dritten finanziell lohnen konnte, die noch offene Forderung zu begleichen, um den (wertvollen) Gegenstand zu behalten. Die Herausgabe war somit lediglich als Obergrenze der möglichen Inanspruchnahme ausgelegt – der Dritte zahlte einen Betrag, der den Wert des erhaltenen Gegenstandes unterschritt, oder gab den Gegenstand heraus.

Dass im neuen § 1390 BGB nunmehr der Wertersatz der Normalfall und die Herausgabe die Ausnahme ist, stellt zunächst lediglich eine kosmetische Änderung dar. Bedeutender ist hingegen, dass der zugewinnausgleichsberechtigte Ehegatte nunmehr nicht lediglich den „fehlenden Betrag" herausverlangen kann, sondern einen Anspruch auf „Ersatz des Wertes [...][der] unentgeltlichen Zuwendung" hat.[390] Als Alternative dazu ist wieder die Herausgabe des Erlangten vorgesehen. Es fällt auf, dass dem Wortlaut nach dem Dritten die Möglichkeit genommen wurde, „günstig" aus der Inanspruchnahme heraus zu kommen. Denn die Pflicht, den Wert der Zuwendung herauszugeben, bezieht sich nach dem Wortlaut auf den kompletten Wert und nicht lediglich auf den fehlenden Teil der Forderung.[391] Wirtschaftlich betrachtet verliert der Dritte nunmehr im Falle seiner Inanspruchnahme die Zuwendung komplett – entweder durch Herausgabe des vollen Wertes oder des Gegenstandes. Abgesehen davon, dass dadurch stärker in die Verfügungsfreiheit des Ausgleichsschuldners eingegriffen wird, als zum Erreichen des Regelungsziels erforderlich wäre, ergeben sich aus diesem Ansatz auch weitere Probleme.

---

[389] Vgl. S. 128.

[390] „Der ausgleichsberechtigte Ehegatte kann von einem Dritten Ersatz des Wertes einer unentgeltlichen Zuwendung des ausgleichspflichtigen Ehegatten an den Dritten verlangen, wenn [...]".

[391] Vgl. *Brudermüller*, FamRZ 2009, S. 1190; *Büte*, FuR 2008, S. 111; *Büte*, NJW 2009, S. 2779; *Münch*, MittBayNot 2009, S. 263; a. A. MüKo/*Koch*, 5. Aufl., § 1390 Rn. 12.

a) Höhe des Anspruchs

Zunächst muss geklärt werden, in welcher Höhe dem ausgleichsberechtigten Ehegatten die Zahlung des Dritten zusteht. Dass diese nicht in jedem Fall in voller Höhe vom Ausgleichsberechtigten behalten werden darf, ergibt sich von selbst. Der ausgleichsberechtigte Ehegatte soll auch über den Rückgriff auf Dritte nicht mehr Zugewinnausgleich erhalten, als ihm zusteht. Die Formulierung des Gesetzgebers lässt an dieser Stelle zwei Ansätze zu. Da der Rückgriff auf Dritte nur dann erlaubt ist, wenn das bei Beendigung des Güterstandes vorhandene bereinigte Vermögen des Ausgleichspflichtigen geringer ist als die Höhe der Ausgleichsforderung, wäre es denkbar, diese Differenz als dem Ausgleichsberechtigten maximal vom Dritten zustehende Zahlung zu benennen. Folglich könnte der Ausgleichsberechtigte vom Wertersatz des Dritten nur so viel für sich beanspruchen, dass die Voraussetzung des § 1390 Abs. 1 Nr. 2 BGB wieder entfällt.

Beispiel:

M hat bei Beendigung des Güterstandes ein bereinigtes Vermögen von 20 000 Euro, die Zugewinnausgleichsforderung der F gegen ihn beträgt jedoch 21 000 Euro.

In diesem Beispiel dürfte F, die von einem beschenkten Dritten Wertersatz für das Erhaltene verlangt, von dieser Zahlung maximal 1 000 Euro behalten. Dadurch würde sich ihre Ausgleichsforderung auf einen Betrag reduzieren, den M zumindest theoretisch zahlen könnte und somit läge die Voraussetzung des § 1390 Abs. 1 Nr. 2 BGB nicht mehr vor.

Der zweite Ansatz orientiert sich am Ziel des Gesetzgebers, die Durchsetzung der Forderung sicherzustellen. Demnach dürfte von der Zahlung des Dritten maximal so viel behalten werden, wie zur vollständigen Erfüllung der Ausgleichsforderung erforderlich ist. Im obigen Beispiel könnte F demnach den Wertersatz auch behalten, soweit er 1 000 Euro übersteigt, vorausgesetzt, sie hat insgesamt noch keine 21 000 Euro erhalten.

Durch die Entscheidung des Gesetzgebers in § 1390 Abs. 1 S. 4 BGB, den Dritten und den ausgleichspflichtigen Ehegatten zu Gesamtschuldnern zu machen, ist wohl der zweiten Auslegungsvariante der Vorzug zu geben. Nur bei dieser Variante kommt das Wesen der Gesamtschuldnerschaft voll zum tragen, wonach der Gläubiger von jedem Schuldner den vollen Betrag verlangen kann, jedoch insgesamt nur einmal.[392] Natürlich besteht die Gesamtschuldnerschaft nur in Höhe der erhaltenen Zuwendung.

b) Ausgleich im Innenverhältnis

Unabhängig davon, in welcher Höhe man dem ausgleichsberechtigten Ehegatten die Zahlung des Dritten zuspricht, stellt sich auf Grund der Gesamtschuldnerstellung des ausgleichsverpflichteten Ehegatten mit dem Dritten die Frage nach dem Ausgleich im Innenverhältnis. Das betrifft in einem ersten Schritt die Frage, an wen der Überschuss herauszugeben ist, sobald der Ausgleichsberechtigte vollständig befriedigt wurde. Des weiteren muss jedoch auch geklärt werden, ob neben der Herausgabe des Überschusses weitere Ausgleichsansprüche im Innenverhältnis bestehen. Dabei bereitet es durchaus Schwierigkeiten, das Innenverhältnis zwischen Schenker und Beschenktem zu klären. Einerseits geht das Gesetz in § 1390 Abs. 1 BGB davon aus, dass illoyales Verhalten lediglich auf Seiten des Schenkers vorliegt. Außerdem ist die Zugewinnausgleichsforderung im Ergebnis von ihm zu erfüllen, auch wenn das Gesetz Gesamtschuldnerschaft mit dem Dritten anordnet. Es wäre somit naheliegend, im Innenverhältnis allein den ausgleichspflichtigen Ehegatten als Schuldner zu betrachten, so dass der Dritte mit der Zahlung an den Ausgleichsberechtigten einen Ausgleichsanspruch gegenüber dem Ausgleichsverpflichteten erhalten würde. Allerdings würde dies faktisch dazu führen, dass der Ausgleichsschuldner dazu verpflichtet werden würde, den Schenkungsvertrag mit dem Dritten – zumindest seinem Wert nach – erneut zu erfüllen. Die Wirksamkeit eines solchen Schenkungsvertrages dürfte jedoch regelmäßig an § 518 Abs. 1 S. 1 BGB scheitern. Auch § 518 Abs. 2 BGB hilft in diesem Fall nicht weiter, da dadurch lediglich in der Vergangenheit vollzogene Schenkungen geheilt werden.[393] Es kann jedoch kein Anspruch auf eine erneute Erfüllung des Schenkungsversprechens entstehen.

Obwohl demnach die Gesamtschuldnerschaft für eine Forderung besteht, die offensichtlich nur den ausgleichsverpflichteten Ehegatten betrifft, muss dennoch ein Ausgleichsanspruch des Dritten im Innenverhältnis verneint werden. Aber auch soweit der ausgleichsberechtigte Ehegatte durch den Wertersatz oder die Herausgabe mehr erhält, als zur vollständigen Erfüllung der Ausgleichsforderung notwendig ist, ist keine Anspruchsgrundlage ersichtlich, aus der es dem Dritten möglich wäre, die Herausgabe des Überschusses an sich zu verlangen. Den Überschuss muss demnach auch in diesen Fällen der Ausgleichsverpflichte-

[392] Im Ergebnis a. A.: MüKo/*Koch*, 5. Aufl., § 1390 Rn. 12.
[393] Vgl. Staudinger/*Wimmer-Leonhardt*, § 518 Rn. 17 ff.

te erhalten, ohne dass, wie eben gezeigt, der Dritte im Innenverhältnis darauf zugreifen könnte.

c) Ergebnis

Die Rechtsstellung des Dritten wurde im Vergleich zur alten Rechtslage deutlich verschlechtert, und das, obwohl der Dritte nach wie vor nicht von den illoyalen Absichten des Ausgleichsverpflichteten Kenntnis gehabt haben muss. Während nach altem Recht für den Dritten zumindest noch die Möglichkeit bestand, den noch offenen Rest der Forderung des Ausgleichsberechtigten zu erfüllen und sich so zumindest einen Teil des wirtschaftlichen Wertes der erhaltenen Schenkung zu sichern, bedeutet nach neuem Recht eine Inanspruchnahme in jedem Fall, dass die Schenkung – zumindest ihrem wirtschaftlichen Wert nach – dem Dritten vollständig verloren geht, unabhängig davon, in welcher Höhe die Ausgleichsforderung noch offen war. Diese stärkere Belastung des beschenkten Dritten erscheint noch unbilliger, wenn man sich vor Augen führt, dass gleichzeitig die Vorteile, die § 1390 BGB für den Ausgleichsberechtigten hatte, abgeschwächt wurden.[394] Immerhin ist es dem Dritten möglich, sich auf eine (teilweise) Entreicherung nach § 818 Abs. 3 BGB zu berufen.[395]

6. Mehrere Schenkungen

Bei der Auseinandersetzung mit der alten Rechtslage fiel auf, dass vor allem dann, wenn mehrere Schenkungen an verschiedene Personen getätigt wurden, nicht immer klar war, in welcher Weise der Gesetzgeber diese Fälle behandeln wollte.[396] Fraglich ist, ob diese Problematik durch die Reform des Güterrechts entschärft wurde.

Eine direkte Klarstellung im Wortlaut der Norm oder der Gesetzesbegründung, wie zukünftig diese Probleme zu lösen sein sollen, existiert nicht. Möglich wäre jedoch, dass sich durch den neuen Normzweck oder aufgrund der sonstigen Systematik des Gesetzes die Probleme aufgelöst haben. Durch die geänderten Anwendungsvoraussetzungen kann nunmehr stärker als bisher auf die beschenkten Dritten zugegriffen werden. Während bisher von den Dritten nur der Betrag eingefordert werden durfte, um den sich die Forderung ansonsten vermindert hätte, kann nunmehr prinzipiell die komplette Ausgleichsforderung durch die Zahlungen von Dritten erfüllt werden.

---

394 Vgl. S. 131.

395 Vgl. MüKo/*Koch*, 5. Aufl., § 1390 Rn. 15.

396 Vgl. die Ausführungen auf S. 125.

Beispiel:

M hat mehrere Affären, deswegen möchte F sich scheiden lassen. Als sie die Scheidung einreicht, hat M nur noch ein Vermögen von 20 000 Euro, da er kurz vorher seinen drei aktuellen Freundinnen jeweils eine Uhr für 10 000 Euro geschenkt hat, um F dadurch zu benachteiligen. F hat ein Endvermögen von 9 000 Euro. M und F hatten beide kein Anfangsvermögen.

Das relevante Endvermögen des M beträgt in diesem Beispiel 50 000 Euro, da die Schenkungen nach § 1375 Abs. 2 BGB seinem Endvermögen hinzugerechnet werden. Folglich übersteigt sein Zugewinn den der F um 41 000 Euro, so dass er einen Zugewinnausgleich in Höhe von 20 500 Euro an F zahlen muss. Da sein tatsächlich vorhandenes Vermögen lediglich 20 000 Euro beträgt,[397] ist der Anwendungsbereich des § 1390 Abs. 1 BGB eröffnet. Hätte M beim Juwelier einen Rabatt von nur 500 Euro bekommen, so wäre ein Rückgriff auf die Beschenkten überhaupt nicht möglich gewesen. So kann F jedoch von allen drei Beschenkten Wertersatz für die erhaltenen Geschenke verlangen und ihren Zugewinnausgleichsanspruch vollständig aus diesen Zahlungen befriedigen. Wie im vorherigen Abschnitt gezeigt, muss der Überschuss anschließend an M ausgekehrt werden.[398] Die beschenkten Dritten gehen somit leer aus. Befremdlich erscheint vor allem, dass die beschenkten Dritten durch die rechtzeitige Zahlung von 500 Euro an M hätten verhindern können, dass sie insgesamt 30 000 Euro an F herausgeben müssen.[399] Diese starre Grenze, die darüber entscheidet, ob die Dritten gar nicht oder vollständig in Anspruch genommen werden dürfen, erscheint gegenüber der alten Rechtslage als Rückschritt.

Noch problematischer wird das obige Beispiel, wenn M nicht drei Uhren à 10 000 Euro, sondern vier Uhren à 7 500 Euro verschenkt. Im Unterschied zum ersten Beispiel ist die Forderung der F hier bereits dann vollständig erfüllt, wenn sie von drei der vier Beschenkten Wertersatz erhält. Hier ist nach wie vor vom Gesetzgeber nicht geklärt, ob F frei wählen darf, von welchen Beschenkten sie Wertersatz verlangt und ob die Beschenkten untereinander zum Ausgleich verpflichtet sind.

397 Davon ausgehend, dass während des Scheidungsverfahrens keine Vermögensänderung eintritt. Entscheidend ist der Zeitpunkt der tatsächlichen Beendigung des Güterstandes.

398 Vgl. S. 136.

399 In diesem Fall wäre M nämlich in der Lage gewesen, die Verbindlichkeiten aus seinem Vermögen selbständig zu erfüllen, so dass der Anwendungsbereich des § 1390 BGB nicht eröffnet worden wäre. Rechtzeitig ist in diesem Fall jeder Zeitpunkt vor der tatsächlichen Beendigung der Zugewinngemeinschaft. Also auch noch während dem Scheidungsverfahren.

Eine Ausgleichspflicht aller Beschenkten untereinander muss verneint werden und wäre wohl auch nicht sinnvoll. Das Gesetz spricht in § 1390 Abs. 1 S. 4 BGB davon, dass der Dritte und der ausgleichspflichtige Ehegatte als Gesamtschuldner haften. Da sich die Gesamtschuldnereigenschaft jedoch nur auf den Teil der Ausgleichsforderung bezieht, der dem Wert des unentgeltlich Erlangten entspricht, können zwar mehrere Dritte mit dem ausgleichspflichtigen Ehegatten als Gesamtschuldner haften, jedoch immer nur für einen bestimmten Teil der Forderung. Und da der ausgleichspflichtige Ehegatte jeden Teil seines Vermögens jeweils nur einer Person unentgeltlich zuwenden konnte, gibt es zwischen den Bereichen, für die die beschenkten Dritten mit dem ausgleichspflichtigen Ehegatten als Gesamtschuldner haften, keine Schnittmenge. Anders ausgedrückt kann für jeden Euro der Ausgleichspflicht maximal *ein* Dritter als Gesamtschuldner neben dem ausgleichsverpflichteten Ehegatten auftreten. Demnach können niemals mehrere Dritte im Verhältnis zueinander als Gesamtschuldner für den Zugewinnausgleich haften. Somit besteht auch kein Ausgleichsanspruch der Dritten untereinander, selbst dann nicht, wenn nur einzelne Dritte in Anspruch genommen wurden.[400]

Damit ist jedoch noch nicht geklärt, ob der ausgleichsberechtigte Ehegatte frei wählen darf, welchen der Zuwendungsempfänger er in Anspruch nehmen möchte oder ob es eine festgelegte Rangfolge gibt. Da das Gesetz selbst jedoch eine solche Rangfolge nicht erwähnt und auch die Formulierung „*kann* von einem Dritten Ersatz des Wertes [...] verlangen“ die freie Entscheidung des ausgleichsberechtigten Ehegatten nahelegt, ist eine Beschränkung der Wahlmöglichkeit wohl abzulehnen. Solange die Ausgleichsforderung demnach nicht vollständig erfüllt ist und die Voraussetzungen des § 1390 Abs. 1 BGB vorliegen, kann der ausgleichsberechtigte Ehegatten beliebig die beschenkten Dritten in Anspruch nehmen, ohne dass sich diese zumindest wirtschaftlich einen Teil des Erhaltenen beim Zuwendenden oder den anderen Zuwendungsempfängern zurückholen könnten.

7. Ergebnis

§ 1390 BGB gehört zu den Vorschriften, die durch die Reform deutlich verloren haben. Einerseits wurden die Vorteile, die seine Anwendung dem ausgleichsberechtigten Ehegatten bringen, verringert, andererseits die Nachteile, welche die (von den Absichten des ausgleichsverpflichteten Ehegatten nicht zwangsläufig wissenden) Dritten in Kauf nehmen müssen, deutlich verstärkt. Zudem hängt

[400] A.A. für das alte Recht: Staudinger/*Thiele*, § 1390 Rn. 27.

die Anwendung von dem Bestand des Vermögens des Ausgleichsverpflichteten zu einem Zeitpunkt ab, zu dem er dem Gesetzeswortlaut nach keine Auskunft zu erteilen braucht. Des weiteren ist die Grenze für die Anwendung derart starr, dass es von einem Euro abhängen kann, ob die Dritten vollständig oder gar nicht in Anspruch genommen werden dürfen.

Durch die Reform ist der Bedarf für § 1390 BGB aF. in seiner alten Form entfallen. Das Ziel, das ursprünglich mit dieser Norm erreicht werden sollte, wird nunmehr bereits durch die sonstigen Anpassungen zum Schutz vor Missbrauch erreicht. Anstatt dass sich der Gesetzgeber jedoch dazu entschloss, die ohnehin selten angewendete Norm zu streichen, wurden Veränderungen vorgenommen um der Norm irgendeine Daseinsberechtigung zu geben. Wozu das geführt hat, wurde ausführlich dargestellt. Es wäre dringend zu wünschen, dass diese überflüssige, fehlerhafte und ungerechte Norm schnellstmöglich beseitigt wird.[401]

[401] Vgl. *Hoppenz*, FamRZ 2008, S. 1893, der diese Norm ebenfalls als bedeutungslos ansieht.

§ 8 Auskunftspflichten

I. Die Rechtslage bis 2009

Sieht ein Ehegatte seine Ehe als gescheitert an, so wird zwangsläufig der Zeitpunkt kommen, an dem er den Scheidungsantrag vorbereitet. Soweit gleichzeitig – was üblich ist – auch über den Zugewinnausgleich entschieden werden soll,[402] muss von dem Ehegatten, der vermutet ausgleichsberechtigt zu sein, eine Forderung beziffert werden. Da zu diesem Zeitpunkt aber regelmäßig kein Überblick über das genaue Vermögen des Ehepartners vorhanden ist, ist der ausgleichsberechtigte Ehegatte zur Bezifferung seines Anspruchs auf die Auskunft des anderen Ehegatten über dessen Vermögen angewiesen. Einen Anspruch auf diese Auskunft gewährte § 1379 Abs. 1 BGB aF.

1. Das Problem

Der Auskunftsanspruch aus § 1379 Abs. 1 BGB aF. bezog sich lediglich auf den Bestand des Endvermögens. Die Konsequenz daraus war zum einen, dass Auskunft erst dann verlangt und erteilt werden konnte, wenn es ein Endvermögen gab. Nach § 1375 Abs. 1 S. 1 BGB i. V. m. § 1384 BGB aF. existierte ein Endvermögen begriffsnotwendig erst mit Rechtshängigkeit des Scheidungsantrages. Vorher war ein Auskunftsanspruch aus § 1379 Abs. 1 BGB aF. folglich nicht denkbar.[403] Die zweite Konsequenz der Beschränkung des Auskunftsanspruchs auf das Endvermögen war, dass über den Bestand des Anfangsvermögens keine Auskunft verlangt werden konnte.[404] Diese Entscheidung des Gesetzgebers beruhte wohl zum einen auf dem Ausschluss von negativem Anfangsvermögen, zum anderen auf der gesetzlichen Vermutung des § 1377 Abs. 3 BGB, wonach das Anfangsvermögen im Zweifel mit null zu bewerten ist. Der andere Ehegatte hatte demnach kein eigenes Interesse daran, ein eventuell bestehen-

---

402 Als Verbundsache.

403 Vgl. *Büte*, FPR 2009, S. 283; *Weinreich*, FuR 2004, S. 65; *Erdrich*, S. 247; a.A. OLG Celle Urteil v. 08.09.1999 (21 UF 66/99) FamRZ 2000, 1369–1370.

404 Vgl. *Hartung*, S. 508.

des Anfangsvermögen nachzuweisen, da – anders als beim Endvermögen – das Vorhandensein eines solchen für ihn stets nur nachteilig sein konnte.[405]

Die Auskunftspflicht des § 1379 Abs. 1 BGB aF. war nicht mit einer Belegpflicht gekoppelt.[406] Die behauptete Höhe des Endvermögens musste somit nicht detailliert anhand von (Kauf)Belegen[407] über die vermögensbildenden Gegenstände nachgewiesen werden.

2. Die Kritik

Auch diese Regelung über die Auskunftsansprüche war nicht kritikfrei geblieben. Teilweise wurde sie als ersichtlich unvollständig[408] bezeichnet. Die Kritik setzte dabei an mehreren Punkten an.

a) Auskunftsanspruch über das Anfangsvermögen

Um zu errechnen, ob einem ein Anspruch auf Zugewinnausgleich zustand, benötigte man sowohl von sich als auch vom Ehegatten die Infomationen über das jeweilige Anfangs- und Endvermögen. Auffallend hierbei war, dass von diesen vier Werten des Vermögens zu den entsprechenden Stichtagen das Anfangsvermögen des anderen Ehegatten der einzige Wert war, für den das Gesetz keine Möglichkeit vorsah, Auskunft zu verlangen.[409] Solange jedoch keine vollständigen Informationen über alle vier zur Berechnung notwendigen Stichtagsvermögen vorlagen, konnte nicht abschließend bestimmt werden, ob und in welcher Höhe ein Zugewinnausgleichsanspruch gegeben war. Das Gesetz hilft hier zwar durch § 1377 Abs. 3 BGB weiter, welcher bestimmt, dass dann, wenn kein Verzeichnis über das Anfangsvermögen aufgenommen wurde – was wohl der Regelfall sein dürfte[410] – eine widerlegbare Vermutung dafür spricht, dass kein Anfangsvermögen vorhanden war. Dem anderen Ehegatten war es somit jedoch nur möglich, seinen eventuell bestehenden Zugewinnausgleichsanspruch vorläufig zu beziffern. Kam es zu einer klageweisen Geltendmachung des Anspruches, konnte ein im Prozess erfolgtes Widerlegen der Vermutung des § 1377 Abs. 3

[405] Ausführlich dazu auf S. 145.

[406] Vgl. *Büte*, FPR 2009, S. 283.

[407] Vgl. zur Frage, was für Belege vorzulegen sind, S. 158.

[408] Vgl. *Büte*, FuR 2004, S. 289.

[409] Ein Auskunftsanspruch über das eigene Anfangsvermögen existierte zwar ebenfalls nicht, wäre jedoch auch überflüssig.

[410] Vgl. *Büte*, FuR 2004, S. 289.

BGB dazu führen, dass die Klage teilweise unbegründet wurde, was zu einer negativen Kostenfolge für den Kläger führen konnte.[411]

b) Auskunftsanspruch über illoyale Vermögensminderungen

Wie bereits erwähnt, bezog sich der Auskunftsanspruch des § 1379 Abs. 1 BGB aF. nur auf den Bestand des Vermögens zum Beendigungsstichtag. Es mussten grundsätzlich keine Informationen über den Verlauf der Vermögensentwicklung gegeben werden.[412] Allerdings bestand die Möglichkeit, dass der ausgleichspflichtige Ehegatte während der Trennungszeit – und somit vor dem Stichtag – sein Vermögen durch illoyale Vermögensminderungen im Sinne des § 1375 Abs. 2 BGB gemindert hatte. Nach § 1375 Abs. 2 S. 1 BGB wurden diese Verfügungen dem Endvermögen hinzugerechnet. Nimmt man den Wortlaut ernst, so gehören diese Verfügungen jedoch nicht zu dem Vermögensstand, den man mit *Endvermögen* bezeichnet, sondern werden diesem lediglich hinzugerechnet.[413] Das bedeutete in der Konsequenz, dass sich der Auskunftsanspruch des anderen Ehegatten nach § 1379 Abs. 1 BGB aF. nicht auf diese Verfügungen erstreckte. Informationen über diese Verfügungen waren jedoch für den Ausgleichsberechtigten von erheblicher Bedeutung. Sie konnten zum einen dazu führen, dass sich der Zugewinnausgleichsanspruch gegenüber dem Ausgleichsschuldner erhöhte, zum anderen konnten sie auch Ansprüche gegen Dritte begründen.[414] Folglich bestand ein Bedürfnis des Ausgleichsberechtigten, auch über Verfügungen informiert zu werden, die zwar vor dem Stichtag zur Berechnung des Endvermögens erfolgten, bei denen jedoch eine Hinzurechnung zum Endvermögen nach § 1375 Abs. 2 BGB in Betracht kam.

c) Kosten der Auskunft

In § 1379 Abs. 1 S. 2 a. E. BGB aF. war die Rede davon, dass verlangt werden konnte, dass der Wert der Vermögensgegenstände und Verbindlichkeiten ermittelt wird. Sowohl aus dem Wortlaut, als auch aus dem offensichtlich verfolgten Zweck der Vorschrift erschloss sich, dass es sich bei einer Wertermittlung nicht bloß um eine selbständige Schätzung des Auskunftsverpflichteten handelte.[415] Vielmehr war eine professionelle Feststellung des Wertes der Gegenstände ge-

411 Vgl. *Schäfer*, S. 184.
412 Vgl. *Büte*, FuR 2004, S. 290.
413 Vgl. MüKo/*Koch*, 4. Aufl., § 1379 Rn. 13; Staudinger/*Thiele*, § 1379 Rn. 12.
414 Näheres zu diesen Ansprüchen in Kapitel 7, S. 123 ff.
415 Vgl. *Büte*, FuR 2004, S. 343; Staudinger/*Thiele*, § 1379 Rn. 24.

meint, welche sich wohl faktisch nur durch Hinzuziehung eines Sachverständigen realisieren ließ.[416] Während das Erstellen eines Verzeichnisses der Vermögensgegenstände lediglich Zeit beanspruchte, entstanden durch die Hinzuziehung eines Sachverständigen regelmäßig Kosten. Mangels ausdrücklicher Regelung im Gesetz bestand Uneinigkeit darüber, ob die so entstandenen Kosten vom Auskunftsberechtigten oder -verpflichteten zu tragen waren.[417]

d) Unvollständige Auskunft

Eine weitere Schwachstelle des gesetzlichen Auskunftsanspruches war die Frage, wie mit unvollständigen Auskünften umzugehen war. Überwiegend wurde angenommen, dass auch eine unvollständige Auskunft zum Erlöschen des Auskunftsanspruchs führte.[418] Dass durch dieses Verständnis der Auskunftspflicht ein hohes Missbrauchsrisiko bestand, bedarf wohl keiner ausführlichen Erläuterung.

e) Belegpflichten

Die Auskunft über den Bestand des Endvermögens hatte der Auskunftspflichtige zwar in Form eines geordneten Verzeichnisses zu leisten, das Gesetz gab es ihm jedoch nicht auf, das Vorhandensein und den Wert der einzelnen Posten durch die Vorlange von Belegen unter Beweis zu stellen.[419] Für den Ehegatten, der den Auskunftsanspruch geltend gemacht hatte, wurde es auf diese Weise erschwert, die Richtigkeit des vorgelegten Verzeichnisses zu überprüfen.

f) Zurückbehaltungsrechte

Unklar war schließlich, ob dem auf Auskunft in Anspruch genommenen Ehegatten gegenüber dem anderen Ehegatten ein Zurückbehaltungsrecht nach § 273 BGB zustand. Während dem Gesetz zu dieser Frage nichts zu entnehmen war, wurde überwiegend dazu tendiert, ein solches Zurückbehaltungsrecht zu versagen.[420] Es gab jedoch auch Stimmen, die sich für ein solches Recht einsetzten.[421]

---

416 Vgl. Staudinger/*Thiele*, § 1379 Rn. 25.

417 Vgl. S. 148.

418 Vgl. *Büte*, FuR 2004, S. 343; *Hartung*, S. 510.

419 Vgl. *Büte*, FuR 2004, S. 294.

420 Vgl. OLG Frankfurt Beschluss v. 17.12.1984 (3 WF 88/84) NJW 1985, 3083–3083; OLG Stuttgart Urteil v. 22.12.1983 (16 UF 315/83) FamRZ 1984, 273–275; *Büte*, FuR 2004, S. 344; *Hartung*, S. 511; MüKo/*Koch*, 4. Aufl., § 1379 Rn. 32.

421 Vgl. OLG Stuttgart Urteil v. 02.10.1982 (15 UF 157/81) FamRZ 1982, 282–283; *Gernhuber*, NJW 1991.

Die Argumente, mit denen ein Bedürfnis für ein solches Recht angenommen oder abgelehnt wurde, werden im nächsten Abschnitt beleuchtet werden.[422]

3. Der Umgang mit dem Problem

Darüber, ob die oben angesprochenen Problempunkte des gesetzlichen Auskunftsanspruches tatsächlich Schwachstellen waren oder nicht, herrschte keine Einigkeit. Während einzelne Punkte von manchen Autoren als dringend änderungsbedürftig angesehen wurden, stuften andere Autoren die Gesetzeslage in diesen Punkten als völlig akzeptabel ein. Entsprechend fanden sich zu den einzelnen Streitpunkten regelmäßig auch Argumente dafür, dass ein *Problem* nicht gegeben sei.

a) Auskunftsanspruch über das Anfangsvermögen

Zunächst ist nicht unbedingt ersichtlich, aus welchem Grund ein Ehegatte nach altem Recht ein Interesse daran gehabt haben konnte, dass sich der andere Ehegatte über sein Anfangsvermögen erklärt. Da nach der alten Rechtslage die Berücksichtigung von Schulden ausgeschlossen war, konnte das Anfangsvermögen der Ehegatten nur positiv sein. Die Vermutung des § 1377 Abs. 3 BGB ging somit von dem niedrigsten denkbaren Anfangsvermögen aus.

> **Beispiel:**
>
> Die Männer M_1, M_2 und M_3 haben jeweils ein Endvermögen von 100 000 Euro. Ihre Frauen haben weder Anfangs-, noch Endvermögen. M_1 hatte bei Beginn des Güterstandes Schulden in Höhe von 10 000 Euro, M_2 hatte kein Anfangsvermögen und M_3 hatte bei Beginn des Güterstandes Vermögen in Höhe von 10 000 Euro.[423]

Machte M_1 Angaben über sein Anfangsvermögen, so wurden dennoch nach § 1374 Abs. 1 BGB aF. die Verbindlichkeiten nur bis zur Höhe des Vermögens abgezogen, so dass sein Anfangsvermögen mit null bewertet wurde. Verweigerte er hingegen die Auskunft über sein Anfangsvermögen, so sorgte die Vermutung des § 1377 Abs. 3 BGB dafür, dass sein Anfangsvermögen ebenfalls mit null bewertet wurde. In beiden Fälle hatte M_1 somit einen Zugewinn in Höhe von 100 000 Euro erwirtschaftet, wovon er 50 000 Euro an seine Frau zahlen musste.

[422] Siehe S. 151.
[423] Vgl. Beispiel auf Seite 43.

Im Fall von M_2 entsprach die Vermutung des § 1377 Abs. 3 BGB dem tatsächlichen Bestand seines Vermögens. Es konnte somit ersichtlich keinen Unterschied machen, ob sein Anfangsvermögen aufgrund seines tatsächlichen Vortrags mit null bewertet wurde, oder ob diese Bewertung auf der Vermutungswirkung des § 1377 Abs. 3 BGB beruhte. In jedem Fall betrug sein Zugewinn 100 000 Euro und er musste an seine Frau Zugewinnausgleich in Höhe von 50 000 Euro leisten.

Anders sah es im Fall von M_3 aus. Wies er nach, dass er zu Beginn des Güterstandes bereits ein Vermögen von 10 000 Euro besessen hatte, so betrug sein Zugewinn lediglich 90 000 Euro. Die Ausgleichszahlung an seine Frau verringerte sich demnach auf 45 000 Euro. Machte er hingegen keine Angaben über sein Anfangsvermögen, so blieb es bei der Vermutung, dass sein Endvermögen seinen Zugewinn darstellte, so dass er, wie M_1 und M_2, die vollen 50 000 Euro an seine Frau zahlen müsste.

Die Vermutung des § 1377 Abs. 3 BGB konnte also für den Ausgleichsverpflichteten niemals vorteilhaft sein.[424] Falls durch die Vermutung überhaupt eine Änderung des ausgleichspflichtigen Zugewinns eintrat, so ging diese Abweichung vom tatsächlichen Zugewinn immer zu Lasten des Ehegatten, der sein Vermögen nicht nachweisen konnte, so dass es in seinem Interesse lag, den Bestand eines eventuell vorhandenen positiven Anfangsvermögens offen zu legen. Folglich war es auch sachgerecht, ihm die Beweislast für das Vorhandensein von positivem Anfangsvermögen aufzuerlegen.

Materiellrechtlich bestand somit kein Bedarf für einen Auskunftsanspruch des einen Ehegatten gegen den anderen Ehegatten über den Bestand seines Anfangsvermögens. Eine unterlassene Auskunft konnte nur positiv sein. Wenn dennoch im Schrifttum gefordert wurde, einen Auskunftsanspruch einzuführen, so wurde mit prozessualen Gesichtspunkten argumentiert.[425] Es bestehe die Gefahr, dass durch die fehlenden Informationen über das Anfangsvermögen ein zu hoher Zugewinnausgleichsanspruch vor Gericht geltend gemacht werde, was dazu führe, dass der ausgleichsberechtigte Ehepartner mit seiner Klage teilweise abgewiesen werde und befürchten müsse, mit einer negativen Kostenfolge nach § 92 Abs. 1 ZPO belegt zu werden.

Falls es dazu kam, dass der ausgleichsverpflichtete Ehegatte im Prozess über sein Anfangsvermögen Angaben machte, so wurde zur Vermeidung der negativen Kostenfolge empfohlen, den Rechtsstreit für teilweise erledigt zu erklären, oder durch Anerkenntnis oder Verzicht den Teil aus dem Prozess zu nehmen,

[424] Vgl. *Finger*, S. 289.
[425] Vgl. *Schäfer*, S. 184.

um den sich durch das vorgetragene Anfangsvermögen der Zahlungsanspruch verringert hatte.[426] *Schäfer* hatte jedoch Recht, wenn er darauf hinwies, dass es dieser Lösung an Rechtsklarheit und Vorhersehbarkeit fehle.[427] Ob dem Ausgleichsberechtigten durch das erst im Prozess geltend gemachte Anfangsvermögen des Ausgleichsverpflichteten Kosten entstehen, entschied in diesen Fällen letzen Endes ein Richter und nicht der Gesetzgeber.[428]

b) Auskunftsanspruch über illoyale Vermögensminderungen

Auch wenn das prinzipielle Bedürfnis für einen Auskunftsanspruch über vor Beendigung des Güterstandes vorgenommene illoyale Vermögensminderungen weitgehend anerkannt wurde, so gab es dennoch unterschiedliche Herangehensweisen, die sich teilweise mehr dem Ergebnis, teilweise mehr der Dogmatik verpflichtet sahen.

Einen Extrempunkt in der Bandbreite der denkbaren Lösungsansätze vertrat *Lüderitz*. Seiner Meinung nach oblag es jedem Ehegatten, dem anderen Ehegatten nicht nur Auskunft über den Bestand des Endvermögens zu erteilen, sondern gleichzeitig – mithin ungefragt – auch Auskunft über eventuell vorgenommene, illoyale Vermögensminderungen zu geben.[429] *Thiele* schloss sich dieser Ansicht an, indem er die Parallele zum Erbrecht zog, wo ebenfalls Auskunft über Vermögensminderungen zu erteilen sei.[430]

Einen Kompromiss stellte die Ansicht dar, wonach Auskunft über Vermögensminderungen nur dann nach § 1379 BGB aF. verlangt werden konnte, wenn konkrete Anhaltspunkte für eine bestimmte Vermögensminderung ersichtlich waren.[431]

Schließlich blieb die Möglichkeit – der zuletzt auch der BGH folgte[432] – die Vorschrift des § 1379 BGB aF. auf die Fälle, in denen Auskunft über illoyale Vermögensminderungen verlangt wurde, überhaupt nicht anzuwenden.[433] Damit war jedoch nicht gesagt, dass Auskunft nicht verlangt werden konnte. Lediglich § 1379 BGB aF. sollte als Anspruchsgrundlage nicht herangezogen werden. Es blieb jedoch nach wie vor die Möglichkeit bestehen, bei der Vermutung illoya-

---

426 Vgl. *Büte*, FuR 2004, S. 289 f.
427 Vgl. *Schäfer*, S. 185.
428 Vgl. §§ 91a und 93 ZPO.
429 Vgl. *Lüderitz*, Rn. 380 – In den Folgeauflagen, welche von Frau *Dethloff* bearbeitet wurden, wird diese Ansicht nicht mehr vertreten.
430 Vgl. Staudinger/*Thiele*, § 1379 Rn. 14.
431 Vgl. Erman/*Gamillscheg*, § 1379 Rn. 7.
432 Vgl. BGH Urteil v. 29.10.1981 (IX ZR 92/80) BGHZ 82, 132–138.
433 Vgl. MüKo/*Koch*, 4. Aufl., § 1379 Rn. 13.

ler Vermögensminderungen von dem allgemeinen, aus § 242 BGB entwickelten Auskunftsanspruch Gebrauch zu machen.

c) Kosten der Auskunft

Zur Frage, wer die Kosten zu tragen hatte, die durch die Ermittlung der zur Erfüllung der Auskunftspflicht notwendigen Informationen entstanden, war sowohl denkbar, dass diese Kosten immer der Auskunftsschuldner zu tragen hatte, als auch, dass diese Kosten immer vom Auskunftsgläubiger zu tragen waren. Nicht zuletzt wurde außerdem vertreten, dass der Auskunftsverpflichtete zwar die Kosten der gewöhnlichen Auskunftserteilung zu tragen habe, wenn jedoch zur Wertermittlung ein Sachverständiger herangezogen werde, so seien diese Kosten vom Auskunftsberechtigten zu tragen.[434]

Gerade die letztgenannte Ansicht, welcher auch der BGH zugeneigt war,[435] konnte durch Missverständnisse zu Unklarheiten führen. Oft wurde nicht klar genug herausgearbeitet, über welche Kosten gerade diskutiert wird. Ein positives Gegenbeispiel stellt hier *Müller* dar, der in seinem Aufsatz zu dem Thema[436] sauber die einzelnen Kosten trennt, die entstehen können und nicht versuchte, sie mit mißverständlichen Schlagworten wie „Sachverständigenkosten" zu bezeichnen.

Müller vertrat die Ansicht, dass die ordnungsgemäße Feststellung des Wertes der Vermögensgegenstände ein Teil der Pflicht zur Auskunftserteilung des Auskunftsschuldners war. Folglich sei der allgemeine Grundsatz anzuwenden, dass der Schuldner die Kosten, die bei der Erfüllung seiner Pflicht entstehen, selbst zu tragen habe.[437] Somit sei die Tatsache, dass in § 1379 BGB aF. keine ausdrückliche Regelung zur Kostentragungspflicht bei der Wertermittlung zu finden war, gerade nicht dahingehend auszulegen, dass der Auskunftsberechtigte sie zu tragen habe, sondern vielmehr dahingehend, dass der allgemeine Grundsatz zur Anwendung gelangen solle und somit der Schuldner prinzipiell die Kosten trage.[438]

Konsequenter Weise unterschied *Müller* die Sachverständigenkosten nach dem Grund ihres Entstehens. Wurde ein Sachverständiger hinzugezogen, weil andernfalls keine ordnungsgemäße Feststellung über den Wert der Vermögensgegenstände getroffen werden konnte, so behandelte er diese Kosten als gewöhn-

[434] Vgl. MüKo/*Koch*, 4. Aufl., § 1379 Rn. 25; *Lüderitz*, Rn. 380.
[435] Vgl. BGH Urteil v. 06.05.1982 (IX ZR 36/81) BGHZ 84, 31–36.
[436] *Müller*, S. 837 ff.
[437] Vgl. *Müller*, S. 837.
[438] Vgl. *Müller*, S. 838; MüKo/*Koch*, 4. Aufl., § 1379 Rn. 25.

liche Kosten der Erfüllung einer Verbindlichkeit, die somit vom Auskunftsverpflichteten zu tragen waren.[439] Nur wenn die Hinzuziehung eines Sachverständigen keine Notwendigkeit darstelle, sondern lediglich deswegen erfolgte, weil der Auskunftsberechtigte Unterstützung bei der Auswertung der vom Auskunftsverpflichteten ordnungsgemäß vorgelegten Vermögensliste suchte, handele es sich nicht mehr um Kosten, die bei der Erfüllung der Auskunftspflicht entstanden und somit sei der Sachverständige in diesen Fällen auch nicht vom Auskunftsverpflichteten zu bezahlen.[440] Unterschieden werden sollte somit, ob der Sachverständige hinzugezogen wurde, um die Auskunftspflicht samt Wertermittlung ordnungsgemäß zu erfüllen, oder ob es darum ging, eine bereits erfüllte Auskunftspflicht auszuwerten.

Die Verwirrung, die diese Differenzierung offensichtlich verursachte, zeigte sich auch darin, dass *Müller* von *Koch* als Beleg dafür angegeben wurde, dass der *Auskunftsberechtigte* die Kosten für einen Sachverständigen zu tragen habe.[441] Und das obwohl *Müller* die Ansicht vertrat, dass der *Auskunftsverpflichtete* die Kosten zu tragen habe, sofern der Sachverständige für die Wertermittlung notwendig war. Dies kann nur auf einer undifferenzierten Verwendung des Begriffs „Sachverständigenkosten" beruhen. Somit ist es in diesem Zusammenhang schwer zu sagen, ob die zu diesem Problemfeld vertretenen Ansichten auf tatsächlicher Überzeugung oder auf undifferenzierter Betrachtungsweise beruhten.

d) Unvollständige Auskunft

Auch wenn klar war, dass ein Anspruch auf Auskunft gegeben ist, so konnte doch dessen Umfang streitig sein. In diesem Zusammenhang konnte besonders Uneinigkeit darüber bestehen, ob der Auskunftsanspruch bereits befriedigt wurde und ob die Ergänzung einer geleisteten Auskunft verlangt werden konnte. Überwiegend wurde vertreten, dass eine Ergänzung der Auskunft nicht verlangt werden konnte.[442] Allerdings gab es Ausnahmen von diesem Grundsatz. Abzugrenzen war zudem der Ergänzunganspruch, der einer bereits erteilten Auskunft folgte, von dem Ergänzungsanspruch, der deswegen geltend gemacht wurde, weil die bisher gemachten Angaben noch überhaupt nicht geeignet waren, den Auskunftsanspruch als erfüllt anzusehen. Nur in den Fällen, in denen bereits eine brauchbare Auskunft erteilt wurde, handele es sich um einen sol-

---

439 Vgl. *Müller*, S. 838.
440 Vgl. *Müller*, S. 839.
441 Vgl. MüKo/*Koch*, 4. Aufl., § 1379 Rn. 25.
442 Vgl. *Büte*, FuR 2004, S. 343; *Hartung*, S. 510.

chen Ergänzungsanspruch, der regelmäßig abzulehnen sei, der andere Fall sei eine Frage der Vollstreckung.[443]

Wurde ein Auskunftsergänzungsanspruch verneint und bestanden dennoch Zweifel, ob die gemachten Angaben vollständig und wahrheitsgemäß sind, so wurde in der Regel der Verweis des § 1379 Abs. 1 S. 2 BGB aF. auf § 260 BGB bemüht. Die Vorschrift des § 260 Abs. 2 BGB sieht vor, dass bei Zweifeln an der Richtigkeit eines zu erstellenden Verzeichnisses verlangt werden kann, dass der Auskunftsverpflichtete an Eides statt erklärt, dass das Verzeichnis nach bestem Wissen vollständig und richtig erstellt wurde. Der in Anspruch Genommene kann daraufhin entweder einräumen, dass das Verzeichnis noch nicht vollständig ist, mit der Folge, dass keine Ergänzung der Auskunft verlangt wird, sondern eine erstmalige, vollständige Erfüllung des Auskunftsanspruchs. Oder er erteilt die Versicherung, wovon er in der Regel absehen wird, wenn ihm bewusst ist, dass er unvollständige oder unrichtige Angaben gemacht hat, da er andernfalls strafrechtliche Konsequenzen zu fürchten hätte.[444]

Roth-Stielow differenzierte den Auskunftsanspruch weiter und sah noch andere Möglichkeiten, die dem auskunftsverlangenden Ehegatte offen standen, bevor er die Versicherung an Eides statt verlangen konnte und sollte.[445] Er wies darauf hin, dass nicht nur über den *Stand*, sondern über den *Bestand* des Vermögens Auskunft geschuldet wurde.[446] Daraus folgerte er, dass nur dann Auskunft über den Bestand geleistet wurde, wenn ein vorgelegtes Verzeichnis nicht nur vollständig, sondern auch nachprüfbar und zur Wertermittlung geeignet war.[447] Dafür könne es erforderlich sein, dass zur Berechnung notwendige Unterlagen mit vorgelegt würden. Solange ein vorgelegtes Verzeichnis diese Voraussetzungen nicht erfülle, läge noch keine vollständige Auskunft im Sinne des § 1379 Abs. 1 BGB aF. vor, so dass diese Angaben direkt verlangt werden könnten, ohne über § 260 BGB mittelbaren Druck auf den Auskunftsschuldner ausüben zu müssen.

e) Belegpflichten

Dem Ehegatten, der verpflichtet war, Auskunft nach § 1379 Abs. 1 BGB aF. zu erteilen, wurde es nicht aufgegeben, seine Angaben durch Vorlage von Belegen

443 Vgl. *Büte*, FuR 2004, S. 343.
444 § 156 StGB.
445 Vgl. *Roth-Stielow*, S. 1032.
446 „Nach der Beendigung des Güterstands ist jeder Ehegatte verpflichtet, dem anderen Ehegatten über den Bestand seines Endvermögens Auskunft zu erteilen.“.
447 Vgl. *Roth-Stielow*, S. 1032.

zu beweisen. Andererseits wies *Gamillscheg* darauf hin, dass es auch keine Vermutung für die Richtigkeit der gemachten Angaben gab.[448] Somit war es zwar richtig, dass sich der Wahrheitsgehalt eines erstellten Verzeichnisses nur schwer nachprüfen ließ, andererseits befreite das Verzeichnis den Ersteller nicht davon, im Prozess seine Behauptungen gegebenenfalls unter Beweis zu stellen. Zusätzlich hatte der Auskunftsgläubiger die Möglichkeit, sich die Vollständigkeit und Richtigkeit des Verzeichnisses an Eides statt versichern zu lassen,[449] so dass der Auskunftsschulder befürchten musste, für falschen Angaben strafrechtlich zur Rechenschaft gezogen zu werden. Eine allgemeine Belegpflicht erschwert das Erstellen eines Vermögensserzeichnisses zudem erheblich, da nicht davon ausgegangen werden kann, dass zu jedem Vermögensgegenstand ein Beleg vorhanden ist.[450] Wurde trotz Versicherung an Eides statt bezweifelt, dass die Angaben zu bestimmten Vermögensgegenständen wahrheitsgemäß erfolgt sind, so bestand auch ohne allgemeine Belegpflicht die Möglichkeit, im Prozess diese Angaben zu bestreiten, woraufhin es dem Auskunftsverpflichteten ohnehin oblag, seine Angaben zu beweisen. Soweit die Einführung einer Belegpflicht gefordert wurde, bezogen sich die Argumente meist darauf, dass es zu begrüßen sei, wenn es eine solche Pflicht gäbe.[451] Wirkliche Probleme, die ohne Belegpflicht bestanden und durch eine solche gelöst werden könnten, waren nicht ersichtlich.

f) Zurückbehaltungsrechte

Unmittelbar aus dem Gesetzeswortlaut konnte keine Verknüpfung der gegenseitig geschuldeten Auskunftsansprüche entnommen werden. Somit war es nicht verwunderlich, dass überwiegend davon ausgegangen wurde, dass der auf Auskunft in Anspruch genommene Ehegatte kein Zurückbehaltungsrecht geltend machen konnte.[452] Als Grund für die ablehnende Haltung wurden weniger dogmatische Bedenken angeführt, als vielmehr ein mangelndes Bedürfnis für ein solches Recht.[453] Das Bedürfnis für ein Zurückbehaltungsrecht bestehe immer dann, wenn eine eigene Gegenforderung zu sichern sei. Da es sich jedoch bei einem Auskunftsanspruch nur um die Vorbereitungsphase für den eigentlichen

448 Vgl. Erman/*Gamillscheg*, § 1390 Rn. 9.
449 § 1379 Abs. 1 i. V. m. § 260 Abs. 2 BGB.
450 Genauer dazu auf S. 158.
451 Vgl. *Schäfer*, S. 184.
452 Vgl. OLG Frankfurt Beschluss v. 17.12.1984 (3 WF 88/84) NJW 1985, 3083–3083; OLG Stuttgart Urteil v. 22.12.1983 (16 UF 315/83) FamRZ 1984, 273–275; *Büte*, FuR 2004, S. 344; *Hartung*, S. 511; MüKo/*Koch*, 4. Aufl., § 1379 Rn. 32.
453 Vgl. *Büte*, FuR 2004, S. 344.

Zahlungsanspruch handele, sei kein Risko ersichtlich, wenn der in Anspruch genommene Ehegatte in Bezug auf die Auskunftserteilung in Vorleistung träte.[454] Da somit ein nachvollziehbares Interesse an einem Zurückbehaltungsrecht fehle, sei zu befürchten, dass ein solches, sollte es dennoch eingeführt werden, lediglich zur einer Verzögerung der Verfahren führen würde,[455] ohne dass diesem Nachteil eine Steigerung der materiellen Gerechtigkeit gegenüberstehen würde.

Dieser Auffassung wurde von *Gernhuber* widersprochen.[456] Während er prinzipiell den Argumenten der Gegenauffassung hinsichtlich eines Zurückbehaltungsrechtes bei Auskunftsansprüchen folgte, so forderte er doch gerade für die Fälle des Auskunftsanspruches nach § 1379 Abs. 1 BGB aF. eine Abweichung von der Regel.[457] Die Besonderheit des güterrechtlichen Auskunftsanspruchs, die ein Abweichen von der üblichen Behandlung rechtfertige, läge darin, dass der Gesetzgeber hier beiden Seiten einen Auskunftsanspruch zugestehe. Der Gläubiger solle im Normalfall nicht durch ein Zurückbehaltungsrecht daran gehindert werden, seine Forderung wenigstens zu beziffern. Die Besonderheit, dass § 1379 Abs. 1 BGB aF. auch dem potentiellen Zugewinnschuldner einen Auskunftsanspruch einräume, war für *Gernhuber* der Grund dafür, in diesem Fall eine Verknüpfung der beiden Auskunftsansprüche im Sinne des § 273 BGB zu vertreten. Dies sei auch deswegen geboten, um durch die gleichzeitige Erfüllung der Auskunftsansprüche ein möglichst hohes Maß an Fairness in die ohnehin angespannte Situation während einer Scheidung zu bringen.[458]

II. Die neue Rechtslage seit 2009

Im Zuge der Reform sind auch die Vorschriften über die Auskunftspflichten erweitert und konkretisiert worden. Dies war durch die sonstigen Anpassungen auch dringend notwendig, da nunmehr auch Vermögensentwicklungen im negativen Bereich große Auswirkungen auf den Zugewinn haben können. Insbesondere dem Anfangsvermögen kommt eine stark erhöhte Bedeutung zu, zumal dessen Nichtbeweisbarkeit – anders als vor der Reform – nunmehr auch zu Lasten des Ausgleichsberechtigten gehen kann.[459]

---

[454] Vgl. *Büte*, FuR 2004, S. 344.
[455] Vgl. *Büte*, FuR 2004, S. 344.
[456] Vgl. *Gernhuber*, NJW 1991, S. 2240.
[457] Vgl. *Gernhuber*, NJW 1991, S. 2240.
[458] Vgl. *Gernhuber*, NJW 1991, S. 2240.
[459] Vgl. S. 163.

1. Die Änderungen im Einzelnen

Der Anwendungsbereich von § 1379 BGB, der zentralen Norm für die güterrechtlichen Auskunftspflichten, wurde durch die Reform erweitert. Während § 1379 Abs. 1 BGB aF. früher nur nach Beendigung des Güterstandes einschlägig war und in seinem Anwendungsbereich durch § 1379 Abs. 2 BGB aF. auch auf die Fälle erweitert wurde, in denen die Scheidung oder Aufhebung der Ehe beantragt wurde, wird der neue § 1379 BGB direkt im ersten Absatz über die bisherigen Fälle hinaus auch für den beantragten vorzeitigen Ausgleich des Zugewinns bei vorzeitiger Aufhebung der Zugewinngemeinschaft und der vorzeitigen Aufhebung der Zugewinngemeinschaft für anwendbar erklärt. Der Auskunftsanspruch steht nach wie vor jedem Ehegatten zu, also auch dem potentiell Ausgleichsverpflichteten. Während nach der alten Norm nur der Bestand des Endvermögens erfragt werden durfte, ist nach dem neuen § 1379 Abs. 1 S. 1 Nr. 1 BGB auch Auskunft über das Vermögen zum Zeitpunkt der Trennung geschuldet. Darüber hinaus besteht in § 1379 Abs. 1 S. 1 Nr. 2 BGB ein allgemeiner Anspruch auf Auskunft über das Vermögen, soweit es für die Berechnung des Anfangs- und Endvermögens maßgeblich ist.[460] Der Auskunftsanspruch ist also nicht mehr auf das Vermögen zu einem bestimmten Zeitpunkt festgelegt, sondern im Rahmen der gesetzlichen Anforderungen frei. Des weiteren wurde mit § 1379 Abs. 1 S. 2 BGB eine Belegpflicht eingeführt. Der restliche erste Absatz blieb unverändert.

Der zweite Absatz ist vollständig neu gefasst, bleibt aber dem Prinzip treu, den Anwendungsbereich des ersten Absatzes zu erweitern. Nunmehr dürfen Ehegatten, die getrennt leben, jeweils vom anderen Ehegatten Auskunft über das Vermögen zum Zeitpunkt der Trennung verlangen. Die Sätze 2 bis 4 des ersten Absatzes bleiben auch in diesem Fall anwendbar.

Zwar keine direkte Auskunftspflicht, aber zumindest eine Regelung zur Darlegungs- und Beweislast im Bezug auf Vermögensbestände, wurde in § 1375 Abs. 2 BGB integriert. In dessem neu angefügten Satz 2 wird festgelegt, dass der Ehegatte, dessen Endvermögen geringer ist als das Vermögen zum Zeitpunkt der Trennung, darlegen und beweisen muss, dass diese Minderung des Vermögens nicht auf illoyalen Vermögensverfügungen beruht.

[460] Gemeint ist hier wohl „Anfangs- *oder* Endvermögens“.

2. Die Ziele des Gesetzgebers

Zunächst sollte durch die Erweiterung des Auskunftsanspruchs auf das Anfangsvermögen dieser den sonstigen Änderungen im Güterrecht angepasst werden. Da nunmehr negatives Anfangsvermögen einen großen Einfluss auf den Zugewinn haben kann, war es konsequent, auch für den Bestand des Vermögens zu diesem Zeitpunkt einen Auskunftsanspruch einzuführen. Der allgemeinere Auskunftsanspruch soll nunmehr auch Auskünfte über illoyale Verfügungen oder privilegierten Erwerb umfassen.[461] Man kann nunmehr also allgemein alle Angaben verlangen, die für die Berechnung des Anfangs- oder Endvermögens maßgeblich sind.[462]

Durch die Einführung der Belegpflicht soll erreicht werden, dass der auskunftsverlangende Ehegatte die Angaben des anderen besser nachprüfen kann. Der Gesetzgeber schränkt die Belegpflicht in seiner Gesetzesbegründung jedoch ausdrücklich auf die noch vorhandenen Belege ein.[463] Soweit keine Belege mehr vorhanden sind, müssen auch keine Belege vorgelegt werden. Was zunächst so offensichtlich erscheint, könnte jedoch zu einem Schwachpunkt der Belegpflicht werden.[464]

Nunmehr soll es auch ermöglicht werden, im Falle des vorzeitigen Zugewinnausgleichs Auskunft über den Vermögensbestand des anderen Ehegatten zu erhalten, ohne zunächst durch eine Gestaltungsklage die Beendigung der Zugewinngemeinschaft erreichen zu müssen. Durch diese Auskunft soll auch erreicht werden, dass der beantragende Ehegatte auf einer gesicherten Grundlage entscheiden kann, ob es für ihn Sinn macht den Zugewinnausgleich direkt mit einzuklagen, oder ob ein Anspruch auf Zugewinnausgleich ohnehin nicht entstanden ist. Folgerichtig besteht der Auskunftsanspruch demnach auch, wenn nur die Aufhebung der Zugewinngemeinschaft – ohne vorzeitigen Zugewinnausgleich – beantragt wurde.[465]

Durch die Anpassungen des ehelichen Güterrechts war die Anpassung der Auskunftspflichten dringend erforderlich. In der praktischen Anwendung ist ein Anspruch nur dann etwas wert, wenn man ihn auch beweisen und durchsetzen kann. Die Entscheidung, nicht nur die Auskunftsansprüche zu erweitern, sondern teilweise auch die Beweislast zu Gunsten des Auskunftsberechtigten zu drehen, sorgt für eine Aufwertung des Zugewinnausgleichsanspruchs. Dennoch

---

461 Vgl. Gesetzentwurf v. 05.11.2008 BT-Drucks. 16/10798, S. 26.

462 Vgl. § 1379 Abs. 1 Nr. 2 BGB.

463 Vgl. Gesetzentwurf v. 05.11.2008 BT-Drucks. 16/10798, S. 26.

464 Vgl. die Ausführungen auf S. 158.

465 Vgl. Gesetzentwurf v. 05.11.2008 BT-Drucks. 16/10798, S. 27.

können auch bei der neuen Regelung Situationen entstehen, in denen die Lösung des Gesetzgebers nicht vollständig überzeugen kann.

3. Die Beweislast nach § 1375 Abs. 2 S. 2 BGB

Insbesondere für die Vorschrift des § 1375 Abs. 2 BGB, wonach einem Ehegatten, der auf illoyale Weise sein Vermögen vermindert, diese Beträge dem Endvermögen wieder hinzugerechnet werden, ist es von entscheidender Bedeutung, dass der benachteiligte Ehegatte von den Verfügungen Kenntnis erlangt. Nur wenn er weiß, dass Vermögen illoyal verwendet wurde, kann er seine eigene Ausgleichsforderung entsprechend anpassen. Durch die neue Formulierung des § 1379 Abs. 1 Nr. 2 BGB, wonach Auskunft über das Vermögen verlangt werden kann, „soweit es für die Berechnung des Anfangs- und Endvermögens maßgeblich ist", besteht auch ein Anspruch auf Auskunft über illoyale Vermögensminderungen nach § 1375 Abs. 2 BGB, da diese Informationen für die Berechnung des Endvermögens maßgeblich sind.[466] Natürlich bleibt bei einem Auskunftsanspruch gegen den anderen Ehegatte das Problem, dass ein Ehegatte, der illoyal Vermögen verschiebt, sich gegebenenfalls auch bei der Auskunftserteilung illoyal verhalten wird.[467] Die Verwertbarkeit von gemachten Angaben wäre also durchaus zu hinterfragen.

Diese Problematik versucht der Gesetzgeber durch den neu eingeführten § 1375 Abs. 2 S. 2 BGB zu entschärfen. Nunmehr muss der Ehegatte, dessen Endvermögen geringer ist, als sein Vermögen zum Zeitpunkt der Trennung, darlegen und beweisen, dass diese Vermögensminderung *nicht* auf einer der in § 1375 Abs. 2 S. 1 BGB genannten Verhaltensweisen beruht. Damit wird dem Umstand Rechnung getragen, dass die Überwachung der Vermögensverfügungen des anderen Ehegatten nach der Trennung deutlich erschwert wird.[468] Es darf jedoch nicht der Eindruck erweckt werden, illoyale Verfügungen könnten generell nur im Zeitraum zwischen Trennung und Rechtshängigkeit der Scheidung auftreten. Vielmehr stellt ja gerade § 1375 Abs. 3 BGB klar, dass für illoyale Verfügungen ein Zeitraum von insgesamt zehn Jahren relevant ist,[469] wovon das eheliche Getrenntleben – und damit auch der Anwendungsbereich der Norm – nur einen kleinen Anteil ausmacht.

[466] Das „Endvermögen" i. S. d. § 1379 BGB ist dem Sinn und Zweck der Norm nach als „Brutto-Endvermögen" zu verstehen, also das Endvermögen nach allen notwendigen Hinzurechnungen. Andere Ansicht: *Finger*, S. 289; *Rakete-Dombek*, S. 271.

[467] Vgl. *Schramm*, NJW-Spezial 2009, S. 469.

[468] Vgl. *Büte*, NJW 2009, S. 2778.

[469] Zur Kritik hierzu siehe S. 67 ff.

Die Tatsache allein, dass somit nicht in allen denkbaren Fällen eine Erleichterung für den auskunftsberechtigten Ehegatten erreicht wird, würde zwar den Nutzen der Norm schmälern, ohne jedoch ihre generelle Wirksamkeit in Frage zu stellen. Problematischer als der Anwendungsbereich der Norm ist jedoch ihre Rechtsfolge. Der Gesetzgeber äußert sich dazu nicht ausdrücklich, was eine ungenügende gedankliche Durchdringung der Problematik vermuten lässt. Die Formulierung, dass der Ehegatte, dessen Endvermögen geringer als sein Trennungsvermögen ist, darlegen und beweisen muss, dass diese Minderung nicht auf einem illoyalen Verhalten beruht, legt nahe, dass der Gesetzgeber von der Illoyalität einer Vermögensminderungen als Normalfall ausgeht. Wird nichts Gegenteiliges bewiesen, so wird davon ausgegangen, dass das Verhalten des betroffenen Ehegatten illoyal war. Die Konsequenz muss dann wohl sein, dass die Differenz der beiden Vermögen dem Endvermögen hinzugerechnet wird.

Es lässt sich bereits darüber streiten, ob illoyales Verhalten zwischen Ehegatten tatsächlich den Regelfall darstellt – zumindest lässt sich diese gesetzliche Vermutung mit dem Normzweck erklären. Problematischer erscheint es jedoch, dem betroffenen Ehegatten die Darlegungs- und Beweislast aufzubürden. Immerhin wird dadurch verlangt, das *Nichtvorliegen* von Gegebenheiten zu beweisen, was grundsätzlich mit Schwierigkeiten verbunden ist. Tatsächlich kann ein solcher Beweis nur dann lückenlos geführt werden, wenn ab dem Zeitpunkt der Trennung penibel jede Vermögensbewegung anhand von Belegen dokumentiert wird.

Beispiel:

M hat bei der Trennung von F ein Vermögen von 50 000 Euro. Bei Rechtshängigkeit der Scheidung ein Jahr später beträgt sein Vermögen lediglich noch 45 000 Euro.

Dieses Beispiel soll die Problematik verdeutlichen. Da das Endvermögen hinter dem Vermögen zum Zeitpunkt der Trennung zurückbleibt, ist der Anwendungsbereich des § 1375 Abs. 2 S. 2 BGB eröffnet. Im konkreten Beispiel wäre es somit nunmehr die Aufgabe des M, zu beweisen, dass die Minderung seines Vermögens nicht illoyal erfolgte. Trägt er jetzt beispielsweise vor, dass vor kurzem an seinem Fahrzeug eine außerplanmäßige Reparatur für 10 000 Euro vorgenommen werden musste, so mag ihm zwar durchaus der Beweis gelingen, dass diese Reparatur tatsächlich vorgenommen wurde, notwendig und auch nicht überteuert war – erreicht hat er dadurch jedoch nichts. Zwar wäre ohne die Reparatur sein Endvermögen nicht geringer gewesen als sein Vermögen zur Trennungszeit, damit ist jedoch nicht bewiesen, dass die Vermögensänderung nicht auf illoyalem Handeln beruht. Vielleicht hat er neben der Reparatur auch noch 20 000 Euro für Glücksspiel ausgegeben, so dass die Vermögensminderung durchaus auf einer illoyalen Verhaltensweise beruht. M müsste also nicht nur beweisen, dass er 10 000 Euro für eine Reparatur ausgegeben hat, die nicht als illoyal gegenüber dem anderen Ehegatten einzustufen ist, er müsste zusätzlich auch beweisen, dass jeder einzelne andere Euro, den er im Trennungsjahr verdient hat, in loyaler Weise ausgegeben wurde.[470] Dafür ist natürlich ebenfalls Voraussetzung, dass er die exakte Höhe seiner Einkünfte darlegt, schließlich kann nur dann bestimmt werden, ob auch tatsächlich alle Verfügungen angegeben wurden.

Die gesetzliche Vermutung für illoyales Verhalten der Ehegatten sorgt dafür, dass die Ehegatten ab dem Zeitpunkt der Trennung sorgfältig und nachprüfbar über alle Vermögensbewegungen Buch führen müssen, da sie ansonsten im Falle eines Absinkens des Vermögens mit einer Hinzurechnung zu ihrem Endvermögen rechnen müssen.[471]

Doch auch in den Fällen, vor denen die Regelung gerade schützen soll, kann sie nicht vollständig überzeugen. Greift die Vermutung der Illoyalität, so lässt sich aus dem Kontext der Norm herauslesen, dass wohl der Betrag dem Endvermögen hinzuzurechnen ist, um den das Endvermögen das Vermögen zum Trennungszeitpunkt unterschreitet. Dabei geht der Gesetzgeber jedoch anscheinend davon aus, dass im Regelfall nach der Trennung überhaupt keine Änderung der Vermögenslage mehr eintritt. Realistischer dürfte jedoch sein, dass sich die bisherige Vermögensentwicklung tendenziell fortsetzt.

Beispiel:

M legt jeden Monat 1 000 Euro auf sein Sparbuch, welches im Wesentlichen sein ganzes Vermögen darstellt. Zum Zeitpunkt der Trennung hat er 30 000 Euro auf dem Sparbuch. Als nach genau einem Jahr das Scheidungsverfahren rechtshängig wird, hat er noch 29 000 Euro auf seinem Sparbuch. Zum Verbleib des Geldes macht er keine Angaben.

Vergleicht man in diesem Beispiel die beiden Vermögenslagen, so hat sich das Endvermögen um 1 000 Euro im Vergleich zum Trennungsvermögen verringert. Die Vermutung des Gesetzgebers, dass M somit wohl sein Vermögen um 1 000 Euro illoyal vermindert hat, greift hier jedoch zu kurz. Da M monatlich 1 000

[470] Vgl. *Braeuer*, FamRZ 2010, S. 779.
[471] Vgl. *Braeuer*, FamRZ 2010, S. 780.

Euro auf sein Sparbuch eingezahlt hat, hätte er zum Zeitpunkt, der für die Berechnung des Endvermögens maßgeblich ist, eigentlich 42 000 Euro Guthaben besitzen müssen. Realistischer wäre somit, dass er sein Vermögen um 13 000 Euro illoyal gemindert hat. Genauso stellt sich die Lage dar, wenn das Vermögen, zum Beispiel bei einem Selbständigen, seit Jahren rückläufig ist. In diesem Fall zu behaupten, dass die Vermögensminderung, die im Trennungsjahr erfolgte, vermutlich illoyal war, sofern nichts Gegenteiliges bewiesen wird, ist nicht sachgerecht.

Es wäre wünschenswert gewesen, dass der Gesetzgeber nicht das Trennungsvermögen mit dem tatsächlichen Endvermögen vergleicht, sondern besser das aufgrund der bisherigen Entwicklung zu erwartende Endvermögen als Vergleichsgröße herangezogen hätte, auch wenn dies die Handhabbarkeit erschweren würde. Zusätzlich sollte es genügen, wenn der betroffene Ehegatte die Loyalität der negative Vermögensänderung *glaubhaft* macht, ohne zu verlangen, dass tatsächlich ein Beweis geführt wird. Die Norm sollte zudem nur angewendet werden, wenn der andere Ehegatte ihre Anwendung ausdrücklich verlangt. Sie sollte also nicht automatisch berücksichtigt werden. Somit würde eine gütliche[472] Scheidung nicht unnötig verkompliziert werden. Es bleibt zu hoffen, dass die Gerichte bei der Anwendung dieser Norm nicht zu streng dem Wortlaut folgen, sondern mit Fingerspitzengefühl eine sachgerechte Auslegung anstreben.

4. Die Belegpflicht

Die Entscheidung des Gesetzgebers, es den Ehegatten nunmehr aufzuerlegen, auf Anforderung die Angaben zu den Vermögensbeständen mit Belegen nachzuweisen, verfolgt nachvollziehbare Ziele. Das Vertrauen in die Richtigkeit der Auskunft soll dadurch erhöht werden, da es dem auskunftspflichtigen Ehegatten deutlich erschwert werden soll, falsche Angaben zu machen. Da die Belegpflicht jedoch zusammen mit der Pflicht, über das Anfangsvermögen Auskunft zu erteilen eingeführt wurde, können sich in der praktischen Durchsetzbarkeit Probleme ergeben. Bei langer Ehedauer kann nicht erwartet werden, dass der Bestand des Anfangsvermögens noch mit Belegen nachgewiesen werden kann. Der Gesetzgeber erkannte dieses Problem und schränkt in seiner Gesetzesbegründung die

[472] Gütlich im Sinne von vernünftig, ohne unnötige Verbittertheit.

Belegpflicht dahingehend ein, dass Belege nur soweit vorzulegen sind, als sie beim auskunftspflichtigen Ehegatten noch vorhanden sind.[473]

Die Begründung, dass die Vorlage von nicht mehr vorhandenen Belegen nach § 275 Abs. 1 BGB unmöglich ist und deswegen nicht verlangt werden darf, ist zwar einleuchtend und kann auch fast als zwingend bezeichnet werden, dennoch verliert die Belegpflicht dadurch viel von ihrer beabsichtigten Wirkung. Das höhere Vertrauen in die Richtigkeit der erteilten Auskunft soll darauf beruhen, dass eine Manipulation erschwert wird. Dies wäre dann der Fall, wenn der auskunftspflichtige Ehegatte nicht nur falsche Angaben über den Bestand seines Vermögens machen müsste, sondern gleichzeitig gezwungen wäre, entsprechende Belege zu fälschen. Die kriminelle Energie, die hierfür nötig wäre, geht wohl deutlich über das einfache Anlügen des Ehegatten hinaus. Folglich wäre eine Belegpflicht durchaus geeignet, falsche Angaben zu unterbinden oder zumindest zu minimieren. Wird dem auskunftspflichtigen Ehegatten nun jedoch direkt die Möglichkeit eröffnet, darauf hinzuweisen, dass er keine Belege mehr besitzt, so wird der Schutz vor unrichtigen Angaben wieder minimiert. Um den bewusst unrichtig gemachten Angaben den Hinweis darauf anzufügen, dass Belege leider nicht mehr existieren, muss keine größere Hemmschwelle überwunden werden, als dies bei einfachen falschen Angaben der Fall wäre.

Aus der Nichtvorlage von Belegen kann demnach nichts über die Qualität der getroffenen Auskunft hergeleitet werden, da dies bei loyalen und illoyalen Ehegatten gleichermaßen vorkommen kann. Lediglich der Vorlage von Belegen könnte eine Bedeutung zukommen, nämlich dahingehend, dass in diesem Fall die Angaben wohl größeres Vertrauen in ihre Richtigkeit genießen können. Der Zweck der Norm würde sich dadurch jedoch ändern. Sie würde sodann keinen Schutz mehr vor falschen Angaben bieten, sondern könnte lediglich in bestimmten Fällen die Richtigkeit der gemachten Angaben bekräftigen. Angaben, die mit Belegen bekräftigt werden, wären demnach in der Regel richtig, Angaben ohne Belege können jedoch genauso richtig sein. Fraglich ist somit, warum ein Ehegatte sich die Mühe machen sollte, für sein Anfangsvermögen Belege vorzulegen, wenn er diesen Mühen auch mit einem Hinweis darauf, dass Belege nicht mehr vorhanden sind, einfach ausweichen könnte.

Da die Belegpflicht nur dann gilt, wenn Belege vorhanden sind, können auch keine Rechtsfolgen an die Nichtvorlage von Belegen geknüpft werden. Insbe-

[473] Vgl. Gesetzentwurf v. 05.11.2008 BT-Drucks. 16/10798, S. 26. Zur Frage, ob Belege nur vorgelegt oder aber extra hergestellt werde müssen vgl. *Braeuer*, FamRZ 2010, S. 776 ff – Er übersieht aber, das Belege nicht nur für die Auskunft über das Endvermögen benötigt werden, sondern ach für das Anfangsvermögen.

sondere kann nicht davon ausgegangen werden, dass Angaben, die nicht mit Belegen bekräftigt werden, falsch seien. Es wird interessant sein zu sehen, wie die Gerichte die Vorlage von Belegen in der Praxis handhaben werden und ob sich nicht schnell herausstellt, dass die „Belegpflicht“ in ihrer jetzigen Form keinen wirklichen Nutzen hat.

Allerdings sei auch vor einer Verschärfung der Belegpflicht gewarnt. Die Nichtvorlage von Belegen mit einer unrichtigen Auskunft gleichzusetzen ginge weit über das Ziel hinaus. Auch darf die Vorlage von Belegen nicht die einzige Möglichkeit sein, den Bestand des Vermögens nachzuweisen. Zu vielfältig sind die Gründe, aus denen Belege nicht (mehr) vorhanden sein können. Es bleibt abzuwarten, ob die Belegpflicht nicht wenigstens eine Appellfunktion entfalten kann und den ein oder anderen zur sorgfältigeren Auskunft über den Bestand seines Vermögens veranlasst. Rechtliche Bedeutung dürfte sie zumindest für das Anfangsvermögen in ihrer jetzigen Form nicht haben. Für das Endvermögen hat eine Belegpflicht noch weniger Bedeutung, da die zu Bewertenden Gegenstände noch vorhanden sind und jederzeit begutachtet werden können. Belege, die über die Höhe des Kaufpreises Auskunft geben, haben für die Bestimmung des aktuellen Wertes ohnehin keine Bedeutung.

5. Die Auskunft für § 1390 BGB

Das Recht der Ehegatten, gegenseitig Auskunft über den Bestand des Vermögens zu verschiedenen Zeitpunkten zu verlangen, wurde durch die Reform deutlich ausgeweitet, was bereits durch die Vielzahl der Fallvarianten in § 1379 BGB deutlich wird. Der Gesetzgeber hat in § 1379 Abs. 1 S. 1 Nr. 2 BGB darüber hinaus eine Art Generalklausel eingebaut, wonach generell Auskunft verlangt werden kann, soweit die eingeforderte Information für die Berechnung des Anfangs- oder Endvermögens maßgeblich ist.[474] Durch diese Formulierung ist der Anspruch nicht auf einen bestimmten Zeitpunkt oder bestimmte Gegenstände beschränkt, sondern umfasst sowohl das Anfangs-, als auch das Endvermögen, illoyale Vermögensminderungen nach § 1375 Abs. 2 BGB oder privilegierten Erwerb nach § 1374 Abs. 2 BGB.[475]

Die Auskunft, die für die Feststellung, ob der Anwendungsbereich des § 1390 BGB eröffnet ist, notwendig ist, fällt jedoch in eine Lücke. In § 1390 Abs. 1 S. 1 Nr. 2 BGB ist vom Wert des Vermögens bei Beendigung des Güterstandes

[474] Bei der gesetzlichen Formulierung „Anfangs- und Endvermögens“ muss es sich um ein redaktionelles Versehen handeln. Gemeint ist wohl „Anfangs- *oder* Endvermögens“.

[475] Vgl. Gesetzentwurf v. 05.11.2008 BT-Drucks. 16/10798, S. 26; a. A. *Finger*, S. 289.

die Rede. Im wichtigsten Anwendungsbereich der Norm, der Scheidung, ist der Güterstand dann beendet, wenn die Ehe rechtskräftig geschieden ist.[476] Während jetzt jedoch § 1384 BGB für die meisten Berechnungsstichtage im Falle der Scheidung die Beendigung des Güterstandes durch die Rechtshängigkeit des Scheidungsantrags ersetzt, wird diese Ersetzung für § 1390 BGB gerade nicht vorgenommen. Bei § 1390 BGB geht es nämlich weder um die Berechnung des Zugewinns, noch um die Höhe der Ausgleichsforderung.[477] All diese Werte werden durch § 1390 BGB nicht beeinflusst. Folglich bleibt für § 1390 BGB die tatsächliche Beendigung des Güterstandes relevant – demnach entscheidet allein das Vermögen, das zu diesem Zeitpunkt vorhanden ist, über die Anwendbarkeit von § 1390 BGB.

Da die sonstige Berechnung des Zugewinns im Falle einer Scheidung wegen § 1384 BGB jedoch bei Rechtshängigkeit des Scheidungsantrages bereits vollständig vorgenommen wird, hat die Vermögensentwicklung, die nach diesem Stichtag stattfindet, weder auf das Anfangs-, noch auf das Endvermögen im Sinne des Gesetzes Auswirkungen. Genau dies wäre jedoch Voraussetzung dafür, dass nach § 1379 Abs. 1 S. 1 Nr. 2 BGB Auskunft verlangt werden kann. Folglich bietet § 1379 BGB im Falle einer Scheidung nur die Anspruchsgrundlage für Auskünfte, die das Vermögen bis zum Zeitpunkt der Rechtshängigkeit der Scheidung betreffen. Demnach ist in diesen Fällen die Höhe des Vermögens zum Zeitpunkt der tatsächlichen Beendigung des Güterstandes gerade nicht Gegenstand der Auskunftspflicht.

Es stellt sich somit die Frage, wie der ausgleichsberechtigte Ehegatte das Vorliegen der Voraussetzungen des § 1390 BGB beweisen soll, wenn er die Höhe des Vermögens des anderen Ehegatten zum maßgeblichen Zeitpunkt nicht erfragen darf. Anbieten würde sich in diesem Fall wohl eine analoge Anwendung des Gesetzes. Davon, dass eine planwidrige Regelungslücke vorliegt, kann ausgegangen werden, da sich in der Gesetzesbegründung zu dieser Frage keine Ausführungen finden. Fraglich ist nun zunächst, ob der Anwendungsbereich des § 1384 oder des § 1379 BGB erweitert werden sollte. Führt man sich jedoch den neuen Zweck des § 1390 BGB vor Augen, so würde dieser durch eine Erweiterung des § 1384 BGB nicht mehr erreicht werden können.[478] Folglich kommt nur eine Erweiterung des § 1379 BGB in Frage, so dass auch Auskunft über das Vermögen verlangt werden kann, welches für § 1390 BGB relevant ist. Die vergleichbare Interessenlage ist ebenfalls gegeben, da in allen Fällen die Aus-

476 Vgl. *Hoppenz*, FamRZ 2008, S. 1892.
477 Nur in diesen Fällen würde aber eine Verschiebung des Stichtages erfolgen.
478 Ziel ist es nunmehr, die Durchsetzbarkeit der Forderung sicherzustellen, vgl. S. 130.

kunft über das Vermögen erforderlich ist, um die eigenen Ansprüche beziffern oder durchsetzen zu können. Eine analoge Anwendung des § 1379 BGB auf die Fälle des § 1390 BGB wäre demnach sowohl dogmatisch möglich, als auch materiellrechtlich geeignet, um die fehlende Auskunftsmöglichkeit in Bezug auf die Inanspruchnahme Dritter zu ergänzen. Berücksichtigt man die voraussichtlich geringe praktische Relevanz des § 1390 BGB,[479] so ist ein Einschreiten des Gesetzgebers zwar wünschenswert, aber nicht wirklich dringend erforderlich.

6. Die Kostentragungspflicht

Auch durch die Reform hat der Gesetzgeber nicht ausdrücklich entschieden, von wem die bei der Auskunftserteilung anfallenden Kosten zu tragen sind. Durch den stark erweiterten Auskunftsanspruch hat sich auch der erforderliche Aufwand zur ordnungsgemäßen Auskunftserteilung erhöht, wodurch zumindest potentiell auch mehr Kosten entstehen können. Bei näherer Betrachtung stellt man jedoch fest, dass sich die neu hinzugekommenen Auskunftsansprüche fast ausschließlich auf den Bestand des Vermögens in der Vergangenheit beziehen. Dies wird nur dann eingeschränkt, wenn nach § 1379 Abs. 2 BGB Auskunft über das Trennungsvermögen verlangt wird, da dies bereits kurz nach der Trennung erfolgen kann. Sowohl bei der Auskunft über das Anfangsvermögen als auch bei einem nachträglichen Auskunftsbegehren über das Trennungsvermögen besteht die Aufgabe des in Anspruch genommenen Ehegatten aber nicht hauptsächlich darin, den Bestand seines Vermögens zu dokumentieren, sondern vielmehr darin, zu rekonstruieren, welche Gegenstände zum fraglichen Zeitpunkt in seinem Eigentum standen. Bei dieser Aufgabe wird unabhängige Hilfe nur selten zu erlangen sein, so dass zumindest keine unmittelbaren Kosten in Form von Zahlungsverpflichtungen gegenüber Dritten mit der Auskunftserteilung verbunden sind. Die Hinzuziehung eines Sachverständigen, die bei der Anfertigung eines Verzeichnisses über das aktuelle Vermögen durchaus praktikabel sein kann, ist bei der Feststellung, welches Vermögen früher einmal vorhanden war, kaum möglich.

Die neuen Auskunftsansprüche sind demnach mit einem erheblich größeren Aufwand für den Auskunftsverpflichteten verbunden, dürften jedoch nicht zwangsläufig höhere Kosten verursachen. Dementsprechend ist auch keine Neubewertung der Kostentragungspflichten zwingend. Vielmehr scheint es nach wie vor eine angemessene Lösung zu sein, dem Ausgleichsschuldner prinzipiell die Kosten, die ihm durch die Erfüllung seiner Pflicht entstehen, tragen zu las-

[479] Vgl. S. 125.

sen.[480] Sobald Sachverständige eingeschaltet werden ist zu differenzieren, ob sie dem Schuldner bei der Erteilung der Auskunft helfen – und somit von ihm zu zahlen sind – oder den Gläubiger bei der Auswertung der erteilten Auskünfte unterstützen und somit auch von diesem zu zahlen sind.[481] Sollte sich in der Praxis zeigen, dass die Erteilung von Auskünften über das frühere Vermögen nur mit erheblichem finanziellen Aufwand möglich ist, so wird diese Lösung gegebenenfalls anzupassen sein. Zu erwarten ist dies jedoch nicht.

7. Vermutungsregel für das Anfangsvermögen

Im Kapitel über die Stichtage wurden bereits die Auswirkungen des § 1377 Abs. 3 BGB für die Rechtslage vor der Reform untersucht.[482] Die Beurteilung der Norm fiel an dieser Stelle positiv aus, da ein Abweichen von der gesetzlichen Vermutung immer dazu führte, dass sich der Zugewinn verringerte. Folglich war es interessengerecht, dass derjenige, dem ein Abweichen von der Vermutung zu Gute kommen würde, die Beweislast für eine Abweichung zu tragen hatte – zumal es sich nach altem Recht dabei auch immer um die Person handelte, deren Anfangsvermögen betroffen war.[483] Wenn der Beweis über den Bestand des eigenen Anfangsvermögens nicht gelang, so entstanden dem anderen Ehegatten daraus keine Nachteile.

Während nach der Reform die Vermutung des § 1377 Abs. 3 BGB unverändert weiter gilt, kann durch die Anpassung des § 1374 Abs. 1 BGB nunmehr das Anfangsvermögen auch negativ sein. Während somit nach altem Recht die gesetzliche Vermutung vom kleinsten denkbaren Anfangsvermögen ausging, stellt die jetzige Vermutung lediglich das mathematische Mittel aller denkbaren Anfangsvermögen dar.[484] Ohne dass sich der Wortlaut geändert hätte, geht § 1377 Abs. 3 BGB somit nunmehr von einer völlig anderen Ausgangssituation aus. In der Konsequenz aus dieser Änderung stellt die gesetzliche Vermutung auch nicht mehr den für den betroffenen Ehegatten denkbar schlechtesten Fall dar, sondern kann – je nach tatsächlicher Lage – durchaus positive Auswirkungen haben.[485] Folglich kann es nunmehr im Interesse des *anderen* Ehegatten liegen, eine Abweichung von der gesetzlichen Vermutung im Anfangsvermögen des Ehegatten zu beweisen. Der Erfolg dieser Maßnahme wird maßgeblich von

[480] Vgl. S. 148; MüKo/*Koch*, 5. Aufl., § 1379 Rn. 24; *Lüderitz*, Rn. 380.
[481] Vgl. S. 148; *Müller*, S. 837 ff.
[482] Vgl. S. 42 ff.
[483] Vgl. *Brudermüller*, FamRZ 2009, S. 1186.
[484] Vgl. *Büte*, NJW 2009, S. 2777.
[485] Vgl. *Rakete-Dombek*, S. 272.

der Qualität der erhaltenen Auskunft über das Anfangsvermögen durch den anderen Ehegatten abhängen. Erfolgt die Auskunft nicht vollständig oder nicht richtig, so dürfte es dem anderen Ehegatten so gut wie unmöglich sein, die Vermutung des § 1377 Abs. 3 BGB zu widerlegen.

Es stellt sich nunmehr die Frage, wie ein bei Eheschließung verschuldeter Ehegatte dazu gebracht werden kann, wahrheitsgemäß über den Bestand seines Anfangsvermögens Auskunft zu erteilen, wenn doch die gesetzliche Vermutung für ihn die günstigeren Rechtsfolgen vorsieht. An dieser Stelle wird die Änderung der Bedeutung des § 1377 Abs. 3 BGB besonders deutlich. Früher hatte genau diese Vorschrift den nun erforderlichen „Drohcharakter". Wer sein Anfangsvermögen nicht darlegen und beweisen konnte, musste befürchten, dass es mit der schlechtest möglichen Variante in die Berechnung eingeht. Aus dieser Drohkulisse ist nunmehr eine Einladung an so manchen Ehegatten geworden, der sich dankbar auf die gesetzliche Vermutung zurückziehen wird um seine Ausgleichspflicht gering zu halten. Es ist auch nicht ersichtlich, wie das Gesetz wirkungsvoll davor schützen kann, dass das Anfangsvermögen derart unvollständig dargelegt wird, dass ein Rückgriff auf die gesetzliche Vermutung angezeigt ist. Die Behauptung des betroffenen Ehegatten, besser könne er es nach der langen Zeit nicht mehr rekonstruieren, wird sich kaum mit der nötigen Gewissheit für die Anwendung von Zwangsmitteln widerlegen lassen.

Die Reform hat also in diesem Punkt dafür gesorgt, dass nicht mehr nur *der* Ehegatte, der sein Anfangsvermögen nicht beweisen kann/will, die Konsequenzen aus der fehlenden Beweisbarkeit zu tragen hat, sondern dass gegebenenfalls der andere Ehegatte, der an den Versäumnissen keine Schuld trägt, dadurch einen direkten Vermögensnachteil erlangt. Das Problem ließe sich umgehen, wenn die Möglichkeit der Aufnahme eines Verzeichnisses nach § 1377 Abs. 1 BGB stärker in das Bewusstsein der Bevölkerung gerückt werden würde.[486] Bis dahin wird die Berücksichtigung von negativem Anfangsvermögen wohl noch in vielen Fällen lediglich Theorie bleiben.

[486] Vgl. *Reetz*, S. 839.

§ 9 Konkurrenz von Unterhalt und Zugewinn

I. Die Rechtslage bis 2009

Die wirtschaftlichen Scheidungsfolgen lassen sich im Wesentlichen in die drei Bereiche Unterhalt, Zugewinnausgleich und Versorgungsausgleich aufspalten, von denen jeder auf den ersten Blick einen eigenständigen Aspekt der vermögensrechtlichen Folgen einer Scheidung regelt.[487] Der Unterhaltsanspruch gibt dem Ehegatten, der außerstande ist für seinen Unterhalt selber zu sorgen, einen Anspruch gegen den anderen Ehegatten auf monatliche Zahlungen.[488] Der Zugewinnausgleich wird mit einer Einmalzahlung durchgeführt, die von den beiderseitigen Vermögensständen zu bestimmten Stichtagen abhängt. Mit dem Versorgungsausgleich sollen schließlich die Rentenanwartschaften, die während der Ehe erlangt wurden, gerecht aufgeteilt werden.[489]

1. Das Problem

Der klassische Fall, der bei der Abgrenzung der einzelnen Ausgleichssysteme Schwierigkeiten aufwarf, ist der Arbeitnehmer, der mit einer Abfindung aus seinem Arbeitsverhältnis ausscheidet. Einerseits soll mit der Abfindung ausgeglichen werden, dass der Betroffene für eine ungewisse Zeit kein festes Einkommen mehr hat.[490] Er muss seinen Lebensbedarf folglich aus der Abfindung bestreiten,[491] sie ersetzt sein Einkommen. Andererseits ist die Abfindung – anders als ein laufendes Einkommen – bereits vollständig als Vermögensmasse vorhanden. Folglich müsste sie eigentlich im Falle einer Scheidung dem Endvermögen hinzugerechnet werden und wäre beim Zugewinnausgleich zu berücksichtigen. Wenn

[487] Vgl. *Jakobs*, S. 2885; *Balzer/Gutdeutsch*, S. 341.
[488] Vgl. §§ 1569 ff. BGB.
[489] Vgl. § 1587 BGB.
[490] Vgl. *Soyka*, S. 539.
[491] Vgl. *Soyka*, S. 539.

gleichzeitig Unterhalt geschuldet wird, so müsste dieser, mangels Alternativen, ebenfalls aus der Abfindung geleistet werden. Eine Hälfte der Abfindung würde folglich im Wege des Zugewinnausgleichs auf den anderen Ehegatten übertragen werden, die andere Hälfte würde durch Unterhaltszahlungen geschmälert werden, so dass letzten Endes für den die Abfindung erhaltenden Ehegatten nicht viel übrig bliebe. Dieses Problem wird unter dem Stichpunkt „Doppelverwertung von Vermögensgegenständen" diskutiert.

Eine vergleichbare Problematik kann sich bei selbständigen Ehegatten ergeben, wenn das Unternehmen einen Vermögenswert darstellt, der sich durch dessen Verkauf realisieren ließe. Folglich müsste der Wert des Unternehmens in die Berechnung des Zugewinns eingestellt werden. Andererseits ist das Unternehmen die Quelle der laufenden Einkünfte. Würde also einerseits verlangt werden, dass das Unternehmen verkauft wird, um die Hälfte seines Wertes dem anderen Ehegatten zukommen zu lassen, andererseits aber aufgrund der durch das Unternehmen erzielten Einkünfte der Unterhaltsanspruch berechnet werden, so würden sich der Unterhaltsanspruch und der Zugewinnausgleichsanspruch faktisch widersprechen, da sie im selben Vermögensgegenstand ihre Berechnungsbasis hätten, einmal jedoch dessen Verkauf und einmal dessen wirtschaftliche Nutzung voraussetzen.[492] Der in Anspruch genommene Ehegatten, der denknotwendig nur einen dieser Ansprüche in der vom Gesetz vorgesehenen Weise erfüllen kann, müsste den anderen Anspruch aus Mitteln finanzieren, die der Gesetzgeber dafür nicht vorgesehen hat. Er würde folglich über Gebühr beansprucht werden.

Probleme können sich auch dann ergeben, wenn es nicht um die Teilhabe an Vermögen, sondern um die Beteiligung an Verbindlichkeiten ging. In diesen Fällen traf das Risiko jedoch nicht den Verpflichteten, sondern den Berechtigten. So kann es passieren, dass Verbindlichkeiten einerseits das vorhandene und damit auszugleichende Endvermögen mindern, gleichzeitig aber auch die zur Abtragung der Schulden zu zahlenden Raten den Unterhaltsanspruch verringern. Fraglich ist hier nach wie vor, wie eine angemessene Lösung auszusehen hat.

2. Die Kritik

Bei der Konkurrenz von Zugewinnausgleich und Unterhaltszahlungen handelt es sich nicht um den Fall, dass der Gesetzgeber eine Lösung vorgegeben hätte, welche als unangemessen angesehen würde und in der Folge Bemühungen hervorrief, wie man zu angemesseneren Ergebnissen gelangen könnte, ohne sich

[492] Vgl. *Klingelhöffer*, S. 884; *Schürmann/Weinreich*, S. 177; *Münch*, NJW 2008, S. 1201.

unmittelbar gegen den Gesetzeswortlaut zu stellen. Vielmehr geht es um ein Problem, das vom Gesetzgeber – anders als die mögliche Konkurrenz von Versorgungsausgleich und Zugewinnausgleich, vgl. § 2 Abs. 4 VersAusglG – nicht beachtet wurde. Ob die Untätigkeit des Gesetzgebers darauf beruhte, dass keine zu lösende Konkurrenzsituation zwischen den beiden Ausgleichssystemen angenommen wurde, oder ob vielmehr von fehlendem Problembewusstsein auszugehen ist, war in der Rechtsprechung und im Schrifttum umstritten, wie im Folgenden gezeigt wird.

3. Der Umgang mit dem Problem

Obwohl Einigkeit darüber besteht, dass eine Doppelverwertung von Vermögensgegenständen im Unterhaltsrecht und Güterrecht verboten ist, unterschieden sich die Ansätze, die für die Lösung praktischer Fälle vorgeschlagen werden, ganz erheblich voneinander. Das liegt hauptsächlich daran, dass keine Einigkeit darüber bestand, wann eine verbotene Doppelberücksichtigung vorlag und wie in den kritischen Fällen eine solche zu vermeiden sei.

a) Positive Vermögensbestandteile

Aufgrund der häufig unterschiedlichen Lösungsansätze für die Behandlung von positivem Vermögen einerseits und die Berücksichtigung von Verbindlichkeiten andererseits, erscheint es zweckdienlich, die vertretenen Ansichten auch nach dieser Unterscheidung zu gliedern.

aa) Die Ansicht der Rechtsprechung

Auslöser für die außergewöhnlich umfangreich geführte Diskussion um die Doppelverwertung von Vermögenspositionen im Unterhalt und Zugewinn war ein Urteil des BGH vom 11.12.2002.[493] Dort ging es um einen Arbeitnehmer, der als stiller Gesellschafter an einer KG seines Arbeitgebers beteiligt war und jährlich Gewinnausschüttungen erhielt, bei seinem Ausscheiden jedoch nur den Nennbetrag seiner Beteiligung erhalten würde. Er hatte mit seiner Frau einen Vergleich über die Unterhaltszahlungen geschlossen, in welchen ausdrücklich die zu erwartenden Gewinnausschüttungen unterhaltserhöhend einbezogen wurden. Seine Ehefrau verlangte nunmehr jedoch, auch güterrechtlich an der Gesellschaftsbeteiligung zu partizipieren, indem der Wert der Beteiligung anhand der zu erwartenden Gewinnausschüttungen bis zum Renteneintrittsalter des Mannes

[493] BGH Urteil v. 11.12.2002 (XII ZR 27/00) NJW 2003, 1396–1397.

bestimmt werden sollte. Der BGH versagte ihr diese Beteiligung mit dem Hinweis darauf, dass sie andernfalls doppelt an dem Gesellschaftsanteil teilhaben würde. Durch die Unterhaltsvereinbarung seien die zukünftigen Gewinne dieser Vermögensposition bereits aufgeteilt und könnten deswegen im Zugewinn nicht mehr berücksichtigt werden. Der Anteil des Mannes wurde deswegen nur mit seinem Nennwert in die Zugewinnberechnung eingestellt. Der BGH formulierte sodann für Abfindungen das Ergebnis, dass eine güterrechtliche Teilhabe dann nicht in Betracht komme, wenn eine Vermögensposition bereits den Unterhaltsanspruch erhöht habe. Dabei setzte er sich nicht mit der Problematik auseinander, dass eine Vereinbarung über das Güterrecht nach § 1408 Abs. 1 BGB formbedürftig ist, sondern überging diese Problematik durch einen Verweis auf die Billigkeit.[494]

Am 21.04.2004 musste sich der BGH in einem Versäumnisurteil erneut mit der Problematik der Doppelverwertung auseinandersetzen[495] und bestätigte seine Entscheidung vom 11.12.2002.[496] Es ging um die Verwertung einer Abfindung, die der in Vorruhestand getretene Antragsteller für den Verlust seines Arbeitsplatzes erhalten hatte. Neue dogmatische Erkenntnisse lieferte diese Entscheidung nicht. Wie bereits im ersten Urteil blieb der BGH auch hier eine saubere dogmatische Einordnung schuldig.[497] Diese könne dahinstehen, da jedenfalls auch hier wieder eine – zumindest stillschweigende – Vereinbarung dahingehend getroffen worden sei, dass die gezahlte Abfindung den Unterhaltsanspruch des anderen Ehegatten erhöhe. Vor diesem Hintergrund sei es, unabhängig von der dogmatischen Begründung, zumindest unter dem Gesichtspunkt der Billigkeit ausgeschlossen, dass zusätzlich zum Unterhalt auch noch im Wege des Güterrechts Ausgleich der Abfindung verlangt werde.

Das nächste Mal musste sich der BGH mit dieser Problematik erst wieder im Jahre 2008 befassen,[498] mithin zu einem Zeitpunkt, zu dem die Argumente im Schrifttum bereits größtenteils ausgetauscht waren. Folglich hatte sich der BGH in diesem Urteil auch mit den vom Schrifttum und den unteren Instanzen entwickelten Konsequenzen der bisher ergangenen Urteile zu beschäftigen. Diesmal bestand Streit über die Frage, wie eine Tierarztpraxis, welche dem Antragsgegner zur Hälfte gehörte, in die nachehelichen Ausgleichssysteme einzustellen sei. Der BGH verwarf das Urteil der Vorinstanz, welches die Rechtsprechung des

[494] BGH Urteil v. 11.12.2002 (XII ZR 27/00) NJW 2003, 1396–1397, S. 1397.
[495] BGH Versäumnisurteil v. 21.04.2004 (XII ZR 185/01) NJW 2004, 2675–2676.
[496] BGH Urteil v. 11.12.2002 (XII ZR 27/00) NJW 2003, 1396–1397.
[497] Vgl. *Kogel*, FamRZ 2004, S. 1866.
[498] BGH Urteil v. 06.02.2008 (XII ZR 45/06) NJW 2008, 1221–1225.

BGH so interpretierte, dass bei Selbständigen eine Berücksichtigung des Unternehmens im Zugewinnausgleich prinzipiell durch das Verbot der doppelten Teilhabe ausgeschlossen sei.[499] Der BGH stellte die Praxis des Antragsgegners mit ihrem Vermögenswert in den Zugewinnausgleich ein. Auch wenn der Unterhalt aus den Erträgen dieser Praxis geleistet werde, handele es sich nicht um eine doppelte Teilhabe am gleichen Vermögensgegenstand. Dies deshalb nicht, da der Unterhalt aus den zukünftigen Einnahmen zu bestreiten sei, während der Zugewinn nur den Wert des Unternehmens zum Stichtag berücksichtige. Bei der Bewertung des „good will" des Unternehmens sei jedoch ein den individuellen Verhältnissen entsprechender Unternehmerlohn in Abzug zu bringen, da andernfalls doch der zukünftige Verdienst des Unternehmers, der erst im Unterhalt Berücksichtigung finden solle, seinen Zugewinn beeinflussen würde.[500]

Diese Rechtsprechung bestätigte der BGH erneut in einer Entscheidung vom 09.02.2011.[501] Dort ging es um einen freiberuflichen Zahnarzt und die Frage, wie dessen Praxis in den Zugewinnausgleich einzustellen ist. Der BGH betonte nochmals, dass keine Doppelverwertung gegeben sei, wenn von dem Substanzwert des Unternehmens ein angemessener Unternehmerlohn abgezogen werde. In diesem Fall würde der Unterhalt aus den Vermögenseinkünften bestritten werden, während für den Zugewinn der Vermögensstamm relevant wäre.

bb) Keine Konkurrenzsituation

Für die Beteiligung an positivem Vermögen wurde einheitlich davon ausgegangen, dass es nicht zu einer Doppelverwertung von Vermögenspositionen kommen dürfe. Während zur Erreichung dieses Ziels größtenteils einem der Ausgleichssysteme der Vorrang im Kollisionsfall eingeräumt wurde, vertritt *Schmitz*, dass eine Konkurrenzsituation zwischen Unterhaltsrecht und Zugewinnausgleich nicht denkbar sei.[502] Seine Argumente stellten im Falle einer Abfindung darauf ab, dass eine solche entweder Lohnersatzfunktion haben könne oder aber als Ausgleich für den Verlust des Arbeitsplatzes und damit der sozialen Stellung gedacht sei. Abhängig von dieser Zuordnung sei sie im Falle des Lohnersatzes ausschließlich im Unterhaltsrecht, im Falle der Entschädigungsfunktion ausschließlich im Zugewinnausgleich zu berücksichtigen. Durch diese strenge Trennung seien keine Fälle denkbar, in denen es zu einer Konkurrenzsituation kommen könne. *Schmitz* stimmte mit der herrschenden Meinung somit zwar prinzipi-

[499] Vgl. OLG Oldenburg Urteil v. 08.02.2006 (4 UF 92/05) NJW 2006, 2125–2127.
[500] Kritisch hierzu: *Koch*, S. 1193.
[501] BGH Urteil v. 09.02.2011 (XII ZR 40/09) NJW 2011, 999–1003.
[502] Vgl. *Schmitz*, FamRZ 2006, S. 1813; *Schmitz*, FPR 2007, S. 202.

ell darin überein, dass eine Vermögensposition nicht zweimal verwertet werden dürfe, er war jedoch der Ansicht, dass es zu einer solchen Konkurrenzsituation ohnehin nicht kommen könne.

Einen Schritt weiter geht *Maier*, wenn er der Ansicht ist, dass Vermögenspositionen durchaus sowohl im Zugewinn, als auch im Unterhalt ausgeglichen werden dürften.[503] Für positives Vermögen bestand sein Hauptargument darin, dass ein als Zugewinnausgleich erhaltener Betrag automatisch die Bedürftigkeit des Empfängers mindere, da auch Vermögen für den Unterhalt aufgewendet werden müsse. Folglich führe die güterrechtliche Beteiligung eines Ehegatten an einer erhaltenen Abfindung dazu, dass sich dessen Unterhaltsanspruch wegen seiner gesunkenen Bedürftigkeit verringere.[504] Probleme könnten sich nur ergeben, wenn zwischen der Berechnung des (Trennungs-)Unterhalts und dem Ausgleich des Zugewinns ein größerer Zeitraum läge. In diesen Fällen könnte es sein, dass der Unterhaltsgläubiger aufgrund seiner noch vorhandenen vollen Bedürftigkeit zum güterrechtlichen Stichtag bereits unterhaltsrechtlich zur Hälfte an der Abfindung beteiligt wurde. Diese Fälle könne man jedoch sachgerecht durch die im Güterrecht vorgesehene Billigkeitsklausel des § 1381 BGB lösen.[505] Zur Doppelverwertung könne es folglich nur in den Ausnahmefällen kommen, in denen eine lange Zeitspanne zwischen der Bestimmung der Unterhaltshöhe und der Berechnung des Zugewinnausgleichs läge. Und diesen Ausnahmefällen werde die im Gesetz vorgesehene Billigkeitskorrektur im Zugewinnausgleich besser gerecht, als der ohne Stütze im Gesetz aufgestellte Grundsatz des Doppelverwertungsverbotes.

cc) Vorrang des Zugewinnausgleichsrechts

Wenn ein Ausgleich problematischer Vermögenspositionen über den Zugewinn favorisiert wurde, so ging dies meist mit einem Wahlrecht der betroffenen Ehegatten einher, ob sie den unterhaltsrechtlichen oder den güterrechtlichen Ausgleich vorzögen. Am konsequentesten wird der Vorrang des Güterrechts wohl von *Hoppenz* vertreten.[506] Er argumentierte damit, dass man eine Vermögensposition nur ausnahmsweise in festgeschriebenen Fällen aus dem Endvermögen

---

503 Vgl. *Maier*, S. 897 ff.

504 Vgl. *Maier*, S. 900.

505 Vgl. *Maier*, S. 900.

506 Vgl. *Hoppenz*, FamRZ 2006, S. 1242 ff; *Münch* vertritt zumindest für Unternehmensbeteiligungen, dass diese in jedem Fall auch im Zugewinn berücksichtigt werden sollten, *Münch*, FamRZ 2006, S. 1170.

herausrechnen dürfe.[507] Allein die Tatsache, dass eine Vermögensposition zum Verbrauch bestimmt sei, rechtfertige eine solche Herausnahme nicht.[508] Auch der Surrogatscharakter einer Abfindung überzeugte ihn nicht vom Gegenteil, da der abgefundene Arbeitnehmer nicht gehindert sei, trotz Abfindung sofort eine neue Tätigkeit aufzunehmen, so dass die Zukunftsbezogenheit der Abfindung als Lohnersatz durch die Auszahlung verloren gehe.[509] Damit stehe fest, dass auch Abfindungen in den Zugewinnausgleich eingestellt werden müssten. Fraglich war somit, wie sich dieses Ergebnis auf den Unterhalt auswirkte. Für *Hoppenz* waren Verbindungen zwischen den einzelnen Ausgleichssysteme gegeben, was nicht zuletzt die Rechtfertigung für den Verbund von Scheidung und Folgesachen sei.[510]

Dass es nicht zu einer doppelten Berücksichtigung der gleichen Vermögensposition im Zugewinn und Unterhalt kommen dürfe entsprach auch seiner Ansicht. Allerdings würde die zwingende Berücksichtigung von Vermögenspositionen im Zugewinn die Konkurrenzsituation in den meisten Fällen auflösen. Zur Verdeutlichung führte er folgendes Beispiel an:[511]

Beispiel:

F ist Unterhaltsgläubigerin, die keinen Zugewinn erzielt hat. M hat ein Anfangsvermögen von Null und ein Endvermögen von 130, wovon 30 auf eine Abfindung entfallen.

M habe somit an F einen Zugewinnausgleich in Höhe von 65 zu leisten, wovon 15 auf die Abfindung entfallen. Diesen Betrag von 15 habe F für ihren Unterhalt einzusetzen, so dass in soweit ihre Bedürftigkeit sinke und M entlastet werde. Durch den güterrechtlichen Ausgleich verringere sich somit seine Unterhaltspflicht und die Konkurrenzsituation löse sich auf.[512]

Die Unterschiede zur von *Maier* vertretenen Ansicht[513] sind marginal. Während die Argumentation größtenteils parallel lief, waren die Schlussfolgerungen unterschiedlich. Während *Maier* vertrat, dass es keine Konkurrenz gebe, da sich die Ausgleichssysteme systembedingt aufeinander abstimmten, war für *Hoppenz* eine Konkurrenzsituation durchaus gegeben, wurde jedoch durch den güterrechtlichen Ausgleich aufgelöst.

[507] Vgl. *Hoppenz*, FamRZ 2006, S. 1243.
[508] Vgl. *Hoppenz*, FamRZ 2006, S. 1242.
[509] Vgl. *Hoppenz*, FamRZ 2006, S. 1243.
[510] Vgl. *Hoppenz*, FamRZ 2006, S. 1244.
[511] Vgl. *Hoppenz*, FamRZ 2006, S. 1245.
[512] Vgl. *Hoppenz*, FamRZ 2006, S. 1246.
[513] Vgl. Seite 170.

dd) Vorrang des Unterhaltsrechts

Die Ansicht, dass (vor allem) Abfindungen vorrangig im Unterhaltsrecht auszugleichen seien, ist wohl als im Schrifttum vorherrschend anzusehen.[514] Der Sicherung des Lebensunterhalts wurde dabei der Vorrang vor der Teilhabe am gemeinsamen Vermögen eingeräumt.[515] Diese Lösung hatte den praktischen Gesichtspunkt für sich, dass regelmäßig zu einem Zeitpunkt über den (Trennungs-)Unterhalt entschieden werden muss, zu dem sich der Zugewinn der Ehegatten noch nicht beziffern lässt.[516] Ein Risiko dieser Lösung war, dass die Vermögensposition, aus der Unterhalt bestritten werden sollte, vor Ablauf der Leistungspflicht verbraucht werden konnte und der Unterhaltsschulder dadurch seine Leistungsfähigkeit in missbräuchlicher Weise schmälerte. Dieser Gefahr begegnete das Schrifttum durch einen Verweis auf die Möglichkeit der Sicherheitsleistung nach § 1585 a BGB.

Maurer vertrat speziell für Abfindungen auch den Vorrang des unterhaltsrechtlichen Ausgleichs,[517] wobei sich sein Ansatz nicht generell auf alle positiven Vermögenspositionen ausweiten ließ. Sein Ergebnis beruhte im wesentlichen darauf, dass er Abfindungen generell als Lohnersatz ansah und sie nicht ihrem Zweck nach gegebenenfalls auch als Ausgleich für den Verlust des sozialen Standes bewertete.[518] Diese Unterscheidung stamme aus dem öffentlichen Recht und habe für die zivilrechtliche Beurteilung keine Bedeutung.[519]

b) Schulden der Ehegatten

Keine der vertretenen Ansichten zur Frage der Doppelverwertung von Vermögenspositionen in den verschiedenen nachehelichen Ausgleichssystemen verzichtete beim Erarbeiten eines Lösungsansatzes auf die Differenzierung zwischen positiven und negativen Vermögenspositionen.

aa) Die Ansicht der Rechtsprechung

Zur Handhabung von negativen Vermögenspositionen im Unterhalt und Zugewinn gibt es ein Urteil des BGH aus dem Jahre 1986, in welchem dieser davon

[514] Vgl. *Gerhardt/Schulz*, FamRZ 2005, S. 145 ff.; *Maurer*, FamRZ 2005, S. 757 ff.; *Maurer*, FamRZ 2005, S. 1526; *Niepmann*, S. 131 ff.; *Schulz*, S. 1237 ff.; *Schürmann*, Anm. 1.

[515] *Gerhardt/Schulz*, FamRZ 2005, S. 146; *Schulz*, S. 1239.

[516] Vgl. *Gerhardt/Schulz*, FamRZ 2005, S. 146.

[517] Vgl. *Maurer*, FamRZ 2005, S. 757 ff.; *Maurer*, FamRZ 2005, S. 1526.

[518] Ebenso: *Schulz*, S. 1237; *Schürmann*, Anm. 1; a.A.: *Kogel*, FamRZ 2005, S. 1524 ff.

[519] *Maurer*, FamRZ 2005, S. 762.

ausging, dass keine Konkurrenz zwischen Unterhalt und Zugewinn bestehe.[520] Es wird jedoch vereinzelt davon ausgegangen, dass eine Rechtsprechungsänderung zu erwarten sei.[521] Darüber hinaus hatten sich bisher lediglich einige Gerichte der unteren Instanzen mit dieser Frage auseinandersetzen müssen.

Der erste Fall wurde im Jahre 2004 durch einen Beschluss im Zusammenhang mit beantragter Prozesskostenhilfe vom OLG München entschieden.[522] Es ging um die Frage, ob die Tilgungsleistungen, die der Ehemann für das in seinem Alleineigentum stehende Familienheim zahlte, seine Leistungsfähigkeit im Unterhalt minderten. Mit einer überraschend knappen Begründung wurde dies vom OLG München verneint. Da die Tilgung bereits im Zugewinnausgleich berücksichtigt worden sei, widerspräche es dem Verbot der Doppelverwertung, diese Position auch im Unterhalt zu berücksichtigen. Deswegen sei ab Rechtshängigkeit der Scheidung die unterhaltsrechtliche Berücksichtigung der Tilgung generell ausgeschlossen.

Ebenfalls eine Entscheidung zum Doppelverwertungsverbot in Verbindung mit negativem Vermögen traf im Jahre 2006 das OLG Saarbrücken.[523] Der Ehemann war Eigentümer einer von den Eheleuten bewohnten Immobilie, die mit Verbindlichkeiten belastet war, welche vom Ehemann, der Ehefrau oder auch von beiden gemeinsam eingegangen worden waren. Im Innenverhältnis sollten die Schulden jedoch allein vom Ehemann getragen werden. Auch hier war das Gericht der Ansicht, dass der Tilgungsanteil der Rückzahlungsbeträge nicht bei der Unterhaltsberechnung berücksichtigt werden dürfe, da er bereits zu einer Herabsetzung des Zugewinnausgleichs geführt habe und andernfalls eine doppelte Begünstigung des Ausgleichs-, bzw Unterhaltsverpflichteten eintreten würde, welche ebenso wie die doppelte Benachteiligung bei positivem Vermögen gegen das höchstrichterlich entwickelte Doppelverwertungsverbot verstoße.

Zwar gab es im Jahre 2010[524] und 2011[525] noch zwei Urteile des BGH in welchen sich dieser mit der Berücksichtigung von Verbindlichkeiten im Zugewinnausgleich beschäftigte, allerdings ging es dabei nicht um das hier relevante Zusammenspiel von Zugewinnausgleich und Unterhaltszahlungen.

---

[520] BGH Urteil v. 23.04.1986 (IVb ZR 2/85) NJW-RR 1986, 1325–1326.

[521] Vgl. *Brudermüller*, NJW 2008, S. 3191.

[522] OLG München Beschluss v. 26.11.2004 (16 UF 1631/04) FamRZ 2005, 713–714.

[523] OLG Saarbrücken Urteil v. 25.01.2006 (9 UF 47/05) FamRZ 2006, 1038–1039.

[524] BGH Urteil v. 06.10.2010 (XII ZR 10/09) FamRZ 2011, 25–28.

[525] BGH Urteil v. 09.02.2011 (XII ZR 40/09) NJW 2011, 999–1003.

bb) Vorrang des Zugewinnausgleichsrechts

Dass eine bestehende Doppelverwertung von Schulden dadurch aufgelöst werden solle, dass dem unterhaltsrechtlichen Ausgleich der Vorrang eingeräumt wird, wurde lediglich in einem Aufsatz von *Hoppenz* vertreten,[526] dem er später jedoch selbst widersprach.[527] Soweit angenommen wurde, dass die Berücksichtigung von Schulden zu einer unbilligen doppelten Teilhabe bzw. doppelten Benachteiligung führe, war man sich ansonsten einig, dass diese Doppelverwertung dadurch zu beseitigen sei, dass dem güterrechtlichen Ausgleich der Vorrang einzuräumen ist.[528]

Der Grund für den gesehenen Handlungsbedarf lässt sich an folgendem Beispiel verdeutlichen:[529]

> **Beispiel:**
>
> Ehemann M zahlt als Alleinschuldner ein während der Ehe aufgenommenes Darlehen, welches bei Rechtshängigkeit der Scheidung noch in Höhe von 20 000 Euro offen ist, in monatlichen Raten zu 1 000 Euro ab. Ehefrau F hat kein Einkommen.

Dadurch, dass die Schulden güterrechtlich vom Endvermögen des M abgezogen wurden, verringerte sich sein Zugewinn um 20 000 Euro und folglich wurde auch der Zugewinnausgleichsanspruch der F um 10 000 Euro herabgesetzt. Somit erhielt sie im Zugewinnausgleich 10 000 Euro weniger, als sie von einem schuldenfreien M erhalten hätte. Wenn man die monatliche Tilgungsrate von 1 000 Euro als eheprägend auch im Unterhalt berücksichtigte und folglich vom Einkommen abzog, so verringerte sich der Unterhaltsanspruch der F um 500 Euro pro Monat[530] im Vergleich zu einem schuldenfreien Ehemann. Da M die Schuld noch 20 Monate lang tilgen musste,[531] erhielt F insgesamt 10 000 Euro[532] weniger Unterhalt, als sie von einem schuldenfreien M erhalten hätte. Folglich hätten die Schulden des M in Höhe von 20 000 Euro dazu geführt, dass F 10 000 Euro weniger Zugewinn und 10 000 Euro weniger Unterhalt von M erhalten

[526] Vgl. *Hoppenz*, FPR 2006, S. 101.

[527] Vgl. *Hoppenz*, FamRZ 2006, S. 1246.

[528] Vgl. *Gerhardt/Schulz*, FamRZ 2005, S. 317 ff.; *Schulin*, S. 1521 f.; *Gerhardt/Schulz*, FamRZ 2005, S. 1523 f.; *Grziwotz*, MittBayNot 2005, S. 284 ff.; *Grziwotz*, FPR 2006, S. 485 ff.; *Kogel*, FamRZ 2006, S. 1038 ff.; *Schulz*, S. 1237 ff.; *Hoppenz*, FamRZ 2006, S. 1246, er setzt sich damit jedoch in Widerspruch zu seiner Aussage in *Hoppenz*, FPR 2006, S. 101.

[529] Übernommen von *Gerhardt/Schulz*, FamRZ 2005, S. 317 und *Schulz*, S. 1240 f.

[530] Der Einfachheit halber wird ein Erwerbstätigenbonus nicht berücksichtigt.

[531] Der Einfachheit halber wird von einem zinslos gewährten Darlehen ausgegangen.

[532] $20 \cdot 500 = 10\,000$.

hätte. Der Schuldenlast des M standen somit ersparte nacheheliche Zuwendungen in gleicher Höhe gegenüber. Die Schuldenlast wäre faktisch von F getragen worden.

Der Weg von dieser Erkenntnis bis zum Vorrang des güterrechtlichen Ausgleichs war von Pragmatismus geprägt. Der Ansatz beruhte darauf, dass es durch das strenge Stichtagsprinzip und die diesbezüglich eindeutige Rechtsprechung des BGH[533] nicht möglich sei, die Schulden bei der Berechnung des Zugewinns unberücksichtigt zu lassen. Also wurden die Schulden bzw. die Tilgungsraten kurzer Hand bei der Berechnung des Unterhalts ignoriert.[534] Eine dogmatisch saubere Begründung für die gewählte Lösung konnte darin nicht gesehen werden.

Hoppenz vertrat im Ergebnis zwar die selbe Ansicht, betrieb jedoch bei der Begründung größeren Aufwand und stellte auch klar, dass die bisher genannten Argumente zu vordergründig seien.[535] Seine dogmatische Begründung beruhte darauf, dass die nachehelichen Ausgleichssysteme zwar getrennte Anwendungsbereiche hätten, sich aber dennoch gegenseitig beeinflussten. Im konkreten Fall bezog er sich auf § 1581 BGB, wonach Unterhalt gegebenenfalls nicht nur aus den laufenden Einkünften, sondern auch aus dem Vermögen zu bestreiten ist. Führe man nunmehr bei einem mit Schulden belasteten Ehegatten den Zugewinnausgleich durch, so verringere sich seine Zugewinnausgleichspflicht um die Hälfte der Verbindlichkeiten. Bei Schulden in Höhe von 20 000 Euro spare er folglich 10 000 Euro im Zugewinnausgleich ein. Diesen gesparten Betrag solle der zugewinnausgleichs- und unterhaltsverpflichtete Ehegatte nunmehr zur Tilgung seiner Verbindlichkeiten einsetzen.[536] Da er auf diese Art die Hälfte seiner Schulden tilgen könne, entspreche dies genau dem Betrag, der bisher durch die reduzierte Unterhaltspflicht von seiner Ehefrau mittelbar getragen wurde. Somit sei durch den Zugewinnausgleich die Konkurrenzsituation aufgelöst.[537] Durch das Güterrecht hätte der ausgleichsverpflichtete Ehegatte nunmehr den Betrag erspart, auf den seine Ehefrau andernfalls langfristig durch den gekürzten Unterhalt verzichtet hätte. Somit bestehe kein Grund mehr, einen weiteren Abzug im Unterhalt vorzunehmen. Die Schulden könnten unterhaltsrechtlich

[533] Vgl. BGH Urteil v. 27.08.2003 (XII ZR 300/01) NJW 2003, 3339–3341.
[534] Vgl. *Gerhardt/Schulz*, FamRZ 2005, S. 318.
[535] Vgl. *Hoppenz*, FamRZ 2006, S. 1245.
[536] Vgl. *Hoppenz*, FamRZ 2006, S. 1245.
[537] Vgl. *Hoppenz*, FamRZ 2006, S. 1246.

ignoriert werden, nicht nur bezüglich der Tilgungsraten, sondern auch bezüglich der Zinslast.[538]

Teilweise wurde auch danach differenziert, zu welchem Zweck die Verbindlichkeiten aufgenommen wurden.[539] Nur wenn ein Gegenstand angeschafft wurde, der noch im Vermögen des schuldenbelasteten Ehegatten vorhanden war, wie zum Beispiel eine Immobilie, sollte ein Fall der drohenden Doppelverwertung vorliegen. Bei Konsumentenkrediten, die beispielsweise für eine gemeinsam unternommene Urlaubsreise aufgenommen wurden, sollte hingegen der Vorrang des Güterrechts nicht gelten, da ein güterrechtlicher Ausgleich mangels Masse meist nicht vorgenommen werde.[540]

Schließlich soll die Ansicht von *Grziwotz* und *Niepmann* nicht unerwähnt bleiben, die ein Doppelverwertungsproblem dann nicht sehen, wenn der güterrechtliche Ausgleich ohnehin ausgeschlossen war, etwa wegen vereinbarter Gütertrennung oder Überschuldung eines Ehegatten.[541] Es erscheint allerdings bedenklich, die dogmatische Problemlösung von rein tatsächlichen Umständen abhängig zu machen.

cc) Keine Konkurrenzsituation

Wie bereits für positive Vermögenspositionen[542] gab es auch bei der Berücksichtigung von Schulden Stimmen, die der Ansicht waren, eine aufzulösende Konkurrenz von Unterhalt und Zugewinnausgleich könne nicht entstehen.[543]

Die Vertreter dieser Ansicht argumentierten in den meisten Fällen nicht mit einer abweichenden rechtlichen Vorgehensweise. Vielmehr kamen sie zu dem selben Ergebnis wie die Gegenansicht, zogen daraus jedoch andere Schlussfolgerungen. Soweit also von den Befürwortern der Gegenauffassung vorgetragen wurde, eine Berücksichtigung von Verbindlichkeiten im Zugewinnausgleich *und* im Unterhaltsrecht würde dazu führen, dass die ausgleichs- und unterhaltsberechtigte Person die Verbindlichkeiten letzten Endes alleine tragen würde, wurde hierin der Denkfehler gesehen.[544] Unterhaltsrechtlich werde der Berechtigte schon

538 Vgl. *Hoppenz*, FamRZ 2006, S. 1246.
539 Vgl. *Niepmann*, S. 132 f.; *Schulin*, S. 1522.
540 *Niepmann*, S. 132.
541 Vgl. *Grziwotz*, MittBayNot 2005, S. 286; *Niepmann*, S. 133.
542 Vgl. S. 169 f.
543 Vgl. *Schmitz*, FamRZ 2005, S. 1520 f.; *Schulin*, S. 1521 f.; *Maier*, S. 897 ff.; *Schmitz*, FamRZ 2006, S. 1811 ff.; *Hermes*, S. 184 ff.; *Wohlgemuth*, S. 187 f.; *Jakobs*, S. 2885 ff.; *Schmitz*, FPR 2007, S. 198 ff.
544 Vgl. *Hermes*, S. 185; *Jakobs*, S. 2886; *Schmitz*, FPR 2007, S. 201; *Schulin*, S. 1522; *Wohlgemuth*, S. 187 f.

deswegen nicht benachteiligt, da die Tilgungsleistungen ja tatsächlich auch während der Ehe erbracht wurden, die ehelichen Lebensverhältnisse sich also an dem verminderten Einkommen orientierten. Soweit man dem unterhaltsverpflichteten Ehegatten den Abzug der Tilgungsleistung verweigerte, würde dieser vielmehr übermäßig belastet werden, da er in diesem Fall zu Unterhaltszahlungen verpflichtet werden würde, deren Berechnung auf der fiktiven Außerachtlassung von Zahlungsverpflichtungen beruhe.[545] Das Ziel, dass sowohl der eigene, als auch der Unterhalt des Ehepartners aus den laufenden Einkünften bestritten werde, könne jedoch nur dann erreicht werden, wenn für die Unterhaltsberechnung ausschließlich die tatsächlichen finanziellen Verhältnisse maßgeblich seien. Die Berechnung auf der Grundlage von fiktiven Werten führe zwangsläufig dazu, dass früher oder später Finanzpositionen für den Unterhalt eingesetzt werden müssten, die dafür nicht vorgesehen waren, da für die Unterhaltsberechnung der eheliche Lebensstandard „erhöht würde".[546]

Außerdem sei es falsch zu denken, der Unterhaltsempfänger zahle bei einem Abzug der Tilgung die Schulden faktisch selbst.[547] Richtig sei vielmehr, dass er nur nicht mehr an der Vermögensbildung des unterhaltpflichtigen Ehegatten nach der Scheidung teilnehme.[548] Das Geld, welches während der Ehe zur Schuldentilgung aufgewendet wurde, konnte nicht für den sonstigen Konsum zur Verfügung stehen. Mit diesem Geld bildete der schuldentilgende Ehegatte Vermögen auf Kosten des zum Konsum zur Verfügung stehenden Einkommens. Der Teil des Einkommens, der zur Vermögensbildung in Form von Schuldentilgung verwendet wurde, war für den anderen Ehegatten jedoch nicht verloren. Im Falle der Scheidung wurde er im Wege des Zugewinnausgleichs zur Hälfte an dem gebildeten Vermögen beteiligt. Das Ergebnis stellte sich also so dar, dass über den Unterhalt sichergestellt wurde, dass dem Ehegatte nach wie vor jeden Monat der gleiche Geldbetrag zu Konsumzwecken zur Verfügung steht, wie vor der Scheidung. Da das Geld, das zur Schuldentilgung verwendet wurde, auch vor der Scheidung nicht zur Verfügung stand, wurde es auch im Unterhalt nicht berücksichtigt. Über den Zugewinnausgleich bekam der Ehegatte zusätzlich seinen Anteil an dem gebildeten Vermögen. Dieses Ergebnis entspräche exakt dem Leitbild des Gesetzgebers, welcher lediglich das zu einem bestimmten Stichtag vorhandene Vermögen dem Ausgleich unterstellen wollte und zukünftiges Ver-

545 Vgl. *Jakobs*, S. 2886; *Schmitz*, FPR 2007, S. 201.

546 Vgl. *Schmitz*, FPR 2007, S. 201; *Hermes*, S. 185.

547 So aber: *Kogel*, FamRZ 2003, S. 1647; *Gerhardt/Schulz*, FamRZ 2005, S. 318; *Grziwotz*, FPR 2006, S. 486; *Schulz*, S. 1241.

548 Vgl. *Maier*, S. 899.

mögen vom Ausgleich ausnahm. Somit bestehe kein Bedürfnis nach einem über das soeben gesagte hinausgehenden Ausgleich.

Schulin wollte die Entscheidung, ob eine ungerechte Doppelverwertung vorlag, anders als zum Beispiel *Hermes*,[549] davon abhängig machen, zu welchem Zweck die Schulden aufgenommen wurden.[550] Er wies in seinem Aufsatz jedoch selbst darauf hin, dass es sich bei seinen Überlegungen lediglich um Ansätze handelt, die noch genauer Überprüfung bedürfen. Er war der Ansicht, dass die Berücksichtigung von Schuldentilgung sowohl im Unterhalt, als auch im Zugewinn immer dann zu ungerechten Ergebnissen führe, wenn die Verbindlichkeit zum Erwerb eines Gegenstandes eingegangen wurde, der noch im Endvermögen des Ehegatten vorhanden ist. Als gegensätzliche Beispiele führte er die Weltreise und den Hauskauf an. Dürfte der Ehegatte, der ein Haus gekauft hat, die Tilgungsleistungen bei der Berechnung des Unterhalts in Abzug bringen, so würde der unterhaltsberechtigte Ehegatte nachehelich an der Vermögensbildung des anderen Ehegatten mitwirken. In dem Fall, dass eine bereits unternommene Weltreise noch abbezahlt werden musste, sah er dieses Problem jedoch nicht, da in diesem Fall durch die Rückzahlung kein Vermögen gebildet werde.[551]

c) Wahlrecht

Manche Autoren wollen es der Privatautonomie der Ehegatten überlassen, ob sie bei einer drohenden Doppelverwertung von Vermögenspositionen dem Güterrecht oder dem Unterhaltsrecht den Vorrang einräumten.[552] In der Praxis mag dies ein gangbarer Weg gewesen sein um Streit zu vermeiden, das Recht muss jedoch gerade auch dann Lösungen vorsehen, wenn die Parteien sich nicht einigen können.

II. Die neue Rechtslage seit 2009

Da auch schon vor der Reform des Güterrechts keine ausdrückliche Regelung zur Frage des Doppelverwertungsverbotes im Gesetz enthalten war, ist es nicht überraschend, dass auch die Reform keine Klarstellung durch den Gesetzgeber brachte. Die Problematik hat sich durch die Änderungen des Gesetzes jedoch nicht erledigt, so dass die zur alten Rechtslage angestellten Überlegungen prin-

549 Vgl. *Hermes*, S. 186.
550 Vgl. *Schulin*, S. 1521 f.
551 Vgl. *Schulin*, S. 1522.
552 Vgl. *Soyka*, S. 540 f.

zipiell weiterhin verwertbar sind. Es ist jedoch zu überprüfen, inwieweit sich die sonstigen Änderungen des Güterrechts mittelbar auf die Problematik des Doppelverwertungsverbotes auswirken und ob dies dazu führt, dass neue Gesichtspunkte in der Diskussion Beachtung finden müssen.

1. Die geänderten Umstände

Auch für das Problem der Doppelverwertung ist die neu eingeführte Berücksichtigung von negativem Anfangs- und Endvermögen die Änderung mit den weitreichendsten Folgen. Es bestehen zwar keine unmittelbaren Auswirkungen, mittelbar sind diese jedoch sehr wohl vorhanden. Durch die Möglichkeit des negativen Anfangsvermögens, zusammen mit den geänderten Auswirkungen des § 1378 Abs. 2 S. 1 BGB,[553] kann sich die finanzielle Situation des ausgleichsverpflichteten Ehegatten nach der Scheidung nunmehr deutlich ungünstiger darstellen als zuvor. Nach altem Recht konnte die Ausgleichsforderung – loyales Verhalten vorausgesetzt – niemals mehr als die Hälfte des bei Beendigung des Güterstandes tatsächlich vorhandenen Vermögens betragen. Unabhängig von der Höhe des Vermögens blieb dem Ausgleichspflichtigen also nach Erfüllung des Zugewinnausgleichsanspruchs mindestens die Hälfte seines positiv vorhandenen Vermögens. Dies war somit die finanzielle Basis für seine weitere Lebensführung.

Durch die Reform wird nunmehr jedoch dem Ausgleichpflichtigen auch ohne illoyales Verhalten zugemutet, gegebenenfalls sein gesamtes Vermögen zur Begleichung des Zugewinnausgleichsanspruches einzusetzen.[554] Dies kann immer dann passieren, wenn negatives Anfangsvermögen vorhanden war. Außerdem sind durch die geänderten Stichtage nunmehr Vermögensminderungen nach dem Stichtag zur Berechnung der Zugewinnhöhe unbeachtlich. Folglich kann es nach neuem Recht durchaus vorkommen, dass der ausgleichspflichtige Ehegatte vollständig ohne eigenes Vermögen aus der Ehe hervorgeht und sich in dieser Situation mit den Unterhaltsansprüchen des ehemaligen Ehegatten, sowie den eigenen Lebenshaltungskosten konfrontiert sieht. Der Wunsch, in dieser Situation nicht auch noch durch eine ungerechtfertigte Doppelverwertung von Vermögenspositionen zusätzlich belastet zu werden, ist dadurch tendenziell noch dringlicher geworden. Demnach hat die Reform zumindest dafür gesorgt, dass die Problematik der Doppelverwertung von Vermögenspositionen noch sorgfältiger zu beurteilen ist, als dies ohnehin bereits der Fall war.

553 Vgl. S. 17 ff.
554 Vgl. § 1378 Abs. 2 S. 1 BGB.

2. Die Auswirkungen bei positiven Vermögenspositionen

Für die Untersuchung bleibt die Differenzierung zwischen positiven und negativen Vermögenspositionen bestehen. Es sind keine Anhaltspunkte ersichtlich, warum die Reform eine inhaltliche Trennung der beiden Fallvarianten überflüssig gemacht haben sollte. Zunächst soll demnach geklärt werden, wie die Reform die Behandlung von positiven Vermögenspositionen bei der Frage der Doppelverwertung beeinflusst hat und wie demnach ein sachgerechter Umgang in der Praxis auszusehen hat.

a) Die Abfindung

Nach wie vor besteht das Problem, dass eine Abfindung, der (auch) eine Lohnersatzfunktion zukommt, bereits vollständig im Endvermögen vorhanden ist und somit eigentlich auch im Zugewinnausgleich zu berücksichtigen wäre. Es muss nun überprüft werden, ob die Argumente, die vor der Reform ausgetauscht wurden, auch nach der Reform noch Gültigkeit haben oder ob sie durch die geänderten Umstände neu zu gewichten sind.

aa) Vorrang des Güterrechts

Für das alte Recht wurde teilweise vertreten, dass ein zugewinnrechtlicher Ausgleich die Gefahr der Doppelverwertung aufhebe, da der erhaltene Anteil an der Abfindung für den eigenen Unterhalt einzusetzen sei und somit die Bedürftigkeit senke.[555] Das Zusammenspiel von Zugewinnausgleich und Unterhalt würde somit automatisch eine Doppelverwertung verhindern.

Diese Überlegung beruhte darauf, dass durch das alte Ausgleichssystem eine Erhöhung des Endvermögens auf Seiten des Ausgleichspflichtigen immer dazu führte, dass sich die Hälfte der Erhöhung auf die Ausgleichsforderung des anderen Ehegatten addierte. Diese Tatsache wiederum hatte ihren Grund darin, dass das Anfangsvermögen immer mit mindestens null bewertet wurde. Somit betrug die maximale Ausgleichsforderung die Hälfte des positiven Vermögens. Vereinfacht gesagt musste von jedem Vermögensgegenstand, den der andere Ehegatte nicht auch besaß, die Hälfte abgegeben werden.

Beispiel:

M und F haben kein Anfangsvermögen. F hat ein Endvermögen von 10 000 Euro, M hat ein Endvermögen von 50 000 Euro.

[555] Vgl. *Hoppenz*, FamRZ 2006, S. 1245 f.

In diesem Beispiel übersteigt das Endvermögen des M das der F um 40 000 Euro, er muss somit 20 000 Euro Zugewinnausgleich zahlen. Erhöht sich das Endvermögen des M um 10 000 Euro, so erhöht sich die Ausgleichsforderung der F um 5 000 Euro.[556] Wenn es sich bei den 10 000 Euro, die das Endvermögen des M erhöhen, nun um eine Abfindung handelt, so konnte man nach altem Recht durchaus sagen, dass F 5 000 Euro *aus der Abfindung* erhält und dieses Geld dementsprechend für ihren Unterhalt einzusetzen hat.[557] Im Idealfall machte es somit keinen Unterschied, ob M die Abfindung behielt und den vollen Unterhalt zahlen musste, oder die Hälfte der Abfindung im Wege des Zugewinnausgleichs abgab und einen entsprechend geringeren Unterhalt zu zahlen hatte.

Die Einführung von negativem Anfangsvermögen, zusammen mit der unterbliebenen Anpassung des § 1378 Abs. 2 S. 1 BGB,[558] zerstört nunmehr jedoch die argumentative Basis für diesen Ansatz. Sobald negatives Anfangsvermögen vorhanden ist, stimmt es eben gerade nicht mehr, dass von jedem Vermögensbestandteil, den man „mehr hat als der Ehegatte“, die Hälfte abzugeben ist. Folglich kann man auch nicht mehr davon ausgehen, dass dann, wenn eine Abfindung im Endvermögen des einen Ehegatten vorhanden ist, der andere Ehegatte die Hälfte genau dieser Abfindung erhält.

Beispiel:

M hat ein Anfangsvermögen von -50 000 Euro. Sein Endvermögen beträgt 30 000 Euro. F hat weder Anfangs- noch Endvermögen.

In diesem Beispiel hat M nach neuem Recht einen Zugewinn von 80 000 Euro erwirtschaftet. Da F keinen Zugewinn erzielt hat, stünde ihr eigentlich ein Ausgleichsanspruch in Höhe von 40 000 Euro zu. Durch § 1378 Abs. 2 S. 1 BGB wird dieser Anspruch jedoch auf die 30 000 Euro begrenzt, die M an positivem Endvermögen besitzt. Wird dem Endvermögen des M in diesem Fall eine Abfindung in Höhe von 10 000 Euro hinzugerechnet, so erhöht sich sein Endvermögen auf 40 000 Euro und sein Zugewinn auf 90 000 Euro. Von den 45 000 Euro, die der F nun als Zugewinnausgleich zustünden, erhält sie wegen § 1378 Abs. 2 S. 1 BGB in diesem Fall 40 000 Euro. Durch die Abfindung von 10 000 Euro hat sich somit in diesem Fall der Ausgleichsanspruch der F faktisch um 10 000 Euro erhöht. Dennoch wird man nicht sagen können, dass

556 Die Differenz würde in diesem Fall 50 000 Euro betragen, die Ausgleichsforderung demnach 25 000 Euro.

557 Vgl. *Balzer/Gutdeutsch*, S. 342 – dort werden jedoch nich die Auswirkung des neu eingeführten negativen Anfangsvermögens berücksichtigt.

558 Vgl. S. 17 ff.

die zusätzlichen 10 000 Euro, die F erhalten hat, die Abfindung darstellen und sie diesen Betrag deshalb vollständig zur Bedarfsminderung einzusetzen habe. Dieser Ansicht wird F entgegen halten, dass ihr auch ohne die Abfindung bereits 40 000 Euro zustanden, sie jetzt also lediglich das erhalten hat, was ihr bereits ohne die Abfindung zustand. Die Abfindung hätte ihren Anspruch eigentlich auf 45 000 Euro erhöht, von diesen zusätzlichen 5 000 Euro erhalte sie aber wegen § 1378 Abs. 2 S. 1 BGB nichts, entsprechend wird sie nicht akzeptieren, dass ihr Bedarf herabgesetzt wird. Es muss für den eigenen Unterhalt zwar auch das Vermögen eingesetzt werden, jedoch eben gerade nicht uneingeschränkt, vgl. § 1577 BGB. Der Stamm des Vermögens soll weitgehend nicht verbraucht werden müssen. Es kann somit nicht mehr davon ausgegangen werden, dass ein güterrechtlicher Ausgleich von Abfindungen immer dafür sorgt, dass es zu keiner Doppelverwertung mehr kommen kann.

bb) Vorrang des Unterhaltsrechts

Die vom BGH vertretene,[559] und auch im Schrifttum vorherrschende Meinung,[560] ging für das alte Recht davon aus, dass Abfindungen vorrangig im Unterhaltsrecht auszugleichen seien und man sie aus dem güterrechtlichen Ausgleich heraushalten solle. Da die Argumente bereits für die alte Rechtslage weniger durch saubere Dogmatik als durch Pragmatismus geprägt waren,[561] ist die Gefahr geringer, dass die Reform die angestellten Überlegungen obsolet gemacht haben könnte.

Neben den nach wie vor bestehenden Problemen der sauberen dogmatischen Begründbarkeit hat die Reform für eine weitere Verkomplizierung gesorgt. Die neu entstandene Frage lautet nunmehr, wie man eine Abfindung richtig aus dem Endvermögen herausrechnet. Wieder einmal hängt das Problem mit dem neu eingeführten negativen Anfangsvermögen und der unveränderten Kappungsgrenze des § 1378 Abs. 2 BGB zusammen. Ein Herausrechnen der Abfindung aus dem Endvermögen kann nicht mehr sicherstellen, dass der Ausgleichsschuldner die Abfindung tatsächlich behalten kann.

Beispiel:

M hat ein Anfangsvermögen von -60 000 Euro. Sein Endvermögen beträgt 30 000 Euro, in diesem Betrag sind 10 000 Euro aus einer Abfindung enthalten. F hat weder Anfangs- noch Endvermögen.

[559] BGH Versäumnisurteil v. 21.04.2004 (XII ZR 185/01) NJW 2004, 2675–2676.
[560] Vgl. *Gerhardt/Schulz*, FamRZ 2005, S. 145 ff.; *Maurer*, FamRZ 2005, S. 757 ff.; *Maurer*, FamRZ 2005, S. 1526; *Niepmann*, S. 131 ff.; *Schulz*, S. 1237 ff.; *Schürmann*, Anm. 1.
[561] Vgl. die Ausführungen auf S. 167 ff.

Ohne Anpassung beträgt der Zugewinn des M in diesem Beispiel 90 000 Euro, F hat also Anspruch auf einen Zugewinnausgleich in Höhe von 45 000 Euro. Rechnet man nun aus dem Endvermögen die Abfindung heraus, so beträgt der Zugewinn des M nur noch 80 000 Euro, F kann somit nur noch 40 000 Euro Zugewinnausgleich verlangen. In beiden Fällen ist jedoch das nach § 1378 Abs. 2 S. 1 BGB tatsächlich vorhandene Vermögen der begrenzende Faktor. Unabhängig davon, ob man in diesem Beispiel die Abfindung vom Endvermögen des M abzieht oder nicht – er muss nach § 1378 Abs. 2 BGB Zugewinnausgleich in Höhe von 30 000 Euro an F zahlen und steht somit nach dem Ausgleich ohne eigenes Vermögen da.[562] Für die gleiche Wirkung wie nach altem Recht müsste man also die Abfindung nicht nur aus dem Endvermögen herausrechnen, sondern die Kappungsgrenze des § 1378 Abs. 2 BGB ebenfalls anpassen, bzw. die Abfindung bei dieser Berechnung ebenfalls vom Vermögen abziehen.

Doch selbst wenn die Abfindung auch an dieser Stelle abgezogen wird, sind nicht alle Probleme gelöst. Für die Anwendbarkeit des § 1390 BGB kann sich erneut die Frage stellen, wie mit der Abfindung zu verfahren ist. Durch den neuen § 1390 BGB ist der Rückgriff auf Dritte nur möglich, wenn bei Beendigung des Güterstandes das Vermögen des Ausgleichsverpflichteten geringer ist als die Ausgleichsforderung. Diese Norm dient der tatsächlichen Durchsetzbarkeit der Forderung, nicht der Bestimmung ihrer Höhe.[563] Dies zeigt sich auch daran, dass der Stichtag im Falle einer Scheidung nicht zusammen mit den anderen Stichtagen vorverlegt wird. Es kommt darauf an, wieviel Vermögen tatsächlich zu dem Zeitpunkt, zu dem die Forderung fällig wird, vorhanden ist. Folglich würde es der Systematik des Gesetzes widersprechen, wenn auch für die Frage der Anwendbarkeit des § 1390 BGB eine erhaltene Abfindung abzuziehen wäre. Es kann hier nur auf das real vorhandene Vermögen ankommen, ohne theoretische Rechenspiele. Für den Ausgleichsberechtigten kann dies bedeuten, dass er im Vergleich zur Situation, die bestehen würde, wenn eine Abfindung tatsächlich nie gezahlt worden wäre, auf den Luxus mehrerer Schuldner verzichten muss.[564]

---

[562] Diese Problematik kann auch bei privilegiertem Erwerb auftreten. Dort ist allerdings keine Doppelverwertung zu befürchte, da einem privilegiertem Erwerb keine Lohnersatzfunktion zukommt. Folglich kann man eher akzeptieren, dass der ausgleichsberechtigte Ehegatte im Zugewinnausgleich vom privilegierten Erwerb mittelbar profitiert.

[563] Vgl. S. 130.

[564] Durch die Vielzahl an Gläubigerschutzvorschriften dürften sich die nachteiligen Auswirkungen jedoch in Grenzen halten.

Beispiel:

M hat ein Anfangsvermögen von -20 000 Euro. Während der Ehe hatte er nach einem Streit mit F einen Diamantring seiner Großmutter im Wert von 10 000 Euro, den F sehr gerne trug, einer Arbeitskollegin geschenkt um F zu ärgern.[565] Sein Endvermögen beträgt 20 000 Euro. Darin sind 10 000 Euro aus einer Abfindung enthalten. F hat weder Anfangs- noch Endvermögen.

Hätte M nie eine Abfindung erhalten, so betrüge sein Endvermögen 10 000 Euro. Diesem würde jedoch die Schenkung hinzugerechnet werden, so dass es rechnerisch 20 000 Euro betragen würde. Sein Zugewinn betrüge somit 40 000 Euro. Da sich durch die Hinzurechnung auch die Kappungsgrenze nach § 1378 Abs. 2 S. 2 BGB verschiebt, muss er den Zugewinnausgleich in Höhe von 20 000 Euro voll bezahlen, auch wenn sein tatsächliches Endvermögen nur 10 000 Euro beträgt. Da sein tatsächliches Vermögen jedoch geringer ist als die Höhe der Ausgleichsforderung, könnte F zusätzlich gegen die beschenkte Arbeitskollegin vorgehen und hätte somit einen weiteren Schuldner.

Dadurch, dass M die Abfindung erhalten hat, wären nach der hier zu untersuchenden Ansicht von seinem Endvermögen die 10 000 Euro aus der Abfindung abzuziehen, andererseits sind die 10 000 Euro aus der Schenkung an die Kollegin dem Endvermögen hinzuzurechnen. Es bleibt demnach bei einem Endvermögen von 20 000 Euro, so dass sein Zugewinn auch hier 40 000 Euro beträgt. Da sich erneut nach § 1378 Abs. 2 S. 2 BGB die Kappungsgrenze durch die Schenkung verschiebt, ist der errechnete Zugewinnausgleich in Höhe von 20 000 Euro durch M vollständig zu erfüllen, auch wenn sein rechnerisches Vermögen nur 10 000 Euro beträgt. Da für die Anwendbarkeit des § 1390 BGB jedoch das Endvermögen inklusive der Abfindung entscheidend ist, betragen sowohl das Vermögen des M, als auch die Höhe der Forderung jeweils 20 000 Euro. Da demnach die Forderung nicht das Vermögen übersteigt ist ein Rückgriff der F auf die beschenkte Kollegin nicht möglich.

Demnach wird F in diesem Beispiel also durch die Abfindung der Möglichkeit beraubt, zur Befriedigung ihrer Forderung einen zusätzlichen Schuldner zur Verfügung zu haben. Allerdings steht diesem „Nachteil[566]" die höhere tatsächliche Liquidität des M gegenüber, so dass dieser Nachteil ausgeglichen wird.

---

[565] Zur Frage, ob privilegierter Erwerb frei verschenkt werden darf, vgl. die Ausführungen auf S. 86. Für dieses Beispiel wird davon ausgegangen, dass es *nicht* unbeschränkt möglich ist.

[566] Gläubiger haben für ihre Forderungen in der Regel nur einen Schuldner, so dass man kaum von einem Nachteil sprechen kann.

Zusammen mit der ohnehin fraglichen Notwendigkeit des § 1390 BGB [567] ist dies folglich zumindest kein derart großes Problem, dass es geeignet wäre, die Angemessenheit der Lösung in Frage zu stellen.

Die Heraushaltung einer Abfindung aus dem Zugewinnausgleich ist durch die Reform zwar komplizierter geworden, sie ist jedoch nach wie vor möglich. Die vor der Reform bevorzugte Lösung, um die doppelte Berücksichtigung von Abfindungen zu vermeiden, ist somit nach wie vor möglich. Damit ist jedoch noch nicht zwangsläufig festgestellt, dass sie auch weiterhin die vorzuziehende Variante darstellt.

An dieser Stelle müssen jedoch ebenfalls pragmatische Gesichtspunkte beachtet werden. Es wurde eingangs der Bedarf für eine Lösung bejaht, die ein doppeltes Verwerten von Vermögenspositionen (hier Abfindungen) wirksam verhindert.[568] Weiterhin wurde festgestellt, dass der Vorrang des Güterrechts infolge der Reform nicht mehr geeignet ist, die Konkurrenzsituation von Unterhalt und Zugewinnausgleich aufzulösen. Der Vorrang des Unterhaltsrechts ist zwar nach der Reform schwieriger umzusetzen, gleichwohl aber nach wie vor möglich. Das Problem, dass Regelungen zum Güterrecht eigentlich einer strengen Formvorschrift unterliegen, besteht zwar nach wie vor, wurde vom BGH jedoch auch schon bisher durch einen Verweis auf die allgemeine Billigkeit umgangen.[569] Mangels Alternativen ist demnach auch nach der Reform der Vorrang des Unterhaltsrechts für den Ausgleich von Abfindungen der einzig gangbare Weg.

b) Der Gewerbebetrieb

Der andere Fall, in dem es zu einer Doppelverwertung von positiven Vermögensbestandteilen kommen kann, ist der, dass ein Ehegatte einen Gewerbe betreibt, aus dessen Einnahmen einerseits der Lebensunterhalt bestritten wird, das aber andererseits auch einen Wert hat, der sich durch einen Verkauf realisieren ließe.[570] Der BGH berücksichtigt den Betrieb im Zugewinn des Ehegatten, nimmt jedoch einen Abzug für den fiktiven Unternehmerlohn vor, da aus diesem erst zukünftig der Unterhalt zu bezahlen sei.[571] Somit läge keine Doppelverwertung vor. Der Teil des Betriebs, der als Vermögen anzusehen sei, solle nach Güter-

---

567 Vgl. S. 139.

568 Vgl. S. 179.

569 BGH Urteil v. 11.12.2002 (XII ZR 27/00) NJW 2003, 1396–1397, S. 1397.

570 Vgl. die Konstallation bei BGH Urteil v. 06.02.2008 (XII ZR 45/06) NJW 2008, 1221–1225.

571 BGH Urteil v. 06.02.2008 (XII ZR 45/06) NJW 2008, 1221–1225; BGH Urteil v. 09.02.2011 (XII ZR 40/09) NJW 2011, 999–1003.

recht ausgeglichen werden und der Teil, aus dem die Lebensführung bestritten werde, solle unterhaltsrechtlich ausgeglichen werden.

Der wesentliche Unterschied zur Abfindung liegt darin, dass es sich nicht um einen Vermögensbestandteil handelt, der in Geldform vorliegt. Prinzipiell ließe sich somit eine abweichende Handhabung gegenüber Abfindungen rechtfertigen. Fraglich bleibt jedoch, ob die vom BGH vorgenommene Aufspaltung als angemessene Lösung zu bezeichnen ist. Das grundsätzliche Problem liegt darin, dass bei einer Berücksichtigung eines einheitlichen Gegenstandes in beiden Ausgleichssystemen der Ausgleichsverpflichtete eben nicht zur Befriedigung der Zugewinnausgleichsforderung seinen Betrieb verkaufen kann. Immerhin ist dieser die Basis für das weitere Einkommen, aus dem auch der Unterhalt zu bestreiten ist. Bezieht sich der Zugewinnausgleich also auch auf den eigenen Betrieb, aus dem man sein laufendes Einkommen bezieht, so kann dies eine übermäßige Belastung des ausgleichsverpflichteten Ehegatten darstellen.

Hinter der Kappungsgrenze des § 1378 Abs. 2 S. 1 BGB steht der Gedanke, dass ein (loyaler) Ehegatte zur Erfüllung des Zugewinnausgleichsanspruchs keine Verbindlichkeiten eingehen müssen soll.[572] Die Obergrenze für den in Geld zu erfüllenden Ausgleichsanspruch stellt das gesamte positive Vermögen dar. Das maximale, was dem Ausgleichsschuldner somit zugemutet wird, ist es, sein komplettes Vermögen zu veräußern und den Erlös an den ausgleichsberechtigten Ehegatten herauszugeben. Die Aufnahme von Krediten bei Dritten wird gerade nicht von ihm verlangt.[573]

Bei Selbständigen kann es jedoch passieren, dass diese Grenze überschritten wird. Wenn es, wie bereits angesprochen, nicht möglich – oder zumindest nicht sinnvoll – ist, den Betrieb, der die laufenden Einkünfte generiert, zu verkaufen, so kann der Ausgleichsschuldner einen Zugewinnausgleichsanspruch eben nicht in jedem Fall aus eigener Kraft befriedigen, sondern ist, sofern das sonstige vorhandene Vermögen nicht ausreicht, gegebenenfalls auf fremde Geldmittel angewiesen, mit einer negativen Zinsfolge. Da die Tilgungs- und Zinslast während der Ehe noch nicht bestand, wird sie wohl auch nicht als eheprägend im Unterhalt zu berücksichtigen sein. Ein Ergebnis, dass durch § 1378 Abs. 2 S. 1 BGB gerade verhindert werden sollte.

Wenn somit der güterrechtliche Ausgleich von Betrieben zu einer unverhältnismäßigen Inanspruchnahme führen kann, so läge ein Vorrang der unterhaltsrechtlichen Lösung auf der Hand. Allerdings handelt es sich bei Betrieben regelmäßig um so große Werte, dass sie durch eine Erhöhung des Unterhalts-

[572] Beschlussempfehlung und Bericht v. 13.05.2009 BT-Drucks. 16/13027, S. 7.
[573] Vgl. *Brudermüller*, FamRZ 2009, S. 1188; *Büte*, NJW 2009, S. 2778.

anspruchs kaum wirksam ausgeglichen werden können, ohne erneut den Ausgleichsverpflichteten unverhältnismäßig in Anspruch zu nehmen. Ein zumindest teilweiser Ausgleich im Güterrecht scheint unverzichtbar, womit die Beweggründe für die Entscheidung des BGH verständlich werden.

Wenn somit einerseits der güterrechtliche Ausgleich zu Problemen führen kann, andererseits aber der unterhaltsrechtliche Ausgleich nicht geeignet ist, große Vermögensmassen zu verschieben, so stellt sich die Frage, ob es zu der vom BGH gewählten Methode der Aufteilung in die beiden Ausgleichsinstitute Alternativen gibt.

Ein Ansatz könnte es sein, durch ein Anpassen der Kappungsgrenze dafür zu sorgen, dass auch der Eigentümer eines Gewerbebetriebs für den Zugewinnausgleich nicht mehr zu zahlen hat, als er aus eigener Kraft aufbringen kann. Bei der Berechnung der Kappungsgrenze des § 1378 Abs. 2 S. 1 BGB müsste demnach der Verkehrswert des Betriebes unberücksichtigt bleiben, da dieser nicht sinnvoll realisiert werden kann. Auch dieser Ansatz scheitert jedoch wieder daran, dass der Betrieb meistens einen Großteil des Vermögens ausmachen dürfte, so dass kaum noch Mittel für den Zugewinnausgleich übrig blieben. Gerechte Ergebnisse dürften sich mit diesem Ansatz wohl nicht erzielen lassen.

Es mag unbefriedigend sein, aber der Ansatz des BGH, wonach der Wert des Betriebs letztlich nach freiem Ermessen der Richter[574] zwischen Güterrecht und Unterhaltsrecht aufgeteilt wird, scheint der für die Praxis einzig gangbare Weg zu sein. Da bei Selbständigen die Sensibilität für die Notwendigkeit von Eheverträgen im Allgemeinen höher anzusetzen sein dürfte, ist nicht zu erwarten, dass der dogmatisch unbefriedigende Ansatz all zu häufig zur praktischen Anwendung gelangen dürfte.

c) Ergebnis

Die Vermeidung der doppelten Berücksichtigung von Vermögenspositionen ist ein problematischer Bereich. Die Vielzahl der denkbaren Konstellationen macht es nahezu unmöglich, eine abstrakte Lösung zu finden, die jederzeit zu gerechten Ergebnissen führt. Gleichzeitig fällt es schwer zu akzeptieren, dass eine gewählte Lösung in Einzelfällen zu ungerechten Ergebnissen führt. Die Eingriffe in die Vermögenspositionen der Ehegatten sind so weitgehend, dass einzelne Ungerechtigkeiten zu Gunsten einer einfachen Handhabbarkeit kaum hinnehmbar erscheinen. Es verwundert also nicht, dass der BGH bei seinen Entscheidungen

[574] Natürlich erfolgt die Aufteilung offiziell nach Vermögensstamm und laufendem Einkommen, an welcher Stelle jedoch diese fiktive Trennung vorgenommen wird, entscheiden die Richter.

großen Wert auf das erzielte Ergebnis gelegt hat, auch wenn dabei teilweise die Dogmatik zurückstecken musste. Beschäftigt man sich intensiver mit der Problematik, so wächst das Verständis für diese Herangehensweise. Ein auch in der Praxis halbwegs vertretbares Ergebnis wird man in diesem Problemfeld durch saubere Dogmatik kaum erreichen können. Die Kunst besteht darin, einen gangbaren Mittelweg zu finden.

Für Abfindungen hat sich gezeigt, dass die Reform dafür gesorgt hat, dass der Vorrang des Güterrechts nicht mehr zwangsläufig zu einer Auflösung der Doppelverwertungsproblematik führt. Folglich gibt es zu dem vom BGH bevorzugten Vorrang des Unterhaltsrechts keine ernstzunehmende Alternative mehr. Auch wenn die rechnerische Umsetzung komplizierter geworden ist und die dogmatische Rechtfertigung für die Heraushaltung einer Vermögensposition aus dem Endvermögen nach wie vor nicht restlos überzeugen kann.

Geht es um die doppelte Berücksichtigung von einem Gewerbebetrieb, so kommt man nicht um eine Aufspaltung herum. Der Großteil des Wertes ist demnach im Güterrecht auszugleichen, es ist jedoch ein Abzug vorzunehmen welcher kompensieren soll, dass bei der Berechnung des Unterhalts der eigene Betrieb ebenfalls ein maßgeblicher Faktor ist.

3. Die Auswirkungen bei negativen Vermögenspositionen

Da die geänderte Berücksichtigung von Schulden einen Hauptpunkt der Reform darstellt, ist besonders sorgfältig zu prüfen, welche Auswirkungen die Reform auf die Frage der Doppelverwertung von Verbindlichkeiten hat. Da sich das Bedürfnis nach einer Auseinanderhaltung bereits nach altem Recht angedeutet hat,[575] soll im Folgenden zwischen Verbindlichkeiten, die der Vermögensbildung dienen, und Verbindlichkeiten, die zum Verbrauch eingegangen wurden, differenziert werden.

Anders als bei positiven Vermögenspositionen liegt das Risiko im Falle einer Doppelverwertung jedoch nicht beim Ausgleichsverpflichteten, sondern beim Ausgleichsberechtigten. Durch eine doppelte Berücksichtigung käme es zu einer Verringerung des Anspruchs sowohl im Unterhalt, als auch im Zugewinn. Im Gegensatz zu den positiven Vermögenspositionen sind hier die Auswirkungen einer doppelten Berücksichtigung durch die allgemeine Besserstellung der Ausgleichsberechtigten[576] also tendenziell geringer geworden. Gleichwohl sollte es das Ziel

[575] Vgl. S. 178.
[576] Vgl. die Gesetzesbegründung, Gesetzentwurf v. 05.11.2008 BT-Drucks. 16/10798, S. 14 f.

sein, eine gerechte Lösung zu finden, unabhängig davon, wie einschneidend die Auswirkungen einer unangemessenen Lösung wären.

a) Verbindlichkeiten zur Vermögensbildung

Nach der hier verwendeten Terminologie sind Verbindlichkeiten dann zur Vermögensbildung eingegangen, wenn mit Ihnen eine Sache erworben wurde, deren Wert sich noch im Vermögen des Ehegatten befindet. Der praktisch relevanteste Fall dürfte der Erwerb einer Immobilie sein, aber theoretisch fällt jeder Wertgegenstand, der für längere Zeit im Vermögen verbleiben soll, unter diese Definition. Abzugrenzen sind sie lediglich von Verbindlichkeiten, die „verbraucht" werden, im Endvermögen des Ehegatten also nicht mehr vorhanden sind, beispielsweise ein Kredit, der für eine teure Urlaubsreise aufgenommen wurde.

Regelmäßig wird ein Problem mit der Doppelverwertung wohl nur dann auftreten, wenn beim Ausgleichsverpflichteten positives Vermögen vorhanden ist. Nur dann muss tatsächlich Zugewinnausgleich gezahlt werden, so dass die Höhe streitig sein kann. Die geänderte Berücksichtigung von Schulden und die Möglichkeit, auch dann einen Zugewinn erzielt zu haben, wenn sowohl Anfangs- als auch Endvermögen im negativen Bereich liegen, dürfte in der praktischen Anwendung demnach so gut wie keine Auswirkung haben. Folglich hätten die Überlegungen, die zur alten Rechtslage angestellt wurden, prinzipiell auch für die Rechtslage nach der Reform Gültigkeit. Allerdings konnten die bisherigen Überlegungen schon vor der Reform nur teilweise überzeugen.

aa) Der güterrechtliche Aspekt

Ein Aspekt, der in der bisherigen Diskussion noch nicht ausreichend zur Geltung kam, ist der, dass bei einer Kreditaufnahme zur Vermögensbildung prinzipiell zunächst keinerlei Änderung der Vermögenslage des aufnehmenden Ehegatten eintritt. Nimmt eine Person einen Kredit in Höhe von 100 000 Euro auf und kauft sich davon eine Immobilie im Wert von 100 000 Euro, so wird das Vermögen einerseits durch die Schuldenlast in Höhe von 100 000 Euro gemindert, andererseits erhöht sich das Vermögen durch das Eigentum an der Immobilie im Wert von 100 000 Euro um den selben Betrag.[577] Folglich hat der fremdfinanzierte Kauf der Immobilie zunächst keinerlei Auswirkungen auf die Höhe des Vermögens der betroffenen Person.[578] Natürlich werden die Zahlen in der Praxis nicht immer 100 %ig deckungsgleich sein, da unter Anderem der Kaufpreis nicht

577 Dies gilt zumindest immer dann, wenn keine Sicherungsübereignung stattgefunden hat.
578 Ebenso: *Balzer*, S. 99.

immer exakt dem Wert einer Sache entsprechen dürfte. Diese Ungenauigkeiten der Rechtswirklichkeit ändern jedoch nichts an der prinzipiellen Richtigkeit der Aussage. Für die Lösung eines juristischen Problems ist es wichtig, „Messungenauigkeiten" aus den theoretischen Überlegungen herauszuhalten.

Ist von dem Kaufpreis nach einer Weile ein Betrag von 50 000 Euro abbezahlt, so bedeutet dies, dass sich das betroffene Vermögen durch die Tilgung um 50 000 Euro gemehrt hat.[579] Das bisherige Schrifttum, das eine Konkurrenz zwischen Unterhalt und Zugewinn sah, rechnete hingegen dem Vermögen immer zunächst eine schuldenfreie Immobilie hinzu um sodann zu dem Ergebnis zu kommen, dass das Vermögen durch die noch offenen Verbindlichkeiten gemindert sei. Dass dies der falsche Denkansatz ist, zeigt sich am Besten, wenn man den Verlauf der Vermögensentwicklung bei einem Kauf auf Kredit und einem Kauf aus den Ersparnissen vergleicht.

Beispiel:

M_1 hat ein Vermögen von 20 000 Euro und möchte sich gerne ein Ferienhaus im Wert von 120 000 Euro kaufen. Er entscheidet sich, jeden Monat 1 000 Euro zu sparen. Nach zehn Jahren hat er 120 000 Euro gespart, sein Vermögen beträgt zu diesem Zeitpunkt also 140 000 Euro als Geldvermögen. Nachdem er das Ferienhaus gekauft hat, beträgt sein Vermögen nach wie vor 140 000 Euro, nämlich 20 000 Euro Geldmittel und das Haus im Wert von 120 000 Euro.

Beispiel:

M_2 hat ein Vermögen von 20 000 Euro und möchte sich gerne ein Ferienhaus im Wert von 120 000 Euro kaufen. Seine Eltern bieten ihm einen zinslosen Kredit an, von dem er jeden Monat 1 000 Euro tilgen soll. Er nimmt das Geld und kauft das Haus. Sein Vermögen beträgt in diesem Zeitpunkt 20 000 Euro und besteht aus 20 000 Euro Geldvermögen, einem Haus im Wert von 120 000 Euro und Verbindlichkeiten in Höhe von 120 000 Euro. Nach zehn Jahren hat er den Kredit vollständig zurückgezahlt. Sein Vermögen beträgt zu diesem Zeitpunkt 140 000 Euro und besteht aus 20 000 Euro Geldvermögen und dem Haus im Wert von 120 000 Euro.

[579] Die Immobilie mit einem Wert von 100 000 Euro befindet sich nach wie vor im Vermögen, die Schuldenlast beträgt jedoch nur noch 50 000 Euro.

Vergleicht man diese zwei Beispiele, so wird bereits deutlich, dass sich die Vermögen recht parallel entwickeln.[580] Bestätigt wird dies nochmal, wenn man die Situation nach fünf Jahren vergleicht. M_1 hat zu diesem Zeitpunkt 60 000 Euro für das Haus angespart, sein Gesamtvermögen beträgt somit 80 000 Euro. M_2 hat zu diesem Zeitpunkt 60 000 Euro seiner Schulden abbezahlt, die Restschulden betragen also noch 60 000 Euro. Sein Vermögen setzt sich demnach aus 20 000 Euro Geldvermögen, einem Haus im Wert von 120 000 Euro und Schulden in Höhe von 60 000 Euro zusammen. Insgesamt beträgt sein Vermögen demnach ebenfalls 80 000 Euro. Man könnte die Entwicklung der zwei Vermögen zu jedem beliebigen Zeitpunkt vergleichen und käme jedes mal auf einen identischen Betrag. Der Unterschied besteht lediglich darin, dass sich M_1 jederzeit dazu entscheiden könnte, das Geld doch für andere Zwecke auszugeben, während M_2 eine Verpflichtung eingegangen ist, die nächsten zehn Jahre monatlich 1 000 Euro auf die Immobilie zu zahlen.

Der zweite Unterschied zwischen M_1 und M_2, der wohl den Grund für die falsche Bewertung einer fremdfinanzierten Immobilie durch das bisherige Schrifttum darstellt, ist, dass M_2 bereits in den Genuss der Immobilie kommt, während M_1 auf dieses Vergnügen insgesamt zehn Jahre warten muss. Gefühlt ist das Vermögen des M_2 somit dem des M_1 überlegen. Dabei wird jedoch zu leicht vergessen, dass der güterrechtliche Ausgleich ausschließlich in Geld erfolgt. Anfangsvermögen, Endvermögen und Zugewinn werden in Geld ausgedrückt – und bei einer solchen Betrachtungsweise zeigen sich keine Unterschiede zwischen M_1 und M_2.[581] Was jeder einzelne aus seinem Geld macht, wie er es anlegt und in was er es investiert, muss güterrechtlich unbeachtlich bleiben.

Des weiteren dürfte ein zinsloses Darlehen in der Praxis eher selten sein. Allerdings stellen sich die Zinsen, die für einen Kredit zu zahlen sind, als das dar, was weiter oben mit „Messungenauigkeiten"[582] bezeichnet wurde. Also Abweichungen vom Idealfall, die nicht darauf beruhen, dass der Fall dem Grunde nach anders gelagert wäre, sondern lediglich unbeachtliche Schwankungen des Einzelfalles darstellen. Niemand käme auf die Idee bei Geld, das auf einem Sparbuch liegt, güterrechtlich zu berücksichtigen, ob mit dem Geld die bestmögliche Verzinsung erzielt wurde oder nicht. Genauso wie diese Guthabenzinsen unberücksichtigt bleiben, rechtfertigen auch die Zinsen, die für einen Kredit gezahlt werden, im *Güterrecht* keine besondere Behandlung.[583] Auch Wertschwankun-

[580] Im Ergebnis bestätigend: *Balzer*, S. 98.
[581] Im Ergebnis zustimmend: *Balzer*, S. 111.
[582] Vgl. S. 190.
[583] Die Frage der Berücksichtigung im Unterhaltsrecht wird im nächsten Abschnitt geklärt.

gen des angeschafften Gegenstandes ändern demnach nichts an dem soeben gesagten. Es gehört zur wirtschaftlichen Autonomie jeder Person, zu entscheiden, wie mit dem eigenen Vermögen umgegangen wird.

Als Ergebnis kann demnach festgehalten werden, dass Verbindlichkeiten, die zur Vermögensbildung eingegangen wurden, güterrechtlich im Endvermögen zu berücksichtigen sind. Sie mindern nicht das Endvermögen, sondern begrenzen lediglich dessen Erhöhung durch den angeschafften Gegenstand.

bb) Der unterhaltsrechtliche Aspekt

Es bleibt die Frage offen, ob die zu erbringende Tilgungsleistung den Unterhaltsanspruch des anderen Ehegatten mindern kann, oder ob dies ein Fall wäre, bei dem eine unzumutbare Doppelbelastung vorläge.

Durch die soeben gemachten Ausführungen hat sich gezeigt, dass die Schuldentilgung zum Zweck der Vermögensbildung güterrechtlich nicht anders zu beurteilen ist, als regelmäßige Zahlungen auf ein Sparbuch. Unterhaltsrechtlich besteht der einzige Unterschied darin, dass man das Geld, welches zur Vermögensbildung angespart wird, jederzeit unter Verzicht auf das weitere Ansparen für den Unterhalt einsetzen kann, während die Zahlungen, die zur Bedienung eines Kredites erfolgen, nicht beliebig eingestellt werden können. Dies kann jedoch lediglich die Frage der Leistungsfähigkeit beeinflussen. Bei der Bestimmung des Bedarf – und dort insbesondere der ehelichen Lebensverhältnisse – sind zunächst keine Besonderheiten zu beachten. Wenn das Sparen für eine Immobilie dazu führt, dass die Sparraten nicht für den ehelichen Unterhalt zur Verfügung stehen, dann muss dies auch für die Zahlungen auf einen Kredit gelten.[584] Entsprechendes gilt im umgekehrten Fall.

Es besteht somit nicht die Gefahr einer doppelten Berücksichtigung von Verbindlichkeiten.[585] Bei der güterrechtlichen Betrachtung hatten die Verbindlichkeiten im Ergebnis keine speziellen Auswirkungen und auch die Beurteilung der unterhaltsrechtlichen Berücksichtigung kann ohne Besonderheiten erfolgen.[586] Einzig bei der Leistungsfähigkeit des Unterhaltsschuldners kann es einen Unterschied machen, ob er lediglich fest Beträge auf ein Sparbuch zahlt, oder eine Kreditschuld tilgt. Dies rechtfertigt jedoch keine generelle Anpassung des Ausgleichssystems, sondern muss mit den Mitteln des Unterhaltsrechts einer Lösung zugeführt werden. Besonderheiten sind dabei nicht zu beachten.

[584] Vgl. MüKo/*Maurer*, 5. Aufl., § 1578 Rn. 87.
[585] Vgl. *Balzer*, S. 109.
[586] Vgl. weiterführend: *Balzer/Gutdeutsch*, S. 344.

b) Verbindlichkeiten zum Verbrauch

Die oben angestellten Überlegungen beruhten darauf, dass bei einer Kreditaufnahme und dem anschließenden Erwerb von Vermögensgegenständen sich die negativen und positiven Auswirkungen auf das eigene Vermögen in der Regel die Waage halten. Hinfällig sind diese Überlegungen jedoch dann, wenn von dem aufgenommenen Geld keine werthaltigen Gegenstände angeschafft werden, sondern es zu konsumzwecken aufgebraucht wird. In diesem Fall mindern die Verbindlichkeiten das Vermögen, ohne dass dem Vermögen auf der anderen Seite ein neuer Gegenstand einverleibt wird.

Beispiel:

M hat ein Vermögen von 20 000 Euro. Er nimmt einen Kredit in Höhe von 10 000 Euro auf und fährt von diesem Geld auf eine Kreuzfahrt.

In diesem Beispiel besteht das Vermögen des M aus Geldmitteln in Höhe von 20 000 Euro und Verbindlichkeiten in Höhe von 10 000 Euro. Da den Erlebnissen aus der Kreuzfahrt der wirtschaftliche Wert fehlt, schlagen sie sich nicht im Vermögen des M nieder. Sein Vermögen ist demnach mit 10 000 Euro zu bewerten, hat sich durch die Aufnahme des Kredites[587] also tatsächlich um 10 000 Euro verringert. Folglich hat auch die Aufnahme des Kredites unmittelbare Auswirkungen auf einen eventuell Zugewinnausgleichsberechtigten Ehegatten. Demnach sind bei Verbindlichkeiten, die zum Verbrauch eingegangen werden, die Ehegatten zumindest theoretisch der Gefahr einer doppelten Berücksichtigung der Verbindlichkeit im Zugewinn und Unterhalt ausgesetzt.

Letztlich gelangt man auch in diesen Fällen zu einer Lösung, wenn man sich den Parallelfall einer Person anschaut, welche die im Beispiel aufgeführte Kreuzfahrt aus ihren Ersparnissen bestreitet. Hätte im Beispielsfall also M keinen Kredit aufgenommen, sondern die Kreuzfahrt aus seinem vorhandenen Vermögen in Höhe von 20 000 Euro bezahlt, so hätte sein Vermögen nach der Kreuzfahrt ebenfalls noch 10 000 Euro betragen, auch wenn die Zusammensetzung eine andere wäre. Die Verfügung über das eigene Vermögen bleibt den Ehegatten jedoch auch während der Ehe unbenommen, solange die Verfügung nicht als illoyal dem anderen Ehegatten gegenüber anzusehen ist.[588] Hat also während der Ehe ein Ehegatte aus seinen Ersparnissen eine Kreuzfahrt angetreten, so wä-

[587] Diese Aussage ist bewusst ungenau gehalten, wird aber sogleich präzisiert.

[588] Die Zugewinngemeinschaft ist eine Form der Gütertrennung, erst am Ende erfolgt ein Ausgleich. Während der Ehe sind die Ehegatten weitgehend frei von Verfügungsbeschränkungen, vgl. *Dörr*, S. 1953.

re zu prüfen, ob darin eine illoyale Vermögensverfügung zu sehen ist.[589] Wird dies jedoch verneint, so käme wohl niemand auf die Idee anzuzweifeln, dass nunmehr der neue Stand des Vermögens als Grundlage für die Berechnung des Zugewinns zu verwenden ist. Warum sich diese Bewertung grundlegend ändern soll, wenn nicht das ersparte, sondern geliehenes Geld ausgegeben wird, ist nicht ersichtlich.

Auch das oft gehörte Argument, dass in diesem Fall bereits durch den Zugewinnausgleich der andere Ehegatte faktisch die halben Schulden bezahlen würde, ist falsch.[590] Dass sich der Zugewinnausgleichsanspruch verringert, wenn der Ausgleichsberechtigte Geld ausgibt, ist keine Besonderheit der Schuldenaufnahme, sondern im System des Zugewinnausgleichs angelegt. Die Aussage, der Ausgleichsberechtigte zahle die Hälfte der Schulden, beruht auf einem falschen Blickwinkel. Tatsächlich erhält der Ausgleichsberechtigte etwas. Nämlich die Hälfte des den eigenen Zugewinn übersteigenden Teils des Zugewinns des anderen Ehegatten. Verringert sich der Zugewinn des anderen, so verringert sich auch der eigene Ausgleichanspruch, ohne dass dies dazu führt, dass man „faktisch" die Hälfte der Ausgaben des anderen Ehegatten zahlen würde. Sollte es sich bei der Verfügung – bzw. der Aufnahme des Kredites – um illoyales Verhalten handeln, so sorgt bereits § 1375 Abs. 2 BGB dafür, dass dadurch gerade kein Vorteil erlangt werden kann.

Folglich führt die Aufnahme eines Kredites zu Konsumzwecken tatsächlich zu einer Minderung des Vermögens, jedoch nicht in stärkerem Maße, als dies durch den Konsum aus angesparten Geldmitteln der Fall wäre. Soweit bei den getätigten Ausgaben somit keine illoyalen Absichten vorhanden waren, entspricht die Berücksichtigung im Endvermögen der Ehegatten dem normalen gesetzlichen Leitbild und stellt keine außergewöhnliche Belastung des anderen Ehegatten dar.

Ob die sich aus der Rückzahlung der Verbindlichkeiten ergebenden Belastungen unterhaltsrechtlich zu berücksichtigen sind, bedarf auch hier wieder keiner besonderen Beurteilung.[591] Vielmehr sind die üblichen, unterhaltsrechtlichen Kriterien anzulegen. Da die güterrechtliche Berücksichtigung nicht auf einem Sonderfall beruht, gilt dies auch für die unterhaltsrechtliche Berücksichtigung.

---

589 I. S. d. § 1375 Abs. 2 BGB.

590 Vgl. *Hermes*, S. 185; *Jakobs*, S. 2886; *Schmitz*, FPR 2007, S. 201; *Schulin*, S. 1522; *Wohlgemuth*, S. 187 f.

591 Anderer Ansicht ist *Balzer*, der die monatliche Tilgungsleistung auf einen Kredit unterhaltsrechtlich anders beurteilen möchte, als das dem Konsum vorangehende monatliche Ansparen, obwohl beides die finanzielle Leistungsfähigkeit einschränkt *Balzer*, S. 112 ff.

Die Gefahr einer unbilligen doppelten Benachteiligung des Ausgleichsberechtigten Ehegatten besteht nicht.

c) Ergebnis

Im Zusammenhang mit negativen Vermögenspositionen besteht nicht die Gefahr einer (unbilligen) doppelten Berücksichtigung im Zugewinn und im Unterhaltsrecht. Zwar stellt sich die Ausgangslage unterschiedlich dar, je nach dem ob eine Verbindlichkeit zu Konsumzwecken, oder zum Zwecke der Vermögensbildung eingegangen wurde, im Ergebnis entspricht die normale güterrechtliche Berücksichtigung im Endvermögen jedoch dem gesetzlichen Leitbild, ohne zu ungerechten Ergebnissen zu führen.[592] Die Gefahr der Benachteiligung für den anderen Ehegatten ist nicht davon abhängig, ob eine Verfügung aus ersparten Geldmitteln oder einem Kredit finanziert wird, sondern lediglich davon, ob die Verfügung als illoyal zu bewerten ist. Der Schutz vor illoyalen Verfügungen ist jedoch an anderer Stelle im Gesetz bereits umfassen ausnormiert.

---

[592] Die von *Schulin* vorgeschlagene Differenzierung erweist sich demnach als überflüssig, vgl. S. 178.

§ 10 Vorzeitiger Zugewinnausgleich

I. Die Rechtslage bis 2009

Es kann Konstellationen geben, in denen ein Ehegatte nicht länger im Güterstand der Zugewinngemeinschaft mit seinem Ehegatten leben möchte, sondern eine Trennung der Vermögen erreichen will, ohne dass jedoch eine Scheidung als das geeignete Mittel erscheint. Entweder, weil noch kein ausreichend langes Getrenntleben vorliegt, oder weil die Ehe an sich bestehen bleiben soll – lediglich unter Lockerung der wirtschaftlichen Verflechtungen.[593] Das Gesetz bietet die Möglichkeit, einen Zugewinnausgleich auch ohne Beendigung der Ehe durchzuführen, mit der Folge, das ab dem Tag der Rechtskraft der dem Antrag auf vorzeitigen Zugewinnausgleich stattgebenden Entscheidung Gütertrennung eintritt.

1. Das Problem

Die Vorschriften über den vorzeitigen Zugewinnausgleich fanden sich in den §§ 1385 ff. BGB aF. Während in § 1385 BGB aF. der Fall des vorzeitigen Zugewinnausgleichs bei langjährigem Getrenntleben geregelt war, befasste sich § 1386 BGB aF. mit den sonstigen Fallgruppen, in denen der vorzeitige Zugewinnausgleich ermöglicht werden sollte. Dies waren die Konstellationen, in denen der andere Ehegatte über einen längeren Zeitraum die wirtschaftlichen Verpflichtungen aus der Ehe schuldhaft nicht erfüllt hatte und zu erwarten war, dass er sie auch in Zukunft nicht erfüllen würde, wenn der andere Ehegatte sein Vermögen im Sinne der §§ 1365 oder 1375 BGB aF. vermindert hatte oder wenn der andere Ehegatte sich grundlos beharrlich weigerte, über den Bestand seines Vermögens Auskunft zu erteilen.

Wurde auf vorzeitigen Ausgleich des Zugewinns erkannt, so war nach § 1387 BGB aF. für die Berechnung des Zugewinns der Zeitpunkt der Erhebung der

[593] Beispielsweise weil ein Ehegatte in die Selbständigkeit wechseln möchte, der andere Ehegatten dagegen jedoch Vorbehalte hegt.

Klage auf vorzeitigen Zugewinnausgleich maßgeblich. Mit der Rechtskraft der Entscheidung trat nach § 1388 BGB aF. Gütertrennung ein. In § 1389 BGB schließlich wurde dem ausgleichsberechtigten Ehegatte die Möglichkeit eröffnet, seinen Zugewinnausgleichsanspruch durch eine Sicherheitsleistung zu schützen, soweit der Anspruch durch das Verhalten des anderen Ehegatten gefährdet wurde.

2. Die Kritik

Die alte Rechtslage ließ den vorzeitigen Zugewinnausgleich nur unter engen Voraussetzungen zu.[594] In § 1386 Abs. 2 BGB aF. war die Voraussetzung für das Recht auf vorzeitigen Ausgleich, dass entweder ein Rechtsgeschäft nach § 1365 BGB aF. bereits vorgenommen worden war oder durch eine in § 1375 BGB aF. genannte Handlung das Vermögen bereits gemindert wurde. Folglich musste der ausgleichsberechtigte Ehegatte zunächst abwarten, bis eine für ihn nachteilige Handlung vorgenommen wurde, bevor ihm das Gesetz die Möglichkeit einräumte weiteren Nachteilen dadurch zu entgehen, dass er nunmehr vorzeitigen Zugewinnausgleich beantragte.[595] Vor den Fällen, in denen bereits der einmalige Verstoß gegen die Vorschriften des § 1365 oder § 1375 BGB aF. zu einem nicht wieder gutzumachenden Nachteil für den Ausgleichsberechtigten führen konnte, bot das Gesetz keinen Schutz. Auch soweit der andere Ehegatte nach der Trennung zwar verschwenderisch lebte, dabei jedoch unter der „Grenze“ des § 1375 Abs. 2 Nr. 2 BGB aF. blieb, oder ihm eine Benachteiligungsabsicht im Sinne des § 1375 Abs. 2 Nr. 3 BGB nicht nachgewiesen werden konnte, gab es für den anderen Ehegatten keine Möglichkeit, sich vorzeitig aus den güterrechtlichen Verflechtungen zu lösen.

Ein weiterer Schwachpunkt war die Umständlichkeit des Verfahrens. Da es sich bei dem Anspruch auf vorzeitigen Zugewinnausgleich um eine Gestaltungsklage handelte, führte dies lediglich dazu, dass im Falle der Stattgabe Gütertrennung eintrat.[596] Soweit es dem klagenden Ehegatten jedoch um die Zahlung des Zugewinnausgleichs ging, musste er nach der der Klage stattgebenden Entscheidung ein weiteres Verfahren anstrengen, um nunmehr zunächst im Wege der Auskunftsklage über die Höhe der ihm zustehenden Forderung informiert zu werden, woraufhin es ihm schließlich ermöglicht wurde, eine Leistungsklage auf

---

594 Vgl. MüKo/*Koch*, 4. Aufl., § 1386 Rn. 7; Staudinger/*Thiele*, § 1386 Rn. 29.
595 Vgl. MüKo/*Koch*, 4. Aufl., § 1386 Rn. 17; Staudinger/*Thiele*, § 1386 Rn. 10 ff.
596 Vgl. MüKo/*Koch*, 4. Aufl., § 1386 Rn. 4.

Zahlung des festgestellten Geldbetrages zu erheben.[597] Wollte der Ehegatte jedoch lediglich einen Zugewinnausgleich erreichen, ohne sich für die Zukunft aus der Zugewinngemeinschaft zu lösen, so sah das Gesetz dafür keine Möglichkeit vor.[598]

Auch die Struktur des Rechts, Sicherheitsleistung zu verlangen, war Gegenstand von Kritik. Dies hing damit zusammen, dass der Auskunftsanspruch des § 1379 Abs. 1 BGB aF. den Ehegatten erst nach Beendigung des Güterstandes zustand. Vorher wusste der ausgleichsberechtigte Ehegatte oft – im Fall des § 1386 Abs. 3 BGB aF. immer – nicht, auf welchen Betrag sich sein Zugewinnausgleichsanspruch belief. Folglich konnte er auch nicht beziffern, in welcher Höhe Sicherheit zu leisten sei, so dass der Schutzzweck des § 1389 BGB aF. oft nicht erreicht wurde. Aber auch wenn diese Hürde genommen wurde, bestand Streit darüber, wie die Sicherung des Anspruchs vorzunehmen sei.[599] Gegenstand der Diskussion war in diesem Zusammenhang vor allem, ob § 1389 BGB aF. eine Sperrwirkung gegenüber dem Sicherungsmittel des Arrests nach §§ 916 ff. ZPO entfaltete.

Während es § 1385 BGB aF. ausdrücklich beiden Ehegatten erlaubte, nach mindestens dreijährigem Getrenntleben die vorzeitige Aufhebung der Zugewinngemeinschaft zu beantragen, bezog sich § 1386 BGB aF. sprachlich nur auf *einen* Ehegatten. Da in § 1386 Abs. 2 BGB aF., als von beiden Varianten zu erfüllende[600] Voraussetzung, die Gefährdung der künftigen Ausgleichsforderung genannt war, führte dies im Ergebnis dazu, dass in diesen Fällen lediglich der Ausgleichsberechtigte die vorzeitige Aufhebung der Zugewinngemeinschaft verlangen konnte.[601] In der Praxis waren jedoch auch Fälle denkbar, in denen es im Interesse des Ausgleichsverpflichteten lag, sich durch ein vorzeitiges Beenden der Zugewinngemeinschaft vor Manipulationen des anderen Ehegatten zu schützen.

Beispiel:

M und F sind seit mehreren Jahren verheiratet. M hat bisher einen Zugewinn in Höhe von 100 000 Euro erwirtschaftet. Der Zugewinn

[597] OLG Celle Beschluss v. 29.11.1982 (12 WF 333/82) FamRZ 1983, 171–172; OLG Koblenz Beschluss v. 18.06.1990 (11 WF 439/90) FamRZ 1990, 1368–1368; OLG Nürnberg Beschluss v. 24.11.1997 (7 WF 3549/97) FamRZ 1998, 685–685.

[598] Vgl. Staudinger/*Thiele*, § 1385 Rn. 3.

[599] Vgl. *Czelinski/Koritz*, S. 457 ff., *Ditzen*, S. 1806 f.

[600] Vgl. MüKo/*Koch*, 4. Aufl., § 1386 Rn. 17.

[601] Vgl. *Dölle*, S. 840; Palandt/*Brudermüller*, 67. Aufl., § 1386 Rn. 6; a. A. Staudinger/*Thiele*, § 1386 Rn. 15; MüKo/*Koch*, 4. Aufl., § 1386 Rn. 21.

von F beläuft sich auf 50 000 Euro. F sucht sich einen Liebhaber und zieht mit diesem gemeinsam in ein teures Hotel, isst täglich in Luxusrestaurants und fliegt oft für ein paar Tage in Urlaub.

Die Sorgen, die sich M in diesem Beispiel machen wird, liegen auf der Hand. Durch den verschwenderischen Lebenswandel der F, den diese nicht aus ihrem laufenden Einkommen finanzieren kann, wird sich ihr Endvermögen bis zum Einreichen der Scheidung drastisch verringert haben. Folglich vergrößert sich die Differenz zwischen Ms und Fs Zugewinn, was zu einer Erhöhung des von M zu zahlenden Zugewinnausgleichs führen würde.

Zunächst scheint es jedoch so, als wäre das alte Recht durchaus in der Lage, diesen Fall zufriedenstellend zu lösen. Durch § 1375 Abs. 2 Nr. 2 BGB aF. wurde verschwendetes Vermögen dem Endvermögen hinzugerechnet, so dass F durch ihren Lebensstil zwar tatsächlich, nicht aber (zugewinnausgleichs-) rechtlich ihr Endvermögen verminderte. Doch selbst wenn die Handlungen der F unter § 1375 Abs. 2 BGB zu subsumieren waren, musste M in der Praxis befürchten, dass es ihm vor Gericht nicht gelingen wird, alle von F begangenen Vermögensminderungen nachzuweisen.[602] Dieses Risiko war gerade bei der Vielzahl der von F begangenen Verschwendungen nicht von der Hand zu weisen. Er hatte demnach durchaus ein nachvollziehbares Interesse daran, sich schnellstmöglich aus der Zugewinngemeinschaft zu lösen.

3. Der Umgang mit dem Problem

Trotz einiger Schwachstellen ist der vorzeitige Zugewinnausgleich kein Bereich, dem in der Lehre allzu viel Aufmerksamkeit geschenkt worden wäre. Entsprechend wenig Schrifttum gibt es zu diesem Themenkomplex.

a) Die Voraussetzungen

Soweit die Ansicht vertreten wurde, ein vorzeitiges Beenden des Güterstandes sei nur unter zu engen Voraussetzungen möglich, fiel es schwer, eine dogmatisch saubere Lösung für dieses Problem zu finden, da allgemein die Auffassung vorherrschte, dass eine Ausweitung der in §§ 1385, 1386 BGB aF. genannten Fallgruppen nicht zulässig sei.[603] Insofern gab es besonders für das Problem, dass bei § 1386 Abs. 2 BGB aF. erst der Schaden eingetreten sein musste,[604]

---

[602] Vgl. zur Lösung dieser Problematik im neuen Recht § 1375 Abs. 2 S. 2 BGB.

[603] Vgl. MüKo/*Koch*, 4. Aufl., § 1386 Rn. 7 Staudinger/*Thiele*, § 1386 Rn. 29.

[604] Vgl. *Büte*, NJW 2009, S. 2780.

keine dogmatisch befriedigende Lösung, die am Wortlaut des Gesetzes vorbei gekommen wäre. In dieser Hinsicht zeigte die Rechtsprechung Strenge und ließ auch dann keine Ausnahmen zu, wenn der andere Ehegatte bereits Vermögensminderungen androhte.[605]

Nicht vollständig geklärt war auch, wie die Fallgruppe des § 1386 Abs. 3 BGB aF. auszulegen war.[606] Hielt man sich an den Wortlaut des § 1379 BGB aF., so kam man wohl zu dem Ergebnis, dass zu dem Zeitpunkt, zu dem ein vorzeitiger Ausgleich des Zugewinns in Frage gekommen wäre, noch keine Auskunftspflicht nach § 1379 BGB aF. bestehen konnte. Auch die Ausnahmefälle des Abs. 2 halfen in diesem Fall nicht weiter.[607] Wenn jedoch keine Pflicht zur Auskunft bestand, dann überrascht es, dass der Gesetzgeber für den Fall, dass Auskunft über das Vermögen verweigert wurde, in § 1386 Abs. 3 BGB aF. die Möglichkeit vorsah, vorzeitig die Zugewinngemeinschaft zu beenden.

Eine Auflösung dieses Widerspruchs bot *Kogel* an. Er sah zunächst in der Pflicht zur „Unterrichtung" und der Pflicht zur „Auskunft" einen, wenn auch geringfügigen, Unterschied.[608] Während § 1379 BGB aF. demgemäß nur regelte, wann eine Pflicht zur Auskunft bestand, leitete *Kogel* die Pflicht zur Unterrichtung aus § 1353 BGB, also aus der ehelichen Lebensgemeinschaft, her.[609] Danach seien die Ehegatten wechselseitig verpflichtet, den anderen Ehegatten über die wesentlichen Bestandteile des eigenen Vermögens, sowie deren Wert und Verbleib zu unterrichten.[610]

b) Das Verfahren

So unpraktisch es auch gewesen sein mag, wenn zuerst die Klage auf vorzeitigen Zugewinnausgleich erhoben werden musste, dann bis zur Rechtskraft gewarten werden musste um die Auskunftsklage zu erheben und erst dann schließlich Leistungsklage erhoben werden konnte, so war sich die Rechtsprechung doch zunächst einig, dass dies der Weg sei, den das Gesetz vorzeichnete.[611] Im Jahre 1999 gab es einen Vorstoß des OLG Celle, welches nunmehr den § 1379 Abs. 2 BGB aF. dahingehend auslegen wollte, dass auch im Falle des vorzeitigen Zu-

605 Vgl. OLG Hamm Urteil v. 10.03.1999 (6 UF 190/98) FamRZ 2000, 228–230, S. 228.
606 Vgl. *Kogel*, FamRB 2002, S. 19 ff.
607 Vgl. *Scherer*, S. 1112.
608 Vgl. *Kogel*, FamRB 2002, S. 21.
609 So auch: MüKo/*Koch*, 4. Aufl., § 1386 Rn. 24; Staudinger/*Thiele*, § 1386 Rn. 22.
610 Vgl. *Kogel*, FamRB 2002, S. 21.
611 OLG Celle Beschluss v. 29.11.1982 (12 WF 333/82) FamRZ 1983, 171–172; OLG Koblenz Beschluss v. 18.06.1990 (11 WF 439/90) FamRZ 1990, 1368–1368; OLG Nürnberg Beschluss v. 24.11.1997 (7 WF 3549/97) FamRZ 1998, 685–685.

gewinnausgleichs schon vor Rechtskraft des Urteils Auskunft verlangt werden könne.[612]

Gegen diesen Vorstoß gab es scharfe Kritik von *Scherer*.[613] Sie bezeichnete diesen Ansatz als unhaltbar, da er gegen die Gesamtkonzeption des Gesetzes verstoße.[614] Das gesamte Familienrecht sei so aufgebaut, dass es nie passieren könne, dass ein Ehegatte zur Auskunftserteilung gezwungen werde, ohne dass er auch materiellrechtlich dazu verpflichtet sei.[615] Die Fälle des § 1379 Abs. 2 BGB aF. würden durch die entsprechenden Vorschriften der ZPO entschärft, wonach ein solches Urteil auf Auskunft als Scheidungsfolgensache erst dann vollstreckt werden dürfe, wenn das Scheidungsurteil rechtskräftig werde. In diesen, vom Gesetzgeber vorgesehenen, Fällen könne es somit zwar passieren, dass ein Urteil über das Auskunftsbegehren bereits vor der Rechtskraft des Scheidungsurteils ergehe, es werde jedoch in keinem Fall vor der rechtskräftigen Scheidung vollstreckt. Diese Rücksicherung fehle jedoch bei der Klage auf vorzeitigen Zugewinnausgleich. Da es sich bei ihr gerade nicht um eine Scheidungsfolgensache handele, griffen auch nicht die Vollstreckungshemmungen des § 629 Abs. 3 ZPO aF., welche verhindern sollten, dass eine Scheidungsfolgensache vollstreckt werde, ohne dass tatsächlich eine Scheidung vorliege. Somit könne es passieren, dass ein Ehegatte zur Auskunft über sein Vermögen verurteilt werde, obwohl sich nachträglich herausstelle, dass die Voraussetzungen für einen vorzeitigen Zugewinnausgleich nicht vorlagen.

Als Kompromiss aus Systemtreue und Effektivität schlug *Scherer* vor, dass die Klagen auf Auskunftserteilung und vorzeitigen Zugewinnausgleich zwar zusammen erhoben werden sollten, der Richter das Urteil über den Auskunftsanspruch aber mit der Bedingung im Tenor erlassen solle, dass vorher über den vorzeitigen Zugewinnausgleich rechtskräftig und positiv entschieden worden sein müsse.[616] Der Vorteil dieser Lösung sei es, dass sich der Richter auch bei langer Verfahrensdauer nicht für die Frage des Auskunftsanspruchs erneut in die Akten einarbeiten müsse, was zu einer spürbaren Beschleunigung führen solle.

c) Sicherheitsleistung

Das Problem, dass dem ausgleichsberechtigten Ehegatten unter Umständen

---

[612] Vgl. OLG Celle Urteil v. 08.09.1999 (21 UF 66/99) FamRZ 2000, 1369–1370.
[613] Vgl. *Scherer*, S. 1112 ff.
[614] Zustimmend: jurisPK-BGB/*Roth*, § 1385 Rn. 7.
[615] Vgl. *Scherer*, S. 1115.
[616] Vgl. *Scherer*, S. 1116.

nicht klar war, in welcher Höhe ihm ein Zugewinnausgleichsanspruch zustand und er somit auch die notwendige Höhe der Sicherheitsleistung nicht beziffern konnte, wurde bereits im vorigen Abschnitt thematisiert.[617] Streit bestand jedoch auch bei der Frage, welches das richtige Sicherungsmittel für die Zugewinnausgleichsforderung sei.

Obwohl mit § 1389 BGB aF. eine speziell auf den Zugewinnausgleich zugeschnittene Norm zur Frage der Forderungssicherung vorhanden war, bestand das Bedürfnis, auch andere Sicherungsmittel der ZPO verwenden zu dürfen. Da die Effektivität des Rechtsschutzes maßgeblich von seiner Geschwindigkeit abhänge, wurde versucht, den Umweg über § 1389 BGB aF. zu vermeiden.[618] Zunächst stießen die Versuche, die Zugewinnausgleichsforderung direkt über den Arrest zu sichern, auf starken Widerstand.[619] Die starken Argumente für diese Ansicht sorgten jedoch dafür, dass zunehmend mehr Autoren die direkte Sicherung im Wege des Arrests für zulässig erachteten.[620]

d) Einseitigkeit des Anspruchs

Wie bereis angesprochen,[621] stellte sich in den Fällen des § 1386 Abs. 2 BGB aF. die Frage, ob dem Wortlaut nach nur der zukünftig Ausgleichsberechtigte als Antragsteller in Betracht kam. *Koch* sprach sich gegen eine Beschränkung auf den Ausgleichsberechtigten aus, bezeichnete seine Ansicht jedoch zugleich als Mindermeinung.[622] Als formelles Argument für seine Ansicht führte er an, dass es in der Praxis nicht möglich sei, eine zuverlässige Prognose darüber zu erstellen, wer zu einem bestimmten, in der Zukunft liegenden Zeitpunkt den höheren Zugewinn erzielt haben werde. Folglich lasse sich auch nicht mit Bestimmtheit ausschließen, dass der Antragsteller zum Stichtag der Ausgleichsberechtigte sein werde. In materieller Hinsicht verwies er darauf, dass Vermögensminderungen des Ausgleichsgläubigers dessen Zugewinn schmälerten und folglich Auswirkungen auf die Ausgleichsforderung hätten.[623] Er ging dabei jedoch nicht auf die Hinzurechnungsvorschrift des § 1375 Abs. 2 BGB aF. ein.

Vertreter der Gegenauffassung waren sich durchaus der Schwierigkeiten bewusst, die entstanden, wenn man die Klagebefugnis von einem in der Zukunft

[617] Vgl. S. 198.
[618] Vgl. *Ditzen*, S. 1806.
[619] Vgl. *Ditzen*, S. 1806 m. w. N..
[620] Vgl. *Ditzen*, S. 1807; *Frey*, S. 69; *Czelinski/Koritz*, S. 458.
[621] Vgl. S. 198.
[622] Vgl. MüKo/*Koch*, 4. Aufl., § 1386 Rn. 21.
[623] Ebenso: Staudinger/*Thiele*, § 1386 Rn. 15.

liegenden Ereignis abhängig machen sollte. Dennoch waren sie der Ansicht, dass der Wortlaut des Gesetzes keine andere Auslegung zulasse. Allerdings gab es starke Unterschiede bei der tatsächlichen Handhabung dieses Problems. Während einige die Klage immer dann zulassen wollten, wenn es nicht evident war, dass aufgrund der Einkommens und Vermögensverhältnisse niemals eine Ausgleichsforderung entstehen könne,[624] verlangten andere, dass bei Antragstellung[625] oder zumindest zu irgend einem Zeitpunkt des Verfahrens[626] der Antragsteller den geringeren Zugewinn erzielt hatte.

II. Die neue Rechtslage seit 2009

Der Gesetzgeber hat die Kritik an den bisherigen §§ 1385 ff. BGB aF. ernst genommen und versucht mit der Reform, die erkannten Schwachstellen auszumerzen. Teilweise durch Änderungen der bisherigen Rechtslage, teilweise auch nur durch Klarstellungen oder ausdrückliche Bestätigungen bisher bereits vertretener Ansichten.

1. Die Änderungen im Einzelnen

Bisher wurde in § 1385 BGB aF. der Grundfall des vorzeitigen Zugewinnausgleichs geregelt, nämlich das mindestens dreijährige Getrenntleben. In § 1386 BGB aF. wurden sodann zusätzliche Fallgruppen aufgezählt, in denen auch ohne dreijähriges Getrenntleben der vorzeitige Ausgleich des Zugewinns verlangt werden konnte. Allerdings konnten dem Wortlaut nach einige dieser Fallgruppen nur dem Ausgleichsberechtigten zu Gute kommen.

Durch die Reform wurde die Systematik dieser beiden Normen geändert. Nunmehr finden sich in § 1385 BGB zusammengefasst alle Konstallationen, in denen es *dem Ausgleichsberechtigten* möglich ist, den vorzeitigen Ausgleich des Zugewinns bei vorzeitiger Aufhebung der Zugewinngemeinschaft zu verlangen. Die bisher vorhandenen Fallgruppen wurden dabei behutsam erweitert, so muss nun nicht mehr – wie im alten § 1386 Abs. 2 BGB aF.– abgewartet werden, bis eine benachteiligende Verfügung durch den anderen Ehegatten vorgenommen wurde, sondern es genügt nach § 1385 Nr. 2 BGB nunmehr, dass solche Handlungen zu befürchten sind.

[624] Vgl. *Dölle*, S. 840.
[625] Vgl. RGRK/*Finke*, § 1386 Rn. 4.
[626] Vgl. Soergel/*Lange*, § 1386 Rn. 16.

In § 1386 BGB wird sodann klargestellt, dass beim Vorliegen der Voraussetzungen des § 1385 BGB auch der ausgleichsverpflichtete Ehegatte die vorzeitige Aufhebung der Zugewinngemeinschaft verlangen kann. Dass der vorzeitige Ausgleich des Zugewinns nicht verlangt werden kann liegt daran, dass dem ausgleichsverpflichteten Ehegatten per Definition ohnehin kein Zahlungsanspruch zusteht. Durch § 1387 BGB wird zudem sichergestellt, dass auch dann, wenn der eigentliche Ausgleich erst später erfolgt, für den Ausgleichsberechtigten keine Nachteile entstehen. In § 1387 BGB findet sich nämlich nunmehr die Parallelregelung zu § 1384 BGB, wonach die Berechnungsstichtage auch im Falle der vorzeitigen Beendigung des Güterstandes zusammengelegt werden.

Die Änderung an § 1388 BGB ist lediglich eine sprachliche Anpassung, ohne weitergehende Auswirkungen. Durch den Wegfall von § 1389 BGB wird nun klargestellt, dass sich die Sicherheitsleistung nach den allgemeinen Vorschriften der ZPO richtet.

2. Die Ziele des Gesetzgebers

Der Gesetzgeber hat den vorzeitigen Zugewinnausgleich nicht grundlegend verändert, sondern das bisherige Konzept lediglich effektiver und gerechter gestaltet. Ein wichtiger Schritt war es, dem Ehegatten, der den vorzeitigen Zugewinnausgleich verlangt, nunmehr direkt einen Anspruch auf die Ausgleichszahlung einzuräumen und nicht – wie bisher – lediglich die Möglichkeit zu geben, sich aus der Zugewinngemeinschaft zu lösen.[627] Dadurch wird das Verfahren vereinfacht und erheblich beschleunigt, da nunmehr nicht zwei selbständige Klagen eingereicht werden müssen.[628] Als weitere Folge dieser Änderung hat sich das Problem der Sicherheitsleistung entschärft. Durch die Ausgestaltung als Leistungsklage, zusammen mit dem Wegfall des § 1389 BGB, wird klargestellt, dass die allgemeinen Mittel der ZPO zur Sicherung eines Anspruchs – in diesem Fall der Arrest – auch für den vorzeitigen Zugewinnausgleich anwendbar sind.[629]

Eine Schwachstelle des alten Rechts war es, dass der vorzeitige Zugewinnausgleich nach § 1386 Abs. 2 BGB aF. erst dann verlangt werden konnte, wenn bereits eine Minderung des Vermögens vorgenommen worden war.[630] Der vorzeitige Zugewinnausgleich konnte somit in dieser Variante keinen Schutz vor illoyalen Vermögensverschiebungen bieten, sondern konnte im besten Fall verhindern,

627 Vgl. *Fischinger*, S. 1719.

628 Vgl. *Brudermüller*, FamRZ 2009, S. 1189; *Büte*, NJW 2009, S. 2780; *Heiß*, 1; *Wellenhofer*, JuS 2009, S. 676.

629 Vgl. Gesetzentwurf v. 05.11.2008 BT-Drucks. 16/10798, S. 28.

630 Vgl. *Büte*, NJW 2009, S. 2780.

dass eine weitere illoyale Vermögensverschiebung vorgenommen wurde. Zusammen mit der Tatsache, dass sich eine Verfügung im Sinne des § 1365 BGB, die für die Zulässigkeit des vorzeitigen Zugewinnausgleichs eine Voraussetzung war, auf das Vermögen im Ganzen bezieht, birgt der Schutz vor einem erneuten Verstoß eine gewisse Ironie in sich. Dementsprechend ist die Entscheidung des Gesetzgebers, nunmehr auch den (begründeten) Verdacht einer solchen Handlung ausreichen zu lassen, zu begrüßen. Die im Gesetzentwurf genannten Beispiele[631] geben der Rechtsprechung eine gute Richtlinie an die Hand, anhand derer sich die Begründetheit einer Forderung nach einem vorzeitigen Zugewinnausgleich gut beurteilen lassen dürfte.

Auch die Umgestaltung der §§ 1385 und 1386 BGB, wodurch klargestellt wird, dass auch der ausgleichsverpflichtete Ehegatte aus den gleichen Gründen wie der ausgleichsberechtigte Ehegatte die vorzeitige Aufhebung der Zugewinngemeinschaft verlangen kann,[632] dient einem nachvollziehbaren Zweck. Das Beispiel auf Seite 198 hat gezeigt, dass sich die Interessenlage des Ausgleichsverpflichteten nicht zwangsläufig von der des Ausgleichsberechtigten unterscheiden muss. Sachliche Gründe für eine unterschiedliche Behandlung der für die jeweiligen Personen geltenden Anspruchsvoraussetzungen existierten demnach auch schon vor der Reform nicht. Die Abschaffung der Ungleichbehandlung war demnach angebracht.

Um die nunmehr unmittelbar erhebbare Leistungsklage auch beziffern zu können, hat der Gesetzgeber schon in § 1379 BGB einen Auskunftsanspruch für den Fall des vorzeitigen Zugewinnausgleichs vorgesehen. Außerdem haben die Ehegatten durch § 1379 Abs. 2 BGB jetzt eine gesetzlich normierte Möglichkeit, bereits vor Beantragung der Scheidung Auskunft über das Vermögen des anderen Ehegatten zu verlangen. Eine Weigerung, dieser Auskunftspflicht nachzukommen, ist für sich genommen ein Grund, den vorzeitigen Zugewinnausgleich zu verlangen. Auch vor der Reform war die Weigerung der Auskunfterteilung für sich genommen ein Grund, die vorzeitige Aufhebung der Zugewinngemeinschaft zu verlangen – anders als nach altem Recht gibt es jetzt jedoch auch den gesetzlich normierten Anspruch auf die entsprechende Auskunft, so dass einer der Widersprüche der alten Rechtslage aufgehoben wurde.[633] Durch die neue Formulierung wird außerdem klargestellt, dass die Voraussetzung auch dann nicht entfällt, wenn nach Einreichung einer Klage auf Auskunft der Widerstand aufgegeben wird und die geforderten Auskünfte erteilt werden. Auch in

---

[631] Vgl. Gesetzentwurf v. 05.11.2008 BT-Drucks. 16/10798, S. 29.

[632] Vgl. *Münch*, MittBayNot 2009, S. 263; *Wellenhofer*, JuS 2009, S. 676.

[633] Vgl. S. 200.

diesen Fällen bleibt demnach der Anspruch auf vorzeitigen Zugewinnausgleich bestehen.

3. Kritik und unerwünschte Auswirkungen

Es mag seinen Grund in der behutsamen Weiterentwicklung und Anpassung der bereits bekannten Rechtslage haben, aber wirkliche Schwachstellen in der neuen Regelung scheinen nicht vorhanden zu sein.[634] Zwar wird von *Kogel* bemängelt, dass die Variante der Verletzung der wirtschaftlichen Verpflichtungen nach wie vor erst dann eingreift, wenn solche Verletzungen tatsächlich begangen wurden und nicht bereits, wenn sich solche Verletzungen abzeichnen,[635] allerdings ist das Güterrecht nicht zwangsläufig der Ort, an dem Schutz vor zukünftigen Unterhaltspflichtverletzungen zu suchen ist. Es ist richtig, dass eine länger andauernde Verletzung der wirtschaftlichen Verpflichtungen zu einem Recht auf vorzeitigen Ausgleich des Zugewinns führt, da der Berechtigte auf diese Weise gegebenenfalls Mittel erhält, aus denen er seinen Unterhalt selbständig bestreiten kann. Dennoch ist es nicht die vorrangige Aufgabe des Güterrechts, den Berechtigten vor einer schlechten Zahlungsmoral des Unterhaltsverpflichteten zu schützen. Folglich ist eine Ergänzung des § 1385 Nr. 3 BGB dahingehend, dass die Gefahr oder der Verdacht einer zukünftigen Verletzung der wirtschaftlichen Verpflichtungen ausreichend wäre, um den vorzeitigen Ausgleich des Zugewinns zu verlangen, nicht nur nicht erforderlich, sondern wäre unter systematischen Gesichtspunkten auch verfehlt.

Es ist dem Gesetzgeber also zumindest bezüglich des vorzeitigen Zugewinnausgleichs gelungen, mit der Reform die einschlägigen Vorschriften einerseits an die sonstigen Änderungen anzupassen und andererseits alle Kritikpunkte an der alten Rechtslage zu beseitigen, ohne dabei neue Schwachstellen zu schaffen.

634 Vgl. *Fischinger*, S. 1724 – die dort genannten Kritikpunkte wurden, bis auf die Probleme im Zusammenhang mit dem Arrest, in der endgültigen Gesetzesfassung bereits behoben.

635 Vgl. *Kogel*, FPR 2009, S. 281.

§ 11 Behandlung von Haushaltsgegenständen

I. Die Rechtslage bis 2009

Bei der Behandlung von Haushaltsgegenständen hingen die Probleme meistens lediglich mit der Frage zusammen, ob die betroffenen Gegenstände über das Güterrecht ausgeglichen werden oder nicht. Es existierte mit der Hausratsverordnung eine „Alternative" zum güterrechtlichen Ausgleich, so dass insbesondere die Abgrenzung problematisch war.

1. Das Problem

Neben dem im BGB geregelten güterrechtlichen Ausgleich von Vermögensdifferenzen nach der Scheidung gab es in der Hausratsverordnung noch ergänzende Vorschriften, welche die Behandlung von Haushaltsgegenständen regelten. Das Ziel dieser Vorschriften war es, die zum Leben notwendigen Gegenstände des ehelichen Haushalts unabhängig von der eigentumsrechtlichen Lage dem Ehegatten zukommen zu lassen, der sie dringender benötigte. Die Hausratsverordnung wurde nach dem zweiten Weltkrieg eingeführt, mithin zu einem Zeitpunkt, zu dem man sich nicht innerhalb von kürzester Zeit jeden beliebigen Gegenstand kaufen konnte.[636]

Daneben gab es mit § 1370 BGB aF. eine Vorschrift, die dafür sorgte, dass der Ehegatte, der einen bestimmten Haushaltsgegenstand mit in die Ehe brachte, auch Eigentümer des Gegenstandes wurde, mit dem der ursprüngliche Gegenstand ersetzt wurde.[637] Auf diese Weise sollte verhindert werden, dass ein Ehegatte sein Eigentum deswegen verliert, weil der von ihm mitgebrachte Gegenstand durch die gemeinsame Benutzung im Laufe der Zeit wertlos geworden ist und ersetzt wurde.

---

[636] Vgl. Gesetzentwurf v. 05.11.2008 BT-Drucks. 16/10798, S. 16.

[637] Auch wenn damit das sachenrechtliche Publizitätsprinzip durchbrochen wurde, vgl. *Löhnig*, S. 991.

2. Die Kritik

Wie bereits erwähnt, war ein großes Problem der alten Rechtslage die Abgrenzung zwischen dem güterrechtlichen Ausgleich des BGB und dem Ausgleich über die Hausratsverordnung. Im Gesetz fand sich keine ausdrückliche Klarstellung, wann welches Ausgleichsinstitut zur Anwendung kommen sollte und wie die Verhältnisse untereinander einzustufen waren. Demnach war nicht klar, ob ein Gegenstand, der beispielsweise vom Richter nach § 8 Abs. 1 Hausratsverordnung einem Ehegatten zugeteilt wurde, auch im Zugewinnausgleich berücksichtigt werden sollte oder nicht.[638]

Problematisch war außerdem, dass in § 9 Hausratsverordnung festgelegt wurde, dass auch Hausrat, der im Alleineigentum eines Ehegatten stand, vom Richter dem anderen Ehegatten zugewiesen werden konnte. Dies wurde vermehrt kritisiert, da der grundrechtliche Schutz des Eigentums eine solche Regelung nicht zulassen würde.[639]

Fraglich war außerdem, ob eine Norm, die unter dem Einfluss der entbehrungsreichen Nachkriegszeit geschaffen wurde, im vom Überfluss geprägten 21. Jahrhundert noch immer ihre Rechtfertigung behält.[640] Es sind keine zum Leben dringend erforderlichen Gegenstände des ehelichen Haushalts denkbar, die sich in der heutigen Zeit nicht innerhalb weniger Tage wiederbeschaffen lassen würden. Warum demnach eine sachenrechtliche Verteilung des Hausrats neben dem güterrechtlichen Wertausgleich unbedingt erforderlich sein sollte, bedarf zumindest einigen Begründungsaufwands.

Für die Vorschrift des § 1370 BGB aF. war vor allem die pauschale Anwendung auf jede Ersatzbeschaffung Ansatzpunkt für Kritik. Eine Beschränkung der Wertdifferenz zwischen Ursprungsgegenstand und Ersatzbeschaffung sah das Gesetz nicht vor. Auch wenn das klappbare Feldbett durch ein luxuriöses Wasserbett oder der winzige Schwarz-Weiss Fernseher durch einen riesigen Plasmafernseher ersetzt wurde, sollte der Eigentümer des Ursprungsgegenstandes automatisch das Eigentum am Neuerwerb erhalten. Selbst dann, wenn der Kaufpreis vollständig vom anderen Ehegatten bezahlt wurde.

Auch die rechtspolitische Rechtfertigung dieses Institus war fragwürdig.[641] Den Ehegatten wurde ein hypothetischer Wille zugesprochen, der auf einem

---

638 Vgl. S. 209.

639 Vgl. S. 209.

640 Vgl. Gesetzentwurf v. 05.11.2008 BT-Drucks. 16/10798, S. 16; *Götz/Brudermüller*, S. 3030.

641 Bereits 1970 kritisch hierzu: *Fromm*, S. 98 ff.; 1982 ebenso: *Vlassopoulos*, S. 50.

jahrzehntealten Rollenbild der Ehegatten basierte, für dessen tatsächliches Vorliegen in der Gegenwart jedoch keine Anhaltspunkte mehr vorhanden waren.[642]

3. Der Umgang mit dem Problem

Durch die unüberschaubare Vielzahl an Gegenständen, die als Hausrat zu bewerten sein können, wurde keine allgemeingültige Definition gefunden. Stattdessen wurden reglmäßig beispielhaft Gegenstände aufgezählt, zusammen mit der Anmerkung, dass der Begriff weit auszulegen sei und die Zuordnung von den konkreten Lebensumständen der Ehegatten abhängig gemacht werden müsse.[643] Auch wenn dies im Sinne der Rechtsklarheit kein wünschenswerter Zustand war, so ist es wohl tatsächlich nicht möglich, eine Definition für Hausrat zu schaffen, die allen denkbaren Lebensverhältnissen gerecht wird.

Die Rechtsprechung und die wohl auch herrschende Meinung gingen davon aus, dass Güter, die als Hausrat verteilt wurden, im Zugewinnausgleich nicht mehr berücksichtigt werden durften.[644] Eine andere Ansicht wurde von *Gernhuber* vertreten, der anmerkte, dass eine Herausnahme von Haushaltsgegenständen aus der Berechnung des Zugewinns nur möglich sei, wenn man ein eigenes „Hausgut" schaffen würde.[645]

Auch wenn die grundrechtlichen Bedenken, die im Schrifttum gegen die Vorschrift des § 9 der Hausratsverordnung vorgetragen wurden, von der herrschenden Meinung im Ergebnis nicht geteilt wurden, so wurde dennoch eingeräumt, dass diese nicht gänzlich unbegründet seien. Als Lösung wurde eine enge Auslegung der Norm empfohlen, so dass die Anwendung auf wenige Ausnahmefälle beschränkt bliebe.[646]

Bezüglich der Eigentumsverhältnisse an Ersatzbeschaffungen differenzierte der Wortlaut von § 1370 BGB aF. nicht danach, ob der Wert der Ersatzbeschaffung in einem angemessenen Verhältnis zum ursprünglichen Gegenstand stand. Dennoch wurde im Schrifttum vertreten, dass im manchen Fällen Ausnahmen von § 1370 BGB aF. zu machen seien. So wurden beispielsweise Schenkungen und geerbte Gegenstände nicht als Ersatz für vorhandene Gegenstände gewer-

642 Staudinger/*Thiele*, § 1370 Rn. 2, *Vlassopoulos*, S. 51.

643 Vgl. BeckOK-BGB/*Neumann*, BGB, § 1 HausratsVO Rn. 6.

644 Vgl. BeckOK-BGB/*Neumann*, BGB, § 8 HausratsVO Rn. 2; BGH Urteil v. 01.12.1983 (IX ZR 41/83) FamRZ 1984, 144–148 (=BGHZ 89, 137–149).

645 Vgl. *Gernhuber*, FamRZ 1984, S. 1056, 1062.

646 Vgl. BeckOK-BGB/*Neumann*, BGB, § 9 HausratsVO Rn. 1.

tet.[647] Auch bei einer erheblichen Wertsteigerung gegenüber dem ursprünglichen Gegenstand wurde eine Ersatzbeschaffung teilweise verneint.[648]

Vertreter der Ansicht, dass auch bei Getrenntleben eine dingliche Surrogation stattfinden müsse,[649] übersahen, dass Ehegatten ohne gemeinsamen Wohnsitz wohl auch keine gemeinsamen Haushaltsgegenstände besitzen können.

II. Die neue Rechtslage seit 2009

Im Zusammenhang mit den Haushaltsgegenständen war wohl die Abschaffung der Hausratsverordnung der größte Schritt des Gesetzgebers. Dabei handelte es sich aber im Wesentlichen nur um eine formelle Abschaffung, inhaltlich ist die Hausratsverordnung zu weiten Teilen in das BGB und das FamFG integriert worden. Einige Abweichungen haben sich dennoch ergeben.

1. Die Änderungen im Einzelnen

Anstelle der §§ 8–10 der Hausratsverordnung findet sich die Regelung zur Behandlung der ehelichen Haushaltsgegenstände jetzt in § 1568 b BGB. Es können nunmehr nur noch Haushaltsgegenstände verteilt werden, die sich im gemeinsamen Eigentum der beiden Ehegatten befinden. Die Eigentumsübertragung erfolgt außerdem nicht mehr als richterlicher Akt, sondern der betroffene Ehegatte wird verpflichtet, die sachenrechtliche Übereignung vorzunehmen. Der alte Grundsatz, wonach die Verteilung „gerecht und zweckmäßig“ zu erfolgen hatte, wurde durch eine konkretere Formulierung in § 1368 b Abs. 1 BGB ersetzt. Nunmehr soll das Eigentum an bestimmten Haushaltsgegenständen auf einen Ehegatten übertragen werden, wenn „er auf deren Nutzung unter Berücksichtigung des Wohls der im Haushalt lebenden Kinder und der Lebensverhältnisse der Ehegatten in stärkerem Maße angewiesen ist als der andere Ehegatte oder dies aus anderen Gründen der Billigkeit entspricht“.

Im § 1568 b Abs. 2 BGB findet sich inhaltlich der alte § 8 Abs. 2 Hausratsverordnung wieder. Die widerlegliche Vermutung, dass während der Ehe zur gemeinsamen Verwendung angeschaffte Haushaltsgegenstände gemeinsames Eigentum der Ehegatten sind, bleibt somit bestehen.

---

[647] Vgl. Staudinger/*Thiele*, § 1370 Rn. 10; MüKo/*Koch*, 4. Aufl., § 1370 Rn. 10; früher noch a. A. *Roll*, S. 79.

[648] Vgl. Staudinger/*Thiele*, § 1370 Rn. 13; a. A. *Löhnig*, S. 994.

[649] Vgl. *Löhnig*, S. 993.

Mit Abs. 3 steht dem Ehegatten, der durch die Übertragung sein Eigentum verliert, nunmehr ein Ausgleichsanspruch zu, der im Gegensatz zur alten Regelung in § 8 Abs. 2 S. 2 Hausratsverordnung nicht davon abhängig ist, dass eine Ausgleichszahlung vom Richter als der Billigkeit entsprechend bewertet wird.

Die Möglichkeit, Gegenstände im Alleineigentum des einen Ehegatten auf den anderen Ehegatten zu übertragen, ist ersatzlos entfallen, ebenso die Regelung über die Gläubigerrechte in der Hausratsverordnung. Im BGB wurde § 1370 ersatzlos gestrichen, so dass Ersatzbeschaffungen für Haushaltsgegenstände keinen Sonderregelungen mehr unterliegen.

2. Die Ziele des Gesetzgebers

Bei der Lektüre der Gesetzesbegründung kann leicht der Eindruck entstehen, der Gesetzgeber habe die Sonderregelung zur Behandlung von Haushaltsgegenständen aus der aufgehobenen Hausratsverordnung „gerettet“, ohne sich genauer Gedanken darüber gemacht zu haben, ob dies notwendig war. In seiner Gesetzesbegründung geht er ausführlich darauf ein, warum Regelungen über die eheliche Wohnung nach wie vor erforderlich sind,[650] um anschließend in einigen wenigen Absätzen mitzuteilen, dass auch die Vorschriften über den ehelichen Hausrat übernommen wurden.[651] Eine wirkliche Erklärung, was sich der Gesetzgeber von diesen Vorschriften verspricht, bleibt er schuldig. Im Folgenden muss demnach untersucht werden, ob tatsächlich noch ein Bedürfnis für Sonderregelungen im Bezug auf Gegenstände des ehelichen Haushalts besteht.

Bei § 1370 BGB aF. konnte sich der Gesetzgeber hingegen zu einer Streichung durchringen. Er begründet dies damit, dass diese Vorschrift rechtspolitisch von Anfang an fragwürdig war und die dingliche Surrogation nicht angemessen sei.[652]

3. Fehlender Anwendungsbereich der Norm

Zumindest der Streichung von § 1370 BGB aF. kann relativ schnell die Angemessenheit bescheinigt werden. Im Abschnitt über die alte Rechtslage wurde bereits auf die Probleme im Zusammenhang mit den unter Umständen erheblichen Werterhöhungen eingegangen. Diese Probleme bei der praktischen Anwendung werden auch nicht mehr durch den verfolgten Zweck gerechtfertigt, da

650 Vgl. Gesetzentwurf v. 05.11.2008 BT-Drucks. 16/10798, S. 33 ff.
651 Vgl. Gesetzentwurf v. 05.11.2008 BT-Drucks. 16/10798, S. 37.
652 Vgl. Gesetzentwurf v. 05.11.2008 BT-Drucks. 16/10798, S. 19.

es heutzutage problemlos möglich ist, Haushaltsgegenstände neu zu beschaffen. Niemand muss befürchten, durch den wegen einer Ersatzbeschaffung eingetretenen Verlust des ursprünglich mit in die Ehe gebrachten Bettes zukünftig auf dem Boden schlafen zu müssen, weil ein neues Bett nicht zu beschaffen ist. Es ist zu erwarten, dass der Vorschrift über die dingliche Surrogation im Schrifttum keine Träne nachgeweint werden wird. Und auch wenn sie für Altfälle zunächst anwendbar bleibt, so ist nicht zu erwarten, dass sich viele Ehegatten auf sie berufen werden. In der heutigen schnelllebigen Gesellschaft dürften es die meisten Ehegatten vorziehen, sich von einer erhaltenen Ausgleichszahlung neue Haushaltsgegenstände zu kaufen, als das alte Ehebett in die neue Beziehung mitzunehmen.

Fraglich ist nun jedoch, ob sich mit dieser Begründung nicht auch die Abschaffung der Spezialregeln zur Verteilung des ehelichen Hausrats hätte rechtfertigen lassen. Zumindest der Gesetzgeber hat diese Parallele nicht gezogen.

Nach den eben gemachten Ausführungen zur problemlosen Wiederbeschaffbarkeit von Haushaltsgegenständen und der Überlegung, dass häufig eine Neuanschaffung von den Ehegatten bevorzugt werden dürfte, stellt sich zunächst die Frage, warum ein Ehegatte ein Interesse daran haben könnte, dass er über § 1568 b BGB einen bestimmten Haushaltsgegenstand zugesprochen bekommt.

Die Norm ist ihrem Wortlaut nach nur dann anwendbar, wenn die Ehegatten gemeinsames Eigentum am Haushaltsgegenstand haben. Auf die Größe der Eigentumsbruchteile kommt es dabei nicht an.[653] Durch die Vermutung des § 1568 b Abs. 2 BGB dürfte dies bei Haushaltsgegenständen häufig der Fall sein. Zunächst soll nun betrachtet werden, wie sich die Situation ohne die Spezialvorschrift des § 1568 b BGB darstellen würde. Sofern die Ehegatten im Güterstand der Zugewinngemeinschaft lebten, würde der Wert des Miteigentumsanteils an den Haushaltsgegenständen in die Endvermögen eingestellt werden. Soweit die Miteigentumsanteile gleichwertig wären, würde also, bezogen auf die Haushaltsgegenstände, kein Ausgleich stattfinden.

Beispiel:

M und F haben kein Anfangsvermögen. Sie besitzen Haushaltsgegenstände im Wert von 5 000 Euro, an denen jeder zu 50 % Eigentum hat. Sonstiges Endvermögen ist nicht vorhanden.

Sowohl M als auch F haben in diesem Beispiel einen Zugewinn von 2 500 Euro erwirtschaftet, der aus lauter „halben Haushaltsgegenständen" besteht. Ein

[653] Vgl. MüKo/ *Wellenhofer*, 5. Aufl., § 1568 b Rn. 8.

güterrechtlicher Ausgleich wäre also nicht vorzunehmen, allerdings besteht der Bedarf, das gemeinsame Eigentum aufzulösen, da sich ein solches nach Beendigung der Ehe nicht mehr sinnvoll gemeinsam verwalten lassen wird.

An dieser Stelle zeigt sich, warum für die Hausratsverteilung der eheliche Güterstand unerheblich ist. Bei Gütertrennung ist per Definition kein Ausgleich geschuldet und in der Zugewinngemeinschaft heben sich die Haushaltsgegenstände im Endvermögen der Ehegatten ihrem Wert nach gegenseitig auf. Als Zwischenfazit kann somit festgehalten werden, dass Haushaltsgegenstände im gemeinsamen Eigentum der Ehegatten im Falle einer Scheidung zunächst in der Regel[654] keine Ausgleichspflichten hervorrufen, unabhängig vom gewählten Güterstand.

Nach der Ehescheidung würden sich die Ehegatten also mit der Situation konfrontiert sehen, dass ein bestehendes Miteigentumsverhältnis aufzulösen ist. Dies erfolgt im Normalfall durch einen Verkauf des betroffenen Gegenstandes und ein anschließendes Aufteilen des Erlöses.[655] Sofern nicht einer der Ehegatten der Käufer ist, müssten sich sodann im Falle von Haushaltsgegenständen beide Ehegatten von ihrem Anteil am Erlös Ersatz beschaffen. Probleme dürfte dies nicht bereiten.[656]

Den Zweck der Vorschrift des § 1568 b BGB könnte man nun im Ergebnis so beschreiben, dass einem Ehegatten durch das Gericht ein „Vorkaufsrecht" an einem der im gemeinsamen Eigentum stehenden Haushaltsgegenstände eingeräumt wird. Er erhält das Recht, gegen eine Ausgleichszahlung, die (in der Regel) dem Wert des Miteigentumsanteil des anderen Ehegatten entspricht,[657] das Alleineigentum an dem betroffenen Gegenstand zu erlangen. Es wird also durch einen unabhängigen Dritten – den Richter – entschieden, wer das Recht erhält, den fraglichen Gegenstand dem anderen abzukaufen. Wirtschaftlich betrachtet erlangt wegen der Ausgleichszahlung kein Ehegatte dadurch einen Vor- oder Nachteil.

Es wird also deutlich, dass bei „normalen" Haushaltsgegenständen kaum ein Ehegatte dringend auf das Verfahren angewiesen sein wird. Toaster, Kaffeemaschine oder Eierkocher hat man schneller neu gekauft, als der entsprechende Antrag bei Gericht eingereicht ist. Den Verkauf des gemeinsamen Gegenstandes kann man sodann über §§ 741 , 749 Abs. 1 , 753 Abs. 1 BGB erreichen.

[654] Etwas anderes ist denkbar, wenn die Miteigentumsanteile der Ehegatten unterschiedlich groß sind.

[655] §§ 741 , 749 Abs. 1 , 753 Abs. 1 BGB.

[656] Vgl. *Götz/Brudermüller*, S. 3030.

[657] Vgl. MüKo/*Wellenhofer*, 5. Aufl., § 1568 b Rn. 17.

Ein nennenswertes Interesse an dem Verfahren des § 1568 b BGB kann man also nur dann haben, wenn es um einen Gegenstand geht, der sich nicht ohne Weiteres neubeschaffen lässt. In der Regel dürfte diese Beschreibung jedoch nicht auf typische Haushaltsgegenstände zutreffen. An dieser Stelle kommt eine Schwäche der Definition des Begriffs des Haushaltsgegenstandes zum Tragen. Durch die Vielzahl an möglichen Verhältnissen, in denen Ehegatten leben können, kann man nicht objektiv und allgemeingültig definieren, was ein Haushaltsgegenstand ist und was nicht.

Während eine Person Jahrelang auf ihren Traum hinspart, einen echten Perserteppich zu besitzen und ihn sich irgendwann endlich für 1 000 Euro kauft und sorgsam als Schmuckstück an die Wand hängt, nimmt eine andere Person den gleichen Teppich gedankenlos beim Einkaufen mit, um ihn als Fußabtreter für die eigene Luxusvilla zu verwenden. Während der Teppich im zweiten Fall wohl als Haushaltsgegenstand zu bewerten ist, müsste er im ersten Fall wohl eher als Schmuckstück im Alleineigentum des kaufenden Ehegatten – und somit nicht als Haushaltsgegenstand – angesehen werden. Die Zugehörigkeit zur Gruppe der Haushaltsgegenstände hängt somit nicht von objektiven Eingenschaften der Sache ab, sondern fast ausschließlich von der subjektiven Art und Weise der Verwendung.[658] Folglich kann durch eine geschickte Anpassung der Verwendungsweise die Zuordnung zu den Haushaltsgegenständen verändert werden.[659]

Auch wenn man das Auto als ein Gegenstand, um den häufig als „Haushaltsgegenstand" gestritten wird, einmal seiner emotionalen Komponente[660] entledigt, wird deutlich, dass letztlich nur um Geld gestritten wird. Die Person, die das Auto als Haushaltsgegenstand für sich beanspruchen möchte, wird regelmäßig vortragen, dass sie auf das Auto angewiesen sei. Richtig ist jedoch, dass sie auf *ein* Auto angewiesen ist. Ob sie dabei das bisherige Famileinauto in natura erhält oder Geldmittel zugesprochen bekommt, um sich ein eigenes Auto zu kaufen, sollte in der Regel für die betroffene Person keinen Unterschied machen – sofern der Wert des Fahrzeuges zutreffend ermittelt wurde.

Die Tatsache, dass ein Interesse an der Anwendung des § 1568 b BGB eigentlich nur dann bestehen kann, wenn der betroffene Gegenstand Merkmale aufweist, die nicht zu einem typischen Haushaltsgegenstand passen, zusammen mit der Möglichkeit, die Zuordnung eines Gegenstandes zu den Haushaltsgegenständen zu beeinflussen/manipulieren, führt zu der Gefahr, dass eine Verteilung

[658] Vgl. MüKo/*Wellenhofer*, 5. Aufl., § 1568 b Rn. 4.
[659] Vgl. *Kemper*, S. 202.
[660] Die es zumindest in Deutschland unstreitig hat.

nach § 1568 b BGB häufig missbräuchlich verlangt werden könnte. Darüber hinaus gibt es mit § 1383 BGB bereits eine Möglichkeit, einzelne Gegenstände in Ausnahmefällen einem Ehegatten zuzuweisen. Zwar ist dies bislang nur zu Gunsten des Ausgleichsgläubigers möglich, eine entsprechende Erweiterung dieser Vorschrift wäre aber wohl der Einführung des § 1568 b BGB vorzuziehen gewesen.

Da demnach, soweit ersichtlich, in aller Regel kein wirklich schützenswertes Interesse an einer Zuteilung von Haushaltsgegenständen bestehen dürfte, ist zu wünschen, dass die Rechtspraxis an die Voraussetzung, dass der verlangende Ehegatte auf die Nutzung stärker angewiesen sein muss als der andere Ehegatte, hohe Anforderungen stellt und im Zweifel den Ausgleich, soweit notwendig,[661] im Wege des Zugewinnausgleichs durchführt.[662] Da diese Voraussetzung nur selten vorliegen dürfte[663] sollte der Anwendungsbereich automatisch sehr beschränkt bleiben. Es bleibt sodann zu wünschen, dass der Gesetzgeber bei der nächsten Reform den Bedarf für eine gleichlautende Norm ausführlicher untersucht.

---

661 Zur meist fehlenden Notwendigkeit eines Ausgleichs vgl. S. 212.

662 Gegen die Möglichkeit der Berücksichtigung im Zugewinnausgleich: *Brudermüller*, NJW 2010, S. 405.

663 Vgl. MüKo/*Wellenhofer*, 5. Aufl., § 1568 b Rn. 10.

§ 12 Gesamtergebnis und Fazit

I. Die Beurteilung der Reform im Schrifttum

Auch wenn in der Einleitung erwähnt wurde, dass der Gesetzgeber davon ausgeht, dass der Wunsch nach einem arbeitsteiligen Leben nach wie vor ein Hauptgrund für das Eingehen einer Ehe ist, so muss dennoch nicht befürchtet werden, dass die reformierte Zugewinngemeinschaft nur auf eine „Hausfrauenehe" zugeschnitten wäre. Vielmehr wurde durch die verstärkte Berücksichtigung wirtschaftlicher Überlegungen erreicht, dass auch bei einer Doppelverdienerehe gerechte Ergebnisse erzielt werden können. Um das Fazit vorweg zu nehmen: Im Ergebnis ist die Reform ein Gewinn. Auch wenn nach wie vor in bestimmten Fallkonstellationen Probleme auftauchen oder einige Fragen lieber anders hätten geregelt werden sollen, so sind doch insbesondere die wichtigsten Problempunkte der alten Rechtslage gelöst oder zumindest verbessert worden.

Auch im Schrifttum ist man sich überwiegend einig, dass die Reform zwar keine umfassende Revolution darstellt, aber zumindest einige der größten Kritikpunkte an der alten Rechtslage beseitigt hat.[664] Als einer von wenigen äußert sich *Weinreich* im Ergebnis negativ über die Reform.[665] Zwar wird regelmäßig – so auch in dieser Arbeit – an einzelnen Stellen Kritik geübt und Vorschläge für weitergehende Verbesserungen gemacht, meist folgt dieser Kritik jedoch ein insgesamt positives Fazit. *Weinreich* ist jedoch der Ansicht, dass beim Schutz des ausgleichsberechtigten Ehegatten über das Ziel hinausgeschossen wurde und der (damalige) Gesetzentwurf dringend überarbeitet werden sollte. Dass der Schutz des ausgleichsberechtigten Ehegatten teilweise auf Kosten des ausgleichsverpflichteten Ehegatten umgesetzt wurde, ist nicht von der Hand zu weisen. Ob dies dazu führt, dass die gesamte Reform als misslungen zu bewerten ist, soll nach einer kurzen Zusammenfassung der in dieser Arbeit gewonnenen Erkenntnisse geklärt werden.

---

664 Vgl. *Wellenhofer*, JuS 2009, S. 678; *Reetz*, S. 826; *Münch*, MittBayNot 2009, S. 267; *Brudermüller*, FamRZ 2009, S. 1191; *Rakete-Dombek*, S. 273; *Zimmermann*, S. 192 f.

665 Vgl. *Weinreich*, FuR 2009, S. 201.

II. Die zusammengefassten Erkenntnisse aus dieser Arbeit

Im Folgenden soll das Ergebnis der Untersuchungen aus dieser Arbeit noch einmal kompakt zusammengefasst werden, um dem Leser die Möglichkeit zu geben, die Gesamtsituation im Zusammenhang zu beurteilen.

1. Güterrecht und Schulden

Die größte, spannendste und wichtigste Neuerung ist die geänderte Berücksichtigung von negativem Vermögen, insbesondere im Zusammenhang mit dem Anfangsvermögen.[666] An dem dadurch erzielten Gerechtigkeitsgewinn dürften keine Zweifel bestehen. Die Einführung negativen Anfangsvermögens ist auf jeden Fall zu begrüßen. Es ist jedoch zu bedauern, dass sich der Gesetzgeber entgegen der ersten Entwürfe dazu entschlossen hat, die Kappungsgrenze des § 1378 Abs. 2 BGB nicht an die geänderten Umstände anzupassen. Nicht nur, dass die jetzige Grenze den Ausgleichsverpflichteten in einem Maße belastet, das sich mit dem Grundgedanken des Zugewinnausgleichs kaum rechtfertigen lässt, sie sorgt auch für eine Reihe von Folgeproblemen, die an den jeweiligen Stellen nochmals angesprochen werden. Für die Verbraucherinsolvenz hat sich gezeigt, dass bei der Berechnung des Zugewinns Besonderheiten beachtet werden müssen, die der Gesetzgeber offensichtlich übersehen hat. Da der aktuelle Wortlaut des Gesetzes einer gerechten Lösung jedoch nicht entgegen steht, lassen sich die drohenden Ungerechtigkeiten auch ohne erneutes Einschreiten des Gesetzgebers vermeiden. Für den Fall, dass in den Endvermögen der Ehegatten Verbindlichkeiten aus nicht gezahltem Unterhalt enthalten sind, wurde festgestellt, dass dieser nicht in jedem Fall undifferenziert bei der Berechnung berücksichtigt werden sollte. Abhängig von der finanziellen Situation der Ehegatten darf die Forderung nicht vollständig im Endvermögen des unterhaltsberechtigten Ehegatten berücksichtigt werden.

Auch wenn somit der eine oder andere Kritikpunkt auch nach der Reform noch angeführt werden kann, fällt es dennoch leicht, die verstärkte Berücksichtigung von negativem Vermögen im Zugewinnausgleich als gelungene Änderung zu bezeichnen. Lediglich die Entscheidung, die Höhe der Kappungsgrenze unverändert zu lassen, trübt das Gesamtbild.

[666] Vgl. S. 14 ff.

2. Die Stichtage und Missbrauchsschutz

Die Zusammenlegung der Stichtage für die Berechnung des Zugewinns und die Bestimmung der Höhe der Ausgleichsforderung ist die entscheidende Maßnahme des Gesetzgebers, um illoyale Minderungen der Ausgleichsforderung zu verhindern.[667] Auch wenn ein gesetzlicher Güterstand leicht handhabbar sein muss und dafür geringfügige Gerechtigkeitsdefizite in Kauf zu nehmen sind, so ist dennoch festzuhalten, dass es nach dem Berechnungsstichtag zu Situationen kommen kann, die das Vermögen des ausgleichspflichtigen Ehegatten mindern, ohne dass ihm in diesem Zusammenhang ein Vorwurf gemacht werden könnte. Auch wenn die Rechtsprechung den Anwendungsbereich der Billigkeitsklausel des § 1381 Abs. 1 BGB eng definiert, so ist es dennoch möglich und wünschenswert, in Extremfällen die Ausgleichspflicht des Ehegatten, dessen Endvermögen unverschuldet gemindert wurde, auf diesem Wege zu begrenzen. Ein weiterer Baustein im Konzept des Missbrauchsschutzes ist die Verschiebung der Kappungsgrenze des § 1378 Abs. 2 BGB im Falle illoyaler Vermögensminderungen. Dadurch soll es dem ausgleichsverpflichteten Ehegatten unmöglich gemacht werden, durch illoyales Verhalten die Höhe seiner Ausgleichspflicht zu beeinflussen. Die bereits im vorherigen Kapitel angesprochene fehlende Anpassung der Kappungsgrenze an die Reform hat auch hier unerwünschte Auswirkungen. Zusammen mit dem zehnjährigen Zeitraum, innerhalb dessen illoyale Vermögensminderungen zu berücksichtigen sind, führt sie dazu, dass der ausgleichsverpflichtete Ehegatten in Extremfällen in einem Maße zum Ausgleich verpflichtet wird, welches seiner wirtschaftlichen Leistungsfähigkeit in keiner Weise entspricht und seine eigene finanzielle Zukunft aufs Spiel setzt. Ein Begrenzen der Rückwirkung ist, neben der bereits geforderten Anpassung der Kappungsgrenze des § 1378 Abs. 2 BGB, dringend erforderlich.

Der Schutz des ausgleichsberechtigten Ehegatten war ein erklärtes Hauptziel der Reform. Dieser Schutz ist durch die geänderten Regelungen gewährleistet, geht jedoch teilweise zu stark zu Lasten des ausgleichsverpflichteten Ehegatten. Größtenteils können diese Ungerechtigkeiten jedoch durch Billigkeitsanpassungen im Einzelfall aufgefangen werden, so dass auch dieser Teil der Reform als im Wesentlichen gelungen bezeichnet werden kann.

3. Privilegierter Erwerb

Die Änderungen beim privilegierten Erwerb beruhen nicht darauf, dass der Gesetzgeber die alte Rechtslage ändern wollte, sondern es handelt sich hierbei le-

[667] Vgl. S. 49 ff.

diglich um Anpassungen und Klarstellungen im Zusammenhang mit den im Übrigen vorgenommenen Änderungen.[668] So steht nunmehr fest, dass privilegierter Erwerb mit negativem Anfangsvermögen zu verrechnen ist, was durch die Einführung negativen Anfangsvermögens bei der Berechnung des Zugewinns jedoch kaum überraschen dürfte. Nicht ganz klar ist jedoch, inwieweit der Ehegatte, der privilegiert erwirbt, den anderen Ehegatten an diesem Erwerb tatsächlich nicht beteiligen muss. Damit die privilegierten Zuwendungen tatsächlich nur dem Zuwendungsempfänger zugute kommen und nicht den Zugewinnausgleich positiv oder negativ beeinflussen, sollte zumindest bei privilegierten Erwerb von Geldmitteln dem Anfangsvermögen nur der Betrag hinzugerechnet werden, der von den erworbenen Geldmitteln bei Beendigung des Güterstandes nachweisbar noch vorhanden ist. Auf diese Art wird es dem Zuwendungsempfänger ermöglicht, die erhaltenen Geldmittel für eigennützige Zwecke auszugeben, ohne dass der andere Ehegatte dadurch Nachteile fürchten müsste. Auch negativer privilegierter Erwerb fügt sich in das bestehende System ein, wenngleich auch an dieser Stelle die unveränderte Kappungsgrenze des § 1378 Abs. 2 BGB eine recht weitgehende Belastung des ausgleichsverpflichteten Ehegatten zulässt. Der im Zusammenhang mit privilegiertem Erwerb oft gehörten Forderung nach einer Erweiterung der privilegierten Arten des Erwerbs liegen keine rechtlichen, sondern politische Erwägungen zu Grunde. Unter juristischen Gesichtspunkten ist die Entscheidung des Gesetzgebers nicht zu kritisieren.

Das Institut des privilegierten Erwerbs wurde größtenteils sauber an die neu eingeführte Berücksichtigung negativen Vermögens angepasst. Lediglich eine Klarstellung im Zusammenhang mit dem privilegierten Erwerb von Geldmitteln wäre wünschenswert, um der Zielrichtung der Privilegierung sauber zu entsprechen.

4. Unechter Zugewinn

Auch mit dem unechten Zugewinn hat sich der Gesetzgeber nicht ausdrücklich beschäftigt.[669] Auch die sonstigen Änderungen der Reform haben nicht dazu geführt, dass sich die grundsätzliche Situation verändert hätte. Durch die Einführung negativen Anfangsvermögens können nunmehr jedoch die Auswirkungen eines falschen Umgangs mit dem unechten Zugewinn wesentlich gravierender sein, als dies noch vor der Reform möglich war. Auch wenn sich demnach die rechtlichen Aspekte nicht geändert haben, so war das stärkere Ausmaß der

[668] Vgl. S. 81 ff.
[669] Vgl. S. 109 ff.

möglichen Ungerechtigkeiten doch Grund genug, sich ausführlich mit der Problematik zu beschäftigen. Es zeigte sich, dass keine Inflationsanpassung von Vermögen, das in Form von Geldmitteln vorliegt, vorzunehmen ist. Lediglich der Wert der sonstigen Vermögensgegenstände ist an die Geldwertentwicklung anzupassen. Als Maßstab ist dabei der Verbraucherpreisindex zu verwenden. Die hieran geäußerte Kritik beruht auf einer falschen Differenzierung zwischen echten und unechten Wertsteigerungen.

Dass sich der Gesetzgeber nicht zur Problematik der unechten Zugewinne geäußert hat ist verständlich. Die Problematik tritt ausschließlich bei der praktischen Anwendung des Gesetzes auf und folglich wurde ihre Lösung der Rechtsprechung überlassen. Es bleibt zu hoffen, dass die Gerichte die Reform zum Anlass nehmen, ihre momentane Praxis zu überdenken.

5. Ansprüche gegen Dritte

Die in § 1390 BGB geregelte Möglichkeit, Dritte für den Zugewinnausgleich in Anspruch zu nehmen, ist eine Vorschrift, die durch die Reform deutlich verschlechtert wurde.[670] Durch die sonstigen Änderungen des Gesetzes – insbesondere die Zusammenlegung der Stichtage – ist der Bedarf für eine Norm im Stile des alten § 1390 BGB aF. entfallen. Es ist dem ausgleichsverpflichteten Ehegatten nicht mehr möglich, durch illoyale Zuwendungen an Dritte die Höhe seiner Ausgleichspflicht zu beeinflussen. Folglich hätte der Rückgriff gegen Dritte ersatzlos entfallen können. Statt dessen entschied sich der Gesetzgeber, die Norm so umzugestalten, dass ein Anwendungsbereich bestehen bleibt. Leider führte diese Maßnahme zu einer missglückten Vorschrift. Die Vorteile, die der ausgleichsberechtigte Ehegatte aus der Anwendung dieser Norm ziehen kann, sind im Vergleich zur alten Rechtslage deutlich abgeschwächt, gleichzeitig wird der Dritte durch eine Inanspruchnahme deutlich stärker als bisher beeinträchtigt. Zusätzlich dürfte in der Praxis der Nachweis Probleme bereiten, dass der Anwendungsbereich des § 1390 BGB eröffnet ist. Ein Auskunftsanspruch, der sich auf den entscheidenden Stichtag bezieht, ist auch durch die Reform nicht eingeführt worden. Zusätzlich kann der starre Grenzwert für die Eröffnung des Anwendungsbereichs, zusammen mit dem für die Anwendbarkeit nach hinten verschobenen Stichtag zu schwer nachvollziehbaren Ergebnissen führen.

Durch den stärker ausgeprägten Schutz des ausgleichsberechtigten Ehegatten besteht nach der Reform kein Bedarf mehr nach einer Norm im Stile des alten § 1390 BGB aF. Es wäre somit konsequent gewesen, die Norm ersatzlos

[670] Vgl. S. 129 ff.

zu streichen. In der jetzigen Form muss die Norm als misslungen bezeichnet werden.

6. Auskunftspflichten

Bei den Anpassungen im Zusammenhang mit den Auskunftspflichten handelt es sich um Folgeänderungen, die durch die Reform notwendig wurden.[671] Grundsätzlich wurde der Anspruch auf Auskunft generalklauselartig erweitert, um dem stärkergewordenen Auskunftsbedürfnis Rechnung zu tragen. Darüber hinaus findet sich in § 1375 Abs. 2 S. 2 BGB eine Besonderheit, da bei Abweichungen des Trennungsvermögens vom Endvermögen der betroffene Ehegatte im Falle einer Vermögensminderung darlegen und beweisen muss, dass diese Minderung nicht illoyal erfolgte. Kritikwürdig ist zunächst die implizite Behauptung des Gesetzgebers, Vermögensminderungen seien im Zweifelsfall illoyal. Aber auch wenn man darüber hinwegsieht bleibt die tatsächliche Umsetzung mangelhaft. Die natürliche Vermögensentwicklung – gleich in welche Richtung sie auch stattfinden mag – wird vom Gesetzgeber ignoriert. Da Vermögen aber regelmäßig einer Entwicklung unterliegen, ist ein undifferenzierter Vergleich anhand der Nennwerte zu zwei Stichtagen ungeeignet, um den Verdacht illoyaler Handlungen zu entkräften oder bestätigen. Außerdem sind die Anforderungen an den zu führenden Beweis außerordentlich hoch, da sich die Nichtvornahme illoyaler Handlungen nur durch ein lückenloses Darlegen aller zwischenzeitlichen Vermögensbewegungen möglich sein wird. Die neu eingeführte Belegpflicht schließlich kann auch nicht restlos überzeugen, da sie systembedingt zu leicht zu umgehen ist. Dass die Vermutungsregel des § 1377 BGB unverändert übernommen wurde, ist angesichts des neu eingeführten negativen Anfangsvermögens enttäuschend. Solange sich die Aufnahme eines Vermögensverzeichnisses noch nicht durchgesetzt hat, wird die tatsächliche Berücksichtigung negativen Anfangsvermögens wohl noch oft an der Beweisbarkeit scheitern.

Die Erweiterung der Auskunftspflichten war dringend notwendig und ist dem Gesetzgeber auch zufriedenstellend gelungen. An den Randbereichen sind einige Änderungen jedoch weniger erfreulich verlaufen. Insbesondere die Beweislastumkehr nach § 1375 Abs. 2 S. 2 BGB ist unausgereift. Ob sich die Vermutungsregelung des § 1377 BGB auch im neuen Recht bewähren kann, wird sich erst noch zeigen müssen.

---

[671] Vgl. S. 152 ff.

7. Konkurrenz von Unterhalt und Zugewinn

Die Konkurrenzsituation zwischen Unterhaltszahlungen und dem Zugewinnausgleich wurde schon vor der Reform lediglich durch das Schrifttum und die Rechtsprechung bearbeitet.[672] Auch diesem Bereich hat der Gesetzgeber durch die Reform keine Klarstellung zuteil werden lassen. Die Reform hat die Situation nicht grundlegend geändert, führt durch die Einführung negativer Vermögenswerte jedoch dazu, dass einige der bisher vorgebrachten Argumente neu bedacht werden müssen. So ist beim Ausgleich von erhaltenen Abfindungen der güterrechtliche Ausgleich nicht mehr geeignet, die Konkurrenzsituation aufzulösen, so dass auf die unterhaltsrechtliche Lösung zurückgegriffen werden muss. Der Ausgleich vorhandener Gewerbebetriebe ist – mangels besserer Alternativen – durch eine Aufspaltung zwischen Unterhalt und Zugewinn zu bewerkstelligen. Bei negativen Vermögenspositionen kann es hingegen nicht zu der Problematik einer Doppelverwertung kommen. Folglich ist die güterrechtliche und unterhaltsrechtliche Beurteilung unabhängig voneinander vorzunehmen.

Dass der Gesetzgeber keinen ausdrücklichen Vorrang eines bestimmten Rechtsinstituts in bestimmten Fällen festgeschrieben hat, war zu erwarten und ist zu begrüßen. Die Diskussion ist noch zu jung und hat durch die geänderten Umstände einen neuen Aspekt erhalten. Es darf vermutet werden, dass es der Rechtsprechung und dem Schrifttum auch ohne Einschreiten des Gesetzgebers gelingen wird, handhabbare und sinnvolle Methoden zu entwickeln, um drohende Konkurrenzen zwischen Unterhalt und Zugewinn aufzulösen.

8. Vorzeitiger Zugewinnausgleich

Beim vorzeitigen Zugewinnausgleich hat sich der Gesetzgeber darauf beschränkt, die bestehende Kritik behutsam in die geltenden Normen einzuarbeiten.[673] Dabei ist es ihm gelungen, die bestehenden Schwachstellen zu beseitigen, ohne gleichzeitig neue Problempunkte einzubauen. Die Überarbeitung des Rechts des vorzeitigen Zugewinnausgleichs ist durchweg als gelungen zu bezeichnen.

9. Behandlung von Haushaltsgegenständen

Bei der Behandlung von Haushaltsgegenständen wurden die meisten Änderungen im Zusammenhang mit der Auflösung der Hausratsverordnung einge-

[672] Vgl. S. 178 ff.
[673] Vgl. S. 203 ff.

führt.[674] Aber auch bei den originären Normen des BGB gab es Änderungen. So ist die Streichung des von seinem Grundgedanken her veralteten § 1370 BGB aF. zu begrüßen. Es hat sich jedoch gezeigt, dass auch die Regelung zur Verteilung des Hausrates in § 1568 b BGB nicht mehr mit dem aktuellen Zeitgeist zu vereinbaren ist. Der Schutzgedanke des § 1568 b BGB ist in den heutigen Zeiten, in denen sich alle Haushaltsgegenstände problemlos jederzeit neu beschaffen lassen, überholt. Es ist zu befürchten, dass das Berufen auf diese Norm häufig missbräuchliche Ziele verfolgen wird.

Der Gesetzgeber hätte die Norm der Hausratsverteilung vor ihrer Übernahme in das BGB auf ihre Notwendigkeit hin überprüfen sollen. Ein tatsächliches Bedürfnis für die Zuteilung bestimmter Haushaltsgegenstände dürfte kaum noch denkbar sein.

III. Ausblick – der Deutsch - Französische Wahlgüterstand

Mittlerweile kündigt sich mit dem Deutsch - Französischen Wahlgüterstand bereits die nächste große Neuerung im ehelichen Güterrecht an. Dabei handelt es sich um ein Gemeinschaftsprojekt zwischen Deutschland und Frankreich, das jedoch darauf ausgelegt ist, zukünftig von weiteren europäischen Ländern übernommen zu werden. Ziel ist es, einen Güterstand zu schaffen, dessen Regelungen in mehreren Ländern identisch sind, um für Ehepaaren, die grenzüberschreitend leben und wirtschaften, Hindernisse abzubauen. So ist es bisher für Ehepaare, die in der französischen Errungenschaftsgemeinschaft leben, schwierig in Deutschland eine Finanzierung für einen Hauskauf zu erlangen, da die deutschen Banken nicht mit den Feinheiten des französischen Rechts vertraut sind und in dieser Beziehung kein Risiko eingehen wollen.Vielen Ehepaaren müssen demnach vertraglich vereinbaren, dass für die deutsche Immobilie das deutsche Güterrecht gelten soll – was jedoch wieder zu Schwierigkeiten im Falle einer Scheidung führt, da nun zwei Ausgleichssysteme in Konkurrenz treten. Diese Probleme sollen dadurch gelöst, dass es einen nationalen Güterstand gibt, der in mehreren Ländern identisch ist, so dass es auch für die kreditgebenden Banken kein Problem darstellt die rechtlichen Beziehungen zwischen den Ehegatten zu verstehen.

Der Regelungsentwurf, der zu diesem Zweck erstellt wurde, basiert in großen Teilen auf dem deutschen Güterstand der Zugewinngemeinschaft, hat jedoch an

[674] Vgl. S. 210 ff.

manchen Stellen Modifikationen erfahren, um der französischen Güterrechtstradition gerecht zu werden.[675] Viele dieser Änderungen werden auch in Deutschland zumindest von teilen des Schrifttums seit längerem gefordert. So legt der Deutsch - Französische Wahlgüterstand beispielsweise in Artikel 9 ausdrücklich fest, das Schmerzensgeld dem Anfangsvermögen hinzugerechnet wird. Auch die Modalitäten, wie das Anfangsvermögen an die aktuelle Kaufkraft anzupassen ist, sind in Artikel 9 Abs. 3 genau festgeschrieben und werden nicht der richterlichen Rechtsfortbildung überlassen. In Artikel 9 Abs. 2 wird darüber hinaus festgeschrieben, dass Wertschwankungen von Grundstücken für den Zugewinn ohne Auswirkungen bleiben.

Nachdem die Reform des deutschen Zugewinnausgleichs dazu führte, dass der Ausgleichsverpflichtete nunmehr im Normalfall maximal sein komplettes Vermögen für den Zugewinnausgleich aufwenden muss und dies damit begründet wurde, dass eine solche Verschärfung bei einer Einführung von negativem Anfangs- und Endvermögen konsequent sei, besinnt sich der Deutsch - Französische Wahlgüterstand wieder auf den eigentlichen Zweck des Zugewinnausgleichs und spricht dem ausgleichsberechtigten Ehegatten maximal das halbe Vermögen des ausgleichsverpflichteten Ehegatten zu, ohne auf die Berücksichtigung negativen Anfangs- und Endvermögens zu verzichten.Desweiteren werden Geschenke, die an Verwandte in gerader Linie getätigt werden, vollständig aus dem Zugewinnausgleich herausgehalten, sofern sie nicht illoyal erfolgten.Auch auf den erbrechtlichen pauschalisierten Zugewinnausgleich wurde verzichtet, so dass auch im Todesfall eine Berechnung des Zugewinns zu erfolgen hat.[676]

Der Deutsch-Französische Wahlgüterstand scheint zu dem zu werden, was die Reform hätte sein können. Vom Kern her handelt es sich unverkennbar um die deutsche Zugewinngemeinschaft, es wurden aber konsequent die Kritikpunkte, die sich in der bisherigen Rechtspraxis gezeigt haben, aufgegriffen und entschärft. Dass es dabei auch noch gelungen ist, die inhaltlichen Regelungen in gerade mal 17 kurzen, klar verständlichen und sauber formulierten Normen zusammenzufassen scheint schon fast zu viel des Guten. Statt die bestehenden Normen von Reform zu Reform immer weiter zu ergänzen und zu erweitern sollte der Gesetzgeber vielleicht öfter bei einem weißen Blatt Papier beginnen und sich darauf besinnen, welche Regelungen wirklich erforderlich sind, um das gewünschte Ziel zu erreichen.

---

[675] Vgl. *Meyer*, S. 613; *Klippstein*, S. 510.

[676] Dies kann in Einzelfällen dazu dienen, den Pflichtteil der Erben herabzusetzen, vgl. *Jäger*, S. 824 f.; *Stürner*, S. 550.

Angesichts der ungewöhnlichen handwerklichen und inhaltlichen Eleganz des Deutsch - Französischen Wahlgüterstandes ist es erfreulich, dass trotz des missverständlichen Namens[677] der Güterstand auch für innerdeutsche Ehen offenstehen soll.[678] Vielleicht sorgt das Vorliegen einer solchen Alternative zum bestehenden gesetzlichen Güterstand dazu, Eheverträge vom Makel des unromantischen zu befreien und zu einer breiteren gesellschaftlichen Akzeptanz zu verhelfen.[679] Wenn Ehegatten zukünftig offen über die Wahl des am besten passenden Güterstandes diskutieren, so wäre ein großer Schritt zu gerechteren güterrechtlichen Regelungen getan. Rückblickend wird man in ein paar Jahren vielleicht feststellen, dass eine solche – auch für „Normalehen" verlockende – Alternative zum gesetzlichen Güterstand der entscheidende Impuls war, der die allgemeine gesellschaftliche Aufgeklärtheit endlich auch auf das traditionell geprägte Institut der Ehe und seine weltlichen Folgen hat übergreifen lassen.

IV. Fazit

Es wurde bereits an früherer Stelle angesprochen und konnte wohl auch aus den einzelnen Kapiteln herausgelesen werden: Trotz aller Schwachstellen ist die Reform ein großer Fortschritt gegenüber der alten Rechtslage. Unabhängig von der philosophisch eingefärbten Frage, ob ein „perfektes Gesetz" überhaupt denkbar ist, gelang es dem Gesetzgeber, eine Vielzahl der größten Kritikpunkte der alten Rechtslage durch die Reform einer Klärung zuzuführen. Unter diesem Aspekt hat das eheliche Güterrecht eine gesetzliche Basis erhalten, auf der es dem Schrifttum und der Rechtsprechung möglich sein wird, die folgenden 50 Jahre bis zur nächsten Reform die Vermögensverhältnisse scheidungswilliger Ehegatten in weitestgehend gerechter und handhabbarer Weise einer Teilung zuzuführen.

[677] Zumindest in der öffentlichen Diskussion ist der Güterstand als deutsch - französischer Wahlgüterstand bekannt.

[678] Vgl. *Meyer*, S. 614.

[679] In der Literatur wird jedoch mit einer nur geringen Verbreitung des Güterstandes gerechnet, vgl. *Klippstein*, S. 515; *Jäger*, S. 823. Teilweise mit der Begründung, inhatlich könne man die Regelungen bereits jetzt über einen Ehevertrag vereinbaren, vgl. *Stürner*, S. 550. Dabei wird jedoch übersehen, dass ein romantisch veranlagter Ehegatte sich vielleicht eher davon überzeugen lassen kann, einen bestimmten Güterstand zu wählen, als eine Vielzahl von Einzelregelungen für den Fall der Scheidung zu treffen. Es sind mit Sicherheit selten rationale Gründe die dafür sorgen, dass bei den wenigsten Eheschließungen eine Ehevertrag abgeschlossen wird.

An dieser Stelle soll jedoch auch die Frage erlaubt sein, ob das Grundprinzip der Zugewinngemeinschaft in der heutigen Zeit, in welcher die klassische „Hausfrauenehe“ zusehends an Bedeutung verliert, noch die Stellung als gesetzlicher Güterstand beanspruchen sollte. Will man auf einen gesetzlichen Güterstand jedoch nicht vollständig verzichten, so benötigt man einen Güterstand, der für diesen Zweck besser geeignet ist. Es mag zwar materiell gerechter sein und auch dem Grundgedanken der Zugewinngemeinschaft besser entsprechen, wenn bei Beendigung des Güterstandes zwischen den Ehegatten nur das Geteilt werden würde, was tatsächlich *gemeinsam* erwirtschaftet wurde – allerdings müsste man für ein solches Maß an Gerechtigkeit die Handhabbarkeit des Güterstandes opfern. Gerade bei einem gesetzlichen Güterstand sollte der Aspekt der Handhabbarkeit jedoch nicht unterschätzt werden. Es würden sich eine Vielzahl von Streitpunkten ergeben, die größtenteils vor Gericht nicht in zufriedenstellender Weise zu klären wären. Kann beispielsweise der Mann tatsächlich nur so viel verdienen, weil ihm seine Frau den Rücken freihält? Oder ist es vielmehr so, dass die Frau einfach keine Lust hat arbeiten zu gehen und die Karriere des Mannes eher belastet? Sollte nur das geteilt werden, was tatsächlich gemeinsam erwirtschaftet wurde, müsste man solche Fragen einer Klärung zuführen. Und zwar routinemäßig in nahezu jedem Scheidungsverfahren und in allen nur denkbaren Abwandlungen. Unter diesem Aspekt erscheint die Entscheidung des Gesetzgebers vernünftig, ab Beginn des Güterstandes zu fingieren, dass jede weitere Vermögensmehrung auf gemeinsamen Wirtschaften beruht.

Problematischer erscheint hingegen, ob eine so pauschale Betrachtung auch in einer Doppelverdienerehe ihre Berechtigung hat. Der Einfluss des einen Ehegatten auf den Verdienst des anderen Ehegatten dürfte in diesen Fällen deutlich schwieriger pauschal zu bejahen sein, so dass nicht ohne weiteres deutlich wird, warum die Ersparnisse der einzelnen Ehegatten zwingend geteilt werden müssen. Natürlich gibt es für diese Konstellationen passendere güterrechtliche Regelungen. Es darf jedoch nicht vergessen werden, dass die Zugewinngemeinschaft den Ehegatten nicht aufgezwungen wird. Vielmehr steht es den Ehegatten frei, die für sie passenden güterrechtlichen Regelungen zu vereinbaren. Die Aufgabe des gesetzlichen Güterstandes ist es demnach nicht, für alle Ehetypen gerechte Lösungen zu bieten, sondern lediglich Regelungen für den Fall bereit zu stellen, dass die Ehegatten keinen spezielleren Güterstand wählen. Und da es auch in Ehen, in denen zunächst beide Ehegatten arbeiten gehen, nicht unüblich ist, dass irgendwann Nachwuchs zur Welt kommt, ist es wichtig, dass ein Güterstand für diesen Fall Regelungen vorsieht, die den Ehegatten schützen, der die Kinderbetreuung übernimmt. Dass nach der Geburt von Kindern wieder beide

Ehegatten uneingeschränkt arbeiten gehen, dürfte eher die Ausnahme sein. Die typische Hausfrauenehe mag es demnach zwar seltener geben als früher, dafür dürfte der Ehetyp, bei dem die „Hausfrau" ihre Berufstätigkeit zu Gunsten der Familie einschränkt, sehr häufig anzutreffen sein. Und zumindest auch für diesen Ehetyp bieten die Regelungen des gesetzlichen Güterstandes gerechte Lösungen.

Zwar mag es in der Praxis richtig sein, dass der Zugewinnausgleich um so relevanter wird, je mehr Vermögen bei den Ehegatten vorhanden ist – das bedeutet jedoch nicht, dass Familien mit bescheidenen Vermögensverhältnissen keine güterrechtlichen Regelungen bräuchten. Niemand kann absehen, wie sich die Lebensverhältnisse eines jungen Ehepaares entwickeln werden. Dass bestehende güterrechtliche Regelungen leerlaufen, weil kein Vermögen vorhanden ist, stellt im Vergleich zum umgekehrten Fall die weniger problematische Alternative dar.

Die Zugewinngemeinschaft hat demnach auch in der heutigen Zeit noch ihre Berechtigung als gesetzlicher Güterstand, obwohl sich die Vorstellung einer typischen Ehe in der Gesellschaft gewandelt hat, bzw. noch im Wandel befindet. Ihr nach wie vor aktueller Grundgedanke und die einfache Handhabbarkeit qualifizieren die Zugewinngemeinschaft für diese Aufgabe. Es lohnt sich demnach für den Gesetzgeber, weiterhin daran zu arbeiten, die noch bestehenden Ungerechtigkeiten und Problempunkte der aktuellen Gesetzeslage in der Zukunft einer gesetzlichen Lösung zuzuführen. Gut möglich, dass in der Zwischenzeit die gesellschaftliche Aufklärung soweit fortschreitet, dass der Abschluss eines Ehevertrages nicht mehr als unromantisch und verwerflich abgelehnt wird. Die Einführung des Deutsch - Französischen Wahlgüterstandes lässt diesbezüglich hoffen. Denn eine auf den konkreten Einzelfall zugeschnittene Regelung kann der Gesetzgeber niemals so gut treffen, wie die betroffenen Ehegatten selbst.

Anhang Gesetzesvergleich

Im Folgenden werden die Vorschriften über das gesetzliche Güterrecht in den §§ 1363–1390 BGB in der Fassung bis zum 31. August 2009 der aktuellen Fassung seit dem 01. September 2009 gegenübergestellt.

§ 1363 BGB aF. Zugewinngemeinschaft

(1)[1]Die Ehegatten leben im Güterstand der Zugewinngemeinschaft, wenn sie nicht durch Ehevertrag etwas anderes vereinbaren.

(2)[1]Das Vermögen des Mannes und das Vermögen der Frau werden nicht gemeinschaftliches Vermögen der Ehegatten; dies gilt auch für Vermögen, das ein Ehegatte nach der Eheschließung erwirbt. [2]Der Zugewinn, den die Ehegatten in der Ehe erzielen, wird jedoch ausgeglichen, wenn die Zugewinngemeinschaft endet.

---

§ 1364 BGB aF. Vermögensverwaltung

Jeder Ehegatte verwaltet sein Vermögen selbständig; er ist jedoch in der Verwaltung seines Vermögens nach Maßgabe der folgenden Vorschriften beschränkt.

---

§ 1365 BGB aF. Verfügung über Vermögen im Ganzen

(1)[1]Ein Ehegatte kann sich nur mit Einwilligung des anderen Ehegatten verpflichten, über sein Vermögen im Ganzen zu verfügen. [2]Hat er sich ohne Zustimmung des anderen Ehegatten verpflichtet, so kann er die Verpflichtung nur erfüllen, wenn der andere Ehegatte einwilligt.

(Fortsetzung nächste Seite)

§ 1363 BGB Zugewinngemeinschaft

(1)[1]Die Ehegatten leben im Güterstand der Zugewinngemeinschaft, wenn sie nicht durch Ehevertrag etwas anderes vereinbaren.

(2)[1]Das Vermögen des Mannes und das Vermögen der Frau werden nicht gemeinschaftliches Vermögen der Ehegatten; dies gilt auch für Vermögen, das ein Ehegatte nach der Eheschließung erwirbt. [2]Der Zugewinn, den die Ehegatten in der Ehe erzielen, wird jedoch ausgeglichen, wenn die Zugewinngemeinschaft endet.

---

§ 1364 BGB Vermögensverwaltung

Jeder Ehegatte verwaltet sein Vermögen selbständig; er ist jedoch in der Verwaltung seines Vermögens nach Maßgabe der folgenden Vorschriften beschränkt.

---

§ 1365 BGB Verfügung über Vermögen im Ganzen

(1)[1]Ein Ehegatte kann sich nur mit Einwilligung des anderen Ehegatten verpflichten, über sein Vermögen im Ganzen zu verfügen. [2]Hat er sich ohne Zustimmung des anderen Ehegatten verpflichtet, so kann er die Verpflichtung nur erfüllen, wenn der andere Ehegatte einwilligt.

(Fortsetzung nächste Seite)

(2)[1]Entspricht das Rechtsgeschäft den Grundsätzen einer ordnungsmäßigen Verwaltung, so kann das Vormundschaftsgericht auf Antrag des Ehegatten die Zustimmung des anderen Ehegatten ersetzen, wenn dieser sie ohne ausreichenden Grund verweigert oder durch Krankheit oder Abwesenheit an der Abgabe einer Erklärung verhindert und mit dem Aufschub Gefahr verbunden ist.

---

§ 1366 BGB aF. Genehmigung von Verträgen

(1)[1]Ein Vertrag, den ein Ehegatte ohne die erforderliche Einwilligung des anderen Ehegatten schließt, ist wirksam, wenn dieser ihn genehmigt.

(2)[1]Bis zur Genehmigung kann der Dritte den Vertrag widerrufen. [2]Hat er gewusst, dass der Mann oder die Frau verheiratet ist, so kann er nur widerrufen, wenn der Mann oder die Frau wahrheitswidrig behauptet hat, der andere Ehegatte habe eingewilligt; er kann auch in diesem Falle nicht widerrufen, wenn ihm beim Abschluss des Vertrags bekannt war, dass der andere Ehegatte nicht eingewilligt hatte.

(3)[1]Fordert der Dritte den Ehegatten auf, die erforderliche Genehmigung des anderen Ehegatten zu beschaffen, so kann dieser sich nur dem Dritten gegenüber über die Genehmigung erklären; hat er sich bereits vor der Aufforderung seinem Ehegatten gegenüber erklärt, so wird die Erklärung unwirksam. [2]Die Genehmigung kann nur innerhalb von zwei Wochen seit dem Empfang der Aufforderung erklärt werden; wird sie nicht erklärt, so gilt sie als verweigert. [3]Ersetzt das Vormundschaftsgericht die Genehmigung, so ist sein Beschluss nur wirksam, wenn der Ehegatte ihn dem Dritten innerhalb der zweiwöchigen Frist mitteilt; andernfalls gilt die Genehmigung als verweigert.

(4)[1]Wird die Genehmigung verweigert, so ist der Vertrag unwirksam.

---

§ 1367 BGB aF. Einseitige Rechtsgeschäfte

Ein einseitiges Rechtsgeschäft, das ohne die erforderliche Einwilligung vorgenommen wird, ist unwirksam.

(2)[1]Entspricht das Rechtsgeschäft den Grundsätzen einer ordnungsmäßigen Verwaltung, so kann das Familiengericht auf Antrag des Ehegatten die Zustimmung des anderen Ehegatten ersetzen, wenn dieser sie ohne ausreichenden Grund verweigert oder durch Krankheit oder Abwesenheit an der Abgabe einer Erklärung verhindert und mit dem Aufschub Gefahr verbunden ist.

---

§ 1366 BGB Genehmigung von Verträgen

(1)[1]Ein Vertrag, den ein Ehegatte ohne die erforderliche Einwilligung des anderen Ehegatten schließt, ist wirksam, wenn dieser ihn genehmigt.

(2)[1]Bis zur Genehmigung kann der Dritte den Vertrag widerrufen. [2]Hat er gewusst, dass der Mann oder die Frau verheiratet ist, so kann er nur widerrufen, wenn der Mann oder die Frau wahrheitswidrig behauptet hat, der andere Ehegatte habe eingewilligt; er kann auch in diesem Falle nicht widerrufen, wenn ihm beim Abschluss des Vertrags bekannt war, dass der andere Ehegatte nicht eingewilligt hatte.

(3)[1]Fordert der Dritte den Ehegatten auf, die erforderliche Genehmigung des anderen Ehegatten zu beschaffen, so kann dieser sich nur dem Dritten gegenüber über die Genehmigung erklären; hat er sich bereits vor der Aufforderung seinem Ehegatten gegenüber erklärt, so wird die Erklärung unwirksam. [2]Die Genehmigung kann nur innerhalb von zwei Wochen seit dem Empfang der Aufforderung erklärt werden; wird sie nicht erklärt, so gilt sie als verweigert. [3]Ersetzt das Familiengericht die Genehmigung, so ist sein Beschluss nur wirksam, wenn der Ehegatte ihn dem Dritten innerhalb der zweiwöchigen Frist mitteilt; andernfalls gilt die Genehmigung als verweigert.

(4)[1]Wird die Genehmigung verweigert, so ist der Vertrag unwirksam.

---

§ 1367 BGB Einseitige Rechtsgeschäfte

Ein einseitiges Rechtsgeschäft, das ohne die erforderliche Einwilligung vorgenommen wird, ist unwirksam.

§ 1368 BGB aF. Geltendmachung der Unwirksamkeit

Verfügt ein Ehegatte ohne die erforderliche Zustimmung des anderen Ehegatten über sein Vermögen, so ist auch der andere Ehegatte berechtigt, die sich aus der Unwirksamkeit der Verfügung ergebenden Rechte gegen den Dritten gerichtlich geltend zu machen.

---

§ 1369 BGB aF. Verfügungen über Haushaltsgegenstände

(1)[1]Ein Ehegatte kann über ihm gehörende Gegenstände des ehelichen Haushalts nur verfügen und sich zu einer solchen Verfügung auch nur verpflichten, wenn der andere Ehegatte einwilligt.

(2)[1]Das Vormundschaftsgericht kann auf Antrag des Ehegatten die Zustimmung des anderen Ehegatten ersetzen, wenn dieser sie ohne ausreichenden Grund verweigert oder durch Krankheit oder Abwesenheit verhindert ist, eine Erklärung abzugeben.

(3)[1]Die Vorschriften der §§ 1366 bis 1368 gelten entsprechend.

---

§ 1370 BGB aF. Ersatz von Haushaltsgegenständen

Haushaltsgegenstände, die anstelle von nicht mehr vorhandenen oder wertlos gewordenen Gegenständen angeschafft werden, werden Eigentum des Ehegatten, dem die nicht mehr vorhandenen oder wertlos gewordenen Gegenstände gehört haben.

---

§ 1371 BGB aF. Zugewinnausgleich im Todesfall

(1)[1]Wird der Güterstand durch den Tod eines Ehegatten beendet, so wird der Ausgleich des Zugewinns dadurch verwirklicht, dass sich der gesetzliche Erbteil des überlebenden Ehegatten um ein Viertel der Erbschaft erhöht; hierbei ist unerheblich, ob die Ehegatten im einzelnen Falle einen Zugewinn erzielt haben.

(Fortsetzung nächste Seite)

§ 1368 BGB Geltendmachung der Unwirksamkeit

Verfügt ein Ehegatte ohne die erforderliche Zustimmung des anderen Ehegatten über sein Vermögen, so ist auch der andere Ehegatte berechtigt, die sich aus der Unwirksamkeit der Verfügung ergebenden Rechte gegen den Dritten gerichtlich geltend zu machen.

---

§ 1369 BGB Verfügungen über Haushaltsgegenstände

(1)[1]Ein Ehegatte kann über ihm gehörende Gegenstände des ehelichen Haushalts nur verfügen und sich zu einer solchen Verfügung auch nur verpflichten, wenn der andere Ehegatte einwilligt.

(2)[1]Das Familiengericht kann auf Antrag des Ehegatten die Zustimmung des anderen Ehegatten ersetzen, wenn dieser sie ohne ausreichenden Grund verweigert oder durch Krankheit oder Abwesenheit verhindert ist, eine Erklärung abzugeben.

(3)[1]Die Vorschriften der §§ 1366 bis 1368 gelten entsprechend.

---

§ 1370 BGB

(weggefallen)

---

§ 1371 BGB Zugewinnausgleich im Todesfall

(1)[1]Wird der Güterstand durch den Tod eines Ehegatten beendet, so wird der Ausgleich des Zugewinns dadurch verwirklicht, dass sich der gesetzliche Erbteil des überlebenden Ehegatten um ein Viertel der Erbschaft erhöht; hierbei ist unerheblich, ob die Ehegatten im einzelnen Falle einen Zugewinn erzielt haben.

(Fortsetzung nächste Seite)

(2)[1]Wird der überlebende Ehegatte nicht Erbe und steht ihm auch kein Vermächtnis zu, so kann er Ausgleich des Zugewinns nach den Vorschriften der §§ 1373 bis 1383, 1390 verlangen; der Pflichtteil des überlebenden Ehegatten oder eines anderen Pflichtteilsberechtigten bestimmt sich in diesem Falle nach dem nicht erhöhten gesetzlichen Erbteil des Ehegatten.

(3)[1]Schlägt der überlebende Ehegatte die Erbschaft aus, so kann er neben dem Ausgleich des Zugewinns den Pflichtteil auch dann verlangen, wenn dieser ihm nach den erbrechtlichen Bestimmungen nicht zustünde; dies gilt nicht, wenn er durch Vertrag mit seinem Ehegatten auf sein gesetzliches Erbrecht oder sein Pflichtteilsrecht verzichtet hat.

(4)[1]Sind erbberechtigte Abkömmlinge des verstorbenen Ehegatten, welche nicht aus der durch den Tod dieses Ehegatten aufgelösten Ehe stammen, vorhanden, so ist der überlebende Ehegatte verpflichtet, diesen Abkömmlingen, wenn und soweit sie dessen bedürfen, die Mittel zu einer angemessenen Ausbildung aus dem nach Absatz 1 zusätzlich gewährten Viertel zu gewähren.

---

§ 1372 BGB aF. Zugewinnausgleich in anderen Fällen

Wird der Güterstand auf andere Weise als durch den Tod eines Ehegatten beendet, so wird der Zugewinn nach den Vorschriften der §§ 1373 bis 1390 ausgeglichen.

---

§ 1373 BGB aF. Zugewinn

Zugewinn ist der Betrag, um den das Endvermögen eines Ehegatten das Anfangsvermögen übersteigt.

---

§ 1374 BGB aF. Anfangsvermögen

(1)[1]Anfangsvermögen ist das Vermögen, das einem Ehegatten nach Abzug der Verbindlichkeiten beim Eintritt des Güterstands gehört; die Verbindlichkeiten können nur bis zur Höhe des Vermögens abgezogen werden.

(Fortsetzung nächste Seite)

(2)[1]Wird der überlebende Ehegatte nicht Erbe und steht ihm auch kein Vermächtnis zu, so kann er Ausgleich des Zugewinns nach den Vorschriften der §§ 1373 bis 1383, 1390 verlangen; der Pflichtteil des überlebenden Ehegatten oder eines anderen Pflichtteilsberechtigten bestimmt sich in diesem Falle nach dem nicht erhöhten gesetzlichen Erbteil des Ehegatten.

(3)[1]Schlägt der überlebende Ehegatte die Erbschaft aus, so kann er neben dem Ausgleich des Zugewinns den Pflichtteil auch dann verlangen, wenn dieser ihm nach den erbrechtlichen Bestimmungen nicht zustünde; dies gilt nicht, wenn er durch Vertrag mit seinem Ehegatten auf sein gesetzliches Erbrecht oder sein Pflichtteilsrecht verzichtet hat.

(4)[1]Sind erbberechtigte Abkömmlinge des verstorbenen Ehegatten, welche nicht aus der durch den Tod dieses Ehegatten aufgelösten Ehe stammen, vorhanden, so ist der überlebende Ehegatte verpflichtet, diesen Abkömmlingen, wenn und soweit sie dessen bedürfen, die Mittel zu einer angemessenen Ausbildung aus dem nach Absatz 1 zusätzlich gewährten Viertel zu gewähren.

---

§ 1372 BGB Zugewinnausgleich in anderen Fällen

Wird der Güterstand auf andere Weise als durch den Tod eines Ehegatten beendet, so wird der Zugewinn nach den Vorschriften der §§ 1373 bis 1390 ausgeglichen.

---

§ 1373 BGB Zugewinn

Zugewinn ist der Betrag, um den das Endvermögen eines Ehegatten das Anfangsvermögen übersteigt.

---

§ 1374 BGB Anfangsvermögen

(1)[1]Anfangsvermögen ist das Vermögen, das einem Ehegatten nach Abzug der Verbindlichkeiten beim Eintritt des Güterstands gehört.

(Fortsetzung nächste Seite)

(2)[1]Vermögen, das ein Ehegatte nach Eintritt des Güterstands von Todes wegen oder mit Rücksicht auf ein künftiges Erbrecht, durch Schenkung oder als Ausstattung erwirbt, wird nach Abzug der Verbindlichkeiten dem Anfangsvermögen hinzugerechnet, soweit es nicht den Umständen nach zu den Einkünften zu rechnen ist.

---

§ 1375 BGB aF. Endvermögen

(1)[1]Endvermögen ist das Vermögen, das einem Ehegatten nach Abzug der Verbindlichkeiten bei der Beendigung des Güterstands gehört. [2]Die Verbindlichkeiten werden, wenn Dritte gemäß § 1390 in Anspruch genommen werden können, auch insoweit abgezogen, als sie die Höhe des Vermögens übersteigen.

(2)[1]Dem Endvermögen eines Ehegatten wird der Betrag hinzugerechnet, um den dieses Vermögen dadurch vermindert ist, dass ein Ehegatte nach Eintritt des Güterstands

1. unentgeltliche Zuwendungen gemacht hat, durch die er nicht einer sittlichen Pflicht oder einer auf den Anstand zu nehmenden Rücksicht entsprochen hat,
2. Vermögen verschwendet hat oder
3. Handlungen in der Absicht vorgenommen hat, den anderen Ehegatten zu benachteiligen.

(3)[1]Der Betrag der Vermögensminderung wird dem Endvermögen nicht hinzugerechnet, wenn sie mindestens zehn Jahre vor Beendigung des Güterstands eingetreten ist oder wenn der andere Ehegatte mit der unentgeltlichen Zuwendung oder der Verschwendung einverstanden gewesen ist.

(2)[1]Vermögen, das ein Ehegatte nach Eintritt des Güterstands von Todes wegen oder mit Rücksicht auf ein künftiges Erbrecht, durch Schenkung oder als Ausstattung erwirbt, wird nach Abzug der Verbindlichkeiten dem Anfangsvermögen hinzugerechnet, soweit es nicht den Umständen nach zu den Einkünften zu rechnen ist.

(3)[1]Verbindlichkeiten sind über die Höhe des Vermögens hinaus abzuziehen.

---

§ 1375 BGB Endvermögen

(1)[1]Endvermögen ist das Vermögen, das einem Ehegatten nach Abzug der Verbindlichkeiten bei der Beendigung des Güterstands gehört. [2]Verbindlichkeiten sind über die Höhe des Vermögens hinaus abzuziehen.

(2)[1]Dem Endvermögen eines Ehegatten wird der Betrag hinzugerechnet, um den dieses Vermögen dadurch vermindert ist, dass ein Ehegatte nach Eintritt des Güterstands

1. unentgeltliche Zuwendungen gemacht hat, durch die er nicht einer sittlichen Pflicht oder einer auf den Anstand zu nehmenden Rücksicht entsprochen hat,
2. Vermögen verschwendet hat oder
3. Handlungen in der Absicht vorgenommen hat, den anderen Ehegatten zu benachteiligen.

[2]Ist das Endvermögen eines Ehegatten geringer als das Vermögen, das er in der Auskunft zum Trennungszeitpunkt angegeben hat, so hat dieser Ehegatte darzulegen und zu beweisen, dass die Vermögensminderung nicht auf Handlungen im Sinne des Satzes 1 Nummer 1 bis 3 zurückzuführen ist.

(3)[1]Der Betrag der Vermögensminderung wird dem Endvermögen nicht hinzugerechnet, wenn sie mindestens zehn Jahre vor Beendigung des Güterstands eingetreten ist oder wenn der andere Ehegatte mit der unentgeltlichen Zuwendung oder der Verschwendung einverstanden gewesen ist.

§ 1376 BGB aF. Wertermittlung des Anfangs- und Endvermögens

(1)[1]Der Berechnung des Anfangsvermögens wird der Wert zugrunde gelegt, den das beim Eintritt des Güterstands vorhandene Vermögen in diesem Zeitpunkt, das dem Anfangsvermögen hinzuzurechnende Vermögen im Zeitpunkt des Erwerbs hatte.

(2)[1]Der Berechnung des Endvermögens wird der Wert zugrunde gelegt, den das bei Beendigung des Güterstands vorhandene Vermögen in diesem Zeitpunkt, eine dem Endvermögen hinzuzurechnende Vermögensminderung in dem Zeitpunkt hatte, in dem sie eingetreten ist.

(3)[1]Die vorstehenden Vorschriften gelten entsprechend für die Bewertung von Verbindlichkeiten.

(4)[1]Ein land- oder forstwirtschaftlicher Betrieb, der bei der Berechnung des Anfangsvermögens und des Endvermögens zu berücksichtigen ist, ist mit dem Ertragswert anzusetzen, wenn der Eigentümer nach § 1378 Abs. 1 in Anspruch genommen wird und eine Weiterführung oder Wiederaufnahme des Betriebs durch den Eigentümer oder einen Abkömmling erwartet werden kann; die Vorschrift des § 2049 Abs. 2 ist anzuwenden.

---

§ 1377 BGB aF. Verzeichnis des Anfangsvermögens

(1)[1]Haben die Ehegatten den Bestand und den Wert des einem Ehegatten gehörenden Anfangsvermögens und der diesem Vermögen hinzuzurechnenden Gegenstände gemeinsam in einem Verzeichnis festgestellt, so wird im Verhältnis der Ehegatten zueinander vermutet, dass das Verzeichnis richtig ist.

(2)[1]Jeder Ehegatte kann verlangen, dass der andere Ehegatte bei der Aufnahme des Verzeichnisses mitwirkt. [2]Auf die Aufnahme des Verzeichnisses sind die für den Nießbrauch geltenden Vorschriften des § 1035 anzuwenden. [3]Jeder Ehegatte kann den Wert der Vermögensgegenstände und der Verbindlichkeiten auf seine Kosten durch Sachverständige feststellen lassen.

(3)[1]Soweit kein Verzeichnis aufgenommen ist, wird vermutet, dass das Endvermögen eines Ehegatten seinen Zugewinn darstellt.

§ 1376 BGB Wertermittlung des Anfangs- und Endvermögens

(1)[1]Der Berechnung des Anfangsvermögens wird der Wert zugrunde gelegt, den das beim Eintritt des Güterstands vorhandene Vermögen in diesem Zeitpunkt, das dem Anfangsvermögen hinzuzurechnende Vermögen im Zeitpunkt des Erwerbs hatte.

(2)[1]Der Berechnung des Endvermögens wird der Wert zugrunde gelegt, den das bei Beendigung des Güterstands vorhandene Vermögen in diesem Zeitpunkt, eine dem Endvermögen hinzuzurechnende Vermögensminderung in dem Zeitpunkt hatte, in dem sie eingetreten ist.

(3)[1]Die vorstehenden Vorschriften gelten entsprechend für die Bewertung von Verbindlichkeiten.

(4)[1]Ein land- oder forstwirtschaftlicher Betrieb, der bei der Berechnung des Anfangsvermögens und des Endvermögens zu berücksichtigen ist, ist mit dem Ertragswert anzusetzen, wenn der Eigentümer nach § 1378 Abs. 1 in Anspruch genommen wird und eine Weiterführung oder Wiederaufnahme des Betriebs durch den Eigentümer oder einen Abkömmling erwartet werden kann; die Vorschrift des § 2049 Abs. 2 ist anzuwenden.

---

§ 1377 BGB Verzeichnis des Anfangsvermögens

(1)[1]Haben die Ehegatten den Bestand und den Wert des einem Ehegatten gehörenden Anfangsvermögens und der diesem Vermögen hinzuzurechnenden Gegenstände gemeinsam in einem Verzeichnis festgestellt, so wird im Verhältnis der Ehegatten zueinander vermutet, dass das Verzeichnis richtig ist.

(2)[1]Jeder Ehegatte kann verlangen, dass der andere Ehegatte bei der Aufnahme des Verzeichnisses mitwirkt. [2]Auf die Aufnahme des Verzeichnisses sind die für den Nießbrauch geltenden Vorschriften des § 1035 anzuwenden. [3]Jeder Ehegatte kann den Wert der Vermögensgegenstände und der Verbindlichkeiten auf seine Kosten durch Sachverständige feststellen lassen.

(3)[1]Soweit kein Verzeichnis aufgenommen ist, wird vermutet, dass das Endvermögen eines Ehegatten seinen Zugewinn darstellt.

§ 1378 BGB aF. Ausgleichsforderung

(1)[1]Übersteigt der Zugewinn des einen Ehegatten den Zugewinn des anderen, so steht die Hälfte des Überschusses dem anderen Ehegatten als Ausgleichsforderung zu.

(2)[1]Die Höhe der Ausgleichsforderung wird durch den Wert des Vermögens begrenzt, das nach Abzug der Verbindlichkeiten bei Beendigung des Güterstands vorhanden ist.

(3)[1]Die Ausgleichsforderung entsteht mit der Beendigung des Güterstands und ist von diesem Zeitpunkt an vererblich und übertragbar. [2]Eine Vereinbarung, die die Ehegatten während eines Verfahrens, das auf die Auflösung der Ehe gerichtet ist, für den Fall der Auflösung der Ehe über den Ausgleich des Zugewinns treffen, bedarf der notariellen Beurkundung; § 127a findet auch auf eine Vereinbarung Anwendung, die in einem Verfahren in Ehesachen vor dem Prozessgericht protokolliert wird. [3]Im Übrigen kann sich kein Ehegatte vor der Beendigung des Güterstands verpflichten, über die Ausgleichsforderung zu verfügen.

(4)[1]Die Ausgleichsforderung verjährt in drei Jahren; die Frist beginnt mit dem Zeitpunkt, in dem der Ehegatte erfährt, dass der Güterstand beendet ist. [2]Die Forderung verjährt jedoch spätestens 30 Jahre nach der Beendigung des Güterstands. [3]Endet der Güterstand durch den Tod eines Ehegatten, so sind im Übrigen die Vorschriften anzuwenden, die für die Verjährung eines Pflichtteilsanspruchs gelten.

---

§ 1379 BGB aF. Auskunftspflicht

(1)[1]Nach der Beendigung des Güterstands ist jeder Ehegatte verpflichtet, dem anderen Ehegatten über den Bestand seines Endvermögens Auskunft zu erteilen. [2]Jeder Ehegatte kann verlangen, dass er bei der Aufnahme des ihm nach § 260 vorzulegenden Verzeichnisses zugezogen und dass der Wert der Vermögensgegenstände und der Verbindlichkeiten ermittelt wird. [3]Er kann auch verlangen, dass das Verzeichnis auf seine Kosten durch die zuständige Behörde oder durch einen zuständigen Beamten oder Notar aufgenommen wird.

(2)[1]Hat ein Ehegatte die Scheidung oder die Aufhebung der Ehe beantragt, gilt Absatz 1 entsprechend.

§ 1378 BGB Ausgleichsforderung

(1)[1]Übersteigt der Zugewinn des einen Ehegatten den Zugewinn des anderen, so steht die Hälfte des Überschusses dem anderen Ehegatten als Ausgleichsforderung zu.

(2)[1]Die Höhe der Ausgleichsforderung wird durch den Wert des Vermögens begrenzt, das nach Abzug der Verbindlichkeiten bei Beendigung des Güterstands vorhanden ist. [2]Die sich nach Satz 1 ergebende Begrenzung der Ausgleichsforderung erhöht sich in den Fällen des § 1375 Absatz 2 Satz 1 um den dem Endvermögen hinzuzurechnenden Betrag.

(3)[1]Die Ausgleichsforderung entsteht mit der Beendigung des Güterstands und ist von diesem Zeitpunkt an vererblich und übertragbar. [2]Eine Vereinbarung, die die Ehegatten während eines Verfahrens, das auf die Auflösung der Ehe gerichtet ist, für den Fall der Auflösung der Ehe über den Ausgleich des Zugewinns treffen, bedarf der notariellen Beurkundung; § 127a findet auch auf eine Vereinbarung Anwendung, die in einem Verfahren in Ehesachen vor dem Prozessgericht protokolliert wird. [3]Im Übrigen kann sich kein Ehegatte vor der Beendigung des Güterstands verpflichten, über die Ausgleichsforderung zu verfügen.

(4)[1]Die Ausgleichsforderung verjährt in drei Jahren; die Frist beginnt mit dem Zeitpunkt, in dem der Ehegatte erfährt, dass der Güterstand beendet ist. [2]Die Forderung verjährt jedoch spätestens 30 Jahre nach der Beendigung des Güterstands. [3]Endet der Güterstand durch den Tod eines Ehegatten, so sind im Übrigen die Vorschriften anzuwenden, die für die Verjährung eines Pflichtteilsanspruchs gelten.

---

§ 1379 BGB Auskunftspflicht

(1)[1]Ist der Güterstand beendet oder hat ein Ehegatte die Scheidung, die Aufhebung der Ehe, den vorzeitigen Ausgleich des Zugewinns bei vorzeitiger Aufhebung der Zugewinngemeinschaft oder die vorzeitige Aufhebung der Zugewinngemeinschaft beantragt, kann jeder Ehegatte von dem anderen Ehegatten

1. Auskunft über das Vermögen zum Zeitpunkt der Trennung verlangen;
2. Auskunft über das Vermögen verlangen, soweit es für die Berechnung des Anfangs- und Endvermögens maßgeblich ist.

(Fortsetzung nächste Seite)

§ 1380 BGB aF. Anrechnung von Vorausempfängen

(1)[1]Auf die Ausgleichsforderung eines Ehegatten wird angerechnet, was ihm von dem anderen Ehegatten durch Rechtsgeschäft unter Lebenden mit der Bestimmung zugewendet ist, dass es auf die Ausgleichsforderung angerechnet werden soll. [2]Im Zweifel ist anzunehmen, dass Zuwendungen angerechnet werden sollen, wenn ihr Wert den Wert von Gelegenheitsgeschenken übersteigt, die nach den Lebensverhältnissen der Ehegatten üblich sind.

(2)[1]Der Wert der Zuwendung wird bei der Berechnung der Ausgleichsforderung dem Zugewinn des Ehegatten hinzugerechnet, der die Zuwendung gemacht hat. [2]Der Wert bestimmt sich nach dem Zeitpunkt der Zuwendung.

§ 1381 BGB aF. Leistungsverweigerung wegen grober Unbilligkeit

(1)[1]Der Schuldner kann die Erfüllung der Ausgleichsforderung verweigern, soweit der Ausgleich des Zugewinns nach den Umständen des Falles grob unbillig wäre.

(2)[1]Grobe Unbilligkeit kann insbesondere dann vorliegen, wenn der Ehegatte, der den geringeren Zugewinn erzielt hat, längere Zeit hindurch die wirtschaftlichen Verpflichtungen, die sich aus dem ehelichen Verhältnis ergeben, schuldhaft nicht erfüllt hat.

[2]Auf Anforderung sind Belege vorzulegen. [3]Jeder Ehegatte kann verlangen, dass er bei der Aufnahme des ihm nach § 260 vorzulegenden Verzeichnisses zugezogen und dass der Wert der Vermögensgegenstände und der Verbindlichkeiten ermittelt wird. [4]Er kann auch verlangen, dass das Verzeichnis auf seine Kosten durch die zuständige Behörde oder durch einen zuständigen Beamten oder Notar aufgenommen wird.

(2)[1]Leben die Ehegatten getrennt, kann jeder Ehegatte von dem anderen Ehegatten Auskunft über das Vermögen zum Zeitpunkt der Trennung verlangen. [2]Absatz 1 Satz 2 bis 4 gilt entsprechend.

---

§ 1380 BGB Anrechnung von Vorausempfängen

(1)[1]Auf die Ausgleichsforderung eines Ehegatten wird angerechnet, was ihm von dem anderen Ehegatten durch Rechtsgeschäft unter Lebenden mit der Bestimmung zugewendet ist, dass es auf die Ausgleichsforderung angerechnet werden soll. [2]Im Zweifel ist anzunehmen, dass Zuwendungen angerechnet werden sollen, wenn ihr Wert den Wert von Gelegenheitsgeschenken übersteigt, die nach den Lebensverhältnissen der Ehegatten üblich sind.

(2)[1]Der Wert der Zuwendung wird bei der Berechnung der Ausgleichsforderung dem Zugewinn des Ehegatten hinzugerechnet, der die Zuwendung gemacht hat. [2]Der Wert bestimmt sich nach dem Zeitpunkt der Zuwendung.

---

§ 1381 BGB Leistungsverweigerung wegen grober Unbilligkeit

(1)[1]Der Schuldner kann die Erfüllung der Ausgleichsforderung verweigern, soweit der Ausgleich des Zugewinns nach den Umständen des Falles grob unbillig wäre.

(2)[1]Grobe Unbilligkeit kann insbesondere dann vorliegen, wenn der Ehegatte, der den geringeren Zugewinn erzielt hat, längere Zeit hindurch die wirtschaftlichen Verpflichtungen, die sich aus dem ehelichen Verhältnis ergeben, schuldhaft nicht erfüllt hat.

§ 1382 BGB aF. Stundung

(1)[1]Das Familiengericht stundet auf Antrag eine Ausgleichsforderung, soweit sie vom Schuldner nicht bestritten wird, wenn die sofortige Zahlung auch unter Berücksichtigung der Interessen des Gläubigers zur Unzeit erfolgen würde. [2]Die sofortige Zahlung würde auch dann zur Unzeit erfolgen, wenn sie die Wohnverhältnisse oder sonstigen Lebensverhältnisse gemeinschaftlicher Kinder nachhaltig verschlechtern würde.

(2)[1]Eine gestundete Forderung hat der Schuldner zu verzinsen.

(3)[1]Das Familiengericht kann auf Antrag anordnen, dass der Schuldner für eine gestundete Forderung Sicherheit zu leisten hat.

(4)[1]Über Höhe und Fälligkeit der Zinsen und über Art und Umfang der Sicherheitsleistung entscheidet das Familiengericht nach billigem Ermessen.

(5)[1]Soweit über die Ausgleichsforderung ein Rechtsstreit anhängig wird, kann der Schuldner einen Antrag auf Stundung nur in diesem Verfahren stellen.

(6)[1]Das Familiengericht kann eine rechtskräftige Entscheidung auf Antrag aufheben oder ändern, wenn sich die Verhältnisse nach der Entscheidung wesentlich geändert haben.

---

§ 1383 BGB aF. Übertragung von Vermögensgegenständen

(1)[1]Das Familiengericht kann auf Antrag des Gläubigers anordnen, dass der Schuldner bestimmte Gegenstände seines Vermögens dem Gläubiger unter Anrechnung auf die Ausgleichsforderung zu übertragen hat, wenn dies erforderlich ist, um eine grobe Unbilligkeit für den Gläubiger zu vermeiden, und wenn dies dem Schuldner zugemutet werden kann; in der Entscheidung ist der Betrag festzusetzen, der auf die Ausgleichsforderung angerechnet wird.

(2)[1]Der Gläubiger muss die Gegenstände, deren Übertragung er begehrt, in dem Antrag bezeichnen.

(3)[1]§ 1382 Abs. 5 gilt entsprechend.

§ 1382 BGB Stundung

(1)[1]Das Familiengericht stundet auf Antrag eine Ausgleichsforderung, soweit sie vom Schuldner nicht bestritten wird, wenn die sofortige Zahlung auch unter Berücksichtigung der Interessen des Gläubigers zur Unzeit erfolgen würde. [2]Die sofortige Zahlung würde auch dann zur Unzeit erfolgen, wenn sie die Wohnverhältnisse oder sonstigen Lebensverhältnisse gemeinschaftlicher Kinder nachhaltig verschlechtern würde.

(2)[1]Eine gestundete Forderung hat der Schuldner zu verzinsen.

(3)[1]Das Familiengericht kann auf Antrag anordnen, dass der Schuldner für eine gestundete Forderung Sicherheit zu leisten hat.

(4)[1]Über Höhe und Fälligkeit der Zinsen und über Art und Umfang der Sicherheitsleistung entscheidet das Familiengericht nach billigem Ermessen.

(5)[1]Soweit über die Ausgleichsforderung ein Rechtsstreit anhängig wird, kann der Schuldner einen Antrag auf Stundung nur in diesem Verfahren stellen.

(6)[1]Das Familiengericht kann eine rechtskräftige Entscheidung auf Antrag aufheben oder ändern, wenn sich die Verhältnisse nach der Entscheidung wesentlich geändert haben.

---

§ 1383 BGB Übertragung von Vermögensgegenständen

(1)[1]Das Familiengericht kann auf Antrag des Gläubigers anordnen, dass der Schuldner bestimmte Gegenstände seines Vermögens dem Gläubiger unter Anrechnung auf die Ausgleichsforderung zu übertragen hat, wenn dies erforderlich ist, um eine grobe Unbilligkeit für den Gläubiger zu vermeiden, und wenn dies dem Schuldner zugemutet werden kann; in der Entscheidung ist der Betrag festzusetzen, der auf die Ausgleichsforderung angerechnet wird.

(2)[1]Der Gläubiger muss die Gegenstände, deren Übertragung er begehrt, in dem Antrag bezeichnen.

(3)[1]§ 1382 Abs. 5 gilt entsprechend.

§ 1384 BGB aF. Berechnungszeitpunkt bei Scheidung

Wird die Ehe geschieden, so tritt für die Berechnung des Zugewinns an die Stelle der Beendigung des Güterstands der Zeitpunkt der Rechtshängigkeit des Scheidungsantrags.

---

§ 1385 BGB aF. Vorzeitiger Zugewinnausgleich bei Getrenntleben

Leben die Ehegatten seit mindestens drei Jahren getrennt, so kann jeder von ihnen auf vorzeitigen Ausgleich des Zugewinns klagen.

---

§ 1386 BGB aF. Vorzeitiger Zugewinnausgleich in sonstigen Fällen

(1)[1]Ein Ehegatte kann auf vorzeitigen Ausgleich des Zugewinns klagen, wenn der andere Ehegatte längere Zeit hindurch die wirtschaftlichen Verpflichtungen, die sich aus dem ehelichen Verhältnis ergeben, schuldhaft nicht erfüllt hat und anzunehmen ist, dass er sie auch in Zukunft nicht erfüllen wird.

(Fortsetzung nächste Seite)

§ 1384 BGB Berechnungszeitpunkt des Zugewinns und Höhe der Ausgleichsforderung bei Scheidung

Wird die Ehe geschieden, so tritt für die Berechnung des Zugewinns und für die Höhe der Ausgleichsforderung an die Stelle der Beendigung des Güterstandes der Zeitpunkt der Rechtshängigkeit des Scheidungsantrags.

---

§ 1385 BGB Vorzeitiger Zugewinnausgleich des ausgleichsberechtigten Ehegatten bei vorzeitiger Aufhebung der Zugewinngemeinschaft

Der ausgleichsberechtigte Ehegatte kann vorzeitigen Ausgleich des Zugewinns bei vorzeitiger Aufhebung der Zugewinngemeinschaft verlangen, wenn

1. die Ehegatten seit mindestens drei Jahren getrennt leben,
2. Handlungen der in § 1365 oder § 1375 Absatz 2 bezeichneten Art zu befürchten sind und dadurch eine erhebliche Gefährdung der Erfüllung der Ausgleichsforderung zu besorgen ist,
3. der andere Ehegatte längere Zeit hindurch die wirtschaftlichen Verpflichtungen, die sich aus dem ehelichen Verhältnis ergeben, schuldhaft nicht erfüllt hat und anzunehmen ist, dass er sie auch in Zukunft nicht erfüllen wird, oder
4. der andere Ehegatte sich ohne ausreichenden Grund beharrlich weigert oder sich ohne ausreichenden Grund bis zur Erhebung der Klage auf Auskunft beharrlich geweigert hat, ihn über den Bestand seines Vermögens zu unterrichten.

---

§ 1386 BGB Vorzeitige Aufhebung der Zugewinngemeinschaft

Jeder Ehegatte kann unter entsprechender Anwendung des § 1385 die vorzeitige Aufhebung der Zugewinngemeinschaft verlangen.

(2)[1]Ein Ehegatte kann auf vorzeitigen Ausgleich des Zugewinns klagen, wenn der andere Ehegatte

1. ein Rechtsgeschäft der in § 1365 bezeichneten Art ohne die erforderliche Zustimmung vorgenommen hat oder
2. sein Vermögen durch eine der in § 1375 bezeichneten Handlungen vermindert hat und eine erhebliche Gefährdung der künftigen Ausgleichsforderung zu besorgen ist.

(3)[1]Ein Ehegatte kann auf vorzeitigen Ausgleich des Zugewinns klagen, wenn der andere Ehegatte sich ohne ausreichenden Grund beharrlich weigert, ihn über den Bestand seines Vermögens zu unterrichten.

---

§ 1387 BGB aF. Berechnungszeitpunkt bei vorzeitigem Ausgleich

Wird auf vorzeitigen Ausgleich des Zugewinns erkannt, so tritt für die Berechnung des Zugewinns an die Stelle der Beendigung des Güterstands der Zeitpunkt, in dem die Klage auf vorzeitigen Ausgleich erhoben ist.

---

§ 1388 BGB aF. Eintritt der Gütertrennung

Mit der Rechtskraft des Urteils, durch das auf vorzeitigen Ausgleich des Zugewinns erkannt ist, tritt Gütertrennung ein.

---

§ 1389 BGB aF. Sicherheitsleistung

Ist die Klage auf vorzeitigen Ausgleich des Zugewinns erhoben oder der Antrag auf Scheidung oder Aufhebung der Ehe gestellt, so kann ein Ehegatte Sicherheitsleistung verlangen, wenn wegen des Verhaltens des anderen Ehegatten zu besorgen ist, dass seine Rechte auf den künftigen Ausgleich des Zugewinns erheblich gefährdet werden.

§ 1387 BGB Berechnungszeitpunkt des Zugewinns und Höhe der Ausgleichsforderung bei vorzeitigem Ausgleich oder vorzeitiger Aufhebung

In den Fällen der §§ 1385 und 1386 tritt für die Berechnung des Zugewinns und für die Höhe der Ausgleichsforderung an die Stelle der Beendigung des Güterstands der Zeitpunkt, in dem die entsprechenden Klagen erhoben sind.

§ 1388 BGB Eintritt der Gütertrennung

Mit der Rechtskraft der Entscheidung, die die Zugewinngemeinschaft vorzeitig aufhebt, tritt Gütertrennung ein.

§ 1389 BGB

weggefallen

§ 1390 BGB aF. Ansprüche des Ausgleichsberechtigten gegen Dritte

(1)[1]Soweit einem Ehegatten gemäß § 1378 Abs. 2 eine Ausgleichsforderung nicht zusteht, weil der andere Ehegatte in der Absicht, ihn zu benachteiligen, unentgeltliche Zuwendungen an einen Dritten gemacht hat, ist der Dritte verpflichtet, das Erlangte nach den Vorschriften über die Herausgabe einer ungerechtfertigten Bereicherung an den Ehegatten zum Zwecke der Befriedigung wegen der ausgefallenen Ausgleichsforderung herauszugeben. [2]Der Dritte kann die Herausgabe durch Zahlung des fehlenden Betrags abwenden.

(2)[1]Das Gleiche gilt für andere Rechtshandlungen, wenn die Absicht, den Ehegatten zu benachteiligen, dem Dritten bekannt war.

(3)[1]Der Anspruch verjährt in drei Jahren nach der Beendigung des Güterstands. [2]Endet der Güterstand durch den Tod eines Ehegatten, so wird die Verjährung nicht dadurch gehemmt, dass der Anspruch erst geltend gemacht werden kann, wenn der Ehegatte die Erbschaft oder ein Vermächtnis ausgeschlagen hat.

(4)[1]Ist die Klage auf vorzeitigen Ausgleich des Zugewinns erhoben oder der Antrag auf Scheidung oder Aufhebung der Ehe gestellt, so kann ein Ehegatte von dem Dritten Sicherheitsleistung wegen der ihm nach den Absätzen 1 und 2 zustehenden Ansprüche verlangen.

§ 1390 BGB Ansprüche des Ausgleichsberechtigten gegen Dritte

(1)[1]Der ausgleichsberechtigte Ehegatte kann von einem Dritten Ersatz des Wertes einer unentgeltlichen Zuwendung des ausgleichspflichtigen Ehegatten an den Dritten verlangen, wenn

1. der ausgleichspflichtige Ehegatte die unentgeltliche Zuwendung an den Dritten in der Absicht gemacht hat, den ausgleichsberechtigten Ehegatten zu benachteiligen und
2. die Höhe der Ausgleichsforderung den Wert des nach Abzug der Verbindlichkeiten bei Beendigung des Güterstands vorhandenen Vermögens des ausgleichspflichtigen Ehegatten übersteigt.

[2]Der Ersatz des Wertes des Erlangten erfolgt nach den Vorschriften über die Herausgabe einer ungerechtfertigten Bereicherung. [3]Der Dritte kann die Zahlung durch Herausgabe des Erlangten abwenden. [4]Der ausgleichspflichtige Ehegatte und der Dritte haften als Gesamtschuldner.

(2)[1]Das Gleiche gilt für andere Rechtshandlungen, wenn die Absicht, den Ehegatten zu benachteiligen, dem Dritten bekannt war.

(3)[1]Der Anspruch verjährt in drei Jahren nach der Beendigung des Güterstands. [1]Endet der Güterstand durch den Tod eines Ehegatten, so wird die Verjährung nicht dadurch gehemmt, dass der Anspruch erst geltend gemacht werden kann, wenn der Ehegatte die Erbschaft oder ein Vermächtnis ausgeschlagen hat.

Literaturverzeichnis

Balzer, Dominik: Zugewinnausgleich und Unterhalt – Interdependenzen der Rechtsfolgen bei Trennung und Scheidung. Berlin: Duncker & Humblot, 2010

Balzer, Dominik/Gutdeutsch, Werner: Die Berücksichtigung doppelvalenter Vermögenspositionen bei der Berechnung des Zugewinnausgleichs und des Unterhalts. FamRZ, 2010, 341–346

Bärmann, Johannes: Das neue Ehegüterrecht. AcP, 1958/59, 145–214

Battes, Robert: Sinn und Grenzen des Zugewinnausgleichs. FuR, 1990, 311–324

Battes, Robert: Echte Wertsteigerungen im Zugewinnausgleich. FamRZ, 2007, 313–321

Beck, Siegfried/Depré, Peter (Hrsg.): Praxis der Insolvenz – Ein Handbuch für die Beteiligten und ihre Berater. 2. Auflage. München, 2010

Beck'scher Online-Kommentar; Bamberger, Heinz Georg/Roth, Herbert (Hrsg.): BGB. 13. Auflage. München, Stand: 01.05.2009 (zitiert: BeckOK-BGB/*Bearbeiter*, § Rn.)

Beck'scher Online-Kommentar; Epping, Volker/Hillgruber, Christian (Hrsg.): Verfassungsrecht. 4. Auflage. München, Stand: 15.07.2009 (zitiert: BeckOK-GG/*Bearbeiter*, Art. Rn.)

Bergschneider, Ludwig: Anmerkung zum Urteil des OLG Hamm vom 28.02.2007. FamRZ, 2007, 1244–1244

Bergschneider, Ludwig (Hrsg.): Beck'sches Formularbuch Familienrecht. 3. Auflage. München: C. H. Beck, 2010

Born, Winfried: Reform der Familienrechtlichen Ausgleichssysteme – Kosmetik oder Kurskorrektur? NJW, 2008, 2289–2295

Braeuer, Max: Kann der Zugewinn negativ sein? FamRZ, 2010, 1614–1616

Braeuer, Max: Probleme der neu gestalteten Auskunftsansprüche im Zugewinnausgleichsrecht. FamRZ, 2010, 773–780

Brambring, Günter/Jerschke, Hans-Ulrich (Hrsg.): Beck'sches Notar-Handbuch. 5. Auflage. München: C. H. Beck, 2009

Brudermüller, Gerd: Die Entwicklung des Familienrechts seit Mitte 2006 – Güterrecht und Versorgungsausgleich. NJW, 2007, 2967–2972

Brudermüller, Gerd: Die Entwicklung des Familienrechts seit Mitte 2007 – Güterrecht und Versorgungsausgleich. NJW, 2008, 3191–3197

Brudermüller, Gerd: Die Neuregelungen im Recht des Zugewinnausgleichs ab 1.9.2009. FamRZ, 2009, 1185–1191

Brudermüller, Gerd: Der reformierte Zugewinnausgleich – Erste Praxisprobleme. NJW, 2010, 401–407

Büte, Dieter: Auskunftsansprüche beim Zugewinnausgleich – Teil 1. FuR, 2004, 289–294

Büte, Dieter: Auskunftsansprüche beim Zugewinnausgleich – Teil 2. FuR, 2004, 342–347

Büte, Dieter: Die geplante Reform des Güterrechts. FuR, 2008, 105–112

Büte, Dieter: Auskunfts- und Beleganspruche, Ansprüche gegen Dritte, § 1390 BGB. FPR, 2009, 283–286

Büte, Dieter: Die Reform des Zugewinnausgleichsrechts. NJW, 2009, 2776–2781

Carlberg, Ulrike/Tomfort, Sven: Negatives Anfangsvermögen – Streichung von § 1374 I Halbs. 2 BGB. FPR, 2007, 172–175

Cypionka, Bertram: Vereinbarungen über den Zugewinnausgleich in Eheverträgen und Scheidungsfolgenvertägen. MittRhNotK, 1986, 157–166

Czelinski, Uwe/Koritz, Nikola: Sicherung des künftigen Zugewinnausgleichs – § 1389 BGB oder Arrest? FPR, 2007, 457–459

Ditzen, Christa: Sicherung des Zugewinnausgleichs durch Arrest? NJW, 1987, 1806–1807

Dölle, Hans: Familienrecht. Band I, Karlsruhe: C. F. Müller, 1964

Dörr, Claus: Die Entwicklung des Güterrechts seit dem 1. EheRG. NJW, 1989, 1953–1965

Erdrich, Robert: Folgen der Zustellung des Ehescheidungsanstrags. FPR, 2007, 243–247

Erman BGB; Westerman, Harm Peter (Hrsg.): Bürgerliches Gesetzbuch. 12. Auflage. Köln, 2008 (zitiert: Erman/*Bearbeiter*, § Rn.)

Finger, Peter: Güterrechtliche Auskunftsansprüche. FamFR, 2010, 289–289

Fischinger, Philipp: Die Neuregelung des vorzeitigen Zugewinnausgleichs und der vorzeitigen Aufhebung der Zugewinngemeinschaft nach §§ 1385 ff. BGB. FamRZ, 2009, 1718–1724

Frey, Susanne: Die Sicherung des künftigen Zugewinnausgleichs. Bielefeld: Gieseking, 1990

Fromm, Klaus: Die Surrogation von Haushaltsgegenständen und ihre Berechtigung im Güterstand der Zugewinngemeinschaft. Kiel, 1970

Gagel, Alexander/Bieback, Karl-Jürgen (Hrsg.): SGB II/SGB III – Grundsicherung und Arbeitsförderung. München, Stand: 01.04.2010 (zitiert: Gagel/*Bearbeiter*, § Rn.)

Gerhardt, Peter/Heintschel-Heinegg, Bernd von/Klein, Michael: Familienrecht. Neuwied, Kriftel, Berlin: Luchterhand, 1995

Gerhardt, Peter/Schulz, Werner: Die Berücksichtigung einseitig vermögensbildender Schulden beim Ehegattenunterhalt – Erwiderung zu den Beiträgen von Schmitz, FamRZ 2005, 1520, und Schulin, FamRZ 2005, 1521. FamRZ, 2005, 1523–1524

Gerhardt, Peter/Schulz, Werner: Verbot der Doppelverwertung von Abfindungen beim Unterhalt und Zugewinn. FamRZ, 2005, 145–147

Gerhardt, Peter/Schulz, Werner: Verbot der Doppelverwertung von Schulden beim Unterhalt und Zugewinn. FamRZ, 2005, 317–320

Gernhuber, Joachim: Geld und Güter beim Zugewinnausgleich. FamRZ, 1984, 1053–1062

Gernhuber, Joachim: Probleme der Zugewinngemeinschaft. NJW, 1991, 2238–2244

Gernhuber, Joachim/Coester-Waltjen, Dagmar: Lehrbuch des Familienrechts. 4. Auflage. München: C. H. Beck, 1994

Gernhuber, Joachim (Begr.)/Coester-Waltjen, Dagmar: Familienrecht. 6. Auflage. München: C. H. Beck, 2010

Götz, Isabell/Brudermüller, Gerd: Wohnungszuweisung und Hausratsteilung – Aufhebung der HausratsVO und Neuregelung im BGB. NJW, 2008, 3025–3031

Groß, Ingrid: § 1381 BGB – Unbestimmtheit des Tatbestandes contra Ausweitung von Einzelfallkorrekturen – Erweiterung der Billigkeitsgründe zu Gunsten des Ausgleichsberechtigten. FPR, 2007, 175–179

Grziwotz, Herbert: Doppelverwertungsverbot im Scheidungsfolgenrecht. MittBayNot, 2005, 284–286

Grziwotz, Herbert: Verbot der Doppelberücksichtigung von Schulden im Unterhaltsrecht und beim Zugewinnausgleich. FPR, 2006, 485–487

Gutdeutsch, Werner: Negatives (privilegiertes) Anfangsvermögen und dessen Eingang in die Berechnung. FPR, 2009, 277–279

Hartung, Wolfgang: Umfang der Auskunftspflicht im Zugewinnausgleich. MDR, 1998, 508–511

Haußleiter, Martin/Kuch, Danielle: Illoyale Vermögensminderungen beim Zugewinnausgleich. NJW-Spezial, 2005, 343–344

Haußleiter, Otto/Schulz, Werner: Vermögensauseinandersetzung bei Trennung und Scheidung. 5. Auflage. München: C. H. Beck, 2011

Heiß, Beate: Neue Rechtslage nach dem Gesetz zur Änderung des Zugewinnausgleichsrechts. FamFR, 2009, 1 ff.

Henrich, Dieter: Familienrecht. 5. Auflage. Berlin, New York: Walter de Gruyter, 1995

Hermes, Joachim: Nochmals: Die Doppelberücksichtigung von Abfindungen und Schulden im Unterhalt und Zugewinnausgleich. FamRZ, 2007, 184–187

Herr, Thomas: Das Schmerzensgeld im Zugewinnausgleich. NJW, 2008, 262–266

Höbbel, Dieter: Die Mär „Jede zweite Ehe wird geschieden". FamRZ, 2010, 1220–1221

Hoppenz, Rainer: Verbindlichkeiten im Unterhaltsrecht – allgemeine Grundsätze. FPR, 2006, 97–101

Hoppenz, Rainer: Zur Konkurrenz von Unterhalt und Zugewinnausgleich. FamRZ, 2006, 1242–1248

Hoppenz, Rainer: Reformbedarf und Reformbestrebungen im Zugewinnausgleich. FamRZ, 2008, 1889–1894

Hoppenz, Rainer: Wertänderung im Zugewinnausgleich. FamRZ, 2010, 16–19

Jäger, Torsten: Der neue deutsch-französische Güterstand der Wahl-Zugewinngemeinschaft – Inhalt und seine ersten Folgen für die Gesetzgebung und Beratungspraxis. DNotZ, 2010, 804–826

Jakobs, Michael Ch.: Rechtliche Verschränkungen von Unterhalt, Zugewinn und Versorgungsausgleich. NJW, 2007, 2885–2887

Jauernig, Othmar (Hrsg.): Bürgerliches Gesetzbuch. 13. Auflage. München, 2009 (zitiert: Jauernig/*Bearbeiter*, § Rn.)

Johannsen, Kurt Herbert: Vermögensrechtliche Auseinandersetzung unter Ehegatten nach Auflösung der Ehe beim Güterstand der Zugewinngemeinschaft. WM, 1978, 654–667

Johannsen, Kurt Herbert (Begr.)/Henrich, Dieter (Hrsg.): Eherecht – Trennung, Scheidung, Folgen. 4. Auflage. München, 2003 (zitiert: Johannsen/Henrich/*Bearbeiter*, § Rn.)

Juris Praxiskommentar; Herberger, Maximilian et al. (Hrsg.): BGB. Band 4, Familienrecht, 4. Auflage. Saarbrücken, 2008 (zitiert: jurisPK-BGB/*Bearbeiter*, § Rn.)

Kemper, Rainer: Hausratsteilung und Zugewinnausgleich – Konkurrenz und Reformfragen. FPR, 2007, 202–205

Klingelhöffer, Hans: Zugewinnausgleich und freiberufliche Praxis – zugleich Besprechung des Urteils des BGH vom 24.10.1990. FamRZ, 1991, 882–885

Klippstein, Thomas: Der deutsch-französische Wahlgüterstand der Wahl-Zugewinngemeinschaft. FPR, 2010, 510–515

Koch, Elisabeth: Die Entwicklung der Rechtsprechung zum Zugewinnausgleich. FamRZ, 2009, 1191–1196

Kogel, Walter: Anwendbarkeit des § 1378 BGB bei Vermögenszurechnungen gem. § 1375 II BGB. MDR, 1998, 86–88

Kogel, Walter: Vorzeitiger Zugewinnausgleich gem. § 1386 BGB – ein Stiefkind des Güterrechts. FamRB, 2002, 19–21

Kogel, Walter: Anmerkung zu BGH-Urteil vom 11.12.2002. FamRZ, 2003, 1645–1648

Kogel, Walter: Der Lebenshaltungskostenindex beim Zugewinnausgleich von Immobilienvermögen – ein Irrweg? FamRZ, 2003, 278–279

Kogel, Walter: Anmerkung zu BGH-Urteil vom 21.04.2004. FamRZ, 2004, 1866–1867

Kogel, Walter: Anmerkung zu Maurer: Zur Qualifikation arbeitsrechtlicher Abfindungen – Unterhaltsrecht oder Güterrecht, FamRZ 2005, 757 ff. FamRZ, 2005, 1524–1526

Kogel, Walter: Anmerkung zum Urteil des OLG Saarbrücken vom 25.01.2006. FamRZ, 2006, 1038–1040

Kogel, Walter: Vorzeitiger Zugewinnausgleich, vorläufiger Rechtsschutz – eine Herausforderung für den Familienrechtler. FPR, 2009, 279–283

Kogel, Walter: Negativer Zugewinn – Einführung der „Sippenhaft“ im gesetzlichen Güterstand? FamRZ, 2010, 2036–2038

Kohler, Rudi: Das Geld als Wertmaßstab beim Erb- und Zugewinnausgleich. NJW, 1963, 225–230

Koppenfels-Spies, Katharina von: Unterhalt, Zugewinn, Versorgungsausgleich – Sind unsere familienrechtlichen Ausgleichssysteme noch zeitgemäß? JZ, 2008, 801–811

Kornexl, Thomas: Der Lebenshaltungskostenindex beim Zugewinnausgleich von Immobilienvermögen – ein Irrweg? – Eine kurze Entgegnung zu Kogel, FamRZ 2003, 278 f. FamRZ, 2003, 901–902

Langenfeld, Gerrit: Handbuch der Eheverträge und Scheidungsvereinbarungen. 6. Auflage. München: C. H. Beck, 2011

Löhnig, Martin: Probleme der dinglichen Surrogation am Beispiel der §§ 1370, 2019 BGB. JA, 2003, 990–995

Lüderitz, Alexander: Familienrecht. 27. Auflage. München: C. H. Beck, 1999

Maier, Winfried: Vom Unterhalt bei Vermögensauseinandersetzung. FamRZ, 2006, 897–901

Maurer, Hans-Ulrich: Erwiderung zu der Anmerkung von Kogel, FamRZ 2005, 1524. FamRZ, 2005, 1526–1526

Maurer, Hans-Ulrich: Zur Qualifikation arbeitsrechtlicher Abfindungen – Unterhaltsrecht oder Güterrecht? FamRZ, 2005, 757–762

Meyer, Thomas: Der neue deutsch-französische Wahlgüterstand. FamRZ, 2010, 612–617

Müller, Klaus: Die Kostentragungslast bei der Ermittlung des Vermögenswertes im Rahmen des Zugewinnausgleichs nach § 1379 BGB. FamRZ, 1981, 837–839

Münch, Christof: Verbot der Doppelverwertung und Unternehmensbewertung im Zugewinnausgleich. FamRZ, 2006, 1164–1170

Münch, Christof: Unternehmensbewertung im Zugewinnausgleich und Doppelverwertungsverbot. NJW, 2008, 1201–1202

Münch, Christof: Die Reform des Zugewinnausgleichsrechts. MittBayNot, 2009, 261–267

Münchener Kommentar; Rebmann, Kurt/Säcker, Franz Jürgen/ Rixecker, Roland (Hrsg.): Kommentar zum Bürgerlichen Gesetzbuch. Band 7, Familienrecht I, 4. Auflage. München, 2000 (zitiert: MüKo/*Bearbeiter*, 4. Aufl., § Rn.)

Münchener Kommentar; Rebmann, Kurt/Säcker, Franz Jürgen/ Rixecker, Roland (Hrsg.): Kommentar zum Bürgerlichen Gesetzbuch. Band 7, Familienrecht I, 5. Auflage. München, 2010 (zitiert: MüKo/*Bearbeiter*, 5. Aufl., § Rn.)

Muscheler, Karlheinz: Wertänderungen des privilegierten Erwerbs in der Zugewinngemeinschaft. FamRZ, 1998, 265–273

Niepmann, Birgit: Aktuelle Probleme des ehelichen Vermögensrechts. FF, 2005, 131–135

Palandt, Otto (Begr.): Bürgerliches Gesetzbuch. 67. Auflage. München, 2008 (zitiert: Palandt/*Bearbeiter*, 67. Aufl., § Rn.)

Palandt, Otto (Begr.): Bürgerliches Gesetzbuch. 70. Auflage. München, 2011 (zitiert: Palandt/*Bearbeiter*, 70. Aufl., § Rn.)

Philippi, Peter: Das Verfahren in Scheidungssachen und Folgesachen nach neuem Recht. FPR, 2006, 406–410

Rakete-Dombek, Ingeborg: Die Reform des Güterrechts – Was leistet die Reform, was leistet sie nicht? FPR, 2009, 270–273

Reetz, Wolfgang: Die Reform des Zugewinnausgleichs. DNotZ, 2009, 826–844

Reichsgerichtsräte Kommentar: Das Bürgerliche Gesetzbuch mit besonderer Berücksichtigung der Rechtsprechung des Reichsgerichts und des Bundesgerichtshofes. 12. Auflage. Berlin, New York, 1984 (zitiert: RGRK/*Bearbeiter*, § Rn.)

Reinicke, D.: Die Berechnung der Ausgleichsforderung im Güterstand der Zugewinngemeinschaft. BB, 1957, 759–764

Roll, Achim: Zeitpunkt der Surrogation bei § 1370 BGB. SchlHA, 1971, 78–80

Roth-Stielow, Klaus: Vermögensrechtliche Streitfragen nach der Scheidung – Bemerkungen zu dem Inhalt der §§ 1379 und 1360b BGB. NJW, 1970, 1032–1033

Schäfer, Mathias: Überlegungen zum Auskunfts- und Beleganspruch im Zugewinn. FPR, 2007, 182–185

Scherer, Inge: Verbindung der Auskunftsklage mit der Klage auf vorzeitigen Zugewinnausgleich. FamRZ, 2001, 1112–1117

Schmid, Jürgen; Firsching, Karl (Begr.): Handbuch der Rechtspraxis – Familienrecht. 7. Auflage. München: C. H. Beck, 2010

Schmitz, Hans-Walter: Doppelberücksichtigung von Vermögenswerten bei Unterhalt und Zugewinn – Anmerkung zu dem Beitrag „Verbot der Doppelverwertung von Schulden beim Unterhalt und Zugewinn“ von Gerhardt und Schulz, FamRZ 2005, 317 ff. FamRZ, 2005, 1520–1521

Schmitz, Hans-Walter: Zur Konkurrenz von Unterhalt und Zugewinnausgleich – Anmerkungen zu Schulz, FamRZ 2006, 1237, und Hoppenz, FamRZ 2006, 1242. FamRZ, 2006, 1811–1813

Schmitz, Hans-Walter: Doppelverwertungsverbot im Unterhaltsrecht. FPR, 2007, 198–202

Scholz, Harald/Kleffmann, Norbert/Motzer, Stefan (Hrsg.): Praxishandbuch Familienrecht. 15. Auflage. München, 2008 (zitiert: Scholz/Stein/*Bearbeiter*, Teil Rn.)

Schopp: Probleme der Zugewinngemeinschaft bei der Ehescheidung. RPfleger, 1964, 69–74

Schramm, Barbara: Zugewinnausgleich – Stand des Reformvorhabens. NJW-Spezial, 2008, 740–741

Schramm, Barbara: Neue Auskunftsansprüche und Beweislastumkehr beim Güterrecht. NJW-Spezial, 2009, 468–469

Schröder, Rudolf: Der Zugewinnausgleich auf dem Prüfstand. FamRZ, 1997, 1–8

Schröder, Rudolf: Das Stichtagsprinzip. FPR, 2007, 170–172

Schröder, Rudolf/Bergschneider, Ludwig (Hrsg.): Familienvermögensrecht. 2. Auflage. Bielefeld, 2007 (zitiert: Schröder/Bergschneider/*Bearbeiter*, Rn.)

Schulin, Bertram: Anmerkung zu Gerhardt und Schulz: Verbot der Doppelverwertung von Schulden beim Unterhalt und Zugewinn, FamRZ 2005, 317 ff. FamRZ, 2005, 1521–1522

Schulz, Werner: Zur Doppelberücksichtigung von Vermögenspositionen beim Unterhalt und Zugewinn. FamRZ, 2006, 1237–1242

Schürmann, Heinrich: Kein Zugewinnausgleich bei für den Unterhalt verwendetem Vermögen. jurisPR-FamR, 13/2004, Anm. 1

Schürmann, Heinrich/Weinreich, Gerd: Schulden bei Trennung und Scheidung, Teil 3. FuR, 2003, 173–177

Schwab, Dieter: Neue Rechtsprechung zum Zugewinnausgleich. FamRZ, 1984, 429–436

Schwab, Dieter (Hrsg.): Handbuch des Scheidungsrechts. 5. Auflage. München, 2004 (zitiert: Schwab/*Bearbeiter*, Teil Rn.)

Schwab, Dieter: Zugewinnausgleich und Wirtschaftskrise. FamRZ, 2009, 1445–1450

Schwab, Dieter: Familienrecht. 18. Auflage. München: C. H. Beck, 2010

Schwenzer, Ingeborg: „The Medical Student Syndrome" – Ausgleich von Karrierechancen nach Ehescheidung? FamRZ, 1988, 1114–1121

Soergel, Hans Theodor (Begr.): Bürgerliches Gesetzbuch mit Einführungsgesetz und Nebengesetzen. Band 7, Familienrecht, 12. Auflage. Stuttgart, Berlin, Köln, Mainz, 1988 (zitiert: Soergel/*Bearbeiter*, § Rn.)

Soyka, Jürgen: Behandlung von Abfindungen. FuR, 2005, 539–541

Staudinger, Julius von (Begr.): Kommentar zum Bürgerlichen Gesetzbuch. Berlin, Stand: 2007 (zitiert: Staudinger/*Bearbeiter*, § Rn.)

Stollenwerk, Christoph: Berücksichtigung von „unbilligen Positionen" im Zugewinnausgleich. FPR, 2007, 179–182

Stürner, Michael: Der deutsch-französische Wahlgüterstand als Modell für die europäische Rechtsvereinheitlichung. JZ, 2011, 545–555

Thiele, Wolfgang: Die grobe Unbilligkeit des Zugewinnausgleichs. JZ, 1960, 394–398

Thierfelder, Hans: Echter und unechter „Zugewinn" – Zum Problem des Zugewinnausgleichs bei echten Wertsteigerungen und in Fällen nur scheinbarer (unechter) Werterhöhungen. FamRZ, 1959, 225–227

Thierfelder, Hans: Echter und unechter Zugewinn – Das Geld als Wertmaßstab beim Zugewinnausgleich. FamRZ, 1963, 328–330

Vlassopoulos, Irene: Der eheliche Hausrat im Familien- und Erbrecht. Berlin: Duncker & Humblot, 1983

Weinreich, Gerd: Der Hinweis für die Praxis. FuR, 2004, 65–66

Weinreich, Gerd: Die Reform des Güterrechts. FuR, 2009, 199–201

Wellenhofer, Marina: Familienrecht. München: C. H. Beck, 2009

Wellenhofer, Marina: Das neue Familienrecht. JuS, 2009, 673–678

Wendl, Philipp/Staudigl, Siegfried (Hrsg.): Das Unterhaltsrecht in der familienrichterlichen Praxis. 7. Auflage. München, 2008 (zitiert: Wendl/Staudigl/*Bearbeiter*, § Rn.)

Wohlgemuth, Gisela: Doppelverwertung von Schulden beim Zugewinn und Unterhalt. FamRZ, 2007, 187–188

Zimmermann, Michael J.: Die Reform des ehelichen Güterrechts. NJOZ, 2009, 185–193

Studien zum deutschen und internationalen Familien- und Erbrecht

Herausgegeben von Martin Lipp, Christoph Benicke, Marina Wellenhofer und Bettina Heiderhoff

Band 1 Jessica Kriewald: Statusrelevante Erklärungen des Familienrechts. 2009.

Band 2 Martin Gilbert: Unmoralische Angebote, Grundrechtskitsch und die kalte Hand des Erblassers. 2009.

Band 3 Anja Vellmer: Religiöse Kindererziehung und religiös begründete Konflikte in der Familie. Eine rechtsübergreifende Darstellung familiärer religiöser Konflikte und der staatlichen Instrumentarien zu ihrer Lösung. 2010.

Band 4 Uta Heidenreich: Auskunfts- und Wertermittlungsansprüche des Pflichtteilsberechtigten. 2010.

Band 5 Ulla Möhn: Vertrauensschutz im intertemporalen Scheidungsunterhaltsrecht. Zugleich eine Analyse des § 36 Nr. 1 EGZPO. 2010.

Band 6 Gabriele Metternich: Verfügungsverhalten von Erblassern. Eine empirische Untersuchung als Beitrag zur Rechtstatsachenforschung und Reformdiskussion auf dem Gebiet des Erbrechts. 2010.

Band 7 Patrick Schroer: Europäischer Erbschein. Mit rechtsvergleichender Darstellung. 2010.

Band 8 Isabella Toscano: Ehescheidungen mit grenzüberschreitendem Bezug. Von divergierenden nationalen Scheidungsvoraussetzungen zu einem einheitlichen europäischen Scheidungsrecht? 2011.

Band 9 Ulrich Kühle: Die gerichtliche Überprüfung von Erb- und Pflichtteilsverzichtsverträgen im Spiegel ehevertraglicher Inhaltskontrolle. 2011.

Band 10 Gregor Blüm: Härtefälle im Recht des Versorgungsausgleichs. Eine legitimationszentrierte Untersuchung der Rechtsprechung zur Generalklausel des § 1587c Nr. 1 BGB a. F. unter Berücksichtigung der Neuerungen in der Härtefallregelung des § 27 VersAusglG. 2011.

Band 11 Linda Schlegel: Die Bedeutung des vorehelichen Zusammenlebens im Scheidungsfolgenrecht. 2011.

Band 12 Tobias Breitling: Rechtsfolgen von sittenwidrigen Bedingungen in Verfügungen von Todes wegen. Erblasserwille und objektives Recht. 2012.

Band 13 Anja Sommer: Das Verhältnis von Familiengericht und Jugendamt. Kooperation zum Wohle des Kindes? 2012.

Band 14 Pia Maria Schulze: Das deutsche Kindschafts- und Abstammungsrecht und die Rechtsprechung des EGMR. 2012.

Band 15 Sebastian Schaufert: Das Verbot der Doppelverwertung von Vermögenspositionen bei Unterhalt und Zugewinn. 2012.

Band 16 Natalie Ivanits: Die Stellung des Kindes in auf Einvernehmen zielenden gerichtlichen und außergerichtlichen Verfahren in Kindschaftssachen. 2012.

Band 17 Robert Bauer: Die Neuerungen im ehelichen Güterrecht. Eine kritische Untersuchung der Rechtslage nach der Reform von 2009. 2013.

FSC
www.fsc.org
MIX
Papier | Fördert gute Waldnutzung
FSC® C083411

Kolibri 360 GmbH
Ferdinand-Jühlke-Straße 7
99095 Erfurt, Deutschland
produktsicherheit@kolibri360.de